Monika Schaefer

Weil ich beim Beten lügen mußte

Monika Schaefer

Weil ich beim Beten lügen mußte

Rekonstruktion einer verlorenen Kindheit

Kreuz Verlag

Alle in diesem Buch enthaltenen Angaben, Daten, Ergebnisse etc. wurden von der Autorin nach bestem Wissen erstellt und von ihr und dem Verlag mit größtmöglicher Sorgfalt überprüft. Gleichwohl sind inhaltliche Fehler nicht vollständig auszuschließen. Daher erfolgen die Angaben etc. ohne jegliche Verpflichtung oder Garantie des Verlags oder der Autorin. Beide übernehmen deshalb keinerlei Verantwortung und Haftung für etwaige inhaltliche Unrichtigkeiten.

Die Deutsche Bibliothek – CIP-Einheitsaufnahme

Schaefer, Monika:
Weil ich beim Beten lügen mußte: Rekonstruktion einer verlorenen Kindheit / Monika Schaefer. – 1. Aufl. – Stuttgart: Kreuz Verl., 1992
ISBN 3-7831-1147-1

1. Auflage 1992
Umschlaggestaltung: Jürgen Reichert, mit einem Kinderfoto der Autorin
Gesamtherstellung: Wilhelm Röck, Weinsberg
ISBN 3 7831 1147 1

Ihr meintet ein Recht darauf zu haben, glückliche Kinder zu haben. Stimmt's? Ich mußte glücklich sein, denn schon ein nachdenkliches Gesicht war Grund, mich zu löchern, euch ein Urteil zu erlauben, mich kritisch und undankbar zu finden. »Laß dich nicht so gehen!« und: »Du hast allen Grund, uns dankbar zu sein!« und: »Laß Vati nicht sehen, daß es dir nicht gutgeht, reiß dich zusammen!«

Und als ich kleiner war: »Der liebe Gott mag keine kleinen Mädchen, die frech sind, die lügen, die laut sind, die eigensinnig sind, die bockig sind. Wegen dir ist der liebe Gott wieder ganz traurig, und denk immer daran, was würde Jesus jetzt sagen, was würde Jesus in diesem Fall tun.«

Am 25. Oktober 1940 detonierte eine Luftmine im Hansaviertel, es kann auch noch viel näher gewesen sein, das spielte für mich keine Rolle. Ich war eben erst unter den Scherben der vom Luftdruck eingestürzten Glasveranda, dem Kreißsaal der Berliner Charité, geboren worden.

»Sturzgeburt!« sagte Dorkas später, das hörte sich dramatischer an.

Es war keine Sturzgeburt, denn ich landete weder auf dem Boden noch im Klosett, sondern mit wenigen starken Preßwehen in einem Schwall von Fruchtwasser auf der mit Wachstuch bespannten harten Matratze des hohen Kreißbettes inmitten von Glasscherben.

Eine überstürzte Geburt nicht einmal, eher eine sehr schnelle Austreibungsperiode, aber all das ging mich nichts an. Ich hatte genug damit zu tun, Luft zu bekommen, und erst nachdem die Hebamme mir durch in Nase und Rachen geschobene Schläuche Fruchtwasser, Schleim und Blut absaugte, ich wie wild um mich schlagend und mit Schnittwunden an den Armen endlich durchschrie, wurde ich rosig, abgenabelt, eng in ein Tuch gewickelt, das mir jede Bewegungsfreiheit nahm, und weggelegt. Nach kurzem verzweifeltem Kampf gab ich auf und schlief erschöpft ein. Zwei Ärzte kümmerten sich um meine Mutter, vielmehr um die Nachgeburt. Dorkas war empört, daß man sie nicht gleich mit Lob überschüttete, sie nicht mit Tränen der Freude und Rührung beglückwünschte, nicht küßte, tätschelte, sondern sie Nebensache war, das zweite Mal in ihrem gebärfähigen Alter, und noch wußte sie nicht, daß sie zwei weitere Male Nebensache sein würde.

Nur bei ihrer jüngsten Tochter kam die Nachgeburt von alleine, bei allen anderen vieren mußte sie manuell gelöst werden.

Die beiden Ärzte standen an ihrem Bett, rechts und links in Höhe ihres schlaffen, gerunzelten Bauches, sie drehten ihr sogar den Rücken zu, denn sie behielten neben ihrem Bauch hauptsächlich die Nabelschnur und die Blutung zwischen ihren Beinen im Auge. Dr. Schopohl und Dr. G. gaben es auf, nach den Lösungszeichen von Schröder und Küstner nun auch auf das Ahlfeldsche zu warten.

»Sie sitzt fest wie beim ersten!« sagte der, der es wissen mußte, einer der beiden Ärzte, ihr Mann, mein Vater, nun Vater zweier Kinder.

So stark die Wehen auch in der kurzen Austreibungsphase waren, so schwach waren sie in der Nachgeburtsperiode. Die Plazenta löste sich weder zentral nach Schulze, noch oben vom Rand her nach Duncan, aber die mangelnde Uteruskontraktion war noch nicht beängstigend, die dazugehörende Blutung gering.

Willi faßte auf ihren schlaffen Bauch, das gespritzte Wehenmittel war bisher ohne Wirkung geblieben. Seine Hand verschwand in der Rektusdiastase, den auseinandergewichenen Bauchmuskeln, griff nach dem Uterus, rieb eine Wehe an und schob ihn beckenwärts, schon umklammerte Dorkas im Schmerz aufschreiend mit festem Griff sein Handgelenk, »aber Willi!« empört giftend, wollte ihn wegdrücken, da hatte sie schon die Maske auf Nase und Mund, hörte den Befehl: tief atmen! und zog den rettenden Äther gierig in sich hinein.

Während Schopohl sich wusch, wurde Dorkas schon schlafend ins Querbett gelagert, zwei Helfer setzten sich rechts und links von ihr auf den Matratzenrand, hielten ihre Beine an den Oberschenkeln für den folgenden Eingriff gespreizt. Schopohl zog sich einen langen Handschuh auf die linke Hand, seine freie rechte Hand faßte auf den Fundus und drückte den Uterus kräftig ins Becken, bis ihm der klaffende Muttermund sichtbar wurde. Seine linke Hand ging in den Muttermund hinein bis in die Gebärmutter, seine rechte Hand zog die Nabelschnur zwischen Dorkas' Beinen stramm, um sich an ihr bis zum Sitz der Plazenta hochzutasten. Wieder wanderte seine freie Hand auf den Bauch der schlafenden Frau, umfaßte den Uterus, schob ihn beckenwärts, der inneren Hand entgegen, und nun schälte er mit sägenden Bewegungen der Kleinfingerseite den festsitzenden Teil der Plazenta ab. Mit der unsterilen Hand zog er die Nachgeburt an der noch zwischen ihren Beinen baumelnden Nabelschnur heraus, seine linke Hand blieb im Uterus, um die Haftflächen gründlich abzutasten, damit nicht ein Rest der Plazenta vergessen würde.

»Alles draußen«, meinte er, zog die Hand aus dem Uterus und streifte den Handschuh ab.

Nun endlich konnte er seinen Kollegen beglückwünschen. Die Hebamme hatte Frau G. gesäubert, mit den Helfern vom Querbett ins Längsbett zurückgelegt, ihr Tücher zwischen die Beine geklemmt, sie nach Fritsch gelagert. Willi überzeugte sich schnell noch, ob der Uterus klein und hart kontrahiert war, kniff seiner schlafenden Frau zufrieden in die Wange, hob eines ihrer Augenlider hoch, war mit der Pupille zufrieden, nun endlich konnte die Anspannung aus ihm weichen. Er strahlte.

Er befreite mich aus den umklammernden Tüchern, faßte im Hasengriff an meine Fesseln, stützte mit der anderen Hand meinen Nacken und die Schultern, plazierte mich auf den gepolsterten Wickeltisch und begann mich von Kopf bis Fuß zu untersuchen.

»Prachtweib, alles dran!«

Als Alarm gegeben wurde, hatte die Geburt eingesetzt, an ein Hinuntergehen in den Keller war nicht mehr zu denken. Luftschutzkeller gab es noch nicht, nur ausgeräumte Kellerräume, provisorisch eingerichtet. Wilhelm G. konnte nicht warten, bis seine Frau ihren Rausch ausgeschlafen hatte, er verließ den mit Glasscherben übersäten Kreißsaal und ging in den OP.

Kaum kam Dorkas zu sich, mußte sie das hohe Kreißbett verlassen, bekam mich in die Arme gelegt und wurde gegen ihren Protest in den Keller gebracht.

Gleich an der Kellertür sah sie die Wasserrohre an der Decke, »das fehlte noch, daß eins platzt, wenn ich darunter liege!«, und sie konnte gerade noch bitten, das Bett etwas von der Wand abzurücken, damit die Kakerlaken nicht allzuleicht ins Bett krabbeln konnten, und kaum lag sie, hatte mich einigermaßen bequem im Arm, kam der langgezogene Entwarnungston.

Heute kommst du aber mit«, hatte Willi noch beim Frühstück gesagt, »warten kannst du auch in der Klinik!« Da Wilhelm G. besonders seit Kriegsbeginn fast ausschließlich in der Charité bleiben mußte, wollte er seine Frau doch lieber in seiner Nähe wissen. Er kam zwar zwischendurch immer mal kurz vorbeigesprungen, dann, wenn er mit dem betrunkenen Fahrer unterwegs war, aber Willi wollte ›auf Nummer sicher‹ gehen. Der betrunkene Fahrer brachte Willi zu Hausgeburten und kleinen

Eingriffen, »einmal mußte er sogar auf dem Küchentisch einen Kaiserschnitt machen und der betrunkene Fahrer assistieren«! O ja, Dorkas, du hattest schon einen tollen Hecht, notfalls hätte er sogar im Stockdunkeln operiert, höchstens mit einer brennenden Kerze im Bauchnabel der Frau, stimmt's?

Arbeit war sein Leben, das er sich mit Sprüchen auflockerte. Einen der Sprüche seines Chefs, G. A. Wagner, zitierte er brüllend vor Spaß besonders dann gerne, wenn angehende Mediziner in der Nähe waren, sein Chef selbst abwesend: »Schlafen müßt ihr, alles andere dürft ihr!« Ja, für Willi war Arbeit Freude, Schlafen und Essen Pflicht, nur dazu da, um zu funktionieren. Er begeisterte sich auch für seine eigenen Sprüche, zitierte aber lieber fremde, ohne jemals zu vergessen, den Urheber hervorzuheben.

»G. A. Wagner würde sagen...«, »Kaufmann würde sagen...«, »Schopohl würde sagen...«, »mein Zwilling Heinrich pflegt zu sagen....« Ehre, wem Ehre gebühret.

G. war ein Sprücheklopfer, kaum etwas konnte ihn so begeistern wie ein gelungener Spruch. Er maß den Menschen nach gelungenen Sprüchen, sie zeigten ihm den Grad der Intelligenz, der Schlagfertigkeit, das Maß an Bodenständigkeit. Nur seinen Kindern gelangen selten Sprüche, keins kam auch nur annähernd gegen diesen Vater an, schon gar nicht, weil er als Zwilling, und durch Heinrichs auf ihn abfärbenden Zwillingskult verstärkt, übergroß, übermächtig auftreten konnte. Gelang einem seiner Kinder doch mal ein Spruch, war Willi großzügig, er zückte sein Portemonnaie und überreichte gönnerisch 50 Pfennig. In den Augen der späteren Freunde seiner Kinder stieg Willis Ansehen grenzenlos, weil auch sie mal überrascht ein Geldstück kassierten, das sie verlegen, dann aber stolz werden ließ.

»Mensch, habt ihr einen tollen Vater!«

Mir gelang nur einmal ein Spruch und der war noch geklaut, was ich aber verschwieg, freute mich übers Geld und sonnte mich in Vaters überraschter Anerkennung, die er mit den Worten »sieh einer an, unsere Monika!« würdigte.

Später, als er selbst Chefarzt am Hattinger Krankenhaus war, warf er nicht mehr so oft mit Sprüchen um sich, dafür dröhnte er um so lauter sein »Schwester, Kaffee!« über die Station oder »ein feste Burg ist unser Gott!«, wenn ihm danach war, seinen Gott zu loben.

Alle kannten sein Gebrüll: Kollegen, Putzfrauen, Stationshilfen, Besucher, Schwestern und Schwesternschülerinnen, natürlich auch seine Patientinnen und deren Angehörige. Alle liebten und verehrten ihn in zurückhaltender Zärtlichkeit. Schwester Marie-Luise versorgte ihn in agapischer Hingabe mit liebevoll zurechtgemachten Schnittchen in den Kaffeepausen, allerlei Köstlichkeiten, auf die Willi zu Hause verzichten mußte. Dort wachte Dorkas über seine Zuckerdiät.

Sprücheklopfer war er auch zu Hause in seiner Familie, besonders wenn Besuch »aus alten Tagen« kam, »dann blieb kein Auge trocken«, und kam gar sein Zwilling Heinrich, wurde viel gelacht, geflaxt, geblökt, dann ging es hoch her, war doch klar »wie das Amen in der Kirche«! Sprücheklopfer war er und liebte sich.

»Conditio sine qua non«, »die Kirche im Dorf lassen«, »Butter bei de Fische!«, »Nägel mit Köppen!«, »was Mutter sagt, ist richtig«, »quod licet Jovi, non licet bovi!« usw. usw.

»Aber Willi, heute kommt doch meine Mutter!« hatte Dorkas zu Willi gesagt. »Es muß doch schließlich jemand bei Peterle bleiben.«

»Papperlapapp! Eine Frau gehört zum Mann!«

Sie fuhr nicht mit in die Charité, noch verstand sie es, ab und zu ihren Kopf durchzusetzen, ihren eigenen Willen, später hatte sie keinen mehr, nur noch Willis. »Wenn die Wehen aber alle 5 Minuten kommen, ruf an, ich schicke dir einen Assistenten mit Wagen, notfalls kann Peter ja auch mal bei Ruthchen bleiben.«

»Aber Willi, Ruthchen ist doch selbst noch ein Kind!«

Meine Eltern!

Einen Sohn hatten sie, Peter Karl, eineinviertel Jahre älter als ich. Er war ein kleiner, schwächlicher, schmächtiger, kränkelnder Junge, blaß, durchsichtig, nicht stramm, fest, strotzend vor Gesundheit, nicht kräftig und dunkelhaarig, schwarzäugig wie der Vater, wie überhaupt alle G.'s. Er war nicht der Sohn, den Willi sich gewünscht hatte, weiß Gott nicht! Aber aus dem Kleinen konnte ja noch was werden, das wäre doch gelacht! Bei den Eltern? Jetzt könnte es doch wenigstens ein strammer G. werden, das hatte er schließlich verdient, oder? Aber Dorkas hatte sich auf ein Mädchen versteift! Wenn sie doch nicht alles in rosa besorgt hätte! Na ja, auch wenn es ein Mädchen wird, Hauptsache eine richtige G.! Vor der Hochzeit hatte sie gesagt, wenn sie keine Kinder bekäme, wolle sie welche adoptieren.

Und was hatte er lachend geantwortet?

»Da laß mich man erst ran!«

Und nun hatten sie einen Sohn, schwach, blaß und jetzt das gleiche mit einer Tochter? Mensch, G., bist doch sonst ein ganzer Kerl!

Meine Eltern!

Was, wenn sie Monat für Monat vergebens auf das Ausbleiben der Regel hätten warten müssen? Wenn sie wirklich keine eigenen Kinder bekommen hätten? Adoptivkinder ausgesucht, ausprobiert, umgetauscht?

Wenn eins der Adoptivkinder so geworden wäre wie wir, so gewesen wäre wie die fünf eigenen, was dann?

»Sie sind eben nicht vom eigenen Fleisch und Blut, für Fremde kann man eben nicht garantieren und wer weiß, wer die Eltern überhaupt waren!« Also weg damit, umgetauscht, oder?

Peter, der Erstgeborene war sicher ein Wunschkind, ein Beweis ihrer Fortpflanzungsfähigkeit, er war es, der die Eltern sagen lassen konnte: »Wir sind eine Familie. Sie, Dorkas, konnte doch im Hitlerstaat stolz sein, da galt sie doch was als Mutter. Da war sie wertvoll!

»In meinem Staat wird die Mutter die wichtigste Staatsbürgerin sein«, so hatte Hitler sie doch vollgedröhnt, oder?

Wie war das mit uns Nachgeborenen?

Peter, zart, kränkelnd, mit ihm war Dorkas doch schon überfordert! Dann im Oktober 1940 ich, Jörg Silvester 1942, also hatten sie ein Vorkriegskind und zwei Kriegskinder. Dann Cornelia 1947, als es ihnen wirtschaftlich noch mies ging, als sie gerade dabei waren, sich eine neue Existenz aufzubauen, als sie nicht wußten, wie sie ihre Kinder satt kriegen sollten. Dann Ulrike 1952, als Dorkas glaubte, in den Wechseljahren zu sein. Erst Lilli, das Hausmädchen machte dem Wechseljahrespuk ein Ende. »Frau G., Sie sind schwanger!«

Fünf Wunschkinder? Machten sie sich und uns nicht was vor? Waren wir außer Peter unserer Mutter nicht zuviel? Auf Peter konnte sie ihre klammernde Mutterliebe konzentrieren, aus ihm einen ausgebluteten, erbarmungswürdigen Verwundeten formen. »Der arme Junge, er war ja so viel krank gewesen!«

Dorkas hatte uns großgezogen, nein, sie hat uns nicht verkommen lassen, sie hat uns drei Größere durch den Krieg gebracht, dann später alle fünf durch die Nachkriegszeit, zur Wirtschaftswunderzeit, aufgepäppelt. O ja, sie hat versucht, alle negativen Einflüsse von uns fernzuhalten, hat die heile Welt demonstrieren wollen und uns somit am Rande des Abgrunds gehalten, da wir unerfahren, unkritisch, meinungslos, abhängig und deshalb noch stärker gefährdet waren, im ganz normalen Alltag unterzugehen.

»Aber ich war doch so kinderlieb!« höre ich noch heute. Stimmt nicht, Dorkas! Was verstehst du unter Kinderliebe? Hattest du das Gefühl, die Geduld, die Gelassenheit, die Freude, die Lust, überhaupt ein Interesse an der Entwicklung der Kinder? Oder erfüllte dich die Pflicht, das Reglementieren, das Herrschen über deine Untergebenen?

Fremde fanden dich immer toll, aufgeschlossen, großzügig, sie beneideten uns. Sie sahen ja aber eben nur die Fassade.

Und Willi? O ja, wir waren sein Stolz. Er gab mit uns an, zeigte uns vor, präsentierte uns vor Verwandtschaft, Freunden, Bekannten, Fremden, besonders auf seltenen Sonntagspflichtspaziergängen, damit Hattinger Bürger sagen konnten: »Was sind die Doktors doch für eine nette Familie, seht doch, wie wohlerzogen die Kinder sind!«

Einmal im Jahr wurde der Fotograf bestellt, um vor dem Weihnachtsbaum heile G.-Familienwelt zu demonstrieren und auf Hochglanz festzuhalten. Nie fehlten auf den Fotos unsere zwanghaft lächelnden Visagen, die angespannten verkrampften Gesichtsmuskeln, die so locker Glückseligkeit darstellen sollten. Grimassen!

Durch uns Kinder konnte Willi seine Potenz beweisen.

»Wenn er wollte, dann wollte er, dann stieg er einfach auf mich drauf«, hatte Dorkas mal gesagt, was mich verwunderte, denn diese Dinge waren sonst tabu.

»Aber konntest du denn nicht mal mit ihm reden?«

»Aber Kind, ein Mann braucht doch so was!«

»So ohne Rücksicht?«

»Ich sagte doch, wenn er wollte, dann wollte er, da war er nicht zu bremsen, er war schon ein ganz besonderer Mann, aber eben immer viel zu schnell.«

»Und wie fandest du das?«

»Natürlich nicht immer schön, und ich habe ja auch nie richtig was davon gehabt. Anfangs genierte er sich, weil er als Kind mal operiert wurde, er hatte da so eine Verengung.«

»Phimose.«

»Ja, so nennt man das wohl.«

»Was das Leben würzt, wird gekürzt, weine nicht, du armer Wicht, für des Liebes Glück bleibt genug zurück, schwapp-ab!«

»Woher hast du denn das?«

»Aus der Marburger Frauenklinik, da waren Beschneidungen mal Mode.«

Wir lachten beide, wie selten in unserem gemeinsamen Leben.

»Wie war denn das mit uns Kindern, waren wir alle Wunschkinder?«

»Natürlich! Ihr wurdet alle geliebt, von uns und von Gott. Ihr seid Gottes Geschenk.«

»Wieso denn das?«

»Aber Monika, Gott hat euch uns geschenkt, ist das so schwer zu begreifen?«

»Ja. Wofür hat er euch denn so reich beschenkt?«

»Na ja, weil wir an ihn glauben und ihn ehren.«

»Dafür gleich fünf Kinder?«

»Ja, alle Kinder sind Gottes Geschenk.«

»Alle?«

»Jawohl, alle.«

»Aber nicht alle Menschen lieben und ehren Gott.«

»Aber er sie, und das ist wichtig.«

»Dann sind Zigeunerkinder, Judenkinder, Kommunistenkinder, Negerkinder, Katholikenkinder auch Gottes Geschenk?«

»Ja, aber ...«

»Unter Hitler auch alles Gottes Geschenk?«

»Das haben wir damals anders gesehen.«

»Wie?«

»Aber Monika, du kannst vielleicht Fragen stellen! Wir müssen Gott dankbar sein, daß er euch uns geschenkt hat.«

»Müssen?«

»Ja, müssen, was denn sonst!«

»Entweder man ist dankbar oder nicht, aber dankbar sein müssen, nee du!«

»Ich verstehe dich nicht.«

»Und wir Kinder werden gar nicht gefragt, ob wir uns überhaupt verschenken lassen wollen?«

»Dafür bekommen Kinder Eltern geschenkt und später eigene Kinder, und dafür muß man Gott dankbar sein.«

»Können wir Gott nicht mal aus dem Spiel lassen?«

»Man läßt Gott nicht aus dem Spiel!«

»Wenn du Gott reinbringst, ist jedes Gespräch blockiert. Gottblockade.«

»Aber Kind, ich sagte doch, man läßt Gott nicht aus dem Spiel.«

»Dann lassen wir's.«

»Was?«

»Das Miteinanderreden.«

»Schade.«

»Ja, aber dein Gott bringt uns nicht weiter, ich sagte doch: Gottblockade!«

»Aber Kind!«

Ruthchen Linke hatte den Kachelofen geflickt, nachdem G.'s von der Schumannstraße in die Lessingstraße gezogen waren. Dorkas hatte gemeint, mit zwei Kindern niemals so beengt wohnen zu können, das sei sie nicht gewohnt, das sei ihr nicht angemessen, ihr, der geborenen von Kietzell, der Frau des Gynäkologen Wilhelm G., des zukünftigen Professors, der seine Habilitationsschrift fast fertig hatte.

Sie hatte darauf bestanden, daß ihr Mann zum Amt geht und eine größere Wohnung verlangt. Natürlich hatte er es auch sofort geschafft. Wie? Vielleicht wieder mit seinen Sprüchen? Seinem Frauenverzaubern? »Ich hab 1,6 Kinder«, soll er gesagt haben und die Sachbearbeiterin hat ihn nicht zum Teufel geschickt, weil andere Familien mit vielleicht 6,7 Kindern schon viel länger auf eine größere Wohnung warteten. G. bekam eine größere Wohnung, direkt an der Lessingbrücke mit Blick auf die Spree, dritter Stock, allerdings ohne Fahrstuhl, aber es waren fünf statt drei Zimmer wie in der Schumannstraße.

Doch die Wohnung in der Lessingstraße war auch nicht ihr Traum, Dorkas war überzeugt, sich dort nie einzuleben, weil die Blumentöpfe, die sie auf halbe Treppe gestellt hatte, am nächsten Tag geklaut waren und weil ein paar Kacheln am Ofen fehlten.

»Patentes Kind«, hatte Dorkas gemeint.

Ruthchen, das Pflichtjahrmädchen, schälte Kartoffeln, Dorkas spickte den Rehbraten, als es an der Haustür klingelte.

»Das wird sie sein.«

Sie war es.

Elisabeth, Freifrau von Kietzell, geborene von Patow, Dorkas' Mutter, meine Großmutter, von ihren Enkeln nur Omutti genannt.

Sie hielt einen Finger wie zum Schwur in die Höhe.

»Kaktusstachel!«

Der Finger war dick angeschwollen, rotblau.

»Du mußt sofort ins Krankenhaus!«

Als der Rehbraten längst warmgestellt war, Dorkas sich immer öfter den Rücken rieb und stöhnte, Ruthchen sie immer ängstlicher von der Seite her ansah, nicht zu fragen wagte, ob es soweit sei, um es nur ja nicht heraufzubeschwören, klingelte das Telefon.

»Was!« schrie Dorkas in den Hörer. »Operiert? Zweimal geschnitten? Aber das geht doch nicht, wie stellst du dir denn das vor, bei mir kann es doch auch jede Minute losgehen. Ruf Spätzle an, sie soll sofort kommen!«

Wie befohlen, so ausgeführt.

Spätzle kam. Sie hieß Gertrud Eisenberg, wurde aber von allen nur Spätzle genannt. Sie war die Haustochter im Gegensatz zu Inge, der Tochter im Hause Georgii. Inge war die Verlobte von Egon, dem ältesten Bruder von Dorkas. Dorkas war, als sie in Berlin Kindergärtnerin werden wollte, zuerst im Pestalozzi-Fröbel-Haus wohnte, es dort nach kurzer Zeit nicht mehr aushielt, zu Georgiis gezogen, um nicht irgendwo in Untermiete als leichtes Mädchen angesehen zu werden, »um nicht in schlechten Ruf zu kommen«.

Mit Inge und Spätzle gehörte sie zum »Dreimädelhaus«, gemeinsam waren sie zu einer Adventsfeier in die DCSV, die »Deutsche christliche Studentenvereinigung« gegangen, zu der Egon gehörte. Inge hatte dort ihren Egon kennengelernt, nun würden Dorkas und Spätzle sicher auch einen Mann dort finden, es konnte ja nun wirklich nicht irgendeiner sein, man mußte doch schließlich wissen, ob er Christ und Akademiker war.

»Spätzle hat dann später einen Studenten geheiratet.«

Ich höre noch heute den abwertenden Ton in Dorkas Stimme und ihre prompte Betonung, daß sie ihren Willi erst geheiratet habe, nachdem er mit dem Studium fertig gewesen sei. Dorkas und Willi hatten eben Grundsätze. Spätzle durchwühlte den schon seit Wochen gepackten Koffer, denn »man kann ja nie wissen, vier Augen sehen mehr als zwei«. Spätzle war praktisch wie Dorkas, konnte zupacken wie Dorkas, aber, und das war Dorkas schier unerträglich: Spätzle war dabei auch noch eine fröhliche Frau! Dorkas konnte Spätzle kaum aushalten, aber sie fand nichts, sie zu demütigen, sie zu ducken, aber ihre Zeit würde noch kommen!

Dorkas mußte zusehen, wie Spätzle Nachthemden zählte, Stillbüstenhalter und Schlüpfer. Natürlich hatte Dorkas an alles gedacht, perfekt, wie sie war. Zopfspangen, Haarnadeln, Klämmchen, Knotennetze, Naturschwamm fürs Gesicht, Waschlappen, eine milde Seife, Nivea-Handcreme, Zahnputzzeug, kleiner Hüfthalter und elastische Binden, um nach der Geburt den ausgeleierten Bauch zu schnüren, Graupen- und Leinenhandtücher, natürlich mit dem Familienwappen. Nein, nicht mit dem Wappen der G.'s, die hatten zu der Zeit ja noch keins. Es war das Familienwappen der von Kietzells, das mit den sieben Zacken in der Krone.

Erst viel später hatte Willis Zwilling Heinrich eins für die G.'s entwerfen lassen, als er glaubte, der Name G. stamme von den Geusen aus Holland ab, die gegen die spanische Armada so erfolgreich gekämpft hatten und hatte zwei Siegelringe anfertigen lassen, einen für sich, den er trug, einen für seinen Zwilling Willi, der ihn nicht trug, weil er ihn zu protzig fand und außerdem: »Ein Siegelring am Finger eines G., wie sieht das denn aus!«

Spätzle besah die Hausschuhe, den Morgenrock, fand die Losung der Herrnhuter Brüdergemeine und die Konfirmationsbibel im Dünndruck, goldverziert, dann die erste Ausgehgarnitur für mich, die ich noch ungeboren war, rosa Mützchen, rosa Wolljäckchen, rosa Wolldecke. Dann Molton, kleines Molton, Windel, Nabelbinde, Baumwolljäckchen und Batisthemdchen mit Spitze, in dem Dorkas schon als Neugeborene aus der Klinik nach Hause getragen worden war. Spätzle strich über die rosa Rüschchen, mit denen Dorkas die Wiege ausgeschlagen hatte, in denen Egons Kinder schon gelegen hatten. Spätzle war zufrieden.

Am anderen Morgen, als sie gerade überlegten, ob sie die Reste des Rehbratens aufwärmen sollten, faßte sich Dorkas rechts und links an die Leisten, »jetzt geht's los«!

Willi schickte einen Assistenten ohne Wagen, es war gerade keiner frei und so mußte Dorkas zu Fuß zur Charité. »Alle paar Schritt mußte ich stehenbleiben, mich an einer Hauswand festhalten, war mir das peinlich! Aber die Wehen kamen ja auch Schlag auf Schlag!«

Stimmt nicht, Dorkas. Als du in der Charité ankamst, kamen die Wehen erst alle fünf Minuten. Hast du mir selbst gesagt. Also bis zur Charité zwei bis drei Wehen, vielleicht auch vier. Aber du sagst »Schlag auf Schlag«. Was ist daran peinlich? Sag mir mal bitte: Was ist an Wehen peinlich?

Spätzle blieb nach der Entlassung Dorkas und mir nur noch ein paar Tage, denn »dann mußte ich sie ja wegschicken, denn ich hatte doch tatsächlich eine Stecknadel in deiner Windel gefunden«!

Bravo Dorkas! Endlich! Jetzt war deine Stunde gekommen, jetzt endlich konntest du es Spätzle zeigen! 12 Tage den Haushalt geschmissen, Peter versorgt, dann weg damit!

Das war dir bestimmt nicht peinlich!

G. A. Wagner würde sagen« begann Professor Kaufmann, Oberarzt, und Wilhelm G. fuhr fort:

»Selig sind die Auserwählten ...«.

Beide prusteten los vor Lachen, nur der junge Medizinalassistent blieb ernst, blaß und hielt die Haken, nur aufs OP-Feld konzentriert.

Auch die Erste OP-Schwester, Instrumentenschwester, lachte nicht, von ihr wurde es auch nicht erwartet, sie kannte alle Sprüche, wußte im voraus, welcher nun an die Reihe kam und zwang sich höchstens mal ein mitleidiges Lächeln ab, verdrehte mal genervt ihre Augen ob dieser sich wiederholenden Dummjungenwitze, auf die die Herren so stolz waren. Sie blieb immer vollkommen konzentriert bei ihren Instrumenten und der Operation.

Aber alle anderen mußten lachen, sonst bekam keiner mehr ein Bein auf die Erde bei so viel Respektlosigkeit.

»Kennen Sie den von Wilhelm Busch?«

Kaufmann bekam ein korkenzieherähnliches Instrument in seine offene Hand gelegt, er, wie jeder andere, mußte nie kontrollieren, ob er auch das richtige Werkzeug zur richtigen Zeit bekam, mußte nicht nachgreifen, mußte nicht einmal um etwas bitten, selbst bei Komplikationen, während der Operateur noch überlegte, bekam er von der Instrumentenschwester das richtige Instrument angereicht. Sie kannte alle Operationsverläufe mit allen Komplikationen, nie wieder würde Wilhelm G. solch eine hervorragende Schwester treffen, mit ihr arbeiten können.

»G. A. Wagner würde sagen:

Selig sind die Auserwählten,
die sich liebten und vermählten,
denn sie tragen hübsche Früchte.
Und so wuchert die Geschichte
sichtbarlich von Ort zu Ort.
Doch die braven Junggesellen,
Jungfern ohne Ehestellen,
welche ohne Leibeserben
so als Blattgewächse sterben,
pflanzen sich durch Knollen fort.«

Kaufmann und G. glucksten und prusteten vor Lachen, der junge Mann lächelte gequält.

»Uterus myonatosus«, flüsterte eine Schwester der Schülerin zu und lächelte allwissend, die Schülerin nicht begreifend, was Wilhelm Buschs Knollen mit den Myomen der alten Frau zu tun haben, gehorsam aber lächelnd, sich verlegen dann wiegend und nach Arbeit umsehend.

»Was machen Sie eigentlich nachts?« fragte Kaufmann den jungen Mann, der ins offene Operationsfeld starrte, das korkenzieherähnliche Instrument, das in den Uterus gedreht war, verwundert bestaunte, stumm bleibend.

»Na, sicher schlafen Sie nachts nicht, da Sie sich ja jetzt am Tage schlafend an den Haken festhalten müssen.« Erschrocken zog er die Haken auseinander, wußte noch nicht, daß er weder bei Kaufmann noch bei G. würde Gynäkologe werden können, schon wirbelte der kleine Uterus mit den vielen größeren Myomen an dem seltsamen Instrument durch den OP.

»Fangen, Schwester!« blökte G. fast singend. »Wenn ich um etwas mehr Aufmerksamkeit bitten dürfte.«

Alle Schwestern, besonders die als Springer eingesetzten, rannten durcheinander, um den wirbelnden Uterus aufzufangen. Eine der Schülerinnen fing ihn mit einer Schüssel ein, knallte die Schüssel vor Wut auf die Fliesen der Fensterbank, worauf sie ein bitterböses »geh'n Sie doch in eine Konservenfabrik!« zu hören bekam.

»Hören Sie, junger Mann, Kollege« – das Wort Kollege klang abfällig, verhöhnend – »wenn Sie schon tagsüber während einer OP schlafen müssen, wie wäre es, wenn Sie nachts knüpfen übten? Knüpfen, knüpfen und nochmals knüpfen. Schon mal was von Nahttechniken gehört? Äh? Einzelknopfnaht? Rückstichnaht? Donati? Allgöwer? Kürschner?«

Kaufmann war längst ins Schwesternstübchen gegangen; der 1. Operateur hält sich nie mit den letzten Nähten auf. Willi G. und der Medizinalassistent halfen den Schwestern noch, die Frau vom OP-Tisch ins herangeschobene Bett zu lagern. Willi G. hob ein Augenlid der Schlafenden, tätschelte ihre Wange, »mach's gut, altes Mädchen« und folgte Kaufmann ins Schwesternzimmer, wo der Kaffee wartete.

»G., was kommt als nächstes?«

»Vordere und hintere Plastik, danach eine Probeabrasio.«

»Die können Sie alleine machen.«

Sie tranken Kaffee. G. zündete sich seine abgelegte Zigarre an.

»Wie soll denn Ihre Tochter heißen?«

»Barbara.«

»Ist sie dunkel, schwarze Augen, schwarze Haare?«

»Nee, rundum blond.«

»Dann kann sie auch nicht Barbara heißen!«

Der Mundschutz baumelte ihnen auf der Brust, den am Bauch verschmierten, blutigen Kittel hatten sie, die hinteren Zipfel des Kittels nach vorneschlagend, beim Sitzen etwas verdeckt, die blutverschmierten Handschuhe anbehalten, um sich zur nächsten Op nicht ganz neu zu waschen.

»Die Plastik schläft, soll ich sagen.«

Eine Schwesternschülerin hatte ihren Kopf ins Zimmer gesteckt, war wieder verschwunden. Kaufmann und G. erhoben sich, die Instrumentenschwester rannte zum Tisch, trank im Stehen einen Schluck Kaffee.

»Es kann weitergehen.«

Zu Kaufmann gewandt sagte G.: »Mein Schwiegervater wollte, daß sie Barbara heißt, er starb vor wenigen Monaten.«

Später sagte Dorkas zu mir: »Mein Vater, dein Großvater hat dich, bevor er starb und vor deiner Geburt gesegnet.«

»Warst du bei ihm, als er starb?«

»Nein, ich war mit dir ja schließlich im sechsten Monat, aber durchs Telefon. Sein Segen bedeutet eine Mission, die du zu erfüllen hast.«

Ich habe eben unsere Monika angemeldet.«

Dorkas versuchte gerade, mich an die Brust zu legen, wie immer ungeduldig, konnte nicht gleichzeitig meinen Kopf und ihre Brust halten, obwohl sie sonst zehn Dinge gleichzeitig erledigen konnte. Sie fuchtelte nervös herum, während ich meinen weit aufgerissenen Mund suchend hin und her bewegte.

»Wen? Monika? Aber Willi! Wieso denn Monika?«

Willi setzte sich auf die Bettkante, »laß mich mal machen« und nahm mich geschickt im Nacken, schon saugte ich zufrieden an der Brust.

»Na siehst du, es geht doch. Ihr müßt nur ein bißchen Geduld miteinander haben.«

Sie verzog ihr Gesicht, »sie beißt mich noch total kaputt«!

»Ach was, das ist nur am Anfang so.«

»Nein, Willi, ich kann nicht stillen. Wie bei Peter!«

Willi lachte.

»Meine beiden Frauen, macht euch doch nicht schon jetzt das Leben schwer.«

»Wieso sagtest du Monika?«

»Wieso? Ach du meine Güte! Ich glaub, ich hab sie tatsächlich mit Monika angemeldet.«

»Ich versteh dich nicht, wir waren uns doch einig, und mein Vater...«

»Du, ich weiß nicht, wie das passiert ist oder doch, warte, auf dem Weg zur Anmeldung hörte ich Musik, ein Lied aus einem Radio, darin kam eine Monika vor, da hab ich doch glatt Barbara vergessen.«

Er zog eine Zigarre aus der Kitteltasche.

»Aua, Willi! Nein, so geht das nicht! Ich will und kann nicht stillen, sie beißt und tut mir weh.«

Und sie packte ihre Brust in den Stillbüstenhalter, knöpfte ihn vorne zu, zog das Nachthemd zurecht, faßte ihre beiden dicken, blonden Zöpfe, drapierte sie rechts und links auf ihren Brüsten, wußte ja, daß ihr Mann sie so besonders liebte, so blond, so deutsch.

Er steckte sich die Zigarre zwischen die Lippen, drehte an ihr, feuchtete das Mundstück an, nahm sie heraus, begutachtete sie. Eine Kanüle hinterm Kragen, seit Studentenzeiten immer parat für den Notfall, jetzt, um das Mundstück vorsichtig zu durchstechen – sie kannte es, mußte sie doch immer aufpassen, daß weder Kanülen noch herausnehmbare Kittelknöpfe mit in die Wäsche kamen. Ein Stück Deckblatt löste sich, er leckte es vorsichtig an, legte das Stück Tabak behutsam wie Haut bei einer Hauttransplantation an, drehte die Zigarre wieder zwischen den Lippen, hielt dann ein angezündetes Streichholz an sie, zog ein-, zwei-, dreimal, und zwischen seinen Lippen, wie immer angespannt bei vorgeschobenem Kiefer, sickerte Qualm hervor. Und ehe er einen kräftigen Zug tat, blies er den ersten Qualm über die Köpfe seiner beiden Frauen.

»Aber Willi!« und Dorkas wedelte mit der Hand wie mit einem Fächer.

»Daran wird sie sich gewöhnen müssen, eine gute Zigarre hat noch niemandem geschadet.«

Ich, das Scherbenkind, das ein kräftiger Junge werden sollte, ein richtiger G., nun ein zartes, blondes, weißhäutiges Mädchen war, das Barbara heißen sollte und vielleicht aus Versehen des Vaters Monika hieß, warf meinen Kopf suchend hin und her, fuchtelte mit meinen Armen und endlich schrie ich wütend durch.

»Sag im Kinderzimmer, sie sollen mir ein Fläschchen bringen!«

Stimmt das so? War es so?

Deine Übertreibung mit der Sturzgeburt, gut, schon gut, du hast es eben so empfunden.

Aber wie war das mit der Luftmine? Ein Angriff der Engländer im Oktober 1940 am späten Vormittag? Kamen die Engländer zumindest am Anfang des Krieges nicht nachts? Unter Glasscherben geboren, das hört sich doch nach was an, oder?

Weißt du, ich warte auf Antwort aus Berlin, ob deine Vormittagsluftmine tatsächlich fiel, oder ob sie eine deiner gewohnten Ungeheuerlichkeiten war. Ich kann Willi nicht mehr fragen, er ist ja seit 1975 tot. Was hätte ich auch davon, wenn ich ihn fragen könnte, denn ich erinnere mich nicht, daß er je deine Luftmine mit »Dorkas, nun mach aber mal halblang!« beantwortet hätte, ebensowenig deine lausigen Aufschneidereien je gebremst hätte, etwa mit den Worten: »Dorkas, da irrst du dich aber mal.«

Nein, das tat Willi nicht, nie, niemals.

Weiß du, was er sagen würde?

»Wenn deine Mutter sagt, daß eine Luftmine fiel, dann fiel eine Luftmine. Ist das klar? Wenn Mutter das sagt, hast du nicht zu zweifeln. Ich hoffe, du hast verstanden!«

Und das würde Willi nicht mal ironisch gesagt haben!

Wenn ich doch wenigstens heute, mit fast 50 Jahren, über euch und mich lachen könnte!

Statt dessen wird mir vor Wehmut und unterdrücktem Zorn übel, wenn ich an euch denke. Ich hatte euch schon als Kind und noch bis vor wenigen Jahren da gelassen, wo ihr euch hinstelltet, wo ich als gehorsames Kind, als respektvolle Tochter zu euch aufzublicken hatte. Hoch oben auf einen Sockel. Da standet ihr, vollkommen, gottähnlich, erhaben, beherrschend.

Der Sockel mußte doch so hoch sein, damit ihr meine bettelnde ausgestreckte Hand nicht sehen mußtet, so hoch, damit ihr mein verzweifeltes Schreien nicht zu hören brauchtet, meinen Ruf: Habt mich lieb! Ich hab' solche Angst!

Ihr habt mich nie gehört!

Nein, ich wollte nicht zu euch auf den Sockel. Welch eine Last fiel von mir, als ich mit der Heirat den Namen G. ablegen konnte. Ich wollte nicht zu euch auf den Sockel, aber ich hätte mein Leben für euch gegeben, wärt ihr nur einmal, nur ein einziges Mal zu mir heruntergekommen, hättet mich ein einziges Mal in die Arme genommen und mit mir geweint!

Nein, Dorkas, du warst unfähig zu lieben, konntest nur Pflichten erfüllen. Pflichterfüllung statt Liebe. Und Willi, gewohnt zu gehorchen schon als Kind eines Rektors, mit seinem Zwilling Heinrich die letzten Söhne nach vier Töchtern, für ihn war Gehorsam doch die Tugend! Gehorchen zu wollen war doch für ihn das höchste! Mit euch und Millionen anderer guter deutscher, gehorsamer Bürger genügte doch ein Hitler, um Millionen unschuldiger Menschen auszurotten!

Befehl ist Befehl, oder? Man hat nicht nachzudenken, welchen Sinn der Befehl hat, man hat nicht zu zweifeln, sondern blind zu gehorchen. O ja, ich weiß, ihr habt ja alle nur eure Pflicht getan. Ich weiß. Ich kann das nicht mehr hören!

Seit 1975, 14 Tage nach Willis 65. Geburtstag – ein klassisches Sterbedatum für einen Malocher! –, hast du, Dorkas, einen Titel mehr: Witwe.

Witwe des Wilhelm G., des Chefarztes, der Persönlichkeit, des hochangesehenen, vielgeliebten Bürgers der Kleinstadt Hattingen. Nein, nein! Ich vergesse nicht, daß er sich um so viel verdient gemacht hat: Vorstand hier und Vorstand da, Praxis, Krankenhaus, CVJM, Feuerwehr, Arzt und Seelsorger, Presbyter, evangelische Akademikerschaft – noch mehr? Bestimmt. Ich weiß nicht mehr alles, aber die Reihe schien mir unendlich.

Bei der Trauerfeier in der überfüllten Kirche in Hattingen, in meiner während der Kindheit so geliebten Sankt-Georg-Kirche, stand sein Sarg vor dem Altar mit allen Sonnenblumen aus dem Raume Hattingen geschmückt, ein mir unvergessenes Bild, weil es mir das Herz zerriß. Die vielen schwarzgekleideten Menschen, die nach vorne gingen, Reden hielten, Willi lobten, priesen und ehrten für seine Menschlichkeit, für seine Verdienste. Da schaffte es doch tatsächlich einer, uns, den Angehörigen, der Familie, dafür zu danken, daß wir Willi für all die Aufgaben freigegeben hatten.

Lautlos, voller verzweifelter Trauer brach ein Heidenzorn aus mir heraus. Schreien hätte ich mögen, laut schreien: Betrug! Lüge! Er hat uns ja nie gefragt! Euren Dank könnt ihr euch an den Hut stecken, den nehm ich nicht an!

Ein Blick auf dich, Dorkas, genügte, um zu sehen, wie du bei diesen Dankesworten wuchsest, dich hoch aufrichtetest.

Ich schlich raus und kotzte vor die Sakristei, und mit dem letzten Erbrochenen im Mund pfiff ich mir ein paar Valium ein, um meinen Drang zu bremsen, lautschreiend in die Kirche zurückzustürzen, die Sonnenblumen vom Sarg zu fegen und voller Wut mit meinen Fäusten auf das schwere Eichenholz einzuschlagen.

Ich schlich zurück und hörte schon am Eingang das Familienlied »Lobet den Herren«.

O ja, ihr meintet ein Recht darauf zu haben, glückliche Kinder zu haben. Stimmt's? Ich mußte glücklich sein, denn schon ein nachdenkliches Gesicht war Grund, mich zu löchern, euch ein Urteil zu erlauben, mich kritisch und undankbar zu finden. »Laß dich nicht so gehen!« und: »Du hast allen Grund, uns dankbar zu sein!« und: »Laß Vati nicht sehen, daß es dir nicht gutgeht, reiß dich zusammen!«

Wenn ich nicht geschäftig herumschwirrte, um Dorkas »zur Hand zu gehen«, wenn ich nicht strahlte, zumindest zufrieden lächelte, wenn ich nicht die Rolle der verantwortungsvollen ausgeglichenen Tochter demonstrierte, verlangtet ihr Erklärungen. Und schon strahlte ich wieder und entschuldigte mich auch noch für meine Undankbarkeit. Was hab' ich euch geschont! Hab' auch nicht gefragt, warum unsere Geschenke zum Muttertag oder zum Geburtstag oder zu Weihnachten im Papierkorb landeten oder zerknüllt zwischen Scheren, Klebe, Büroklammern, ausländischen Münzen, Schnippgummis und Rabattmarken in der Schublade des auf dem Flur stehenden »Gedächtnisschrankes« verschwanden. Auch nichts gesagt, wenn ich später meine eigenen Geschenke oder die meiner Geschwister geschenkt bekam, ich wollte dir die Peinlichkeit ersparen.

Sowie ich versuchte, die mir zugewiesene Bahn zu verlassen, auszubrechen, fingst du mich wieder ein, Dorkas, denn mit moralischem Druck und deinem lieben Gott verstandest du es immer wieder, mich gefügig zu machen!

»Denk an Vaters Herz!«

»Wir wollen ja nur dein Bestes!«

»Wir beten jeden Abend für dich und hoffen, daß Gott dir den rechten Weg zeigt.«

»Wegen dir macht Vati sich solche Sorgen, wegen dir hab' ich wieder nicht geschlafen, wegen dir hab' ich wieder Gallenbeschwerden, wegen dir hab' ich wieder Magengeschwüre, Vater darf sich nicht aufregen, denk an seinen Zucker!«

Und als ich kleiner war: »Der liebe Gott mag keine kleinen Mädchen, die frech sind, die lügen, die laut sind, die eigensinnig sind, die bockig sind. Wegen dir ist der liebe Gott wieder ganz traurig, und denk immer daran, was würde Jesus jetzt sagen, was würde Jesus in diesem Fall tun.«

O ja, ihr habt es verstanden, daß ich Rücksichten nahm, die ihr nie genommen habt. Ein Erwachsener, besonders Eltern dürfen sich den eigenen Kindern gegenüber alles erlauben, alles! Dorkas, du hast Gott schon mißbraucht, als ich ein kleines Kind war. Mit ihm hast du es geschafft, mich zu unterdrücken, mich gefügig zu machen, mir jedes Selbstwertgefühl zu nehmen, nein, es erst gar nicht aufkommen zu lassen.

Und ließest du mal deinen Gott aus dem Spiel, wenn ich dir als kleines Kind in der Küche helfen wollte, kam dein: »Laß das, du machst ja sowieso immer alles kaputt.«

Und malte ich dir ein Bild wie kleine Kinder es malen, einen Kopf mit Armen und Beinen, nahmst du den Stift und zeigtest mir, wie man richtig malt, »siehst du, so macht man das«.

O Dorkas, die du mich geboren hast, also meine Mutter bist, wie hast du Gott für deine Unfähigkeit zu lieben mißbraucht, ihn als Erziehungsmittel eingesetzt, so daß er für mich zum drohenden kinderfressenden Ungeheuer wurde, vor dem ich Angst hatte und kuschte, damit er mich nicht vernichtet.

Und was hast du Dankbarkeit verlangt! Heute noch bringst du es fertig, von mir Dankbarkeit zu verlangen.

»Sei Gott dankbar, daß er uns einen so fleißigen Vati gab, denn sonst könntet ihr nicht auf Porto Santo leben.«

Mein Gott, ist mir schlecht!

Ich glaubte eine Zeit, Willi wäre aus dem Spiel, weil er ja tot ist, aber er kreuzt immer wieder auf, besonders mit seinen Sprüchen.

»Für jeden Topp 'nen Deckel« und »Denk immer daran, aus welchem Stall du kommst.«

Dorkas, du der Topp, er der Deckel? Oder umgekehrt?

Aus welchem Stall komm ich eigentlich? Was bedeutet dieses Brandzeichen, dieses Kainsmal auf meiner Stirn?

Wer bist du, Wilhelm G.? Wer bist du, Dorkas, geborene von Kietzell?

Sie wird aus der sich öffnenden Fahrstuhltür geschoben, angeklammert an eine TAP-Hosteß, klein, mein Gott, meine Mutter!

Wie kann man nur in zwei Jahren so vergreisen? Was ist passiert? Geschrumpft ist sie, faltig, blaßrosa, sonnenbebrillt, zahnlos. Meine Mutter.

Ein verdörrtes altes Hutzelweib.

Vor zwei Jahren noch dicklich, lebhaft, wenn auch mit spürbarer Verkalkung, aber doch vom Aussehen her noch frisch, eben gut erhalten. Ihr damals puppenhafter Porzellanteint veranlaßte viele zum Lob ihrer jugendlichen Frische, mich stieß ihre Östrogenfassade ab.

»Du weißt doch, die Wechseljahre«, hatte sie damals gesagt.

»Mit 74 immer noch?«

»Na hör mal, Kind, was glaubst du denn!« Ihr Ton erwartete promptes Lob ihrer großartigen Weiblichkeit, das ich ihr versagte.

»Tag, Mutti, da bist du ja«, sollte locker klingen.

Die TAP-Hosteß verabschiedete sich erleichtert, verlegen.

Da steht Dorkas in ihrem schwarzen Sommermantel, vorne falsch geknöpft, den Kragen hinten am Hals nach innen geklappt, asymmetrisch verkrempelt, schlampig, alles schief und krumm, angeschmuddelt, um den Hals den Gurt der auf dem Bauch baumelnden Handtasche, deren Gewicht die Kleidung noch mehr verschiebt.

»Ach Kinder, daß ich das geschafft habe«, und: »Ach Kinder, daß ihr da seid« und »Ach Kinder, daß ich da bin« wimmert sie. Ich umarme sie, meine Wange berührt ihre, ich drehe meinen Mund weg, küsse in die Luft. Das körperliche Unbehagen! Gleich ist es wieder da, sowie ich ihre Haut berühre. Jahrzehnte haben daran nichts geändert.

»Ekeltest du dich auch früher so vor deiner Mutter?« hatte ich Heinrich mal gefragt.

»Nein, warum, du?«

»Ich weiß es nicht.«

»Belastet es dich?«

»Nein, aber das ist doch nicht normal. Ich kenne keinen, der sich so vor der eigenen Mutter ekelt wie ich.«

»Wieso soll alles normal sein? Wir sind doch sowieso nicht normal, oder? Wären wir sonst hier?«

Wir lachten.

Wieder wimmert sie: »Ach Kinder, daß ihr da seid!« und: »Ach Kinder, daß ich das geschafft habe!«

Sie nimmt die Sonnenbrille ab, wischt sich mit einem ehemals weißen, zusammengekrumpelten Taschentuch mit hellblauer Zakkenspitze über ihre Augen, die laschen Lider, wobei sich die unteren gelbdicklich nach außen wölben, durchzogen von winzigen Äderchen, und ich assoziiere: Weihnachten, Gans, frisches Gänsefett in einer Schüssel mit wenigen roten Äderchen.

Meine Mutter! 76 Jahre. Sie würde glatt für 106 durchgehen. Wenn sie bloß nicht immer so wimmern würde!

»Hast du viel Gepäck?«

»Ach Kinder, ich brauch ja gar nichts, nur einen kleinen Koffer, schwarz mit rotem Klebestreifen, du kennst das ja, Mausilein, so wie es Vater immer machte, damit man seinen Koffer schneller findet.«

Mausilein, auch das noch!

Sie zupft an ihrer Blindenbinde am schwarzen Ärmel.

»Sitzt sie noch gut?«

»Hier brauchst du doch keine, wir sind doch da.«

»Aber man muß doch sehen, daß ich blind bin, sie müssen mir doch auf der Straße Platz machen. Kennt man das denn in Portugal? Eigentlich müßte doch so ein Zeichen international sein.«

»Ist es, aber du gehst ja doch nicht ohne uns raus, und wir führen dich. Du kannst den Mantel ruhig ausziehen, schwarz, das ist doch viel zu heiß hier.«

»Aber dann hol ich meinen ausziehbaren Blindenstock raus, ich hab ihn gleich hier in meiner Tasche. Meinst du, so was kennt man hier?«

»Sicher, aber den brauchst du auch nicht, wir sind ja da.«

»Aber die Leute müssen mir doch Platz machen!«

Immer noch die gleiche!

Heinrich kommt mit dem Koffer.

»Und die Landung, Kind, das war vielleicht was! Und der Kapitän, weißt du, was der vorher extra gesagt hat? Daß schon mal zwei Flugzeuge hier abgestürzt sind, weil die Piste so kurz ist.«

»Was, so was sagt der Pilot vor der Landung? Das glaub ich nicht.«

Mir fällt ein, daß ich ihr mal von Unglücken einer Schweizer und einer portugiesischen Maschine geschrieben hatte.

Es ist, wie es immer ist, wie es immer war, alles, was sie mal von irgend jemandem hörte, hatte auch sie erlebt. Noch nie verlief bei ihr ein Flug normal, immer gab es ganz gefährliche Zwischenfälle, entweder versuchte ein fremdstaatlicher Jäger sie abzufangen, oder sie erlebte Notlandungen, »da mußten wir alle unsere Brillen abnehmen, die Schuhe ausziehen und unseren Oberkörper ganz weit nach vorne beugen!«, oder es fielen Triebwerke aus, oder nur durch das Geschick des Piloten fielen sie nicht über einer Großstadt im Hauptberufsverkehr oder über einem Atomkraftwerk ab. Immer quietschte, brummte, zischte, krachte es verdächtig. Bis auf einen wirklichen Absturz und eine Flugzeugentführung hatte sie alles erlebt.

»Natürlich hat der Kapitän das gesagt! Und bei der Landung ist meinem Nachbarn die Brille oben aus dem Jackett geflogen, so hart war die Landung, muß man denn so hart aufsetzen! und dabei hab ich mir mein Knie angeschlagen, das tut vielleicht weh, sag ich dir, und ich hab dem Mann natürlich gesagt, ich würde ihm gerne helfen, die Brille zu suchen, sie war ja bis nach vorne zum Kapitän geflogen, aber da ich ja blind sei, ginge das nicht. Außerdem war dieser Mann sehr unhöflich, er hat nichts von sich erzählt, dabei hab ich ihm unsere ganze Familiengeschichte erzählt. Der Flug war doch so lang!«

»Ich seh mir nachher mal dein Knie an.«

»Da siehst du nichts, das ist innen.«

Von nun an humpelt sie, bis sie ihr Knie wieder vergessen hat.

Wir gehen zu einem Taxi.

»Gib mir deine Hand, Liebes.« Sie schiebt ihre Hand in meine, ich spüre ihre warme, wabbelige Hand, entziehe sie ihr.

»Nimm meinen Arm, dann geht es sich besser«, lüge ich.

»Wir fahren jetzt nach Funchal rein, unser Flieger geht erst abends, wir haben also noch viel Zeit. Hast du Hunger? Wir haben extra noch nichts gegessen, wollten auf dich warten.«

»Im Flugzeug war das Essen wirklich gut, da kann man nicht meckern, aber du weißt ja, ich kann ja kaum was essen, ich hab' nur einen Kuchen gegessen, das andere hab' ich in der Handtasche, willst du?«

»Nein, danke, heb's für zu Hause auf.«

»Und der Kuchen klebte so am Gaumen fest, und ich mußte die Stewardeß wieder bitten, mich zur Toilette zu begleiten, peinlich war das und neben mir der unhöfliche Mensch, an dem ich vorbei mußte.«

»Hast du deine Zähne mit?«

»Meinst du, der hätte mal ein bißchen was von sich erzählt? Dabei hab ich ihm so viel von mir erzählt!«

»Mutti, hast du deine Zähne mit?«

»Vier Stunden dauerte der Flug, Kind, das war schlimm, und die Kinder! Daß da die Eltern nicht mal durchgreifen, die tobten da rum, die armen Stewardessen, so viel Arbeit und dazwischen herumtobende Kinder, na, wenn das meine gewesen wären!«

Ich weiß genau, was dann gewesen wäre. Ich erinnere sie nochmals an die Zähne.

»Wieso?«

»Damit du kauen kannst.«

»Ich kann alles essen.«

Da fällt mir Vater ein, der immer gemeint hatte, falls er mal ein Gebiß bekäme, würde er sich nie an so ein Ding gewöhnen und lieber auf den »Mümmelkes« beißen. Ich lache.

»Was gibt's da zu lachen?«

Ich erkläre ihr die Gegend, den wunderschönen Weg vom Flughafen nach Funchal rein, den Heinrich und ich so lieben.

»Ach Kind, ich seh doch gar nichts.«

»Macht nichts, du hast doch Phantasie.«

Ich zwinge mich, meine Mutter nicht anzusehen.

»Hier links kann man den Atlantik sehen.«

»Den Atlantik? Wie schön! Daß ich den einmal in meinem Leben sehen kann!«

»Und hier rechts und links Bananenplantagen.«

»Und grüßen soll ich euch von allen.«

»Und die Papaya, Zitronen- und Orangenbäume, aber die tragen erst im Winter.«

»Itata geht es ja so schlecht mit ihrem Rheuma und dem Herzen.«

Es hat keinen Zweck, sie ist zu aufgewühlt von der Reise, dem

Wiedersehen. Sie hat ihren Jammerton drauf, ich erwähne zwischendurch mal die Bougainvillea, den Hibiskus, den Oleander, den blaublühenden Jacaranda Palisander, aber es bringt nichts, sie hört nicht zu, sie jammert pausenlos weiter und wir reden sowieso nur aneinander vorbei. Ich bin genervt.

Mein Blick wandert zur Seite und Entsetzen packt mich wieder. Da sitzt sie, diese alte verhutzelte Frau, meine Mutter. Und ich spüre, daß, obwohl ich mich auf ihren Besuch gefreut habe, ängstlich war, aber doch gefreut, die Angst größer wird, der Zweifel, wie wir die 14 Tage schadlos überstehen werden.

Ich mach noch einen Versuch und frage nach ihren Zähnen.

»Hast du sie nun mit oder nicht.«

»Was?«

»Deine Zähne.«

»Natürlich hab ich sie mit! Warum?«

»Damit ich nicht immer überlegen muß, ob du meine Großmutter oder Urgroßmutter bist.«

Mensch, Monika, reiß dich zusammen!

»Aber Kind, so alt bin ich doch nun wirklich nicht, ich bin eine der jüngsten im Augustinum!«

»Aber so ohne Zähne!«

»Ich war extra noch beim Friseur, habe mir eine neue Dauerwelle machen lassen und Gesichtspflege natürlich und Massage, ach ja, und Maniküre und Pediküre, man muß doch Wert auf sein Äußeres legen!«

Ich starre sie an, ihre Worte klingen wie Hohn. Da sitzt sie im verbeulten, fleckigen, grauen Rock, ich sehe ihren Kopf von der Seite, ihre neue durchgeschlagene Dauerwelle, die winzigen krausen, weißen Löckchen, ihre Stirn. War sie immer schon so gewölbt? Ihr Haaransatz! Mein Gott, hat sie immer schon einen so weit hinten ansetzenden Haaransatz gehabt, früher kaschiert durch in die Stirn fallendes Haar und erst jetzt so aufdringlich, weil der Friseur die Haare so kurz schnitt, die Dauerwelle verhunzte? Arme alte Frau. Arme alte Frau?

Aber sie hat doch immer irgendwelche Frauen, Hilfen, die ihre Sachen in Ordnung halten!

Irgendwas irritiert mich, sowie ich sie ansehe. So sah sie nicht aus, nein, vor zwei Jahren war sie anders. Irgendwas stimmt da nicht, aber was?

»Wie ist denn das nun mit deinem Hunger?«

»Wieso?«

»Wir haben noch nicht zu Mittag gegessen und wollen es mit dir zusammen tun.«

»Ach Kinder, ich eß doch kaum etwas.«

Heinrich und ich beschließen, ins »A Flor« zu gehen, ob sie mitißt oder nicht.

Wir bestellen auch für sie den Espada, Filet, damit sie keine Probleme mit den Gräten hat. Im Hintergrund dudelt Musik aus Lautsprechern.

»Ich verspreche dir, sowie das Essen kommt, setz ich meine Zähne rein.«

Plötzlich richtet sie sich auf, sitzt kerzengerade da, hebt die Arme, beginnt sie und sich zu wiegen, mit den Armen herumzufuchteln.

»Was ist los?« fragt Heinrich erschrocken.

»Na, die Klaviermusik!«

Verzückt schneidet sie Grimassen.

»Ich dirigier doch für mein Leben gern!«

Da sitzt sie, meine vergreiste Mutter und dirigiert zu Lautsprechermusik in einem Restaurant. Das darf doch wohl nicht wahr sein!

»Vati hat doch auch so gerne Klavier gespielt, weißt du noch?«

»Ja.«

»Und dirigiert auch, weißt du noch?«

»Ich weiß.«

Der große schwarzglänzende Kasten auf drei Beinen gehörte zu den aufregendsten, geheimnisvollsten Gegenständen in der Wohnung, denn er verbarg zwei Schätze, beide faszinierend schön.

Der Flügel stand im Wohnzimmer, dem Raum, der nur selten benutzt wurde, weil er im Winter zu schwer zu heizen war und weil Dorkas hier ihre besten Familienmöbel aufgebaut hatte, gefüllt mit Meißener Porzellan, wie auch jede freie Fläche mit den schönsten doppelstöckigen Schalen, Figuren und Kannen verziert war.

Kein Zimmer für Kinder. Da war das Berliner Zimmer geeigneter, war leichter zu heizen, und hier gab es nichts, was herunterfallen konnte, unersetzbar gewesen wäre. Hier im Berliner Zimmer, dem zentralsten Raum der Wohnung, durften wir Kinder spielen.

Aber der Flügel stand im Wohnzimmer, und nur selten, dann, wenn Vater einmal zu Hause war, durften wir es betreten. Der Höhepunkt der wenigen Stunden mit Vater.

Der erste Schatz lag gleich links unter der verschlossenen schwarzen Klappe, ein kleines grünes Samtkissen mit feingedrehter Goldkordel, ein Kissen, das gerade das richtige für meine Puppe gewesen wäre, nur um einmal ihren Kopf darauf zu legen, aber Vater, der den Flügel mit dem von Mutter gehüteten Schlüssel geöffnet hatte, grabschte immer gleich nach links und klemmte das Kissen zwischen Klappe und Flügel. Nur einmal durfte ich es kurz streicheln.

Dorkas hütete den Schlüssel, hatte zusätzlich das Wohnzimmer abgeschlossen, obwohl Peter und ich uns nie getraut hätten, diesen Raum ohne Erlaubnis und dann nur mit den Eltern zu betreten. Ich wußte genau, daß Mutter dann geschimpft hätte, gemeint, der liebe Gott sei ganz traurig über so ungezogene Mädchen. Ich konnte nicht zwischen dem lieben Gott und Mutter unterscheiden, denn wenn Mutter böse wurde, meinte sie, der liebe Gott sei nun böse, und wenn sie traurig wurde, sagte sie, der liebe Gott sei wegen mir traurig. Ich wollte nicht, daß sie wegen mir böse und traurig waren.

Kam Vater mal abends nach Hause, setzte er sich an den Flügel und zog Peter und mich auf seine Knie.

Der zweite Schatz waren die schwarzen und weißen Tasten, auf denen wir klimpern durften, während Mutter in der Küche den Abendabwasch machte, weil das Pflichtjahrmädchen Feierabend hatte.

Sie klapperte und schepperte stöhnend bei geöffneter Küchentür bis ihr »Abernunmarschinsbett!« kam und ihr »Ichwillschließlichauchmalfeierabendhaben!«

Wir Kinder rutschten von Vaters Knien, er half etwas nach, damit wir nur ja nicht auf die Idee kämen, um Verlängerung zu betteln und küßten ihn zur Nacht.

Einmal, durch eine Bewegung des Vaters, hatte ich ihn auf

den Mund geküßt. Da faßte er mich ganz hart an die Schultern, ich mußte ihm fest in die Augen sehen, und ganz ernst sagte er: »So was darf nur Mutti! Merkst du dir das?«

Ich nickte verängstigt, hatte ich doch wieder etwas Böses gemacht, was den Eltern nicht gefiel.

War Vater zu Hause, gab sich Dorkas mit dem kurzen Gutenachtgebet von uns zufrieden. Nach dem »Lieber Gott, mach mich fromm, daß ich in den Himmel komm und behüte Vati und Mutti und Peter und alle, die ich liebhab, und verzeih mir, was ich Böses gemacht habe«, küßte sie mich auf die Wange, die ich ihr entgegenstreckte, und sie zog die Zudecke glatt, warf schnell noch einen Blick auf meine Arme, die obendrauf auf der Decke liegen mußten, dann drehte sie das Licht aus und lehnte die Tür an. Vater spielte Kinder- und Schlaflieder, denen wir bei angelehnter Tür zuhören durften, und ich lag gespannt auf dem Rücken in meinem Kindergitterbett, die Augen fest auf den Türspalt gerichtet, Angst vor dem Schließen der Tür, vor dem Alleinsein, der Dunkelheit, die gleich wieder da sein würde wie immer, wenn die Mutter die Tür nach einer Weile schloß im Glauben, nun schliefen wir oder nun hätten wir zu schlafen. Nie vergaß sie, die Tür zu schließen.

Nur einmal traute ich mich im Nachthemd nach draußen, weinend, sagte, ich hätte solche Angst, da kam der Befehl: »Nunabermarschinsbett!«, und Vater blickte strafend und sagte: »Tu, was Mutti sagt!«

Da half nichts. Ich schlich zurück und kletterte über die Gitter in mein Bett und weinte mich wie fast jeden Abend in den Schlaf.

Wir essen den Espadafisch, Dorkas mit Begeisterung, worüber ich mich freue, aber gleich hat diese Freude einen mir bekannten bitteren Beigeschmack, denn es kann durchaus sein, daß sie später in Aumühle allen erzählen wird, daß sie einen Fisch essen mußte, »nein, war der grauenhaft, aber den Kindern zuliebe hab ich natürlich nichts gesagt«.

Sie hat ihre Zähne eingesetzt, kaut verbissen beleidigt. Selbst mit Zähnen sieht sie so verändert aus, also liegt es doch nicht nur an den Zähnen.

»Die drücken wie verrückt!«

»Klar drücken sie wie verrückt, weil du sie nie drinnen läßt. Da kannst du dich ja nicht daran gewöhnen. Halt doch mal ein paar Tage durch, dann merkst du nichts mehr.«

»Das sagen die Zahnärzte ja auch, aber die wissen ja nicht, wie empfindlich ich bin!«

Meine Mutter, ganz die alte!

»Wenn du dich so quälst, nimm sie halt wieder raus.«

»Darf ich?«

»Du fragst, als wärst du ein Kind.«

Heinrich sieht mich überrascht an und grinst.

Hinter der Papierserviette nimmt sie ihre Zähne raus, legt sie neben ihren Teller.

»Kannst du sie nicht besser in die Tasche stecken.«

Sichtbar erleichtert mampft sie auf ihren »Mümmelkes«.

»Also, Kinder, ein wirklich toller Fisch.«

Als wir gegessen haben, frage ich sie, ob sie mit uns in den Jachthafen will, wo wir Kaffee trinken können.

»Ach Kinder, ihr wißt doch, ich mache alles mit.«

»Komm, hak dich bei mir ein.«

Heinrich geht vor, bahnt uns einen Weg durch das Gewühl in der Gasse. Ein Mann steht mitten auf dem Weg, sieht nach oben, lacht, winkt.

»Kann der uns denn nicht Platz machen?«

»Warum? Hier springt nicht jeder zur Seite, nur weil wir kommen.«

»So hab ich das nicht gemeint, aber ich sollte doch besser den Blindenstock rausnehmen.«

»Der bleibt drin!«

Ich staune und erschrecke über meinen befehlenden Ton. Haben wir die Rollen vertauscht?

Sie, die nie Geduld mit mir hatte und nun ich, die ich keine mit ihr habe?

Mein Gott, Monika, bist du schon so wie deine Mutter, so, wie du nie sein wolltest?

Ich schaue zurück, der Mann winkt immer noch, geht dabei rückwärts, stößt an andere Leute, lacht. Ich sehe nach oben, dahin, wohin er winkt. Im Fenster steht eine Frau, vor sich auf der Fensterbank sitzend, von der Mutter gehalten, ein kleines Mädchen. Frau und Kind lachen, Worte fliegen hoch und zurück.

Nicht immer konnte ich vom Balkon im 3. Stock Vater lange zuwinken, wenn er früh zur Charité ging, denn manchmal wurde er gleich vor dem Haus vom Fahrer mit dem Wagen abgeholt, um Hausbesuche zu machen. Dann stieg er schnell hochwinkend in den Wagen und war verschwunden. Ging er aber zu Fuß, konnte ich ihn ganz lange im Auge behalten, bis weit hinter der Lessingbrücke noch, ehe er in der Stromstraße im Menschengewühl nicht mehr auszumachen war. Wir hatten uns immer wieder zugewunken, Mutter war mit Peter schon längst wieder in der Wohnung, damit Peter keinen Zug bekam.

»Denk an deine Nieren!« und »Denk an deine Ohren!«

Peter bettelte nie, auf dem Balkon bleiben zu dürfen.

»Warum bist du nie so vernünftig wie Peter!« oder »Sei doch auch mal so vernünftig wie Peter!« oder »Nimm dir mal ein Beispiel an Peter!«

Mit diesen Sätzen war mein kurzer Aufenthalt auf dem Balkon beendet, aber wie gerne wäre ich länger geblieben, um meiner Puppe das Leben, das so aufregend unter mir auf der Straße zu erkennen war, zu zeigen und zu erklären.

Nichtgehorchen war mir zu bedrohlich.

Später zog Dorkas sich ihren Mantel an, setzte sich ihren Hut auf, Peter stand schon in seinem Matrosenmantel an der Haustür. Sie wollten einkaufen gehen, während ich beim Pflichtjahrmädchen bleiben mußte.

»Du wärst mir bloß eine Last«, hatte Dorkas gesagt und eine Last wollte ich nicht sein, auch wenn ich nicht verstand, wieso ich eine Last wäre, da sie mich ja nicht zu tragen brauchte. Selbst die Treppen konnte ich alleine gehen.

Ich fragte sie dann nie mehr, ob ich auch mal mitgehen dürfe, selbst nicht, als Peter im Krankenhaus lag.

Fragen belästigten sie, aber nicht immer konnte ich mein Nichtfragen aushalten. So fragte ich Peter, was er beim Einkaufen mache, wie er Mutter denn helfen könne.

»Ich steh an, während Mutti woanders was kauft.«

»Kann ich das nicht mal für dich machen?«

»Dich schieben die Erwachsenen doch einfach weg.«

Das verstand ich, und ich bewunderte meinen großen Bruder, weil er so stark war, daß Erwachsene ihn nicht wegschieben konnten.

Kinder, nun bestellt euch mal ein schönes Eis.«

Wir bestellen uns allen Bananensplit.

Nachdem Dorkas sich auf der Fahrt vom Flughafen nach Funchal rein für nichts interessiert hatte, außer daß sie erstaunt war, hier den Atlantik zu sehen, versucht Heinrich ihr Interesse auf die Schiffe zu lenken. Vielleicht haben wir dabei mehr Glück und sie hört mit ihrem Gejammer auf.

»Kannst du da hinten an der Kaimauer das weiße Schiff sehen?«

»Wo, dahinten das weiße? Aber du weißt doch, ich sehe ja nichts.«

»Ich weiß«, lacht Heinrich, »aber vielleicht kannst du ja ab und zu was sehen. Da liegt die Madeiriense, ein Frachter, schon ein sehr alter Pott.«

»Der nimmt auch Passagiere mit. Ich würde so gerne mal bis Lissabon mitfahren, aber mir wird leider schlecht, schade.«

»Und im Winter liegen hier viele Kreuzfahrtschiffe, im Sommer auch, aber im Winter ist Hauptsaison.«

»Ach wie schön.«

»Zuletzt lag die ›Maxim Gorki‹ hier, die kurz vorher auf ein Packeisfeld gelaufen war. Kannst du dich an diese Nachricht erinnern?«

»Die ganze Besatzung war betrunken.«

Da ist er wieder, der altbekannte harte Ton, kurz und verächtlich.

»Ich glaube, wenn die alle betrunken gewesen wären, hätten nicht alle so schnell und gut gerettet werden können.«

»Da magst du recht haben, aber man weiß doch, wie die Russen sind.«

»So?« fragt Heinrich und ich werfe ihm einen bremsenden Blick zu. Er lacht.

»Ich muß mal aufs Klo, bringst du mich, Liebes?«

Schon wieder der Winselton!

»Warum redest du nicht wie früher, warum immer so jammernd?«

Ich kann den Tonfall kaum noch ertragen. Wenn der zwei Wochen lang anhält, wie halte ich das aus?

»Ach Kind, wenn man erst mal soviel durchgemacht hat wie ich!«

Ich kann's nicht mehr hören!

Wieder faßt sie nach meiner Hand, aus der ich mich löse.

»Hak ein!«

Und sie trottet neben mir her.

Ich bringe sie bis zur Klotür, »ich warte draußen« und gehe in den Flur zum Restaurant zurück. Die Vorstellung, direkt vor der Klotür zu warten, sie pinkeln zu hören, bereitet mir solch ein Grauen, daß ich meine Gänsehaut an den Armen reibe.

Als wir zu Heinrich zurückkommen, läuft ein Baggerschiff in den Hafen, tuckert.

Kindheitsgeräusche.

Gleich danach läuft eine Schute ein.

»Hör mal, erinnerst du dich an das Geräusch?«

»Ich höre nichts, was meinst du?«

»Das Tuckern der Schiffe.«

»Was ist damit?«

»Es erinnert mich an Berlin, Lessingstraße. Ich werde eben auch schon alt, denke oft an früher.«

»Aber an Berlin kannst du dich doch nicht erinnern, da warst du ja noch viel zu klein.«

»Ich weiß nicht, ab wann sich andere erinnern. Meine Kindheitserinnerungen gehen weit zurück, ich muß so 2½ gewesen sein.«

»Nein, das bildest du dir nur ein, an so frühe Zeiten kann sich kein Mensch erinnern!«

»Mutti, wann sich andere erinnern, weiß ich nicht, aber bei mir muß es Sommer '43 gewesen sein, also war ich noch keine drei.«

»Sommer '43.«

Ich merke, wie sie versucht sich zu erinnern, dabei schiebt sie ihren Mund wieder so grotesk vor. Mein Gott, ich spüre so was wie Mitleid mit ihr, ein seltenes Gefühl meiner Mutter gegenüber, das mich verwirrt.

»Kannst du dich an die Schiffe auf der Spree erinnern?«

»Ach Kind, wenn ich damals für so was Zeit gehabt hätte! Haushalt, Kinder und dazu noch Krieg!«

Nicht nur das Leben auf der Straße vom Balkon aus gesehen war meine Sehnsuchtswelt, unerreichbar fern, ebenso wie das Leben auf der Spree.

Vom Berliner Zimmer aus konnten wir aus einem Fenster auf die Spree sehen, und jedes Schiff kündigte sich durch einen Signalton vor der Biegung zur Hansabrücke oder von der Hansabrücke zur Lessingbrücke an. Ich ließ kein Schiff aus, rannte ans Fenster und bewunderte sehnsüchtig Kinder, die auf den Schiffen spielten, sogar Fahrrad und Dreirad fuhren, ich sah Frauen Wäsche aufhängen und kleine Hunde bellend hin und her laufen.

Das war ein Leben!

Peter und ich zählten die Schiffe, die am Tag vorbeifuhren, und es verging kein Tag, ohne daß wir verschiedene Zahlen hatten und uns deswegen stritten, anschrien, bis Peter seine stärkste Waffe zog:

»Du kannst ja noch gar nicht zählen, du bist ja noch viel zu klein!«

Mitten im Geschrei kam Dorkas hinzu.

»Was ist los? Wer hat angefangen?«

Nie konnte geklärt werden, wer angefangen hatte.

»Du!«

»Nein, du!«

»Du lügst!«

»Nein, du lügst!«

Immer wurden wir in zwei Zimmer gesperrt.

Wenn ich Peter nach einer Weile wieder draußen herumlaufen und reden hörte und meine Tür verschlossen blieb, machte ich durch mein Schreien, Klopfen, Treten, Schlagen alles noch viel schlimmer. Dann wurde ich gar nicht herausgelassen.

Ich gab das Wüten auf und wartete voller Zorn, still vor mich hin weinend ab, gab auf.

Nach einer Weile der Ruhe kam Mutter, öffnete die Tür und befestigte ein Holzgitter im Türrahmen, so daß ich alles sehen konnte, aber nicht frei war.

Vielfaches Umverzeihungbitten, weil ich wieder der Grund war, weswegen sie mich strafen mußte, half manchmal zur ganzen Freiheit.

Der kleine Flieger, eine AVRO mit 40 Passagierplätzen, die die kleine Twinotter mit nur 19 Plätzen abgelöst hat, bringt uns auf die kleinere Nachbarinsel Porto Santo, etwa 50 Kilometer im Nordosten von Madeira.

»Ich hab den kleineren Flieger mehr gemocht«, aber sofort breche ich ab, um Dorkas nicht zu ermuntern, wieder von ihren Katastrophen zu berichten.

Bei der kleineren Twinotter konnte man die Piloten vorne sehen, fast auf Tuchfühlung sitzen, die Anzeigen im Cockpit anstarren, und solange die Piloten rauchten und sich locker unterhielten, fühlte ich mich geborgen. Die kleine Twinotter flog ruhiger, leiser und landete nie so schlingernd, schaukelnd halsbrecherisch auf Madeira wie die AVRO, von der es heißt, sie sei schon 17 Jahre im Kamerun eingesetzt gewesen.

Ich hatte nie großes Vertrauen zu ihr, was wohl daran liegt, daß die Plastikfensterscheiben so zerkratzt sind, daß man nicht nach draußen sehen kann, und zwischen den Scheiben fehlen oder liegen lose Schrauben herum, und dadurch schließe ich auf nachlässige Wartung der Motoren. Aber Heinrich meint, die Portugiesen seien bekannt für ihre gewissenhafte Wartung. Trotzdem bin ich jedesmal froh, wenn ich diesen Flieger verlassen kann. Fällt die AVRO mal aus, wie vor kurzem, weil eine Tür nicht schloß, wird die kleine Twinotter eingesetzt. Trotzdem werden weiterhin Flugscheine für 40 Passagiere verkauft, und die Hälfte bleibt zurück, was für die Touristen schlimm ist, die ihren Anschlußflug auf Madeira bekommen müssen. Dann die typische Geste: Schultern hochziehen, Arme ausstrecken, die Handflächen nach oben, den Kopf etwas zur Seite und lächeln – da kann man eben nichts machen, es ist halt so.

»Atme mal tief durch, merkst du die gute Luft hier im Gegensatz zu Funchal?«

Sie atmet tief durch, verschluckt sich, hechelt.

»Aber sonst rauche ich nicht so viel«, keucht sie.

»Du kannst soviel rauchen, wie du willst. Wir rauchen ja auch, obwohl es Schwachsinn ist.«

»Im Augustinum bearbeiten mich Itata und Dittchen Behn immer, dabei kann ich nicht aufhören, ich rauche ja schon viel weniger und stecke für jede gekaufte Packung fünf Mark in eine Spardose für Jörg, der dafür Sachen für Nicaragua kauft.«

»Setzen dich Itata und Dittchen unter Druck?«

»Na ja, das mußt du verstehen, sie sehen im Rauchen ein Laster, und Laster sind Sünde, da haben sie ja recht.«

O Dorkas, nun wird sie mal bearbeitet.

Ich merke eine Freude, eine Schadenfreude aufkommen, die aber sofort von uraltem Zorn überlagert wird.

»Meinst du, daß du jetzt besonders in Sünde lebst?«

»Sie sagen es.«

»Und was meinst du?«

»Ja.«

Itata, ihre ältere Schwester und Edith Behn, eine alte Freundin der Familie, traktieren sie mit schlechtem Gewissen, und Dorkas versucht sich zu entlasten, indem sie ihrem Pastorensohn die gefüllte Spardose übergibt.

»Ihr seid alle ganz schön verrückt!«

»Aber Monika!«

Da ist er wieder, der altbekannte Ton, und ich muß lachen.

»O Kinder, laß uns von was anderem reden, ob mein Koffer auch wirklich mitgekommen ist? Und überleg mal, was wir doch für einen guten Vater hatten, der so viel gearbeitet hat, damit ich euch jetzt besuchen kann und ihr müßt dankbar sein, denn sonst hättet ihr ja jetzt nicht das Haus.«

»Stimmt, also seien wir mal sehr dankbar, aber nun erst mal zum Gepäck.«

Heinrich stupst mich an, lacht und verdreht die Augen.

Wilhelm G.s Arbeit in der Charité war immer abwechslungsreich, blieb immer aufregend, anregend. Er hatte sich vorgenommen, zu habilitieren. 1943 war seine Habilitationsschrift mit dem Thema der »grandulären Hyperplasie des Endometriums« fertig geworden, aber man riet ihm, mit der Veröffentlichung bis nach dem Krieg zu warten.

Bis es zu spät war. Die Russen nahmen mit, was sie vorfinden konnten, so auch seine Arbeit, die sie später selbst veröffentlichten, natürlich unter einem russischen Namen.

Wilhelm G. war noch nie ein Mensch, der warten konnte, wollte, die Erfahrung mit seiner Arbeit ließ ihn noch mehr zu einem Mann mit »Nägeln und Köppen« und »Butter bei de Fische« werden.

Einen Gorbi gab es damals noch nicht, dem er hätte auf die Schulter schlagen können mit den Worten: »Dein Spruch: ›wer zu lange wartet, den bestraft das Leben‹ ist so gut, der hätte von mir sein können! Mach weiter so!«

Wilhelm G. war Kollegarzt, bei allen Vorlesungen seines Chefs G. A. Wagner dabei, den er verehrte und von dem er viel lernte. Zu den Vorlesungen ließ er Frauen von den Stationen kommen, Schwangere, an denen die Studenten die kindlichen Herztöne hören und die Leopoldschen Handgriffe lernen konnten. Im sogenannten Panoptikum suchte er die zu den Vorlesungen passenden Präparate aus, einen Anencephalus oder eine Spina bifida in großen »Einweckgläsern«, brachte einen Uterus mit Myomen in den Hörsaal, eine Eileiterschwangerschaft, einen Fetus papyraceus, einen Uterus mit Zervixkarzinom oder einen mit Korpuskarzinom.

War G. A. Wagner verhindert, sprang Willi ein, hielt die Vorlesung selbst.

Er hielt auch Phantomkurse mit den Studenten ab, durch die die angehenden Mediziner die kindliche Lage ertasten und die Entwicklung des Kindes erlernen konnten. In die weiblichen, gepolsterten Phantomunterleiber, in die Becken, lagerte G. versteckt Phantompuppen mit den Maßen Neugeborener mit beweglichen Gliedern und hartem Kopf, mit Pfeilnähten und Fontanellen, mit offenem Mund, damit der Finger des Geburtshelfers bei einer Beckenendlage durch den Veit-Smellischen Handgriff in den Mund eingeführt werden konnte, um den kindlichen Kopf zu entwickeln.

Die Studenten lernten eine reine Steißlage von einer vollkommenen Steißfußlage zu unterscheiden, eine vollkommene und eine unvollkommene Fußlage zu ertasten, lernten Arm- und Kopfentwicklungen nach Bracht, die Armlösung nach Müller und nach Lövset und die klassische Armlösung und Kopfentwicklung nach Veit-Smellie. Sie lernten das Ertasten der Pfeilnähte und Fontanellen, dadurch alle regelwidrigen Kopfstände und Kopflagen: tiefer Querstand, vorderer und hinterer hoher Gradstand, die hintere Hinterhauptslage, die Vorderhauptslage, die Stirnlage, die Gesichtslage.

Wilhelm G. paukte mit den Studenten, entließ keinen aus dem Kurs, der nicht imstande war, jede Lage einwandfrei zu diagnostizieren und die dazugehörige Entwicklung vorzunehmen.

Er leitete Zangenkurse, erklärte die Zange nach Naegele und die Kjellandzange. Er hörte die eingepaukten Grundregeln ab, die wie aus der Pistole geschossen sitzen mußten, genauso mußte jeder auf Anhieb den rechten und linken Zangenlöffel auseinanderhalten können. Die Studenten mußten wissen, welcher Durchmesser bei den einzelnen Lagen der Längsdurchmesser des Kopfes ist, wie der Zangendurchmesser liegen muß, wohin die Zangenspitze gerichtet sein muß. Sie lernten den linken Löffel zuerst einzuführen und richtig anzulegen, den rechten Löffel und dann die Zange zu schließen und zu sehen, wohin die Griffe zeigen, um die Zugrichtung zu erkennen. Sie lernten in Griffrichtung zu ziehen, Stellungs- und Handwechsel, die Griffe zu heben ohne zu ziehen, bis der Kopf geboren war. Sie lernten Zangen bei schrägstehendem Kopf, lernten die Löffel wandern zu lassen. Sie paukten mit der Kjellandzange bei der Steißlage.

Wilhelm G. war ein guter, strenger Lehrer.

»Wenn ihr das nicht schon jetzt lernt, sondern erst im Kreißsaal an einer Frau ausprobieren wollt, schiebt euch jede gute Hebamme an die Wand und ihr habt auf ewig bei ihr ausgeschissen. Einer guten Hebamme kann kein Arzt was vormachen!«

Neben dem Dienst in der Charité blieb nicht viel Zeit für die Familie, aber Kindererziehung und Kinderaufzucht waren ja auch Frauensache. Das war schon immer so, und so war es gut. Dorkas war schließlich Kindergärtnerin gewesen! Was sollte da schiefgehen! Sie, die Durchunddurchmutter, sie, die Durchunddurchhausfrau, nein, sie war bestimmt glücklich, hatte sie sich je beklagt? Und warum auch? Sie hatte ja schließlich alles, was man sich als Frau wünschen konnte. Oder?! Wilhelm G.s Leben war die berufliche Karriere, die berufliche Anerkennung, das fortschrittliche Denken, die Wissenschaft. Dorkas' soziale Stellung als Frau eines angehenden Professors war ihre Berufung als Frau, als Mutter, als Ehegefährtin. So fand er, daß alles seine Richtigkeit hatte, seine Ordnung. Selbstzucht und wenn nötig Zucht, aber diese nur in Maßen, und Unterordnung und absoluter Gehorsam, so waren er und sie erzogen worden. Dies waren die Maximen, die sie an ihre Kinder weitergeben wollten, genauso, wie sie alle negativen von außen kommenden Einflüsse von ihnen fernhalten wollten, damit sie die Kontrolle in der Hand behielten – wo kämen wir denn sonst hin! – und Zärtlichkeiten auch nur in Maßen, schließlich verzärteln, verweichlichen Kinder sonst noch. Jawohl, alles war gut so. Er konnte sich auf Dorkas verlassen, ihre Wertvorstellungen waren die seinen.

Sie hielten sich für eine hervorragende Mischung, um den Kindern eine unantastbare, tiefverwurzelte Basis für ein anständiges Leben mitzugeben. Sie sollten immer wissen, woher sie kamen und den Namen und die Herkunft in Ehren halten. Jawohl!

Willi war zufrieden. Die Nationalsozialisten stellten die Ordnung wieder her, die das deutsche Volk so dringend brauchte, es gab wieder Richtlinien, an die man sich halten konnte, die aufrichteten, stützten.

Dorkas, so fand er, war eine hervorragende, aufopferungsvolle, selbstlose Mutter, sie kam aus gutem christlichen Haus, sie war eine tüchtige Hausfrau, eine verständnisvolle Ehefrau. Sie würde nie in sein berufliches Leben eingreifen, er nicht in ihre Hausarbeit und Kinderaufzucht. Was Dorkas zu Hause sagte und tat, wurde von ihm kritiklos akzeptiert und respektiert, und das gleiche erwartete er auch von ihr und natürlich von seinen Kindern.

Diskussionslos! Wo kämen wir da sonst hin!

Er legte die Zigarre weg, warf einen Kittel über und ging in den Kreißsaal.

Ach Kinder, ist das schön, habt ihr aber ein schönes Haus. Daß ich das noch erleben kann!«

Wir zeigen ihr das Haus, mein Zimmer, das ich für sie freigeräumt habe.

»Hast du Fotokopien mitgebracht?«

Ich hatte meinen Bruder Jörg gebeten, mir von den Aufzeichnungen unseres Vaters und Bruders Peter Kopien mitzugeben. Erst vor wenigen Wochen hatte ich erfahren, daß es private Aufzeichnungen gibt.

Dorkas gibt mir einen dicken Umschlag.

»Ich mach schnell etwas zum Abendbrot, entspanne dich,

aber wenn du die Stufen hier betrittst, geh bloß an der Wand entlang, es gibt kein Geländer.«

»Ach was, so gebrechlich bin ich ja nun doch noch nicht.«

»Darum geht es nicht, sondern darum, daß du ja nichts siehst.«

»Ich taste mich mit den Füßen vor.«

Das Telefon klingelt, Heinrich ruft Dorkas, weil ihre Schwester sie sprechen will.

Na, Dorkas? Und wie du aufspringst, als du den Namen deiner Schwester hörst, eins, zwei, drei, im Nu bist du die Stufen hochgesprungen. Ich denke, du siehst nichts? Und dann, nachdem du den Hörer auflegst, Heinrich dir gerade zuruft, bei den Stufen aufzupassen, fällt dir deine Hilflosenrolle wieder ein. Ziehst deine Show ab! Tastest dich mit den Füßen vor, »Dorkas, geh an der Wand entlang!« und schon stolperst du, schwankst, ich sehe es von der Küche aus, springe zu dir, will dich halten, schaffe es, daß du wieder festen Boden unter den Füßen hast, dabei ziehst du mich runter, ich knalle mit dem Hinterkopf auf die Ecke der Balustrade, mit dem Steißbein auf die Stufenkante.

»Verdammt!« schreie ich, »warum machst du solch einen Scheiß!«

»Wie ist denn das passiert?« fragt Heinrich, der kreidebleich angelaufen kommt.

»Irgendwie bringt die mich noch echt um!« zische ich und gehe in die Küche zurück, mache fluchend das Abendbrot fertig.

»Wie mir das leid tut!« jammert sie.

»Schon gut, aber nun mal im Ernst, du spielst hier die Blinde und...«

»Ich spiele nicht, ich bin es!«

»Schon gut, schon gut, um so schlimmer! Blinde gehen wie Blinde, also geh an der Wand entlang, wenn du die Treppe gehst, sonst kriegen wir noch gewaltigen Krach!«

»Ich verspreche es«, wimmert sie.

Wir essen zu Abend, sie mampft das von mir vorbereitete rindenlose Brot, das ich in kleine Stücke schnitt. Sie mampft zahnlos, ihr Gebiß liegt neben ihr auf der Bank zwischen angelutschten Schweizer Kräuterbonbons und benutzten Papiertaschentüchern.

»Mutti, hast du nicht eine Dose, in die du die Zähne stecken kannst?«

»Ja, warum?«

»Mensch, Mutti, ich finde das nicht sehr appetitlich!«

»Ich hab' eine Dose in meinem Zimmer.«

Heinrich und ich essen appetitlos und schauen zur Terrassentür, bemühen uns, sie nicht anzusehen.

»Ist bei den Kopien was von Peter dabei?«

»Unser Peter! Wenn er doch noch leben würde! Er war ja schon als Kind so oft krank, der arme. Was man als Mutter nicht alles erleben muß, das macht sich ja gar keiner klar, das sage ich denen im Augustinum ja auch immer wieder, erst der Mann, dann der Sohn!«

Sie holt ein verkrumpeltes Spitzentaschentuch hervor, nimmt die Brille ab und wischt sich über die Augen, schnäuzt sich.

»Was man als Mutter alles erleiden muß!«

Peter war oft krank, entweder es waren die Ohren oder die Nieren, und immer wieder mußte er mal ins Krankenhaus.

Wie so oft stritten wir wegen der Schiffszahlen, und in meinem Zorn wünschte ich mir, er würde wieder krank und käme ins Krankenhaus. Dann hätte ich Mutter für mich alleine und sie würde mich liebhaben.

Daß Peter dann wirklich krank wurde, ins Krankenhaus kam, vertiefte mein schlechtes Gewissen, und abends beim Gutenachtgebet verschwieg ich meiner Mutter meine Schuld aus Angst, daß sie mich dann überhaupt nicht mehr liebhaben würde. Erst als sie das Zimmer verlassen hatte, kroch ich unter meine Bettdecke und betete, der liebe Gott möge mir verzeihen, aber ich war nie davon überzeugt, daß er es tat, sondern, daß er sehr nachtragend war.

Mutter hatte gesagt, der liebe Gott sehe alles, wisse alles, auch das, was ich denke und nicht sage, er könne mir bis ins Herz sehen, ich könne nie etwas vor ihm verheimlichen. Also wußte er auch, daß ich mir Peters Krankheit gewünscht hatte, und nun war ich verloren. Verzweifelt bat ich um Vergebung und daß er Peter nicht sterben ließ, um mich noch mehr zu strafen, und ich versprach ihm, mich nie mehr mit Peter zu zanken, versprach, daß Peter immer recht haben dürfe und ich nie mehr eins seiner Spielzeuge anfasse.

Meine Angst erfüllte mich total, auch die Angst vor Mutter, denn ich glaubte fest, sie bekäme von Gott meine Schuld erzählt. Dann würde sie mich niemals liebhaben, und was dann?

Mutter war traurig und nervös. Ich versuchte sie aufzuheitern, wollte ganz brav sein, zappelte nicht bei Tisch und aß meinen Teller leer, mäkelte nicht am Essen herum, lehnte meinen Rücken nicht an die Stuhllehne, stützte meine Ellbogen nicht auf. Mutter merkte nichts. Ich wollte ihr in der Küche helfen, da nahm sie mir wieder das Handtuch weg und meinte: »Laß das, du machst sowieso nur alles kaputt.« Peters Krankheit hatte alles nur noch viel schlimmer gemacht.

Oft kam Mutter ganz traurig aus dem Krankenhaus zurück, und wie sehr hatte ich gehofft, sie würde, wenn sie die Tür öffnet, strahlen. Sie weinte und wenn sie sah, daß ich es sah, zog sie ein Taschentuch aus dem Strumpf und schnaubte sich die Nase, so als habe sie Schnupfen. Peter blieb lange weg, all meine Gebete halfen nichts. Ich gab mir noch mehr Mühe, Mutter wieder froh zu stimmen: Ich rannte nicht durch die Wohnung, wodurch die Teppiche verrutscht wären, ich stieß an keinen Stuhl, an keinen Tisch, abends nach dem Essen ging ich gleich ins Bett ohne zu quengeln, etwas länger aufbleiben zu dürfen.

Mutter merkte nichts.

Endlich kam Peter wieder nach Hause, und Mutter war wieder fröhlich.

Mein Versprechen, mit Peter nicht mehr zu streiten, gelang mir in den nächsten Jahrzehnten, mit einer Ausnahme Anfang der Fünfziger. Sonst hielt ich mein Versprechen bis zu seinem Tod 1982. Ich machte ihm, obwohl ich als Kind unter ihm und der Bevorzugung durch Mutter litt, nie Vorwürfe.

»Nimm Rücksicht auf Peter!« war mir als Kind Pflicht. Im Laufe der Jahre veränderte sich mein Verhältnis zu meinem älteren Bruder von Desinteresse über hochmütiges Belächeln zu Mitleid, vor seinem Tod zu tiefstem Respekt.

Wir sitzen auf den Holzbänken am großen Tisch, dem Zentrum der Wohnung. Es ist spät am Abend. Wir hatten uns vorgenommen, auch während Mutters Besuch unser Musikhören am Abend beizubehalten.

Mercurio, unser kleiner Schäferhundmischling, liegt neben mir auf der Bank. Er ist trotz Impfung staupekrank geworden, vielleicht sogar wegen der Impfung. Das Serum hätte gekühlt von Madeira hierher transportiert werden müssen, aber Kühlboxen gibt es nicht einmal für Humanmedizin. So war das Serum, handgewärmt, verdorben, und unser kleiner Hund würde nur, wenn er Glück hatte, überleben.

Auf Madeira und Porto Santo herrscht eine Staupeepidemie, Hunderte tote Hunde, viele Jäger verloren ihren gesamten Jagdhundebestand. Wir hatten Mercurio schützen wollen. Nicky, unser Inselmischling, war schon geimpft, bevor die Epidemie ausbrach.

Mercurio bekommt jetzt täglich drei Spritzen zur Bildung der Abwehrkraft. Dieses Serum hatten wir über Bekannte gekühlt zum Flugzeug auf Madeira bringen lassen, hier sofort in Empfang genommen und gleich wieder kühl halten können.

»Wir haben eine Medikamentenkühlbox in Deutschland bestellt, so was passiert uns nicht noch einmal.«

»Aber das hätte doch der Tierarzt wissen müssen!«

»Dorkas, hier gibt es keinen Tierarzt, nur einen Tierpfleger, und der wußte das nicht.«

Ich sehe zum Hund wie er hechelt, nehme eine Spritze mit Wasser und träufele ihm etwas in sein auf der Seite liegendes Maul.

»Wird er sterben?«

»Vielleicht.«

»Der arme Hund.«

Ich streichle ihn.

Dieser Jammerton! Ich kann ihn kaum noch ertragen ohne aggressiv zu werden. Vorhin lag der Hund zu ihren Füßen, da gab sie ihm einen Tritt, daß er aufjaulte.

»Mensch, Mutti, bist du verrückt? Warum machst du das?«

»Er hat auf meinem Zeh gelegen.«

»Na und? Mußt du ihn deswegen treten?«

»Mein Zeh tut weh.«

Ich hätte sie schlagen mögen, rechts und links, immerzu und kräftig in ihr Gesicht, sie anschreien mögen: Du alte Furie, tierlieb nennst du dich, erst streicheln, dann treten!

Monika, in 14 Tagen ist sie wieder weg, halt durch, sie ist eben alt und sonst halt, wie sie immer war.

»Mutti, paß auf, nachher hören wir etwas Musik, aber vorher laß uns von was anderem reden. Ich habe hier Mappen voller Zettel mit Stichpunkten von Erinnerungen von früher. Ich will mir das alles mal zusammenschreiben und dazu brauche ich deine Hilfe. Du hast uns damals in Berlin vorm Einschlafen zwei Lieder vorgesungen, ›Dunkel ist es draußen‹ und ›Schlaf in guter Ruh‹. Erinnerst du dich noch?«

»Klar weiß ich das noch.«

»Kennst du noch den Text? Ich krieg' ihn nicht mehr ganz zusammen.«

»Bestimmt.«

»Dann mal los, wenn du willst, ich schreibe mit.«

Sie singt, sie singt zahnlos, ich darf sie dabei nicht ansehen.

Heinrich steckt seinen Kopf hinter der Säule vor.

»Seid ihr jetzt beide total verrückt geworden?«

Ich lege den Finger auf meinen Mund, winke ab. Er verdreht die Augen, zieht sich wieder zurück.

Immer besser lernte ich Tagesfühlen nicht zu achten, aber abends, nachts gelang mir, im Bett liegend, im Dunkeln keine Abwehr, keine Ablenkung. Das Tagesfühlen, die Tagesgefühle holten mich nachts ein, beherrschten mich, lähmten mich.

Die schon gegen Abend einsetzende Unruhe gehörte zu meinem Leben wie das erstaunte morgendliche Wachwerden: nichts ist passiert, alles ist da. Meine Puppe lag noch in meinem Bett, draußen wurde es hell, Geräusche aus der Küche. Erleichterung.

War Willi abends nicht zu Hause, hatte ich Angst. Es war nicht die Angst vor seinem Nichtdasein, sondern die Angst vor Mutters Liedern und dem Betenmüssen.

Zwei Lieder waren es, die sie uns vorsang, das erste vom Wind, das zweite vom Bettler. Diese beiden Lieder gehörten zum Abend, ohne sie wäre der Tag nicht abgeschlossen gewesen. Ich wollte sie hören, so sehr ich mich auch vor ihnen fürchtete, so sehr sie mich auch aufwühlten.

»Dunkel ist es draußen und die Winde sausen,
durch die hohen Wälder und die kahlen Felder.
Doch ich hab's so nett, so nett,
lieg daheim im Bett, im Bett,
decke warm mich zu, schlaf in guter Ruh.

Tut der Wind sich schütteln und am Laden rütteln,
tut die Mutter wachen, kann der Wind nichts machen.
Doch ich hab's so nett, so nett,
lieg daheim im Bett, im Bett,
decke warm mich zu, schlaf in guter Ruh.

Armes kleines Blättlein, hast du denn kein Bettlein,
mußt durch hohle Gassen und dich jagen lassen.
Doch ich hab's so nett, so nett,
lieg daheim im Bett, im Bett,
decke warm mich zu, schlaf in guter Ruh.

Der Mond, der sieht ins Zimmer, Mutters Lampenschimmer,
tut die Mutter wachen, kann der Wind nichts machen.
Doch ich hab's so nett, so nett,
lieg daheim im Bett, im Bett,
decke warm mich zu, schlaf in guter Ruh.«

Danach voller Erwartung, voller Angst kam das zweite Lied:

»Schlaf in guter Ruh,
tu die Äugelchen zu,
höre, wie der Regen fällt,
hör, wie Nachbars Hündchen bellt.
Hündchen hat den Mann gebissen,
hat des Bettlers Kleid zerrissen,
Bettler eilt der Pforte zu,
schlaf in guter Ruh!«

Ergriffen, voller Mitleid mit dem armen Bettler kam der Befehl: »Nun beten!«

Ich setzte mich auf, faltete meine Hände, kniff die Augen zu.

»Lieber Gott, mach mich fromm, daß ich in den Himmel komm. Behüte Vati und Mutti und Peter und den Bettler und alle, die ich lieb habe, und verzeih mir, was ich Böses gemacht habe.«

»Was hast du denn Böses gemacht?«

»Nichts.«

»Aber warum sagst du es denn?«

Ich war immer in der Zwickmühle, ein Entrinnen gab es nicht.

Abend für Abend diese Frage, und ließ ich den Teil des Gebetes weg, fragte sie, ob ich denn nichts vergessen hätte.

»Ich hab' Peter geärgert«, log ich und wollte gar nicht lügen, aber sonst gab sie sich nicht zufrieden und mir keine Ruhe. Nur dann bekam ich den Gutenachtkuß.

Oft überdachte ich schon gegen Abend hin den Tag und überlegte voller Unruhe, was ich beten könnte. Aber oft mußte ich lügen, dabei hatte Mutter gesagt, daß der liebe Gott keine kleinen Mädchen liebt, die lügen.

»Dann ist der liebe Gott ganz traurig.«

Nach dem Gutenachtkuß verließ Dorkas das Zimmer, und ich kroch ganz unter die Bettdecke und betete richtig, bat den lieben Gott um Verzeihung, daß ich gelogen hatte, weil ich doch Peter gar nicht geärgert hatte. Ich war überzeugt, daß der liebe Gott mich nie hörte, und nie war es mir möglich, mich sicher zu fühlen.

Kann ich mich in ihrer Anwesenheit denn nie entspannen? Warum kann ich mich nicht denken ohne diese Anspannung, diese Verkrampfung im Zusammenhang mit meiner Mutter?

Dazu die ewige Sehnsucht, vor ihr Ruhe zu haben.

»Dorkas, wir hören jeden Abend eine Schallplatte, sind jetzt bei den Mozart-Sinfonien, hast du Lust mitzuhören oder willst du ins Bett, es ist ja schon spät.«

»Ich will mithören.«

»Dann setz dich zu Heinrich in einen Sessel, da hörst du am besten.«

»Ich höre gut.«

»Ich meine, für den Platz da ist die Musik am besten ausgesteuert.«

»Und du, warum setzt du dich nicht auch dahin?«

»Ich will noch einen Brief an Armi schreiben.«

Eine Platte am Abend als Ausklang des Tages, genießen und entspannen. Bevor meine Mutter kam.

Plötzlich höre ich sie summen.

Mensch, Mutter! Laß das! Heinrich dreht durch, wenn man beim Musikhören nicht ruhig ist!

Ich lege das Schreibzeug weg, habe nicht die Ruhe, meine Nerven spannen sich wieder an, ich spüre ihre Kraft.

Sie summt lauter.

Ich sollte sie um Ruhe bitten, warum fühle ich mich verantwortlich dafür, daß Heinrich in Ruhe Musik hören kann? Soll er sich doch mit der summenden Schwiegermutter auseinandersetzen. Aber was wird er tun? Er wird still leiden und für die restlichen Tage lieber ganz auf Musik verzichten.

Ich zwinge mich, sitzen zu bleiben, Dorkas nicht um Ruhe zu bitten.

Meine Gedanken sind bei ihr, bei mir, bei der Frage, warum wir zwei es nie verstanden, miteinander umzugehen, nie. Mit der Frage, ob ich erst nach ihrem Tod die ersehnte Ruhe vor ihr haben werde. Oft denke ich, ich hätte mich aus ihren klammernden Krakenarmen befreit, stelle dann immer wieder mit Entsetzen fest, daß ich doch noch die brave, angepaßte Tochter bin, wie ich mich nach ihrer Liebe sehne, und sowie mir dies bewußt wird, wüte ich gegen mich vor Schrecken und Abscheu. Plötzlich Schritte, schlurfende Schritte. Ich springe auf, Heinrich steht schon, starrt auf meine Mutter, ich sehe sein fassungsloses Gesicht und meine Mutter über die blanken Fliesen zur Mozart-Sinfonie summend tanzen, sich herumwirbeln, höre sie jauchzen und jubeln.

Hilflos sehen wir uns an.

»Sie wird sich das Genick brechen!«

»Mutter, laß das!« schreie ich sie an.

»Ich tanze doch für mein Leben gern.«

Sie dreht sich, stößt überall an, ihr wird schwindelig. Sie kichert, sie fällt gegen Heinrichs Modelleisenbahn, ein paar Züge springen aus den Schienen.

»Jetzt ist aber Schluß, das ist eine Sinfonie!«

»Na und? Hauptsache ich tanze. Habt ihr nicht die Platte: Ich tanze mit dir in den Himmel hinein, in den siebenten Himmel der Liebe?«

Sie singt gegen Mozart an.

»Danach hat Willi doch so gerne mit mir getanzt.«

Verzückt windet, dreht sie sich. Heinrich baut seine Züge wieder auf, brummelt vor sich hin und stellt den Plattenspieler leise.

»So geht das nicht, Dorkas!«

»Mutter, ab sofort verbieten wir dir zwei Dinge. Erstens tanzt du hier nicht, zweitens gehst du die Stufen nie, ohne dich an der Wand festzuhalten. Keine Diskussion! Aus! Basta!«

Ich erschrecke über meine Befehle. So sprach Mutter früher. Sie befahl, ich gehorchte, jetzt befehle ich und sie muß gehorchen.

Mir wird schlecht.

»Aber ich will tanzen!«

»Mach das in deinem Augustinum auf dem Teppichboden, nicht hier. Wenn du dir die Knochen brichst, hier, bist du aufgeschmissen, wir aber auch!«

Sie sitzt wieder, beleidigt, hat den Kiefer verbissen vorgeschoben, die Lippen gespitzt.

Ich gehe zum Tisch zurück.

Warum laß ich sie nicht ihre Knochen brechen, wenn sie unbedingt will? Soll sie doch machen, was sie will! Nein, das geht nicht. Ich will sie hier nicht als Pflegefall haben, außerdem ist die medizinische Versorgung hier unter aller Sau!

Wie gehe ich mit meiner alten Mutter um? Ich hab's doch nie gekonnt. Ich lerne das doch jetzt nicht in diesen 14 Tagen!

Wie kriegen wir diese Tage glimpflich rum, ohne daß es ganz furchtbar kracht?

Was mache ich 14 Tage lang mit ihr?

Sie liebt Abwechslung, also muß ich mit ihr viel unternehmen. Außerdem habe ich so viele Fragen an sie, ja, das werde ich ausnutzen, von früher weiß sie sicher noch viel, bei alten Leuten soll ja das Langzeitgedächtnis gut sein, im Alter noch viel ausgeprägter, ja, so wird's gehen, so muß es gehen, außerdem können wir Leerkassetten besprechen, so eine Art Tagesbericht, dann kann sie die Kassetten später immer mal abhören.

Neue Hoffnung. Irgendwie wird's schon gehen.

Wir hatten einen Bruder bekommen, von dessen Existenz ich wußte, weil es hieß, er schlafe in der Kammer. Manchmal hörte ich ihn auch hinter der Tür schreien, aber ich erinnere mich nicht, ihn in den ersten Monaten gesehen zu haben. Mutter verschwand oft hinter der Kammertür, kam nach einer Weile wieder raus. Das war alles.

Vielleicht sah ich Jörg bei der Haustaufe, ganz schwache Erinnerungen schweben an mir vorbei, zu blaß, um sie zu fixieren, sie einzufangen.

Aber an Eierkohlen erinnere ich mich. Haustaufe und Eierkohlen gehörten lange für mich zusammen.

Ich wußte, daß Eierkohlen süß schmeckten. Die großen Briketts, die Besucher mitbrachten, interessierten mich nicht. Mich interessierten nur Eierkohlen.

Taufe. Haustaufe. Ich hatte ein hübsches, weißes Kleid angezogen bekommen mit der Ermahnung »Mach dich nicht schmutzig!«, dann sah ich aber die Eierkohlen. Schon war eine in meiner Hand, ich lutschte selig, schwarze Spucke tropfte auf das hübsche Kleid, ein schlechtes Gewissen packte mich, Angst, Tränen liefen wie die Nase, die Spucke, alles zusammen verschmierte ich durch ängstliches Spurenverwischenwollen mit meinen schwarzen, nassen Händen. Die Katastrophe war perfekt.

Itata, die Schwester meiner Mutter, sah mich, »aber Monika!«, und zog mich aus, wusch mich, zog mir ein älteres, weniger hübsches Kleid an, und ich mußte versprechen, keine Eierkohlen mehr zu lutschen. Ich versprach.

Aber dafür stolperte ich über den Eierkohlenkasten, fiel mit der Stirn auf die Kante, schrie, Blut und Tränen vermischten sich mit Rotz, und meine Hände, die im Kohlenkasten nach Halt gesucht hatten, verschmierten alle Farben.

Wieder wurde ich ausgezogen, gewaschen, diesmal auch die Haare, eine Qual, denn beim Durchkämmen ziepten die Lokken, aber die Strafe fand ich gerecht und weinte nicht wegen des Ziepens. Ein Pflaster kam auf die Stirn, mich steckte man in ein noch häßlicheres Kleid.

Mutter, war was Besonderes mit Jörg, weil er immer in der Kammer war?«

»Wie kommst du denn darauf?«

»Ich erinnere mich nur an die Kammer, in der er gewesen sein muß, aber ich glaube, ich sah ihn nie.«

»So was Blödes! Jörg war wie all meine Kinder ein ganz normales Kind. Ich hab' ihn gefüttert und gewickelt wie euch auch.«

»Durften Peter und ich mal beim Füttern und Wickeln dabeisein, zusehen? Ich erinnere mich nicht«.

»Natürlich nicht, ein kleines Kind braucht doch seine Ruhe!«

Schreckensbilder tauchten vor mir auf, Träume vom Eingesperrtsein, um Befreiung kämpfend, um Hilfe schreiend, die mich jahrzehntelang verfolgten.

»Gab es damals irgendeine Hilfe für die Erziehung, ich meine, hattet ihr irgendwelche Grundsätze, gab es Bücher über Kindererziehung oder so?«

»Ja, aber ich weiß nicht mehr, wie es hieß, oder doch, warte, es hieß, glaube ich ›Die Deutsche Mutter und ihr erstes Kind‹ oder so ähnlich von einer Hanna Harra, oder hieß sie anders? Ich hab's vergessen.«

»Und darin stand, daß man Neugeborene in Ruhe lassen soll, sie allein lassen soll?«

»Nein, wie kommst du denn darauf?«

»Du sagtest, wir hätten beim Füttern und Wickeln nie zugesehen, weil Jörg seine Ruhe brauchte.«

»Keins meiner Kinder wurde allein gelassen. Ihr wurdet behandelt, wie alle Kinder behandelt wurden.«

»Behandelt?«

»Na ja, versorgt!«

»Genauso ein Wort.«

»Was willst du eigentlich von mir? Wir hatten schließlich unsere Grundsätze.«

»Ich will versuchen, dich zu verstehen, und das fällt mir schwer, schon weil wir als Kinder so in Ruhe gelassen wurden, so alleine in einer Kammer, nur zu den Mahlzeiten haben wir dich mal gesehen, gehört.«

»Wir hatten eben Grundsätze im Gegensatz zu euch, ihr mit eurer antiautoritären Erziehung!«

Monika, laß es, es hat keinen Zweck, so kommen wir nie aufeinander zu. Aber ich kann es nicht lassen, sie zu provozieren.

»Ich denke, wir haben Tassilo kindgerecht und zur Selbständigkeit erzogen, haben ihn respektiert und seine Bedürfnisse ernst genommen. Außerdem wurde er weder autoritär, noch antiautoritär, vielleicht sogar gar nicht erzogen.«

»Da hast du es! Gar nicht!«

»Was ist daran so schlimm?«

»Ein Kind muß doch schließlich seine Richtlinien haben!«

»Nennt man das Erziehung?«

»Ja!«

»Wir haben Richtlinien und haben sie gelebt, dadurch wird Tassilo gelernt haben, natürlich auch seine eigenen Erfahrungen gemacht haben, seine eigenen Richtlinien gefunden haben und sie noch heute finden.«

»Aber ihr habt ihn nicht christlich erzogen!«

»Stimmt, das haben wir nicht, wenigstens nicht so, wie ich christlich erzogen wurde, sondern mit Respekt, sagen wir mal.«

»Respekt? Ein Kind mit Respekt erziehen?«

»Natürlich.«

»Aber ein Kind ist doch ein Kind!«

»Deswegen ja.«

O Dorkas, wenn du wüßtest, wie sich Knoten lösen! Wenn du wüßtest, wieviel mir jetzt klar wird!

»Ein Kind muß die Eltern respektieren, die Erwachsenen.«

»Die Eltern, die Erwachsenen das Kind nicht?«

»Na ja, aber erst muß das Kind mal Respekt lernen.«

»Wie soll es denn das außer durch Drohungen, Strafe, wenn man das Kind nicht respektiert? Ich denke mir einfach, daß es anders herum natürlicher ist. Wenn man das Kind respektiert, lernt es automatisch Respekt vor dem andern.«

»Also ihr mit eurer modernen Erziehung, da komm ich nicht mit.«

»Lassen wir's, Dorkas, erzähl doch mal lieber, ob du als Kind so erzogen wurdest, wie du uns erzogen hast.«

»Wir hatten ja als Kinder eine Kinderfrau, die sich um alles kümmerte, meine Mutter kam nur zum Gutenachtsagen, aber auch nicht immer.«

»Deine Mutter ließ euch Kinder alleine, setzte dafür eine Kinderfrau ein?«

»Nein, alleine ließ sie uns nicht, aber als Kind merkt man so was ja auch noch nicht.«

»Als Neugeborenes sicher nicht bewußt, aber ich denke schon, daß auch ganz frühe Eindrücke wichtig sind. Sag mal, wenn wir Kinder mal zwischendurch Hunger hatten, weinten, vielleicht einfach, weil wir Gesellschaft haben wollten oder weil die Windeln voll waren, hast du uns dann hochgenommen?«

»Nein, aber ich hab' immer in die Kammer gesehen, ob was Besonderes war.«

»Was war Besonderes?«

»Ob ihr gebrochen hattet oder so. Ein Kind braucht ja einen festen Rhythmus, da kann man es nicht zwischendurch hochnehmen, sonst wird man ja zum Sklaven seiner eigenen Kinder.«

»Wir bekamen also niemals zwischendurch ein Fläschchen oder wurden getröstet?«

»Warum? Ihr wurdet nach Vorschrift ernährt. Nur Jörg bekam später ein Zusatzfläschchen, damit er im Keller nicht so schrie, danach schlief er ruhig.«

»Und wenn wir krank waren?«

»Peter war viel krank, den hab' ich dann nächtelang durch die Wohnung getragen.«

»Weil er krank war, oder weil er schrie?«

»Damit Vati ruhig schlafen konnte.«

»Waren wir anderen auch mal krank, damit wir mal zwischendurch bemuttert wurden?«

»Nein, ihr wart gesunde Kinder.«

»Und wenn wir die üblichen Kinderkrankheiten hatten?«

»Die sind doch normal, die haben doch alle Kinder.«

»Mensch, du bist ganz schön hartgesotten!«

»Wieso denn! Man hat damals die Kinder nicht so verhätschelt.«

»Haben wir, außer Jörg, einen Schnuller gehabt, an den Fingern gelutscht?«

»Nein, nur Jörg, und einmal war der Schnuller weg, einfach nicht zu finden. Vati ging noch nachts in eine Apotheke und kaufte einen neuen, aber den hat Jörg dann immer wieder ausgespuckt, weil dieser nicht so abgenuckelt war und da hat er wahrscheinlich geschrien!«

»Was hast du da gemacht?«

»Ich war vollkommen nervös, weil Vater ja so selten da war, und ich wollte doch, daß er zu Hause seine Ruhe hatte.«

»Und was hast du da gemacht?«

»Du, das weiß ich nicht mehr«.

»Und Jörg hat geschunkelt, wie wir sein Hin- und Herwerfen beim Einschlafen und auch im Schlaf nannten. Aber das war wohl später in Hattingen in der Bahnhofstraße, als wir überm Arbeitsamt wohnten, vorher erinnere ich mich nicht daran. Ich weiß das auch nur, weil das Jungenzimmer zu meinem Zimmer nur durch eine drei Viertel hohe eingezogene Wand getrennt war und ich Jörgs quietschendes Eisenbett dann hörte. Das hat mich sehr gestört.«

»Ja, du hattest schon immer einen leichten Schlaf.«

Es war Nacht, als ich in meinem Gitterbettchen stand und im hohen Bogen nach draußen auf den Fußboden kotzte.

»Ich hab' dir doch extra einen Eimer ans Bett gestellt, warum kannst du nicht zielen?«

Da stand der Eimer wirklich neben meinem Bett, ich hatte ihn noch nie gesehen, heulte und würgte den Rest des Abendessens in den Eimer, den Mutter mir nun vors Gesicht hielt.

Eilig zog sie mich an.

»Was ist denn los?« heulte ich verwirrt.

»Los! Schnell an die Tür, da wird gewartet, nun mach schon!«

Prasselnde Befehle peitschten durch mich durch, die Bedrohlichkeit der Situation lähmte mich.

»Los, beeil dich, kannst doch sonst so schnell laufen!«

Da stand Peter fertig angezogen an der Tür.

»Was ist denn los?«

»Alarm.«

Dorkas wickelte den kleinen Jörg in eine Decke, legte ihn in einen Korb, stellte ihn raus vor die Wohnungstür.

»Sein Schnuller, wo ist sein Schnuller? Los! Alle suchen!«

Wir rannten durch die Wohnung, suchten den Schnuller, er blieb verschwunden.

»Los, wir müssen runter!«

»Meine Puppe!«

»Dafür ist keine Zeit mehr!«

»Meine Puppe!«

Dorkas rannte zurück, drückte mich dann mit der Puppe zur Treppe.

»Los, lauf! Schnell! Dalli, dalli!«

Im Keller saßen Leute, die ich noch nie gesehen hatte, eingemummt in dicke Mäntel, sie hockten auf Stühlen an der Wand entlang und an einem Tisch, über dessen Mitte eine einzige schwache Glühbirne in der Fassung baumelte. Gespenstisch. Heizungsrohre an der Decke, kein Fenster. Jörg brüllte. Am liebsten hätte ich mit ihm gebrüllt.

»Warum sind wir hier?«

»Frag nicht! Ab, ins Bett!«

»Hier?«

»Frag nicht! Tu, was ich sage!«

Dorkas steckte uns drei in zwei kleine Bettchen, angezogen, wie wir waren.

»Schlaft jetzt!«

»Ich kann nicht.«

»Du kannst!«

Ich kniff die Augen zu, da wurde alles noch viel schlimmer.

»Warum sind wir im Keller?« flüsterte ich leise Peter zu.

»Weil Alarm ist.«

»Ihr sollt still sein und schlafen! Sofort die Augen zu!«

Ich hörte Gegrummel, das Bett zitterte, die Glühbirne flakkerte.

»Was ist los?«

»Sie schießen.«

»Wer schießt?«

»Der Feind.«

»Warum?«

»Weil Krieg ist.«

»Ruhe hab' ich gesagt!«

Es hatte keinen Zweck. Wir waren mitten in der Nacht im Keller, ich verstand nicht, warum, und Peters Erklärungen machten mir angst, weil ich sie nicht verstand. Alles machte mir angst.

Dorkas kümmerte sich verzweifelt um den schreienden, zappelnden Jörg, sie war nervös, grantig. Ich benutzte die Gelegenheit zu einem neuen Versuch, zu verstehen.

»Warum sind wir hier?«

»Mensch, wir sind doch jede Nacht hier, tu doch nicht so blöd!«

»Jede Nacht?«

»Jede Nacht.«

»Warum weiß ich nichts davon?«

»Weil du blöd bist!«

Ich war fest davon überzeugt.

»Ich bin auch jede Nacht hier?«

»Wir alle.«

»Ich stinke.«

»Warum mußt du auch jede Nacht kotzen!«

»Jede Nacht?«

»Jede.«

Von nun an bekam ich immer mit, wenn wir in den Keller mußten. Ich hatte gelernt, mich alleine anzuziehen, nur bei den Schnürriemen der Stiefel haperte es, da half Dorkas. »Du machst ja doch nur Knoten!«

Etwas später wurden wir abends gar nicht mehr ausgezogen und mit aller Kleidung ins Bett gesteckt, um schneller in den Keller zu kommen.

Ich versprach der Mutter, in den Eimer zu zielen, und versuchte, aus Angst, nicht rechtzeitig zielen zu können, erst gar nicht einzuschlafen. Ich behielt die Richtung des Eimers im Auge, gebannt auf die Sirene wartend, aber nicht immer hielt ich mein Versprechen, denn ich schlief doch ein, und beim ersten Sirenenton schoß das Abendessen aus mir heraus.

Dann kam die Zeit, als Mutter uns nachts weckte, flüsternd und geheimnisvoll zischend, und erst als wir alle sprungbereit an der Tür standen, ging die Sirene los, und ich zielte in den Eimer, den ich mir vorsorglich schon vors Gesicht hielt. Erst danach konnten wir in den Keller. Ich hatte immer wieder gefragt, was Alarm ist, weswegen Alarm ist, was Krieg ist.

Peter erklärte:

»Wenn die Sirenen gehen, müssen wir in den Keller, weil uns sonst die Bomben auf den Kopf fallen.«

»Was kriegt man auf den Kopf?«

»Bomben.«

»Was ist das?«

»Waffen, die einen tot machen.«

»Warum macht man das?«

»Weil Krieg ist.«

»Warum ist Krieg?«

»Weil der Feind uns töten will.«

»Warum will der Feind uns töten?«

»Weil er böse ist.«

Meine Fragerei hielt lange an, und Peter gab seine geduldigen Antworten. Trotzdem blieb alles beängstigend für mich. Ich fühlte Bedrohung, Unsicherheit, Angst vor Mutters Ungeduld, Angst vor dem lieben Gott, weil ich beim Beten lügen mußte, und Angst vor mir, weil ich nichts verstand.

Wir sitzen am Holztisch, Dorkas war aus ihrem Zimmer gekommen, ausgeschlafen, vergnügt.

»Komm, trink Kaffee, Heinrich schläft noch.«

»Wann frühstücken wir?«

»Wenn Heinrich wach ist, wenn du aber willst, mach ich dir schon ein Brot.«

»Kaffee reicht mir.«

»Mutti, kannst du mir etwas zu den Bombennächten in Berlin erzählen? An was erinnerst du dich noch?«

»Als es mit den Alarmen immer schlimmer wurde, hatte Vater den Pförtner der Charité gebeten, mich schon bei Voralarm, den Krankenhäuser bekamen, anzurufen, damit ich euch nicht so in Eile für den Keller fertigmachen mußte. Da standet ihr bei richtigem Alarm schon an der Tür. Du hattest ja bei dem ersten Alarmton schon gebrochen, so konnte ich dich dann wecken, ohne daß alles auf den Fußboden ging. Du hast dann an der Wohnungstür in einen Eimer gebrochen. Jörg legte ich in ein Körbchen, stellte ihn vor die Wohnungstür in der Hoffnung, daß Frau Benneke, unsere Nachbarin ihn mal mit runternehmen würde, weil sie ja keine Kinder hatte, aber sie hat es nie getan.«

»Warum nicht?«

»Ich weiß es nicht.«

»Kanntest du sie näher oder andere im Haus?«
»Nein, nur vom Sehen, ich hatte keinen Kontakt.«
»Warst du da nicht sehr allein, so eine Art ›Grüne Witwe‹?«
»Nein, natürlich nicht.«
»Aber Vater war doch den ganzen Tag fort.«
»Auch nachts.«
»Immer?«
»Immer.«
»Mutti, das geht doch nicht, dann wären Jörg und ich ja von irgendwelchen Liebhabern.«
»Aber Monika! Wie kommst du denn darauf? Ich hatte nie einen anderen als Vati, obwohl ich genug hätte haben können.«
Wir lachten tatsächlich gemeinsam.
»Also war er doch hin und wieder zu Hause.«
»Das hatte ich vergessen.«
»Von guter Nachbarschaft konnte man da im Haus also nicht reden? Ich hab' viel über diese Zeit gelesen und fand, daß die Solidarität im Krieg ganz gut war, man sich gegenseitig half, erst nach dem Krieg oder zum Ende hin wurde es zum reinen Überlebenskampf, so jeder gegen jeden.«
»Nein, bei uns war das anders, da konnte man von guter Nachbarschaft nicht reden, es war oft sogar ganz schlimm. Da war im Keller ein Mitropa-Mann, der regte sich über den schreienden Jörg so auf, daß er von mir verlangte, daß ich euch alle drei in ein Waisenheim stecke.«
»War der verrückt?«
»Seitdem bekam Jörg ein Zusatzfläschchen.«
»Fällt dir noch was ein?«
»Unten im Haus wohnte eine Frau, deren Mann war als Held gefallen, und sie bekam alle Briefe zurück, und die müssen voller Läuse gewesen sein, wenigstens mußte die Frau ausziehen, der Kammerjäger kam, erst dann durfte sie wieder einziehen.«
»Wegen der Läuse?«
»Na hör mal, wenn wir alle die im Keller gekriegt hätten?«
»Ach so.«
»Und ihr hattet alle mal die Masern, da verlangten die Leute im Keller, daß ich euch in einen kleinen Verschlag neben dem Kellerraum stecke, das war so ein Kofferverschlag, da paßte gerade mal ein Bettchen rein, und da mußtet ihr alle drin liegen.«

»Hab' ich im Keller eigentlich vor Angst geweint?«

»Nein, Peter und du, ihr wart vor lauter Angst immer ganz still.«

»Ich war ein ängstliches Kind?«

»Und wie! Das war ganz schlimm, du hattest immer und vor allem Angst.«

»Weißt du warum?«

»Du warst eben ein ängstliches Kind.«

»Mir fällt auch nur zu allem Angst ein. Noch was, ich erinnere mich, daß du mal sagtest, deine Kinder wären alle mit einem Jahr sauber gewesen. Stimmt das?

»Natürlich wart ihr mit einem Jahr sauber!«

»Wie hast du das geschafft? Mit einem Jahr kann ein Kind doch noch gar nicht sauber sein.«

»Natürlich kann es das. Ihr kamt auf das Töpfchen und bliebt drauf, bis was gekommen war.«

»Haben wir da nicht gemeckert, uns gewehrt, geheult?«

»Doch, das habt ihr, aber ihr konntet ja nicht runter, ihr wart ja am Küchentischbein festgebunden und mußtet so lange drauf bleiben, bis ihr fertig wart. Nur Jörg brauchte ich nicht festzubinden, der hatte ein Töpfchen, das machte Musik, wenn was drin war.«

»Wie war es nachts? Haben wir eingepinkelt?«

»Na hör mal, meine Kinder doch nicht, nein, nie! Ich hab' euch nachts, bevor ich ins Bett ging, geweckt, hab' euch aufs Töpfchen gesetzt.«

»So geht's natürlich auch.«

Sie hört nicht, wie ich es meine, und fühlt sich bestätigt.

»Sag mal, das war doch alles in der Hitlerzeit, die hast du ja ganz miterlebt, was hast du gewußt, was gesehen?«

»Ich wußte gar nichts.«

»Mutti, das sagen alle. Wie war das, als du einkauftest? Man kann ja nicht mit Scheuklappen herumlaufen, zumindest sieht man aber das, was direkt vor einem passiert.«

»Ja, als ich schwanger war mit dir, hatte ich ein volles Einkaufsnetz, da kam so ein kleines Judenmädchen und hat mir ihr volles Einkaufsnetz in den Bauch geschlagen.«

»Was erzählst du da!«

»Ja, sie sollte mir Platz machen, da hat sie sich gedreht und das Netz so geschleudert, und dabei traf sie mich.«

»Das hört sich ja schon ganz anders an, dann war es nicht absichtlich.«

»Doch! Das tat sie mit Absicht!«

»Mannomann, Dorkas!«

»Ich hab' ja nichts gegen Juden und noch nie gehabt.«

»Damals auch nicht? Du hast doch sicher gesehen, daß Juden abgeholt wurden.«

»Ja, einmal sah ich Lkws, da wurden Familien eingeladen, Männer, Frauen und Kinder, alle getrennt in die Lkws, die Frauen und Kinder schrien, da hab' ich einen SA-Mann gefragt, und der sagte mir, die Männer kämen auf den Bau, die Kinder in die Landverschickung, und die Mütter würden ihnen kochen.«

»Und das hast du geglaubt?«

»Damals ja.«

»Und daß sie schrien, das hat dich nicht stutzig gemacht?«

»Ach weißt du, das hat man sich ja abgewöhnt.«

»Hattest du Kontakt zu Juden? Vielleicht kanntet ihr einen Arzt, einen Rechtsanwalt?«

»Nein, wir kannten keinen persönlich.«

»Und wie war das mit den Geschäftsleuten, hast du bei ihnen eingekauft?«

»Natürlich.«

»Und als es verboten war?«

»Natürlich nicht, ich wollte ja schließlich keine Schwierigkeiten haben.«

Wir fahren nachher in den Ort zum Einkaufen, da kann ich dir die Läden zeigen, anschließend das einzige Café, in dem wir uns manchmal mit Freunden treffen. Wenn du Lust hast, kannst du mit Heinrich gleich ins Café, dann kauf ich alleine ein.«

»Nein.«

»Nein?«

»Nein.«

»Was nein?«

»Ich will mit dir überallhin.«

Ich hatte darauf geachtet, daß sie einen sauberen Rock anzieht, der schmuddelige hängt gewaschen auf der Leine.

»Mein Blindenstock.«
Das Taxi kommt.
»Erzähl ihm, wer ich bin.«
»A mae da minha mulher.«
»Was hat Heinrich gesagt?«
»Die Mutter meiner Frau.«
»Sag ihm, daß ich blind bin.«
»Ela é quase cego.«
»Dorkas, wundere dich bitte nicht, wenn du hier oft von dir ganz fremden Leuten geküßt wirst.«
»Geküßt? Warum denn das, mein Kind, das will ich nicht!«
»Das ist so üblich hier, anstatt sich die Hand zu geben.«
»Machen das alle? Nein, das gefällt mir ganz und gar nicht!«
»Das machen nicht alle. Im Supermarkt wirst du zum Beispiel nicht gleich von allen Verkäuferinnen abgeküßt, wenn ich dich aber Vanda, einer der Verkäuferinnen, vorstelle, bekommst du rechts und links auf die Wange Küsse.«
»Das ist ja entsetzlich!«
»Ich sage dir das ja auch jetzt schon, damit du darauf gefaßt bist.«
Wir lassen uns zur Post fahren, ich helf ihr aus dem Wagen.
»Vorsicht Stufe!«
»Hab' ich gesehen.«
Heinrich öffnet das Postfach, reicht mir einen Brief.
»Wer hat geschrieben?«
»Armi.«
»Lies vor, was schreibt sie?«
»Erstens nicht hier und zweitens ist der Brief für mich!«
Wir gehen, sie eingehakt. Ich zeige ihr das Rathaus, die Kirche, den Palmenplatz. Bin schon jetzt genervt. Mich irritiert meine Sprache, meine Stimme. Ich höre mich ohne Betonung reden, höre Sätze herausgequetscht, werde mir fremd und ich ärgere mich, weil ich nicht locker daherreden kann, zwanglos, plätschernd. Ich stelle mir meine Sprache im Beisein meiner Mutter als die einer Fremdenführerin vor, ausgepowert, nach Saisonende sich sehnend.

Ich lebe wie auf einem Vulkan kurz vor dem Ausbruch und weiß mich nicht in Sicherheit zu bringen. Oder doch? In mir brodelt es, aber noch halte ich mich unter Kontrolle.

Wir gehen in die ›Bar Sol Mar‹ neben einem der kleinen Supermärkte, Heinrichs erste Kneipe vor langer Zeit, als er die Kneipe noch zu seinem Wohnzimmer machte. Der Besitzer, der alte Teixera, war Heinrichs erster Freund auf der Insel und ist es geblieben, auch seitdem Heinrich wie ich nur noch Kaffee oder Mineralwasser trinken.

Bei Teixera stelle ich immer die Einkaufstüten ab, nehme sie erst mittags mit in die Camacha, wenn wir zurückfahren. Seine Tiefkühltruhe darf ich benutzen, um tiefgekühlte Sachen aufzuheben, seine Kühltruhe für Salate, Gemüse.

»Kind, das ist ja praktisch.«

»Ja.«

»Warum tut er das?«

»Was?«

»Warum erlaubt er euch das?«

»Warum nicht?«

»Na hör mal, wenn das jeder machen würde!«

»Macht nicht jeder, nur ein paar.«

»Aber dann müssen wir bei ihm auch was verzehren.«

»Müssen wir nicht.«

»Wie kommt er denn dann auf seine Kosten?«

»Ihm scheint's zu reichen.«

»Stell mich vor!«

Sie gibt Teixera die Hand.

»Sag ihm, daß ich blind bin!«

Ich sage es.

»Wie hat er reagiert?«

»Gar nicht.«

»Gar nicht?«

»Gar nicht.«

»Na hör mal!«

»Mutti, du bist blind, er hat's mit der Prostata, der andere im Kreuz, der nächste in den Beinen.«

Wieder ermahnte ich mich zur Geduld.

»Komm, wir gehen nach nebenan einkaufen.«

Mit dem Einkaufskorb und meiner Mutter an den Armen quetschen wir uns durch die engen Gänge.

»Geh besser hinter mir her, wir schmeißen sonst alles noch runter.«

Ich packe Lebensmittel ein, da höre ich meine Mutter reden, dreh mich um.

»Ich bin die Mutter von Monika, zu Besuch hier, ist das nicht nett?«

»Mutter, bitte! Das interessiert hier keinen Menschen, schon gar nicht fremde Touristen.«

»Wenn die doch aber Deutsch sprechen?«

»Touristen, Mutti, bitte quatsch nicht jeden an!«

Ich versuche sie im Auge zu behalten, bin ich Schweiß gebadet, in voller Anspannung, mein Herz rast. Während ich Gemüse abwiegen lasse, sehe ich, wie sie einer Einheimischen an den Strohhut tippt, ihren zahnlosen Mund wunderlich grinsend verzieht, an ihren Kopf tippt und immer wieder hintereinander nickt.

Mein Gott, was macht sie denn da schon wieder!

»Was machst du denn da!?«

»Ich hab' eben der Dame nur gezeigt, was sie für einen schönen Hut hat, man muß doch schließlich höflich sein!«

»Mutter, raus hier! Faß mich an, ab zur Kasse, nur ja raus hier!«

Beleidigt trottet sie hinter mir her. Ich ziehe sie wie ein bockiges Kind und halte sogar die Körperberührung unserer Hände aus, Hauptsache, wir sind hier bald draußen.

Wieder in der Kneipe nebenan, in der Heinrich wartet und seine Post liest, bin ich kurz vor dem Heulen, wundere mich, daß ich so wenig belastbar bin.

»Mutti, ich hab dir Bananen gekauft, die aus Madeira, die schmecken herrlich, nicht so seifig wie die in Deutschland.«

»Ach Kind, ich eß ja ganz wenig, kaum Bananen, du weißt doch, die Verdauung.«

»Mutti, ich muß noch ein paar Sachen einkaufen, willst du nicht lieber mit Heinrich schon in das Café?«

»Ich komme mit dir!«

»Bitte, Mutter! Das ist mir zu nervend, die Läden sind so voll, so eng.«

»Ich komme mit dir.«

Wieder trottet sie neben mir her. Ich muß mir irgendwas ausdenken, so geht das nicht. Jedesmal, wenn jemand grüßt, fragt sie, wer das war, warum ich sie nicht vorstelle.

Ich zeige ihr den Fischmarkt, den Gemüsemarkt, die Fleischer, verzichte auf weitere Einkäufe, taue lieber zu Hause etwas auf.

Sie stolpert.

»Paß auf! Das Pflaster ist hier schlecht.«

»Du hältst mich ja.«

»Dorkas, mach keinen Scheiß, denk an die Treppe!«

Im Café Baiana falle ich in einen der harten Stühle, mir ist schlecht vor Anspannung, mein Magen krampft.

»Ist was mit dir?«

»Ich hab zwei Jahre keinen Magen gehabt, jetzt ist er wieder da.« Ich versuche zu lachen.

»Ruh dich aus, ich hol euch was zu trinken.«

Heinrich liest Zeitung, ich Armgards Brief.

»Hier zieht's!«

»Stimmt, leider.«

Ich lese weiter.

»Die Stühle sind hart.«

Ich sehe auf, da sitzt sie, hält ihre Lippen gespitzt, beleidigt, weil wir sie nicht pausenlos unterhalten.

»Wir nehmen das nächste Mal ein Kissen mit«, verspreche ich ihr.

Ich lese weiter, unkonzentriert.

»Hier holt man sich den Tod!«

Ich falte den Brief zusammen, geb das Lesen auf.

»Ich geh' mit ihr spazieren, treffen wir uns nachher in der Esplanada?«

Heinrich sieht mich mitleidig an.

»Komm, Dorkas, geh mit mir ein paar Schritt, laß Monika mal etwas Ruhe.«

»Laß man, es geht schon, bis nachher, komm, Dorkas.«

»Aber ihr erwartet doch Freunde, oder?«

»Die wissen, daß wir jeden Montag, Mittwoch und Freitag kommen, die treffen wir eben ein anderes Mal.«

»Ich will sie aber auch kennenlernen!«

»Weißt du eigentlich, was du willst? Ich denke, es zieht, die Stühle sind zu hart, du holst dir den Tod.«

»Gehst du wegen mir?«

»Wegen mir bestimmt nicht!«

Ich ziehe sie aus der Caféterrasse raus.

»Das tut mir aber leid!«

»Schon gut. Komm jetzt!«

Wir gehen die Palmenstraße runter zum Meer bis zum Entdekkerplatz, ich übersetze ihr die Inschrift von Camões. Vor uns liegt das Meer, wir betreten die Mole.

»Das Meer! Ach, Mausilein, daß ich das noch mal erleben darf!«

Mausilein, auch das noch! Mausilein, Mutzilein, Monilein!

»Du redest, als ob du im Sterben lägst und der letzte Wunsch sich erfüllt hat.«

»Man kann nie wissen, wann es so weit ist. Wenn es Gott gefällt, folge ich ihm gern. Ich weiß ja, daß ich dann meinen Willi und Peter wiedersehe.«

»Hoffentlich mußt du dich nicht wundern.«

Mensch, Monika, halt die Klappe! Aber schon rede ich weiter.

»Da soll sich der liebe Gott bitte schön noch etwas Zeit lassen, denn das ganze Theater mit der Überführung und so, nein, danke! Also bitte ihn, er möchte sich nicht so sehr mit dir beeilen, er kann ja noch etwas warten.«

»Aber Kind! Wie redest du denn da, das ist ja Gotteslästerung!«

»Ich meine, du hast doch einen besseren Draht zu ihm als ich, auf mich hat er ja noch nie gehört!«

»Nein, Monika, so was will ich nicht von dir hören! Aber sieh doch mal, ist das wirklich der Atlantik?«

Ich lache laut auf.

»Dorkas, Porto Santo ist eine Insel im Atlantik, sie gehört zu Portugal, politisch, aber geografisch zu Afrika. Porto Santo liegt auf der Höhe von Casablanca.«

»Ach wie schön.«

»Ach, wie ist der Rasen schön grün!«

»Was sagst du da?«

Ich lache wieder.

»Vergiß es.«

Wir gehen die Mole weiter entlang, hören das Rauschen der Wellen.

»Wie in Juist.«

»Da fällt mir Tassilo ein, als er das erste Mal die Nordsee sah: Der Wannsee! sagte er erstaunt.«

Wir lachen.

»Monika, das mit dem Sterben sagt man nicht.«

»Also lassen wir's. Außerdem darfst du noch nicht sterben, wenigstens nicht in diesen 14 Tagen, weil ich noch so viele Fragen an dich habe.«

»Wieso willst du denn das alles wissen?«

»Weil ich viele Kindheitserinnerungen habe aus der Zeit, als ich etwa 2½ war bis knapp 6, danach habe ich eine große Lücke von fast 10 Jahren. Ich weiß nicht warum, zumindest fühle ich mich unvollständig.«

»Warum?«

»Na hör mal, ich hab' in diesen 10 Jahren doch auch gelebt und weiß nichts davon. Diese Zeit gehört doch auch zu mir.«

»Ja, ich versteh schon, aber wieso weißt du denn so lange nichts?«

»Wenn ich das wüßte, käme ich meiner Lücke bestimmt näher, könnte sie ausfüllen. Vielleicht kann ich ja, solange du da bist, schon mal etwas mit dem Ausfüllen anfangen. Du weißt doch von früher noch so viel, kannst mir also gut helfen.«

»Ob ich mich aber noch an alles erinnere?«

»Machen wir gleich einen Test. In Bansin, das war im Sommer 1943, war Vati da mit uns im Urlaub? Ich erinnere mich nicht an ihn.«

»Er war in Berlin geblieben.«

»Du hast den Test bestanden.«

Im Sommer 1943 spielten Peter und ich im Sand am Ostseestrand, spritzten uns naß, jauchzten vor Freude, bewarfen uns mit Sand, buddelten Löcher, in denen sich Wasser sammelte, in denen wir stampften, uns reinwarfen, lachten. Wir bauten Burgen, Tropfsandtürme, planschten im Wasser, gruben durch Berglandschaften Tunnel. Hier durften wir lärmen und uns dreckig machen, uns naß im Sand wälzen, kein böser Blick, keine ermahnenden Worte. Es dauerte etwas, bis ich mich traute, meinen Körper dreckig zu machen, sandig, klebrig. Eimer und Schaufeln und Förmchen waren an einer langen Schnur befestigt, ein Ruck genügte, um im Sand verborgenes Spielzeug hervorzuzaubern.

Wir waren glücklich.

Mutter saß im Strandkorb, ließ sich von der Sonne bräunen,

las, packte Brote aus, wenn wir essen wollten, öffnete Saftflaschen, wenn wir durstig waren. Sie schimpfte nicht, dafür lachte sie mit uns und freute sich an unserem Spiel, nannte mich Dreckspatz anstatt vorwurfsvoll du Ferkel!, und abends las sie uns aus Kinderbüchern vor, sang immer wieder neue Lieder, ging früh mit uns schlafen. Sogar beim Gutenachtgebet litt ich hier keine Ängste, weil sie meinen Worten glaubte.

Sie war so ganz anders, und ich war stolz auf sie und liebte sie sehr.

Aber nach wenigen Tagen schon packte sie die Koffer. Ich verstand nicht warum, denn sie hatte doch gesagt, wir blieben länger hier.

»Wir fahren nach Hause!«

Alles war durcheinander.

In Berlin packte sie schon wieder, war nervös, schrie rum, ich stand in den Ecken, um nicht zu stören, stand trotzdem im Weg und hatte so viele Fragen.

»Stör mich nicht, steh mir nicht im Weg!«

Warum packte sie wieder? Wir waren doch gerade eben erst verreist? Ich sah sie Silber verpacken und Bücher, Geschirr und Spielsachen, Bettwäsche, Handtücher, Bettdecken, Kopfkissen, Küchentöpfe und Pfannen. Alles packte sie in Kisten.

»Warum packst du?«

»Wir verreisen!«

»Schon wieder?«

»Frag nicht, stör mich nicht, ich muß nachdenken!«

Wir wurden evakuiert.

Habt ihr das wirklich schön hier!«

Wir stehen am Ende der Mole, sehen zurück auf die Insel mit ihrem neun Kilometer langen Sandstrand.

»Hier an der Mole legten noch vor paar Jahren solche kleinen Boote an wie da vorne neben der Mole eins am Strand liegt, die Cruz Santa. Das waren die Versorgungsboote der Insel. Alles, was Porto Santo brauchte, wurde mit diesen kleinen Booten von Madeira rübergeholt. Das war oft abenteuerlich, allein schon das Zusehen beim Be- und Entladen. Vollbepackt mit Zementsäcken und Mehl, Kartoffeln, Bierkästen, Klopapier, Schnaps und Limonade, Wasser, Konserven, dazwischen und obendrauf Schafe, Kühe, Schweine, Ziegen, Hühner, ein heilloses Durcheinander und Gequietsche und Geblöke.«

»Aber das war doch schlimm!«

»Wieso schlimm? Die Insel war abhängig von diesen Booten und natürlich vom Wetter. Trotzdem fuhren diese kleinen Boote auch noch bei hohen Wellen, wenn so ein vergammeltes Baggerschiff, das heute die Sachen in den neuen Hafen bringt, gar nicht ausläuft, weil es sonst sofort auseinanderbrechen würde. Die Mannschaften der kleinen Boote waren wirklich noch Künstler der Meere. Natürlich ist die Versorgung jetzt besser, seit es den Hafen gibt.«

»Ja und wenn ein Schiff wegen des Wetters nicht kam?«

»Früher war das schlimm, aber auch heute noch kann es zu Versorgungsengpässen kommen, wie jetzt im Winter, als lange starke Stürme herrschten. Da hatte der Bäcker nicht einmal mehr Mehl, um Brot zu backen.«

»Nein, Kind, das ist ja wirklich nicht schön! Was habt ihr da gemacht?«

»Nachbarschaftshilfe und uns eingeschränkt.«

»Und ich dachte immer, ihr habt euch ein Paradies ausgesucht.«

Ich lache.

»Ein Paradies? Nie! Wir haben nie nach einem Paradies gesucht, nie eins finden wollen. Porto Santo ist eine stinknormale Insel, aber eben eine arme. Sie hatte noch vor Jahren außer Mineralwasser nichts, was sie ausführen konnte, jetzt ein paar Tomaten, Melonen, Weintrauben, aber leben können sie davon nicht.«

»Und wovon leben sie?«

»Wir wissen es nicht. Jobs, Bauarbeiten und sie verwalten sich.«

»Ja und Landwirtschaft?«

»Die Erde ist erodiert, das bißchen, das noch da ist, ist mager, steinig und dann kommt noch dazu, daß es jahrelang mal nicht regnet. Und regnet es doch, reicht das Korn für die Insel nicht. Die Landwirtschaft lohnt nicht, nur wenige Alte betreiben sie, die Jungen haben andere Flausen im Kopf, den Tourismus zum Beispiel. Natürlich wollen sie alle eine dicke Scheibe vom EG-Kuchen abbekommen.«

»Na, wenn ich aus Deutschland wegginge, würde ich mir aber eine grünere Insel aussuchen!«

»Für uns hat gerade die Öde ihren Reiz und eben weil es hier kein Paradies ist. Hier haben wir das Gefühl, daß wir leben, so richtig intensiv, aufs Wesentliche konzentriert, sagen wir mal: lebenswert.«

»Na, ich weiß nicht.«

Ich lache.

»Aber wenn ihr hungern müßt?«

»Wir müssen nicht hungern. Und sich einschränken, wenn es sein muß, was ist daran schlimm? Hier hilft jeder jedem, wenn Not ist. Einmal ging ich in diesem Winter durch den Ort, die Regale in den Läden waren fast leer. Kein Reis, keine Nudeln, kein Mehl, kein Gemüse, kein Obst, kein Fleisch. Auf dem Fußboden fand ich ein paar vergammelte Kohlblätter, in einem kleinen Laden ein paar verschrumpelte Möhren und in einer Gefriertruhe ein einziges einsames Schweineschwänzchen. Zu Hause machte ich daraus eine wunderbare Suppe. So was geht.«

»Mein armes Kind, ist das wirklich so schlimm?«

»Mutter, du bist vielleicht ulkig! Wie war es denn nach dem Krieg, und dazu mußtest du noch uns Kinder satt kriegen, weißt du, da geht es uns hier wirklich gut.«

»Diese Zeiten will ich wirklich nicht noch mal erleben. Aber was machen denn die Touristen hier, wenn es nichts gibt?«

»Das ist ja gerade das gute, daß es hier nie viel Tourismus geben kann, obwohl sie alle große Flausen im Kopf haben. Es gibt ein einigermaßen funktionierendes Hotel, ein anderes, das fast immer leer ist, trotzdem stocken sie auf und bauen an, dann gibt es ein paar Pensionen, Appartements, aber der große Tourismus klappt zum Glück nicht.«

»Aber ich höre doch ausländische Stimmen!«

»Klar, es sind immer welche da, aber wenige. Individualtouristen, Leute, die mal was anderes wollen. Wer hierher kommt, kommt entweder vor Schrecken nie wieder oder immer wieder, weil er endlich das gefunden hat, was seinem Wesen entspricht.«

»Das verstehe ich nicht.«

»Manche mögen es eben, daß hier nichts los ist. Aber solange sie hier die Preise so hoch treiben, graben sie sich selbst ihr Grab. Freunde von uns mit einem Kind wollten 14 Tage herkommen,

Hotel mit Halbpension und hätten DM 10000 zahlen müssen, wer kann sich das schon leisten? Für das Geld können sie ja glatt 8 oder 12 Wochen auf die Kanarischen Inseln. Außerdem gibt's hier keine Speisekarten mit Eisbein und Sauerkraut, keinen Biergarten, einen organisierten Strandrummel sowieso nicht mit Animateuren oder wie die Heinis sich nennen.«

»Ja, das wäre auch nichts für mich.«

»Und zweimal am Tag will doch der Durchschnittstourist duschen, und auch das läuft hier nicht. Im Sommer ist das Wasser oft abgestellt, es gibt halt zu wenig.«

»Ich denke, ihr habt eine Entsalzungsanlage.«

»Haben wir, aber die schafft im Sommer ja kaum genug für die Inselbevölkerung, das sind 5000 etwa. Und ob Sommer oder Winter, es reicht nicht, das Wasser muß mit Brackwasser, Brunnenwasser und Regenwasser gemischt werden und ist dann ganz unterschiedlich salzig, das merkst du schon morgens beim Zähneputzen.«

»Stimmt, ich dachte schon, ich hätte eine andere Zahnpasta gekauft.«

»Nein, es ist das Wasser. Die Einheimischen trinken es sogar. Sie könnten sich das gute Quellwasser abzapfen, was erlaubt ist, aber nicht alle haben ein Fahrzeug, die Quelle liegt ja weit weg. Dann fehlt auch das Bewußtsein der Gefährlichkeit. Das Wasser ist so salzig, daß es die Grenzwerte der WHO, also der Weltgesundheitsorganisation, weit überschreitet, und da ist es kein Wunder, wenn hier viele Herz- und Nierensachen haben.«

»Und wie macht ihr das?«

»Wir kaufen Wasser in Plastikflaschen, 1½ Liter kosten aber umgerechnet DM 1,– und mehr, wer kann sich das schon leisten? Daß wir das tun, ist übel, aber wir haben kein Auto, um uns selbst Wasser von der Quelle zu holen, mit dem Taxi ist es zu teuer. Wir denken natürlich an die Entsorgung und kaufen das Wasser mit schlechtem Gewissen, weil hier im Nordwesten der ganze Müll auf und über die Klippen gekippt wird, alles: Farben, Verdünner, Kühlschränke, Batterien, Plastik usw. Zwischendurch wird der ganze Mist mal angesteckt, damit die Müllhalde nicht zu groß wird und die Qualmwolken treiben über die Insel.«

»Ja, das Müllproblem ist ja überall sehr groß. Und was macht ihr, wenn das Wasser abgestellt ist?«

»Aufpassen. Jedes Haus hat hier einen Tank auf dem Dach. Ich zum Beispiel lasse die Waschmaschine nur laufen, wenn ich draußen an der Wasseruhr sehen kann, daß Wasser vom Netz nachläuft. Tue ich das nicht, kann's passieren, daß der Tank leerläuft und wir zum Waschen und fürs Klo nichts mehr haben.«

»Aber das ist ja wirklich lästig.«

»Finde ich nicht, man muß eben nur aufpassen.«

»Und wenn es mal abgestellt ist und du merkst es nicht?«

»Dann haben wir Pech gehabt, die Waschmaschine bleibt stehen und wir gehen zu den Nachbarn aufs Klo oder, wie in dem alten Haus, in dem wir wohnten, ehe unseres fertig war, in die Kakteen.«

»Nein, Kind, dann paß bitte auf, solange ich da bin, ja?«

Wir lachen.

»Dahinten kommt Heinrich. Entweder wir fahren nach Hause, dann mach ich schnell da was zu essen oder wir gehen hier ins Esplanada.«

»Gut, Kinder, ich lad euch ein.«

Während Dorkas Mittagschlaf hält, krame ich in einer Mappe mit Briefen, die sich im Laufe des letzten Jahres angesammelt haben und sortiere.

Dorkas und ihre Geschwister, die gemeinsam in einem Augustinum in Aumühle leben, haben mir unermüdlich und ausführlich auf meine vielen Fragen geantwortet, um mir zu helfen, meine mit knapp sechs Jahren gekappte Kindheit wiederzufinden.

Viele Jahre schob ich ein Herangehen an diese verlorene Zeit vor mich hin, offenarmig jede geringste Ablenkung, Ausrede annehmend, sie umklammernd festhaltend.

Mein Interesse an die verlorenen Jahre begann vor zehn Jahren nach einem halbjährigen Aufenthalt in einer Fachklinik für Alkoholkranke, nach einem Erlebnis in der Therapie, das mich erschreckte und nicht mehr losließ. Ich wurde in einem Einzelgespräch nach meiner Kindheit und nach meinen Eltern gefragt, und spontan hatte ich geantwortet: Ich hatte die schönste Kindheit und die besten Eltern der Welt. Und heulte los.

Während der ganzen Therapie ließ ich keine Fragen über meine Kindheit und über meine Eltern zu, verschloß anderen und mir selbst jeglichen Einblick, wehrte mich gegen jeden Zweifel. Ich wollte, so sehe ich das heute, mein Bild von der kleinen Monika, dem glücklichen kleinen blonden Mädchen mit ihren geliebten, umsorgenden Eltern, das ich mir so kunstvoll verklärend gemalt hatte, erhalten.

Meine spontane Antwort und mein spontanes Losheulen aber ließen mich nie mehr los. Meine Verdrängungskünste klappten nicht mehr. Mir wurde bewußt, daß ich endlich anfangen müsse, etwas Klarheit über meine Kindheitsblockade zu bekommen. Ich mußte herausfinden, was war, daß ich meine Kindheit mit knapp sechs Jahren kappte und erst mit etwa 15 Jahren als junges Mädchen wieder auftauchte.

Aber das Herangehen an die verlorenen Jahre machte mir angst. Ich brauchte noch Jahre, ehe ich mir Papier zurechtlegte und anfing.

Erinnerungen fliegen mich an, huschen an mir vorbei, schwirren um mich herum, streifen mich, tippen an, blenden, erschrecken, wüten, schlagen zu, werfen mich aufs Bett, lassen mich zittern, verdrehen meinen Magen, lassen mein Herz arrhythmisch stolpern, aussetzen, um dann hastend mich glauben zu lassen: Diese Nacht überlebe ich nicht.

Ein Flug nach Madeira zu einem Herzspezialisten, und schon im Flugzeug mein ruhiges, gleichmäßig schlagendes Herz, das EKG dann ohne Befund.

Heinrichs besorgtes Bitten, einen Schlußstrich unter meine Kindheit zu setzen, sehe ich ein, tue es aber nicht. Es gibt kein Zurück mehr in die Zeit: Ich hatte die schönste Kindheit und die besten Eltern der Welt. Und wieder werfe ich beschriebene Seiten zerknüllt in den Papierkorb, in den Mülleimer, um sie kurz danach in Panik herauszuwühlen, zu glätten.

Und weiter geht's, Schritt für Schritt.

Ich weiß nicht, was sein wird, wenn ich weiß.

Ich weiß nicht, ob ich wissen werde.

Aber ich bin überzeugt, daß, wenn es den roten Faden gibt, der mein Leben durchzieht, ich ihn finde.

Ich weiß aber auch, daß ich mich selbst aller Illusionen beraube. Trotzdem muß es sein, es geht nicht mehr anders.

Mein Blick geht raus in die Bucht und auf die Ana Ferreira, die Eiserne Anna, die von hier oben aus der Camacha wie ein Vulkankegel aussieht, von unten, vom Ort aus, ein langgezogener Bergrücken ist. Diese Ana! Sooft ich zu ihr hinsehe, so oft verändert sie ihr Aussehen. Morgens bei Sonnenaufgang, wenn der Ostteil des Berges angestrahlt wird, und abends, bei Sonnenuntergang, wenn der Nordwesten von der tiefstehenden Sonne erleuchtet wird, der Osten im Schatten liegt. Schatten werfen auch Wolken, mal liegt die Ana ganz im weißgrauen Dunst, auch kleben mal wenige Wolken auf ihrer Brust oder tiefhängende hüllen ihre Spitze ein. Auch können sich wenige Wolken am sonst tiefblauen Himmel so an ihrem Rücken hochschlängeln, daß man meint, der Vulkan sei aktiv, Rauch steige aus ihm empor.

Im Winter, wenn es regnet, wenn sich langsam Tag für Tag die Insel verändert, sich erst ein lindgrüner Schleier über sie legt bis sie sich stolz im flüchtigen Tiefgrün zeigt, dann blühen der dunkelgelbe Klee und die zartvioletten Winden, verwandeln die Insel in ein sanftes Blütenmeer. Spätestens im Mai greift sie auf ihre matteren Gelbtöne zurück, ehe ausgedörrt, braun-beige die Erde vor Trockenheit bricht und in mir das Staunen aufkommt, daß dies vertrocknete Stückchen Land wirklich grün war.

Ich streichele Mercurio, der neben mir auf der Bank liegt. »Wenn wir mit dir doch wieder spaziergehen könnten! Wenn du doch diese verdammte Staupe überleben würdest!«

Mit fünf Wochen hatten wir ihn bekommen. Die kleine Enkelin unserer Nachbarn stand mit dem Wollknäuel an der Küchentür, reichte es mir. Als Laika, die Nachbarschäferhündin, die Jungen bekam, hatten wir Haydns Merkur-Sinfonie gehört und so nannten wir das kleine Wollknäuel Mercurio, nicht beachtend, daß Mercurio auch Quecksilber heißt und die Einheimischen bei dem Hundenamen doch fremd reagierten. Hier werden alle jungen Hunde, die nicht gleich getötet werden, mit fünf Wochen dem neuen Besitzer gegeben, für mein Empfinden gerade bei großwerdenden Hunden viel zu früh. Aber da hier fast alle Hunde ihr Leben lang Kettenhunde sind, nie Auslauf haben, können sich die Hundemütter um ihren eroberungsneugierigen Nachwuchs nicht mehr fürsorglich kümmern, ihnen nicht nachlaufen, wenn die Kleinen weglaufen.

Ich hatte die ersten Wochen Mercurio noch nachts in meinem Zimmer, weil sein Fiepen seine hinter der Mauer heulende Mutter nur noch rasender machte. Tagsüber blieb der kleine Hund auf Heinrichs oder meinem Arm, ganz eng, um ihm noch viel Wärme und Körperkontakt zu geben. Nicky, den wir von nach Deutschland Zurückkehrenden übernommen hatten, damit er nicht im Hundeasyl landet, aus dem sie ihn mal geholt hatten, Vater von Mercurio, war eifersüchtig, aber es dauerte zum Glück nicht lange, dann spielten sie zusammen, lagen sogar zusammen in einem Korb.

Ich summe vor mich hin, summe Mercurio die alten Kinderlieder vor und denke, man sollte als Frau erst ab 40 Kinder kriegen können, dann wäre es leichter, sich auf ein Kind einzustellen.

Beim Vorsummen fällt mir der Text wieder ein, den ich Tassilo, meinem Sohn, vorgesungen hatte, aber mit anderem Text, damit er diese Kinderängste nicht durchmachen mußte, wie ich.

»Schlaf in guter Ruh, tu die Äugelchen zu,
höre, wie der Nebel fällt,
hör, wie Nachbars Hündchen bellt,
Herrchen gibt ihm was zu fressen,
hat das Hündchen nicht vergessen,
Hündchen frißt in einem zu,
schlaf in guter Ruh.«

Da wird die Tür aufgerissen.

»Guten Morgen, mein Kind, oh, welch schöner Tag. Ach, da bist du ja, Mercurio, geht es ihm besser? Ich hab ja so gut geschlafen, wenn ich nicht immer nachts aufs Klo müßte.«

Bleib ruhig, Monika!

Es prasselt aus ihr heraus, auf mich herab.

»Können wir frühstücken? Wieso ist Heinrich denn noch nicht auf, schläft er immer so lange, ach ja, ihr braucht ja nicht zur Arbeit.«

»Wir frühstücken, wenn Heinrich kommt, wenn du aber schon ein Brot willst, mach ich dir eins. Setz dich, Kaffee ist schon da.«

»Warum müssen bei euch denn die Hunde die ganze Nacht bellen?«

»Eben sagtest du, du hättest gut geschlafen!«
»So, sagte ich das? Aber weißt du, die Hunde hier!«
»Man gewöhnt sich dran.«
»Gibt es denn hier nicht so was wie einen Tierschutzverein?«
»Nein, und wenn, dann bellen die Hunde auch nicht weniger!«
»Da hast du recht. Daß die aber immer an der Kette sind, das wäre in Deutschland nicht möglich, da muß ein Tier Auslauf haben.«
»Wir sind hier in Portugal.«
»Ja aber ...«
»Hier hat mal ein Tourist gesagt: je südlicher, um so katholischer, um so grausamer gegen Tiere. Da wird was dran sein.«
»Wieso meint der das ?«
»Vielleicht weil die Katholiken sagen, ein Tier habe keine Seele, was weiß ich. Es kann ja auch sein, daß die Evangelischen das auch sagen. Gut vorstellen kann ich es mir schon. Was keine Seele hat, ist ein Ding, mit einem Ding kann man machen, was man will.«
»Typisch!«
»Was typisch?«
»Katholisch!«
»Dorkas, ich sprach anfangs von Katholiken, dann aber allgemein von Christen, genauer sagte ich, ich kann es mir vorstellen, daß die Evangelischen auch so denken.«
»Nein, Kind, so ist das aber nicht.«
»Warum nicht? Vor wenigen Wochen las ich erst in der Zeitung einen Artikel über die damalige Reaktion auf einen Artikel, den Freud geschrieben hatte, daß man ganz erstaunt war, daß ein Kind eine Seele hat. Und das war Anfang dieses Jahrhunderts. Da wundert es mich wirklich nicht, wenn man heute über Tiere so denkt.«
»Aber das mit den Hunden, das stimmt nicht, zumindest nicht bei den Evangelischen.«
»Ich glaube, diese Einstellung ist verbreiteter, als man denkt.«
Ich sage ihr nicht, daß ich auch sie damit meine. Ich schone sie schon wieder. Oder schone ich mich? Ja, ich fürchte mich vor ihrer Rache. Sie kann sich ja so gemein rächen! Und mir fällt eine ihrer widerlichsten ein, die ich hätte leichter ertragen können, wenn sie nur mich getroffen hätte. Aber sie traf Tassilo, meinen Sohn, ihren Enkel. Und mich.

Als sie nach Vaters Tod in die Schweiz, nach Pontresina wollte, wie in all den Jahren zuvor mit Willi, diesmal aber nicht allein reisen wollte, bat sie mich, mitzukommen, mich und Tassilo. Tassilo war damals 11 Jahre alt, zu jung, um sich 14 Tage von morgens bis abends auf die Großmutter einzustellen, sie zu alt – nein, sie konnte sich noch nie auf Kinder einstellen. Jeden Tag Ärger, jeden Tag Bosheiten, Zank, Gehetze.

Eines Abends bat mich Tassilo, mal einen Tag ohne die Oma zu verbringen, am besten mit dem Wagen ganz weit wegzufahren, irgendwohin, wo wir alleine wären. Ich versprach es ihm. Und sagte es Dorkas.

Da kam sie etwas später zu uns ins Zimmer, hochrot im Gesicht vor Wut.

»Alleine wollt ihr fahren, aha! Ich verstehe! Aber mein Geld wollt ihr, was?! Dafür bin ich euch gut genug!«

Und sie warf uns 100 Franken vor die Füße.

Sie weiß nicht, was in dieser Nacht mit ihrem Enkel, meinem Sohn war. Er bekam Fieber, schlotterte, ich hielt ihn in meinem Arm, und wir beide weinten über sie, über uns. Tassilo kotzte die ganze Nacht, hatte Magenkrämpfe, und noch am anderen Tag war er so elend, daß an eine Fahrt ins Blaue gar nicht zu denken war.

»Das ist die Strafe Gottes!« posaunte sie gehässig.

O Dorkas, wenn ich das Geld hätte, ich würde dich bezahlen. Für jeden Tag meines Lebens, seit der Nacht der Zeugung pauschal, für jede Pflicht, jede Dienstleistung, für jede Selbstverständlichkeit extra. Ich würde dir das Briefpapier, die Briefumschläge, die Tinte und das Porto zahlen, Briefe, in denen du Dankbarkeit erwartest. Ich würde dir jedes Telefongespräch bezahlen, in dem du mir die Hölle ausmalst mit Heulen und Zähneklappern, in dem du mir mal wieder berichtest, daß du wegen mir nicht schlafen konntest, in dem du mich belaberst, ich solle dankbar sein, weil wir so einen fleißigen Vater hatten. Heute, jetzt wird mir bewußt, wieso ich so lange nicht in der Lage war, ein Geschenk, egal von wem, als ein Geschenk anzunehmen, ohne in den Augen des Schenkenden zu suchen, was er dafür für eine Leistung erwartete. Und immer ahnte ich, daß dies doch nicht so sein sollte, daß da was nicht stimmt. Daß ich eine Sehnsucht in mir spürte, eine Sehnsucht nach Menschen, die schenken, ohne daß sie Erwartungen damit verknüpfen, eine Sehnsucht, mit Menschen zu tun zu haben, für die Schenken und Beschenktwerden einfach nur Freude ist.

Dorkas' Rache! Darin bist du groß, Mutter! Unbarmherzig, vor nichts zurückschreckend, schonungslos, eiskalt.

Ich schone dich aus Angst vor deiner Rache, denn ich weiß, daß du viele Varianten auf Lager hast, die mich fassungslos machen und verletzen.

Warum schone ich dich nur? Du könntest mir doch gleichgültig sein! Es widert mich an, daß ich immer noch von dir geliebt werden will, wie ein kleines Kind benehme ich mich. Bin ich denn noch bei Troste!

Wie war das mit dem Ehepaar, das in das Haus, in dem deine Eigentumswohnungen sind, ziehen wollte? Es hatte einen Hund, der immerzu bellen würde.

»Warum schneidet man ihm nicht die Stimmbänder durch? Dann können die Leute einziehen.«

Hör mir doch auf mit Tierschutzverein und Katholiken! Erst sagst du: ach, der liebe kleine Hund!, und im nächsten Augenblick bekommt er einen Tritt.

Mein Gott, Mutter!

Da sitzt sie und mampft das rindenlose Brot in ihrem zahnlosen Mund. Ich kann sie nicht mehr ertragen! Wieder reiße ich mich zusammen, jage sie nicht zum Teufel. Ich rede mir ein, ich brauche sie für meine Notizen, für meine Fragen, aber welchen Preis muß ich dafür bezahlen?

»Pauli wollte mich ja schon vor Jahren operieren, du weißt doch Kind, bei fünf Kindern, da kommt es leicht zu einem Vorfall.«

»Prolaps. Dann laß dich doch operieren, laß alles rausnehmen, das brauchst du doch sowieso nicht mehr, dann eine vordere und hintere Plastik, was ist das schon heute.«

»Ach Kind, in meinem Alter!«

»Dann finde dich damit ab, daß du nachts immer aufs Klo mußt.«

»Das hat Pauli auch gesagt, wenn ich mich nicht operieren lasse.«

Dorkas, im Sommer '43, als wir in Bansin waren, kam der Aufruf von Goebbels, daß alle Mütter mit kleinen Kindern aus Berlin raus müssen. Verließen wir deswegen Bansin?«

»Ja, stimmt, das war so. In Bansin war es übrigens wunderschön, wir wohnten bei Freunden meiner Eltern, wie hießen sie noch gleich, ach, ist ja egal, aber es war sehr weit zum Strand. Ich nahm dich auf die Schultern, Peter lief nebenher. Um euch den Weg nicht so lang werden zu lassen und um es euch spannender zu machen, sagte ich auf dem Weg zum Strand hin immer: Hört ihr schon das Rauschen des Meeres? Es ist gar nicht mehr weit. Dabei war es gar nicht das Meer, es waren die Bäume, die im Wind rauschten, aber ihr habt es geglaubt. Und bei der Rückreise nach Berlin, mein Gott, war das schlimm! Der Bahnsteig, die Züge waren proppenvoll, es war ein furchtbares Gedränge, alle wollten zurück nach Berlin, und in diesem Gewühl wurdest du vom Bahnsteig runter zwischen die Räder eines Zuges gedrängt, direkt auf die Schienen, dabei konnte der Zug jederzeit abfahren. Ich schrie und schlug um mich, wie eine Wölfin hab' ich um dich gekämpft. Da hat dich einer hochgezogen, und du wurdest mir über die Köpfe hinweg zugereicht.«

Meine Mutter kämpfte um mich wie eine Wölfin um ihr Junges. Ich spüre einen Anflug von Rührung, stelle mir die Szene vor.

»Daran kann ich mich nicht erinnern.«

»Sei froh, das war wirklich zu schlimm!«

»In Berlin dann, war die Evakuierung organisiert? Ich meine für die, die nicht wußten wohin?«

»Sicher, aber ich wollte nicht mit Fremden irgendwohin geschickt werden, man weiß ja nie, ob man nicht mit Kreti und Pleti zusammen ist. Ich rief meine Mutter an und bat um Rat, weil alle Verwandten, die ich angerufen hatte, schon so viele Evakuierte hatten. Meine Mutter meinte, ich solle doch Frau von Wiedebach-Nostz und Junkersdorf anrufen, das Junkersdorf kannst du vergessen, das ist unwichtig. Ich wäre doch auf der Hochzeit ihrer Tochter Irmel gewesen, die hätte in ihrem Sommerschloß in Arnsdorf bei Görlitz bestimmt noch Platz.«

»Wieso bist du mit uns nicht nach Aumühle zu deiner Mutter gegangen?«

»Aumühle schien mir zu gefährlich, das lag doch in der Einflugschneise Hamburg – Berlin. Ich hatte Irmel auf ihrer Hochzeit kennengelernt, da kannte ich Willi noch nicht. Neben mir saß auf der einen Seite ein Herr Modersen, der mich immer aufforderte, nicht so viel zu trinken, auf der anderen Seite saß ein Herr von Kittlitz, der schenkte mir immer Sekt nach. Dann waren wir nach draußen gegangen und hatten uns Glühwürmchen ins Haar gesetzt, so als Kränze, wollten uns damit drinnen zeigen, und als wir sahen, daß es wirklich richtige Würmer waren, haben wir sie uns aus den Haaren geschlagen, und alles hat natürlich gelacht. Da auf der Hochzeit war übrigens auch ein Bruder von Göring, für den hab' ich damals furchtbar geschwärmt. Er ging dann nach Amerika und ist seitdem verschollen.«

»Der wird schon wissen, warum.«

»Aber Kind, verschollen ist verschollen.«

»Hoffentlich ist er es wirklich!«

»Er war ein sehr netter Herr!«

»Da kann ich ja noch froh sein, nicht Göring zu heißen, ich glaube, ich hätte mich vor Scham umgebracht.«

»Nein, Kind, mit so was spielt man nicht, das ist Versuchung Gottes!«

»Schon gut, schon gut.«

»Ich rief Irmel an, sie hieß jetzt Schnorr von Carolsfeld, und wir zogen dann nach Arnsdorf und kamen erst sehr primitiv unter. Erst in eine Bibliothek im dritten Stock, oder war es der zweite? Na, egal. Ich schlief mit Peter auf einem runden Sofa, und einer von uns fiel immer runter. Ich hatte auch Angst, daß ihr an die Bücher geht, und die Wasserleitung war auf der Treppe und im Winter eingefroren, und ich mußte von ganz unten Wasser mit Eimern hochschleppen. Später zogen wir in den ersten Stock, da bekam ich zwei Zimmer, nein, eigentlich waren es drei, aber eins hielt ich verschlossen für den Fall, daß Willi aus dem Krieg gekommen wäre. Er sollte doch ein Zimmer für sich alleine haben. Einmal wurde ich ohnmächtig, weil ich so viel arbeiten mußte. Ich kam wieder zu mir, als Jörg mein Gesicht mit Schuhwichse einschmierte. Da sagte Irmel: Schluß, Dorkas, du verreist! Ich bat Itata, zu euch zu kommen, und verreiste zu Dittchen Behn nach Mecklenburg. Unterwegs fielen Bomben, wir mußten aus dem Zug raus. Wir stellten uns ganz dicht an einen Baum, da sah ich, daß es glücklicherweise andere Wagen getroffen hatte, nein, das ist unchristlich gesagt, also ich sah, daß es andere Wagen getroffen hatte. Ich kam bei Dittchen Behn an und bekam einen geräucherten Aal. Wir fuhren im Vier-Spänner-Schlitten, haben Verwandte besucht, eine wunderschöne Fahrt. Und als ich nach Arnsdorf zurück kam, hörte ich schon das Blub-Bum. Das waren die Granatwerfer.«

»Du sagtest, du mußtest bei Tante Irmel so viel arbeiten. Mußtest du für sie arbeiten?«

»Nein, aber ich hatte ja schließlich euch. Und überleg mal, drei Kinder und dann diese Verhältnisse!«

Noch nie hatte ich ein so schönes Haus gesehen, ein großes, weißes Haus, oder war es gelb? Und rundum Felder und Wiesen, einen Park mit Blumen, Bäumen, Sträuchern und Hecken. Eine Freitreppe führte zum vorderen Eingang. Hinter dem Haus im Halbrund ein Hof mit eingrenzender niedriger Mauer, dahinter, weiter unten liegend die Stallungen und Gesindehäuser. Ein Paradies. Nun war es doch schön, wieder verreist zu sein!

Tante Irmel hatte drei Kinder, Karin, die älteste, war fast immer bei der Mutter im Haus, Hartmut war älter als Peter und Henner etwas jünger als Peter. Ich fand es herrlich, direkt vom Haus in den Garten laufen zu können, nicht wie in Berlin nur mal auf den Balkon zu dürfen. Hier konnten wir überall spielen, fast überall, denn es gab nur wenige Stellen auf dem Grundstück, an denen wir nicht toben durften.

Aber ich war ein Mädchen, und »mit Mädchen spielt man nicht!« hatten die Jungen gesagt.

Ich durchstöberte die Umgebung, fand das Leben aufregend mit all meinen Entdeckungen. Schneckensammeln wurde eine meiner Lieblingsbeschäftigungen, weil ich dafür Lob bekam, wenn ich sie in der Küche stolz zeigte. Noch viel lieber aber saß ich auf der niedrigen Mauer, die im Halbrund den Hof umgrenzte, und sah voller Sehnsucht den Menschen zu, die jenseits der Mauer arbeiteten. Hier oben hatte ich den besten Überblick und ich langweilte mich nie. Wie gerne hätte ich mit den Kindern dort gespielt, denn da spielten Jungen und Mädchen gemeinsam, sie tobten und lachten, durften sich dreckig machen, und die Erwachsenen schimpften nicht, sondern lachten mit.

Ich wußte, wo die Schweineställe waren, die Kuhställe, die Pferdeställe, und um die Pferde machte ich mir große Sorgen, wenn sie beschlagen wurden, war ich doch fest davon überzeugt, sie hätten große Schmerzen.

Ich sah zu, wenn die Pferde gestriegelt wurden, wenn die Ställe ausgemistet und mit neuem Stroh gefüllt wurden. Pferdegeruch! Rüben wurden gehäckselt, Kartoffeln gestampft, Hühner geschlachtet, gerupft, ausgenommen. Ich beneidete die Kinder, weil sie bei allem dabei sein durften und nie weggeschickt wurden und weil sie barfuß liefen.

»Geh nicht immer zu dem Polenpack!«

Das hatte Mutter oft gesagt. Ganz hart und bös waren diese Worte gewesen, und oft kam sie und zog mich fort: »Warum kannst du nie hören, wenn man dir was sagt?!«

Polenpack. Ich wußte nicht, was das war, aber Mutter sprach das Wort so verächtlich aus, und schon dieser Ton machte mir angst. Der Ton sagte mir, daß Mutter meinte, diese Menschen dort seien böse Leute, und ich verstand nicht, warum sie das meinte. Ich sah ihnen so gerne zu, manchmal sahen sie mich auch und lächelten mich an, dann wurde ich ganz verlegen. Erst viel später traute ich mich, zurückzulächeln und auch mal zu winken. Aber Mutter meinte, sie seien Polenpack, und ich wußte ja, daß böse Menschen in die Hölle kommen. Mutter hatte gesagt, in der Hölle sei es ganz schlimm, da gebe es keinen Menschen, der einen lieb hätte. Die armen Leute! Am Abend betete ich unter der Bettdecke: »Lieber Gott, mach mich fromm, daß ich in den Himmel komm.« Und dabei wußte ich überhaupt nicht, was denn fromm bedeutet.

Am Tage fragte ich Mutter: »Was ist fromm?«

»Fromm ist man, wenn der liebe Gott einen lieb hat und man tut, was er sagt.«

»Was sagt er denn?«

»Das kannst du noch nicht wissen, deshalb sage ich es dir ja.«

Ich war überzeugter denn je, in die Hölle zu kommen. »Lieber Gott, hilf mir!«

Dorkas, wer waren die Polen in Arnsdorf, die du Polenpack nanntest?«

»Polenpack? Hab' ich das gesagt? Das soll man nicht, das tut mir leid.«

»Wer waren sie?«

»Polnische Kriegsgefangene, aber es gab auch russische Gefangene dort, die für Tante Irmel arbeiteten.«

»Aber da waren doch auch Kinder dabei, Kinder als Kriegsgefangene?«

»Nein, bestimmt nicht, aber für Tante Irmel arbeiteten immer Polen mit ihren ganzen Familien, natürlich waren auch Kinder dabei.«

»Warum durfte ich nicht mit den Kindern spielen?«

»Aber Kind! Das waren doch Polen! Das waren doch unsere Feinde!«

»Meine nicht.«

»Heute sieht man das anders, aber damals ...«

»Damals waren es auch nicht meine Feinde, ich wußte ja kaum, was Feinde waren, und wenn Peter meinte, die werfen einem Bomben auf den Kopf, weil sie einen töten wollten, dann doch nicht die Arbeiter bei Tante Irmel. All das brachte mich damals ganz durcheinander.«

»Ach Kind, du hast Vorstellungen vom Feind!«

»Hatte ich, Dorkas. Ich hab ja immer alles geglaubt, was gesagt wurde, aber vieles machte mich stutzig, ja unsicher. Damals sehnte ich mich danach, mit den Polenkindern zu spielen, aber du sprachst so verächtlich vom Polenpack, daß ich ihnen nur zusah und nie gewagt hätte, zu ihnen runterzugehen, hinter die Mauer.«

Mein Erinnern und die Erzählungen meiner Mutter wühlen mich auf, irritieren mich wie damals, mir ist, als sauge jemand an meinen Kräften, als bleibe bald nur noch eine leere Hülle von mir zurück. Wenn ich abends ins Bett falle, ist mir, als hätte ich körperliche Schwerstarbeit geleistet, meine Schultern, mein Kreuz, meine Arme sind so verkrampft, daß ich meine, ich hätte Steine geklopft, aber ich falle in keinen erholsamen Schlaf, kann selbst im Schlaf nicht entspannen.

Vor mir liegen Fotos, auf denen ich zu sehen bin. Monika als

Drei-, Vier-, Fünfjährige, mal lachend, mal ängstlich, mal mürrisch, mal skeptisch, mal verweint.

Das war ich, ich fühle es. Und dann Fotos einer Sechsjährigen zur Einschulung, säbelbeinig mit heruntergekrempelten Kniestrümpfen, mit Bommelstrickmütze auf dem Kopf, der Tafellappen baumelt aus dem Schulranzen heraus. Ein Mädchen als Sieben- und Achtjährige bis hin zur 14jährigen. Ich weiß, daß ich das Mädchen auf den Fotos bin, aber nichts ›kommt rüber‹. Die Fotos bleiben Fotos. Lächelnde junge Mädchen, leicht schielend, mal mit Wuschelkopf, mal mit Bubikopf, mit Zöpfen, spirrlig dünnen, mal mit Pferdeschwanz. Das bin ich, weil ich es weiß, aber es könnte genauso eine Fremde sein, irgendein Mädchen. Sie ist mir fremd, ich bin mir fremd.

Ich starre sie an, versuche, in ihren Gesichtern irgend etwas zu finden, was den Funken überspringen läßt. Ich berühre mit meinen Fingern die Fotos, streiche über das Glanzpapier, als könnte dieser Kontakt eine Verbindung auslösen, ein Gefühl. Aber das Glanzpapier bleibt Glanzpapier.

Der rote Faden ist gekappt, zerrissen, hat sich unauffindbar zurückgezogen, ich wühle, er bleibt verschwunden. Und während ich an den gekappten roten Faden denke, entsteht ein Bild vor mir aus der Marburger Zeit:

Eine Vierzigjährige liegt auf dem OP-Tisch. Nach langjährigem, dringenden Kinderwunsch war sie endlich schwanger geworden, lag im Kreißsaal in Wehen, als der Uterus rupturierte. Eine komplette Uterusruptur. Auf dem OP-Tisch übergab der Operateur der Hebamme ein kräftiges, schwarzhaariges kleines Mädchen, das in dieser lebensbedrohlichen Situation wirklich Nebensache war. Die Mutter konnte nicht gerettet werden. Sie verblutete auf dem OP-Tisch, weil die mitzerrissene Aorta sich unauffindbar zurückgezogen hatte. Im Flur vor dem Kreißsaal und OP-Trakt wartete der nervose Vater mit einem großen Rosenstrauß. Er bekam die kleine Tochter in den Arm gelegt, und seine Tränen fielen auf das kleine Bündel.

Ist mein roter Lebensfaden so gekappt, haben sich die Enden so in mein Unterbewußtsein verzogen, versteckt, daß ich zwar nicht sterbe, aber anaemisch bleibe, unvollständig, amputiert?

Mensch, Monika, schmeiß alles hin! Wirf alles in den Müll, mach ein Feuer draus, geh in den Garten, mach aus der Bauschutthalde endlich einen blühenden Garten! Laß den ganzen Kram, leb endlich mal in den Tag hinein, tu, wozu du Lust hast, such nicht nach dem gekappten Faden, er wird verschwunden bleiben, es ist nicht der Mühe wert. Mein Gott, Monika, was hast du für Abwehrmechanismen drauf!

Mutti, kannst du mir helfen? Vielleicht hast du eine Ahnung, warum ich mich ab 1946 im Winter/Frühjahr an fast nichts mehr erinnern kann? Bitte denk mal nach, gab es irgendwas? Gab es da irgendwas Außergewöhnliches? War ich krank? War was mit mir?«

»Nein, du, krank warst du nicht, da war auch sonst nichts Besonderes, ich kann dir da wirklich nicht helfen, außerdem, warum interessiert dich denn das alles?! Das ist doch schon so lange her, das kriegst du doch nie raus.«

»Schon möglich, aber ich will es doch wenigstens versuchen.«

»Na, den Nerv hätte ich nicht!«

»Hab' ich ja auch nicht, trotzdem versuche ich es.«

Ich lache.

»Weißt du, manchmal denke ich, ich bin verrückt.«

»Aber Kind! Keins meiner Kinder ist verrückt!«

»So meine ich das nicht, sondern, wie soll ich dir das erklären, was ich denke, fühle? Stell dir mal eine Straße vor, eine lange, gerade Straße, und auf der gehen Menschen. Plötzlich ein Erdbeben, die Erde tut sich auf, zerreißt die Straße der Länge nach. Die Menschen sind voneinander verrückt. Verstehst du, was ich meine?«

»Ja, aber man sagt nicht, man ist verrückt!«

»Warum nicht?«

»Das sagt man nicht. Verrücktsein ist schlimm. Damit macht man keinen Spaß.«

»Ich mache keinen Spaß!«

»Aber Monika, nein, du machst mir angst.«

»Heute denke ich oft, Peter war auch auf der verrückten Seite, auf der vom Normalen verrückten Seite, Cornelia und Ulrike sowieso, nur Jörg hangelte noch auf der heileren Seite, dahin, wo die meisten unverrückten Menschen gingen, er arrangierte sich. Zwar zog es ihn manchmal an den Rand, aber er lernte sich zu schützen, verstehst du? Jetzt macht er Bögen, sowie es zu brenzlig wird.«

»Nein, Monika, ich verbiete dir, so zu reden! Das tut mir weh.«

»Ich will dir nicht weh tun. Ich dachte nur, du könntest mir helfen. Ich glaube, du hast das mit dem Verrücktsein nicht verstanden.«

Die Jungen spielten nur mit mir, wenn sie mich für ihr Spiel »Vater ist im Krieg« brauchten. Dann durfte ich ihnen das Essen bereiten, damit sie sich nach ihren heldenhaften Schlachten stärken konnten. Ich sammelte Beeren, Blätter, Gräser, machte Gemüse und Salate aus ihnen, Erd- und Sandpuddings und servierte alles auf Glasscherben, zerbrochenem Porzellan, Ziegelstückchen, die ich mir vom Abfallhaufen zusammengesucht hatte.

Eine ehrenvolle Aufgabe, den Helden auf diese Weise helfen zu können, die Feinde zu besiegen, eine Aufgabe, die ich sehr ernst und verantwortungsbewußt ausführte. Nach einem kurzen Mittagsschlaf, während die Jungen bis zwanzig zählten, mußten sie wieder gestärkt und bewaffnet mit ihren Holzschwertern und Holzgewehren gegen den Feind ziehen, und ich blieb als Hausfrau zurück, räumte auf. Schnecken sammeln, auf der Mauer sitzen, beobachten und unter dem großen Küchentisch hocken und zuhören waren aber meine Lieblingsbeschäftigungen.

Der Tisch stand in Tante Irmels großer Küche, um den oft mehrere Frauen saßen, redeten und irgendwelche Arbeiten machten. Die Küche war weiß gekachelt, und an den Wänden und auf dem Fußboden gab es eine Reihe Kacheln mit blauen Ranken. Unter dem Tisch saß ich mit meiner Puppe im Arm, hatte die Kacheln in Zimmer eingeteilt und rutschte vom Schlafzimmer in die Küche, vom Wohnzimmer ins Kinderzimmer oder saß einfach nur so da, im Schneidersitz, und hörte zu, was die Erwachsenen redeten. Sie vergaßen oft, daß ich zu ihren Füßen saß, und nur, wenn sie gegen mich traten, fiel ihnen ein, daß ich eine heimliche Zuhörerin war, und schmissen mich mit Ermahnungen raus. Merkten sie es nicht, bekam ich viele Gespräche mit, die ich sonst nie gehört hätte.

Tante Irmel hatte Post bekommen, und Mutter war traurig, daß sie von Vater aus dem Krieg so lange nichts gehört hatte. Aber dann kam doch mal ein Brief, sie las ihn den anderen in der Küche vor und »bestell den Kindern Grüße«. Das war für mich, Vater hatte uns nicht vergessen! Am liebsten wäre ich vor Freude unter dem Tisch hervorgekrochen, aber ich verhielt mich ruhig, um nicht bemerkt zu werden.

Abends im Bett erzählte Mutter, daß Vati geschrieben hätte und uns grüße, ich wußte ja schon alles, traute mich aber nicht, es zu sagen, und hatte ein schlechtes Gewissen, weil ich wußte, ich tat Unrecht.

Vor meiner Mutter das wirklich Wichtige zu beten, hatte ich mir abgewöhnt, und wenn ich abends mein Gebet herunterleierte, sagte sie: »Du bist aber gar nicht mit dem Herzen dabei!«, und ich gab mir Mühe, so zu beten, daß sie zufrieden war.

Wieder saß ich unter dem Tisch, horchte. Da wurde Mutter ans Telefon gerufen, und als sie zurückkam, war sie blaß und entsetzt.

»Wir sind ausgebombt!«

Sie ließ sich auf den Stuhl fallen und weinte. Ich wußte nicht, was ausgebombt war, krabbelte unter dem Tisch vor, wollte Mutter trösten, aber da wurde ich natürlich rausgeschmissen.

Dorkas, einer meiner Lieblingsplätze in Arnsdorf war der Küchentisch bei Tante Irmel, das heißt unter dem Tisch. Erinnerst du dich?«

»Nein, aber nenn mich nicht immer Dorkas, ich bin deine Mutter!«

»Wie wär's, wenn du mich nicht Kind, Mutzilein, Mausilein oder Monilein nennen würdest?«

»Tu ich das? Also gut, ich werde mich bessern.«

»Fällt dir zu Arnsdorf noch was ein, zur Küche?«

»Ja, du saßt wirklich oft unter dem Tisch. Du warst ein furchtbares Kind!«

»Wie bitte?«

»Na ja, neugierig. Man mußte wirklich aufpassen, ob du nicht irgendwo heimlich mithorchtest.«

»Ich wußte, daß ihr das nicht wolltet, aber ich fand es wohl sehr spannend, so viel mitzubekommen.«

»Eben! Was Erwachsene reden, geht Kinder schließlich nichts an!«

»Jetzt sprichst du genauso wie damals.«

»Na hör mal, stimmt doch, oder?«

»Darum geht es jetzt nicht, sondern um einen Anruf. Du wurdest gerufen und kamst entsetzt zurück, weintest, du sagtest, wir wären ausgebombt oder so ähnlich, und ich wollte dich trösten und wurde rausgeschmissen.«

»Ja, Frau Friedrichs aus Berlin rief an, das war die Hauswartsfrau, sie gab mir die Nachricht, daß wir ausgebombt wären.«

»Wie war das damals für dich?«

»Na hör mal, Kind! Ich hatte schließlich alles verloren, und Tante Irmel hat das gar nichts ausgemacht!«

»Wieso denn das?«

»Sie meinte, ich wäre nicht die einzige, der es so ginge.«

»Stimmt, aber ganz schön hart. Sag mal, gab es in der Berliner Wohnung Sachen, an denen du besonders hingst, die nun weg waren?«

»Ich hing sehr an einer alten, schönen Puppe und an dem Flügel. Dann hatte ich einen Intarsienschrank, eine wunderschöne alte Vase und die Möbel von Tante Ebbe, die sie von einem Freund aus Japan hatte. Alles verbrannt. Auch das Bücherbord, die Teppiche.«

»Du hattest doch nach Arnsdorf viele Kisten mitgenommen, was hattest du außer dem Zeug für den Alltag noch drin, ich erinnere mich an Bücher, die du einpacktest, was waren das für Bücher?«

»Vatis medizinische Bücher, und dann hatte ich noch das Silber eingepackt, das Familiensilber.«

»Brauchte Vati denn die Bücher nicht in Berlin?«

»Vati mußte doch dann an die Front, er hatte uns noch nach Arnsdorf gebracht, ein paar Tage später wurde er eingezogen, und die Bücher waren schließlich wertvoll!«

Patsch-patsch! Patsch-patsch!

Treffsicher erschlägt meine blinde Mutter mit der Fliegenklatsche Fliegen an der Terrassentür. Ein Bild, das mich spontan zum Lachen reizt, aber schon baut sich in mir eine Wut auf, sie steigt hoch, tötet meinen Lachansatz ab. Wie hat sie uns all die Jahre mit ihrem Blindsein zu Mitleid, Fürsorge, Rücksicht, Verpflichtung genötigt! Daß sie nicht blind ist, aber schlecht sieht, weiß ich, aber weswegen sie blind spielt, weiß ich nicht. Ihr Spielen mit so einer ernsten Behinderung macht mich aggressiv. Ich denke an den Mann meiner ältesten Freundin, der um sein Augenlicht kämpft, um das letzte bißchen Augenlicht, schon so viele Operationen hinter sich hat, und dagegen meine Mutter, die ihre Blindenrolle jetzt im hohen Alter immer öfter vergißt. Peinliche Augenblicke, die sie nicht wahrnimmt, die mich verunsichern, schließlich ärgern.

Patsch-patsch!

»Was machen wir heute?«

»Wir fahren raus zur Calheta, das ist das Westende der Insel, da können wir zu Mittag essen. Magst du Polvo?«

»Was ist das?«

»Krake.«

»Du weißt, ich probiere alles.«

»Prima, dann nimm aber deine Zähne mit, der Polvo ist manchmal hart wie ein Radiergummi.«

»Ich kann alles so essen.«

»Wie du willst.«

»Wann fahren wir?«

»Mutter, es ist acht Uhr früh, vielleicht so gegen elf.«

»Was machen wir bis dahin?«

»Komm setz dich zu mir, erzähl mir was über deine Augen.«

»Ach Kind!«

»Ich werde dich Frau G. nennen, wenn du mich weiter Kind nennst.«

»Also was willst du hören?«

»Etwas über dein Blindsein.«

»Da gibt es nicht viel zu sagen.«

»Dann sag wenig, ist doch egal, irgendwas wird dir schon einfallen.«

»Der Arzt sagt, es wäre Verkalkung, da könne man nichts machen.«

»Jetzt mal ganz ehrlich. Daß du nicht blind bist, weiß ich. Wie gut oder wie schlecht siehst du eigentlich? Immerhin kannst du recht zielsicher Fliegen fangen.«

»Aus einem bestimmten Blickwinkel kann ich ja auch etwas sehen.«

»Und wie bist du an den Blindenausweis gekommen, wenn du gar nicht richtig blind bist?«

»Ach Kind, das war nicht so ganz korrekt, was ich da gemacht habe, aber ich wollte ihn unbedingt haben.«

»Wozu denn das?«

»Ja, man hat ja dann schließlich seine Vorteile.«

»Vorteile? Wenn man blind ist, hat man Vorteile, das ist mir neu, aber man lernt ja nie aus, erzähle.«

»Na ja, wenn man verreist, kann einer umsonst mitfahren, und überhaupt müssen andere einem dann behilflich sein und auch sonst gibt es finanzielle Vorteile.«

»Mensch, Mutti! Dir geht es finanziell doch gut!«

»Ja aber etwas ist etwas!«

»Und was war das Unkorrekte an deiner ganzen Geschichte?«

»Ich hab' den Ärzten und den Leuten auf dem Amt nicht ganz richtige Dinge gesagt, nein, richtig waren sie schon, aber so was tut man nicht. Ich hab es aber getan, weil ich den Ausweis schließlich wollte!«

»Ist ja interessant. Was hast du denn den Leuten erzählt?«

»So fragt man Leute aus.«

Wir lachen.

»Also los, erzähl mal.«

»Ich hab' ihnen gesagt, ich sei schließlich die Witwe von Wilhelm G., der doch so viel für sie getan hat, Kinder geholt, operiert und so.«

»Meine Mutter ist kriminell! Das ist das Schönste, das ich höre!«

»Aber Kind! Das war doch nicht kriminell!«

»Schon gut, du hast dir den Ausweis erschlichen.«

»Aber so war es auch nicht.«

»Wie denn?«

»Es hat ja schließlich lange gedauert, bis ich den Ausweis bekam, und ich hab ja auch den Führerschein zurückgegeben, das stand ja sogar in der Zeitung!«

Wieder lache ich.

»Das hätte ja wohl auch nicht gepaßt, blind und Autofahren.«

»Ja, und dann bekam ich den Ausweis.«

»Also kann man sagen: im gegenseitigen Einvernehmen.«

»Das ist ein guter Satz, den muß ich mir merken.«

»Du bist vielleicht eine witzige Nudel!«

»Also, Kind, was du so immer sagst!«

»Du hast uns ja auch ganz schön genervt mit deiner Blindenrolle. Als Tassilo so sechs oder sieben war, riefst du an, sagtest, der Arzt meine, du wärst in ein paar Tagen blind. Tassilo hatte so Mitleid mit dir, wollte unbedingt, daß wir dich besuchen, damit du uns noch mal sehen konntest. Ich hatte Nachtdienst, und gleich danach fuhren wir morgens los, sechs Stunden hin, kurz da, sechs Stunden zurück, am nächsten Morgen Frühdienst. Kaum waren wir bei dir, sagtest du, der Arzt habe sich geirrt, du würdest erst in ein paar Monaten blind. Das kam mir alles schon sehr spanisch vor.«

»Meine Augen sind ja aber auch sehr schlecht!«

»Ich weiß, aber immerhin siehst du etwas. Was hast du dir da bloß für eine ungeheuerliche Geschichte ausgedacht, fiel dir da nicht was Einfacheres ein, als Blindsein?«

»Jeder muß in seinem Leben auf viel verzichten, und außerdem sehe ich ja schlecht.«

»Ich weiß, das mit der Verkalkung glaube ich sogar. Ich denke aber, die Rolle ist sehr schwer, ich meine, sie konsequent durchzuhalten. Einmal stolperst du über einen Bordstein, den nächsten siehst du wieder.«

»Daran gewöhnt man sich.«

»Mensch, Mutti, du bist unverbesserlich!«

Sie lacht.

»Wie machst du das eigentlich mit deinem lieben Gott aus, daß du ihn so bescheißt?«

»Aber Monika! So spricht man nicht, nein wirklich nicht!«

»Schon gut, schon gut, ich finde deine Rolle einen Hammer, und wie du das mit deinem Gott ausmachst, ist ja auch deine Sache. Ich wünsche dir viel Erfolg.«

»Ist das der Aschenbecher, Kind? Du weißt doch, ich sehe nichts.«

Hoffnungslos! Gezielt klopft sie die Asche ihrer Zigarette neben dem Aschenbecher ab und stellt die Kaffeetasse, die ich ihr neu gefüllt habe, auf eine Packung Papiertaschentücher, so daß sie umkippt.

»Mensch, Mutti, was soll denn der Scheiß!«

»Du weißt doch, daß ich blind bin, und dann passiert so was eben.«

Sie hat es mal wieder geschafft.

Ich höre Heinrich im Bad. Er ist aufgestanden, ich gehe zu ihm, will meinem Ärger Luft machen.

»Daß sie nicht blind ist, ist doch klar.«

»Ja, aber ich bin mir so unsicher, wie ich darauf reagieren soll. Vorhin haben wir uns ganz gut unterhalten und zack, benimmt sie sich wieder bockig, streift die Asche neben dem Aschenbecher ab, ganz gezielt, nicht, weil sie es nicht sah. Die macht mich rasend!«

»Ich verhalte mich so wie zu einer Sehbehinderten, versuch das doch auch.«

»Würde ich gerne, aber es gelingt mir nicht, weil sie mich zwischendurch wirklich reinlegt. Wären doch die 14 Tage schon um!«

Heinrich rasiert sich, zieht Grimassen.

»Ich finde es so schlimm, daß sie so ihre Ausfälle hat, da gibt es so peinliche Momente, da schäme ich mich direkt, wenn Fremde dabei sind, und dann ärgere ich mich, daß ich mich schäme, mein Gott, ist das alles kompliziert!«

»Was ist dir denn peinlich?«

»Ihr Benehmen, beim Einkaufen zum Beispiel, wie sie alle Leute anquatscht, Grimassen zieht, nee du, ich weiß nicht, ob ich den Nerv habe, das so lange auszuhalten!«

»Nimm's gelassen. Ich weiß, daß das schwer ist, aber jeder sieht doch, daß sie alt ist und nicht nur das, sagen wir mal, daß sie verwirrte Zustände hat.«

Ich lache. »Gib mir von deiner Gelassenheit.«

Wir fahren raus zur Calheta. Wieder müssen wir im Taxi sagen, wer sie ist und daß sie blind ist. Heinrich setzt sowieso immer das ›quase‹ hinzu, fast.

Am Westende der Insel gehe ich mit Dorkas runter an den Strand, will ihr die Sandsteinformationen zeigen.

»Aber das ist ja genau wie in Juist!«

»Mutti, auf Juist gibt's doch keine Felsen!«

»Aber Porto Santo ist eine Insel wie Juist. Wenn Vati das doch noch hätte erleben können!«

»Sei froh, daß er es nicht erlebt, denn das hier würde er nicht überleben, entweder er hätte nach einer Woche die Schnauze gestrichen voll oder einen Herzinfarkt oder beides.«

»Wieso denn das?«

»Mutti, als Urlaub hätte es ihm vielleicht mal eine Woche gefallen, aber nicht, um hier zu leben. Alle Wertvorstellungen wären hier für die Katz. Die Bürokratie ist schlimmer und uneffektiver als die preußische, die Mentalität der Leute steht im totalen Widerspruch zu der von Vati, nee du, sei froh, daß Vati das hier nicht erlebt.«

»Aber Kind, was sagst du denn da?! Ich denke, ihr seid so gerne hier!«

»Wir, das ist was anderes.«

»Du meinst, Vati hätte es hier nicht gefallen?«

»Doch, für ein paar Tage, aber er war der Typ, der seine Ordnung brauchte. Hier ist alles ganz anders. Hier gibt es zum Beispiel laufend neue Gesetze. Sie werden in Lissabon beschlossen, kommen irgendwann nach Madeira, viel später hierher, was nicht bedeutet, daß man hier die Gesetze versteht oder akzeptiert. Entweder es kommt jemand, der die neuen Gesetze erklärt, oder es bleibt alles, wie es war. Auch wenn die Gesetze erklärt werden, werden sie nur müde belächelt, wenn sie Nachteile oder Unfreiheiten bringen. Außerdem lohnt es sich nicht, sich umzustellen, denn die Gesetze werden laufend umgestoßen, immer kommen neue, die die alten aufheben, also: warum sich aufregen?«

»Aber Kind, das ist doch schlimm!«

»Wieso schlimm?«

»Na hör mal, es muß doch alles seine Ordnung haben!«

»Siehst du, so hätte Vati auch gesprochen. Hier gibt es Ordnung, die wir aber nicht verstehen, weil wir das hiesige Empfinden nicht haben. Die Leute hier kommen mit ihrer Ordnung klar.«

»Und hier könnt ihr leben?«

Ich lache laut auf.

»Vielleicht gerade deswegen.«

»Nein, Kind, das wäre nichts für mich und Vati, da hast du recht.«

»Sag ich doch. Vati war ein Schaffer, und hier haben sie die Arbeit nicht erfunden, dafür die wunderbare Unzuverlässigkeit, Unpünktlichkeit, wenn man den deutschen Maßstab nimmt. Unangenehm ist es bloß, wenn man auf die Leute angewiesen ist wie beim Bauen und so. Heinrich sagt auch, sein Vater hätte das hier nie überlebt vor Ärger.«

»Ach Kind.«

»Weißt du eigentlich, daß die Portosantenser mal bei Weltmeisterschaften die Goldmedaille gewannen?«

»Nein, wirklich?«

»Im Hammerwerfen. Als ein Portosantenser den Hammer in die Hände nahm, schaffte er es, das Werkzeug weiter wegzuwerfen als alle anderen.«

»Und?« – »Und? Er wurde Sieger.«

»Ja, das ist doch gut!«

»Klar, er hat ja Übung darin.«

Wir sind zurückgegangen. Heinrich trinkt Kaffee.

»Soll ich euch auch Kaffee holen? Das Essen dauert noch.«

»Gute Idee. Ach, wenn doch wenigstens Peter das hier noch erlebt hätte! Der arme Peter!«

Geld platt fahren lassen war eins der liebsten Spiele der Schnorr-Jungen.

»Kommt ihr mit?«

Sie hatten uns oft und stolz ihre plattgefahrenen Münzen gezeigt.

»Aber dann müssen wir erst fragen«, sagte Peter.

Wir durften das Gutsgelände nie verlassen und mußten das Haus immer im Auge behalten.

»Wehe ihr fragt! Dann dürfen wir alle nicht!«

»Müßt ihr denn nicht fragen?«

»Doch, aber wir tun's nicht, weil wir sonst nicht dürfen.«

Das leuchtete mir ein, aber ich blieb ängstlich, sah zu Peter, der auch nicht überzeugt war, ob wir das Risiko eingehen sollten.

»Dann müßt ihr aber erst Geld klauen!«

»Geld klauen?«

»Klar, von uns kriegt ihr nichts.«

Geldklauen kam für uns gar nicht in Frage.

»Merkt eure Mutter denn nicht, wenn ihr was fehlt?«

»Ist doch egal!«

Ich war hin und her gerissen. Einerseits bewunderte ich die Schnorr-Jungen, daß sie so mutig waren, weder zu fragen, noch sich Gedanken übers Klauen zu machen, andererseits wußte ich, daß Mutters Zorn grenzenlos sein würde, weil man eben nicht klaut, und schon gar kein Geld.

»Los, gehen wir mit, aber ohne Geld, wir gucken nur zu«, entschied Peter.

Der Bahnhof lag nur 15 Minuten vom Schloß entfernt. Es war kein richtiger Bahnhof, es gab nur ein kleines Wartehäuschen. Hartmut und Henner legten ihre Münzen auf die Schienen und stritten sich, aus welcher Richtung der nächste Zug käme. Lange kam gar kein Zug, und ich wurde unruhig, weil wir schon so lange fort waren.

Was ist, wenn Mutter uns in der Zwischenzeit gerufen hat?

»Wir müssen zurück!« entschied Peter.

»Angsthase!«

Die Jungen lachten Peter aus.

Was war schlimmer? Mutters Zorn und ihre Strafe, Zimmerarrest, ihr Michanschweigen, oder der Spott der Jungen?

Wir blieben.

Endlich kam ein Zug. Hartmut und Henner jaulten vor Freude, und kaum war der Zug vorbeigefahren, rannten sie auf die Gleise, sammelten ihre plattgefahrenen Münzen ein und stritten sich, wer die plattesten hatte.

»Los, jetzt müssen wir aber nach Hause!«

»Angsthasen! Angsthasen!« grölten die Jungen verächtlich.

»Mein Bruder ist kein Angsthase, laßt ihn in Ruhe!«

»Klar ist er ein Angsthase!«

Und blitzschnell hatte Hartmut ein Messer in seiner Hand und fuchtelte damit vor Peters Nase.

»Laß das! Laß das! Laß meinen Bruder in Ruh!«

Ich hatte mich dazwischengeworfen.

»Angsthase! Angsthase!«

Ich bekam panische Angst. Wie oft hatte Mutter gesagt, ich solle auf Peter aufpassen, damit ihm nichts passiere? Und nun wollte Hartmut ihn umbringen!

Ich schmiß mich gegen ihn, trat, boxte, und in dem Durcheinander schrie Peter plötzlich auf und blutete am Hals.

»Ihr habt ihn umgebracht! Mörder! Mörder!«

Weg waren die Jungen.

Ich hielt Peter ein Taschentuch an den Hals und war erstaunt, daß er noch lebte.

Zu Hause hatte keiner bemerkt, daß wir fortgewesen waren.

»Was hast du denn da am Hals? Du blutest ja!«

Meine Mutter war aufgesprungen und drehte an Peters Hals.

»Ach, weiter nichts, nur ein Kratzer.«

»Wie ist denn das passiert?«

»Hab mich an einem Ast geratscht.«

Mein Bruder! Wie liebte ich ihn in diesem Augenblick!

Komm, setz dich zu mir, ich hab frischen Tee gemacht.«

Dorkas hatte Mittagsschlaf gehalten. Eine Stunde am Tag kann ich versuchen zu entspannen, mal in Ruhe einen Brief lesen oder schreiben, in der Zeitung blättern.

Mercurio geht es schlechter. Er frißt seit Tagen nichts mehr, hat Einziehungen zwischen den Rippen, atmet oberflächlich, jault zwischendurch jämmerlich auf. Immer wieder drücke ich ihm etwas Wasser aus einer Spritze ins Maul, aber das Wasser läuft wieder raus.

»Wie geht es ihm?«

»Schlechter. Er hat eine Lungenentzündung.«

»Kann man ihm nicht eine Spritze geben, um ihn zu erlösen?«

»Das haben wir auch schon überlegt, es auch schon mit dem

Tierpfleger besprochen, der nochmals in Funchal anrufen will, mit dem Tierarzt reden will.«

Wir trinken Tee.

Heinrich kommt vom Strand, nimmt täglich Reißaus, und ich unterstütze ihn darin, es reicht, wenn einer bei Mutter ist.

»Wie geht es Mercurio?«

»Schlechter. Ich wünschte, er würde sich nicht mehr so lange quälen.«

Heinrich setzt sich neben den Hund, streichelt ihn, redet mit ihm, seine Worte wirken beruhigend, der kleine Hund atmet ruhiger.

Plötzlich wirft meine Mutter die Arme in die Höhe, winkelt sie dann vor der Brust an, stemmt die Unterarme gegen die Tischkante, schlägt die Hände vors Gesicht.

»Von morgens bis abends dreht sich alles um den Hund, ich bin schließlich auch noch da!« jammert sie.

»Was ist los?« frage ich entsetzt. »Spinnst du, hast du einen Knall?«

»Dorkas, du bist ungerecht«, sagt Heinrich, »Monika kümmert sich von morgens bis abends ausschließlich um dich!«

»Das halte ich nicht mehr aus!« presse ich hervor, stehe auf, Heinrich folgt mir ins Schlafzimmer, in dem ich mich aufs Bett werfe.

»Sie geht zu weit«, sagt Heinrich, »die ist wirklich unmöglich!«

Heinrich setzt sich zu mir.

»Ich halte die Frau nicht mehr aus, sie soll aus meinem Leben verschwinden, ich kann nicht mehr, ich will nicht mehr!«

»Ich staune immer wieder, wie du bei solch einer Mutter doch noch ganz normal bleiben konntest.«

»Lieb, daß du mich noch für normal hältst, ich tue es nämlich nicht.«

»Mir reichts.«

Wir umarmen uns und bleiben ein paar Minuten ruhig sitzen, sammeln uns.

»Wie hältst du das bloß aus? Ich haue ja immerhin an den Strand ab, aber du hast sie die ganze Zeit auf dem Hals.«

»Ich weiß es nicht, wie ich es schaffe und ob überhaupt. Was ich aber weiß, ist, daß sie nie, nie wiederkommen wird. Ich bin nun mal Alkoholikerin und muß mich schützen, auch gegen meine

Mutter, wenn sie mir zur Gefahr wird. Sie stirbt nicht meinen Tod, wenn ich wieder trinke.«

»Denkst du oft an Alkohol?«

»Seit sie da ist, ja. Zum Entspannen, weißt du? Sehnsucht nach Ruhe vor mir selbst. Sehnsucht, mich nicht zu fühlen. Sehnsucht nach Nichtdenken. So war es früher auch. ›Michwegtrinken‹ nannte ich das, weil ich mich nicht aushielt. Jeder Nichtalki kann sich mal für kurz betäuben. Bei uns geht das nicht mehr. Wir müssen uns und andere aushalten.«

»So schlimm?«

»Keine Angst, ich werde nicht trinken. Weder wegen ihr noch wegen sonst was, aber wenn ich nicht schon so lange trocken wäre, ich glaube nicht, daß ich das überstehen würde hier, dazu hätte ich bestimmt nicht die Kraft gehabt.«

»Soll ich mal mit ihr spazierengehen?«

»Laß man, es geht schon wieder. Ich hab ja auch noch so viel Fragen, die sie mir beantworten soll. Mein Gott, was würde ich bloß mit dieser Frau machen, wenn ich nicht die Fragen hätte!«

Wir gehen zurück ins Wohnzimmer.

»Mutti, ich hab zu Arnsdorf noch Fragen, willst du mir da helfen?«

»Gerne, mein Kind.«

»Erzähl doch mal etwas zu den Kriegsgefangenen in Arnsdorf, hattest du Kontakte zu ihnen?«

»Wir hatten wenig Kontakt. Es gab Aufseher, und manche Gefangene waren sehr nett. Da gab es zum Beispiel einen Jurek, der hat mir geholfen, das Silber zu vergraben, als die Russen kamen. Und als ich später schwarz über die Grenze ging, um es wieder auszugraben, hat er mir auch geholfen, dabei ist er wohl gesehen worden, wenigstens hieß es dann, er sei deswegen erschossen worden.«

»Weil er dir half?«

»Alles, was wir zurücklassen mußten, war ja Staatseigentum.«

»Hatte er Familie dort?«

»Wieso? Du, das weiß ich nicht.«

»Fällt dir noch was ein?«

»Da gab es einen Thomas, der kam mit der Hand in eine Häckselmaschine, wurde schwer verletzt. Die braune Schwester, ich meine die Nazi-Schwester, weigerte sich, ihm zu helfen, da kam er zu mir, und ich habe ihn verbunden. Da ging er auf die Knie und küßte meinen Rocksaum, ich wußte gar nicht, was er da unten wollte, aber in Polen macht man so was wohl aus Dankbarkeit. Und die Russenkinder wurden ganz eng eingepackt und nie gewaschen. Die Mütter haben aus dem Bach Wasser in den Mund genommen und haben die Kinder damit angespuckt, das war die ganze Wäsche. Und eine Gefangene schob mal einen Kinderwagen, da lag ein Stück Fleisch drin, auf dem saßen schon die Fliegen, und es stank ganz fürchterlich. Die Frau sang dem Fleischstück Kinderlieder vor. Da kam Tante Irmel ganz resolut auf sie zu, sagte, so ginge das nicht weiter, sie solle sich zusammennehmen. Die Frau kam dann in eine Nervenheilanstalt.«

»Meinst du wirklich?«

»So hieß es damals.«

»Und du hast es geglaubt?«

»Damals ja, heute denke ich, sie wurde umgebracht.«

»Und weswegen die Nazi-Schwester dem Thomas nicht half, weißt du?«

»Ja, denen durfte nicht geholfen werden.«

»Das wußtest du?«

»Natürlich, deswegen kam der Thomas ja auch zu mir.«

»Weißt du, es tut mir richtig gut, zu hören, daß wenigstens du ihm geholfen hast.«

»Aber die Nazi-Schwester durfte das nicht merken, ich hätte sonst Schwierigkeiten bekommen.«

»Saubande!«

»Heute hast du recht.«

»Und wie war der Kontakt zu Tante Irmel?«

»Sie war meine Freundin.«

»Erzähl doch mal mehr von ihr.«

»Auf dem Hof gab es genug für alle zu essen, aber ich mußte zum Beispiel für Milch für euch Kinder ganz weit radeln, Tante Irmel gab mir keine Milch, obwohl sie genug hatte.«

»Du sagtest, sie sei deine Freundin?«

»Natürlich!«

»Wie paßt das zusammen, einerseits Freundin, andererseits gibt sie dir keine Milch für uns?«

»Das war damals eben so.«

»Komische Vorstellungen von Freundschaft!«

»Es gab aber nette Leute auf Nachbarhöfen, die gaben mir Milch für euch und einmal Rosenkohl, und von Jurek bekam ich Weizenschrot, den ihr so gerne mochtet. Ich hab euch daraus einen Brei gemacht.«

»Noch mal zu Tante Irmel, ließ sie dich so sehr fühlen, daß du mit uns drei Kindern nicht willkommen warst?«

»Ja.«

»Warum nennst du sie Freundin?«

»Wir sind befreundet.«

»Wirklich, da komm ich nicht mit. Mal was anderes. Mal heißt es, Arnsdorf sei ein Gut, mal ein Schloß, was war es denn nun wirklich?«

»Beides.«

»Ein normales Gutshaus?«

»Die nannte man damals Schlösser, wenn sie dem Adel gehörten.«

»Aufschneiderei!«

»Aber Kind, damals war das so.«

»Schon gut. Vielleicht fühlte sich Tante Irmel verpflichtet, uns aufzunehmen, du sagtest doch, ihre Eltern waren mit deinen Eltern befreundet.«

»Ja, so war es.«

»Also Verpflichtung statt Freundschaft?«

»Es war Freundschaft. Und schließlich mußten wir ja dankbar sein, daß sie uns überhaupt aufnahm.«

»Paß mal auf, Mutti, erst ließ sie uns sehr beengt wohnen, dann mußtest du weit radeln, um Milch für uns zu besorgen, obwohl sie genug hatte, dann sagtest du, es hätte ihr nichts ausgemacht, daß wir ausgebombt wurden. War sie eine verbitterte Frau? Wo war ihr Mann? War er gefallen?«

»Nein, er war im Krieg, wie alle Männer damals. Sie war, wie viele andere auch, nicht gewohnt, abzugeben, überhaupt Flüchtlinge aufzunehmen, außerdem waren die Lebensmittel auf dem Land ja auch rationiert.«

»Ach so, aber trotzdem komisch.«

»Da fällt mir noch was zu Arnsdorf ein. Ich fuhr mal mit dem Zug nach Berlin, weil Vati angerufen hatte, daß er nur ein paar Tage in Berlin sei, da wollte ich ihn natürlich sehen, bevor er wieder an die Front mußte. Als er abfahren wollte, gab es einen Angriff, und ich heulte, weil ich Angst hatte, ihn nie mehr wiederzusehen. Als Willi dann abfuhr, stand Hermann Isenberg, dein Patenonkel, auf dem Bahnsteig, er und Willi hatten das sicher abgesprochen, damit ich nach dem Abschied nicht alleine bin. Hermann muß da schon lange gestanden haben, wenigstens, als ich da weinend winkte, kam er und sagte: ›Komm Kind, wir fahren erst mal zu uns nach Hause, da kannst du bleiben.‹ Elisabeth Isenberg nahm mich ganz lieb in den Arm, und ich schlief eine Nacht bei ihnen. Dann fuhr ich in unsere Wohnung, die war da noch nicht ausgebombt, und holte Vaters gefütterten Pelzmantel und ein kleines Schmuckkästchen, Handfeger, Schaufel, Schrubber und Aufnehmer. Außerdem noch warme Kleidung und noch einen Mantel und einen Hut. Den Besen und den Schrubber nahm ich in die Hand, alles andere war in einem Koffer. Ich stieg in den Zug nach Görlitz, war froh, daß ich einen Sitzplatz ergattert hatte, da kam aus dem Lautsprecher eine Durchsage, ich solle mich beim Stationsvorsteher melden. Aber ich blieb sitzen, denn was sollte ich beim Stationsvorsteher? Ich kümmerte mich nicht weiter drum. Später kam ein Brief meiner Mutter, sie schrieb, daß mein jüngster Bruder Manfred eingezogen wurde und zur gleichen Zeit auf dem Bahnhof war und mich noch mal sehen wollte. Das tat mir nachher sehr leid!«

Die Nächte blieben, wie sie immer waren: Zeit der Ängste im Alleinsein, in der Dunkelheit, der Trostlosigkeit, der Erklärungslosigkeit, der Verständigungslosigkeit, des Nichtverstehens. Zeit des Aufschreckens und stummen Aufschreiens, Zeit des stillen Weinens, des Atmenvergessens vor Schrecken. Nachts wurde alles Bedrohung, jedes kleinste Geräusch, jeder Lichtstrahl, jeder Gedanke, jedes Gefühl, das, tagsüber unterdrückt, mich nachts einholte und marterte.

Ich war ein ängstliches Kind.

Im Garten war eine Glucke mit kleinen Küken.

»Geht nicht in ihre Nähe! Wenn sie Küken hat, ist sie gefährlich, dann fliegt sie euch an und hackt euch die Augen aus!« hatte Mutter gesagt.

Die Glucke verfolgte mich in Träumen, ich rannte und rannte, meinen Arm schützend vor die Augen gelegt.

Ich ging der Glucke aus dem Weg.

Meine Mutter war auf dem Wäschetrockenplatz. Ich wollte zu ihr, ihr helfen, indem ich ihr Klammern anreichte oder Wäschestücke, so wie ich es oft getan hatte, aber zwischen uns war die Glucke.

Ich rief und fragte, wie ich vorbei gehen könnte.

»Mach einen großen Bogen.«

Peter machte einen großen Bogen und die Glucke beachtete ihn nicht. Ich aber stand am Haus und traute mich nicht. Wenn sie Peter nicht gesehen hatte, mich würde sie bestimmt bemerken. Kein Bogen wäre groß genug. Mich würde sie anfliegen und meine Augen aushacken.

Ich kniff die Augen zusammen, als ob die Glucke beim Öffnen verschwunden sein könnte. Sie blieb, wo sie war, sie trennte mich von meiner Mutter.

Dorkas, ich glaube, ich war ein sehr ängstliches Kind. Hast du eine Ahnung, warum?«

»Stimmt, du warst sehr ängstlich. Na ja, es gab ja auch einiges, was dir angst machte. Zum Beispiel, wie du auf dem Bahnsteig runtergedrängt wurdest, direkt zwischen die Räder, und der Zug konnte jederzeit abfahren. Dann das Plumpsklo in Arnsdorf, in das du mal gerutscht warst. Du wärst nicht ganz durchgerutscht, dazu war das Loch zu eng, aber du stecktest bis auf die Arme und Beine drin und hast das ganze Haus zusammengeschrien und hast danach immer ein Töpfchen verlangt, da konnte ich machen, was ich wollte, du weigertest dich, weiter aufs Klo zu gehen. Und einmal saßt du mitten in der Nacht im eisigen Winter auf der Treppe vor der Küche, ich wäre fast über dich gestolpert, als ich ins Bett wollte. Du hattest nur ein Nachthemdchen an, nackte Füße und warst total durchgefroren, du konntest nicht mal mehr die Treppe hochgehen, und ich mußte dich tragen.«

»Was wollte ich denn da auf der Treppe?«

»Du sagtest, du wolltest zu mir, weil du Angst hättest, hättest dich aber nicht getraut, zu mir in die Küche zu kommen.«

»Hast du als Kind auch so viele Ängste gehabt?«

»O ja, ich hatte viel Angst. Da gab es zum Beispiel auf Schloß Zinnitz bei meinen Großeltern eine kleine Marmorfigur, das Gänsemännchen, das verfolgte mich in Träumen, dann gab es die Karbidlampen, die pufften und knallten, und ein Erzieher meines Bruders Egon schoß einmal ein Eichhörnchen, das ich so gerne beobachtet hatte, und danach hatte ich Angst vor diesem Mann, weil er töten konnte. Oder wenn wir ohne Mutter verreisten, die Beschützende, sondern nur mit Erzieherinnen, dann hatte ich immer Angst.«

»Mutter, da du als Kind so viele Ängste hattest, hast du dir als Erwachsene und durch deine Ausbildung zur Kindergärtnerin nicht mal gesagt: Also mit meinen Kindern mach' ich das anders, denen mache ich nicht so viele Ängste?«

»Nein, warum?«

»Eben weil du als Kind so viel Angst hattest.«

»Aber das hat doch nichts mit der Erziehung zu tun, einer ist eben ängstlich, der andere nicht!«

»Woher hast du denn das?«

»Aber Kind, das ist doch so!«

»Nein, das ist nicht so. Ich denke, wenn man Kindern mehr erklärt, so, daß sie es verstehen können, wenn sie sich beschützt fühlen, nimmt die Angst ab. Meinst du nicht?«

»Aber kleine Kinder können doch noch nichts verstehen!«

»Mannomann, du hast vielleicht Dinger drauf! Aber Drohungen mit Liebesentzug, mit Gott und der Hölle, das mußte ich verstehen.«

»Nein, Monika, ich habe keinem meiner Kinder gedroht, schon gar nicht mit Gott und der Hölle.«

»Mutti, ich fang gleich an zu lachen, das tust du doch noch heute, merkst du das denn nicht?«

»Nein.«

»Alle paar Wochen kommt doch Post von dir, die du jemandem diktierst, in dem du mir mit der Hölle drohst, wenn ich nicht schnell noch glauben würde.«

»Ja, aber ich mach mir doch solche Sorgen um dich!«

»Und wenn man sich um jemanden Sorgen macht, muß man ihm drohen?«

»Nein.«

»Warum tust du es denn dann noch? Ich bin erwachsen.«

»Ach Kind, ich mach mir halt so Sorgen um dich.«

»Es ist zwecklos.«

»Ich hab euch so erzogen, wie ich erzogen wurde, in viel Liebe und Gottesfurcht.«

»Na siehst du!«

»Was?«

»Gottesfurcht.«

»Na und? Was ist damit?«

»Man soll Gott lieben und fürchten, stimmt's?«

»Ja.«

»Wie paßt das zusammen?«

»So steht es in der Bibel.«

Heinrich kommt, trinkt mit uns Kaffee.

»Wir sind mal wieder beim alten Thema: Gott und die Welt.«

»Ach Dorkas«, sagt er, »ich glaube, der alte Herr da oben, den interessiert das alles gar nicht so sehr, ich denke, er schläft sehr viel oder ist zumindest ein unendlich fauler Gott.«

»Nein!« schreit meine Mutter, wirft die Arme theatralisch in die Höhe, als ringe sie mit ihrem Gott, klatscht die Hände vors Gesicht und jammert:

»Nein! Nein, so darfst du nicht reden, du tust mir ja so weh!«

Winter 1944/45. Schnee, viel Schnee war gefallen, es war bitterkalt, und wir Kinder durften nur noch ganz selten in den Garten, denn die einzigen Paar Stiefel standen mit Zeitungspapier ausgestopft am Küchenherd. Sowie sie trocken waren, durften wir vor der Freitreppe in dem freigeschaufeltem Rund spielen.

Es wurde immer schwieriger für mich, mich unter dem großen Küchentisch zu verstecken, denn es kamen immer mehr Frauen ins Haus, in die Küche, an den Küchentisch, und ich mußte aufpassen, bis sie so ins Gespräch vertieft waren, daß ich unbemerkt unter dem Tisch verschwinden konnte. Aber diese vielen Beine! Diese vielen Füße! Es wurde immer enger für mich, und schon lange konnte ich nicht mehr in meine unterteilten Fliesenwohnräume rutschen und blieb meist still hocken, aufpassend, daß ich niemanden berührte und mir niemand zu nahe kam, wodurch ich mich verraten hätte.

Eines Tages fand ich alle Frauen vor der Freitreppe zum Himmel starrend. Ich war ihnen gefolgt und schaute auch hoch, sah die vielen silbrigen Vögel, die Flieger, die für mich nichts Neues waren, weil sie täglich über uns hinwegflogen. Nur diesmal waren es viel mehr, und ihr tiefes Brummen durchdringender. Erst als ich die besorgten Gesichter der Erwachsenen sah, wußte ich, daß etwas Bedrohliches passiert war.

Ich horchte und verstand nicht, was sie meinten, als sie sich fragten, was denn nun würde. Ich schlich mich vor bis zur Mutter, wollte sie fragen, was los sei, aber da schickte sie mich schon ins Haus, um ihr ein Taschentuch zu holen. Ich spürte, daß sie mich nur loswerden wollte, denn sie hatte immer mindestens ein Taschentuch bei sich, eines davon oben im Strumpf, und wenn sie es brauchte, hob sie ihren Rock etwas an, faßte in den Strumpf und zog das Taschentuch hervor. Manchmal war es ihr auch bis in die Kniekehle gerutscht, und sie mußte lustige Verrenkungen machen, um es zu erwischen. Wie oft spuckte sie aufs Taschentuch und wischte mir mit dem ekeligen, warmen, miefigen, verschrumpelten, feuchten Taschentuch über meinen Mund, dann über mein Kinn. Dabei war es fast nie dreckig! Wie oft hatte sie schon mit Bürste und Scheuersand mein Kinn geschrubbt, weil sie meinte, die kleinen Äderchen, die von den Mundwinkeln zum Kinn seitlich unter der dünnen Haut durchschimmerten, seien Dreck. Sie scheuerte mich oft ganz wund, bis meine dünne Haut blutete.

Ich rannte die Freitreppe hoch, die mir noch nie so steil und hoch vorgekommen war wie jetzt, schnaufte vor Atemnot, schnappte schnell ein Taschentuch aus dem Wäscheschrank und rannte wieder runter. Von der Treppe aus sah ich schon, daß ich zu spät kam, weil alle Erwachsenen weg waren. Ich brachte das Taschentuch in die Küche zu meiner Mutter, die gar nicht mehr wußte, warum ich ihr ein Taschentuch brachte. Dann krabbelte ich unter den Tisch, was diesmal einfach war, denn alle redeten aufgeregt durcheinander.

»Ich hab' genug Tabletten da, die reichen für uns alle. Ehe der Russe uns in die Finger kriegt, bring' ich uns alle um.« Das war die Stimme meiner Mutter.

»Du gehst auf gar keinen Fall! Sei vernünftig. Denk an die Kinder! Bei der Kälte! Das halten die niemals durch!« Das war Tante Irmel.

»Niemand geht ohne Erlaubnis, wenn das jeder täte!«

»Und die Flieger? Das ewige Blub-Bum? Die sind doch schon ganz nah!« Das war meine Mutter.

»Ach was, Hitler ließe das nie zu, er schlägt im richtigen Moment zurück.« Das war Tante Irmel.

»Ich geh' aber, nehm' die Kinder, irgendwie werden wir es schon schaffen!« Das war meine Mutter.

»Das würde Willi dir nie erlauben, sie sind schließlich auch seine Kinder! Du darfst deren Leben nicht aufs Spiel setzen!«

»Dann geh' wenigstens zum Ortsgruppenleiter, wir kommen sonst in Teufels Küche!«

Teufelsküche! Der Teufel hat eine Küche! War das spannend!

Es war Nacht, als Mutter uns weckte und beim Anziehen half, was nur irgendwie übereinander paßte. Über Mützen und unsere Gesichter wickelte sie dicke gestrickte Schals, nur die Augen sahen raus.

»Was ist los?«

»Ruhe! Wir gehen weg.«

Wir wurden auf einen Rodelschlitten gesetzt, Peter hinten, ich vorn, Jörg zwischen uns. So zog unsere Mutter mit uns los, mitten in der Nacht, keiner begleitete uns, es war eisig kalt. Dorkas stampfte durch den tiefen Schnee, ich hörte sie laut atmen, keuchen, fauchen. Wir blieben stecken, der Schnee war zu hoch. Plötzlich war Jurek mit Pferd und Pferdeschlitten da und hob uns in den Schlitten, während er mit Dorkas laut schimpfte. Die Peitsche knallte, das Pferd zog an. Ich sah trotz der Dunkelheit den dicken, breiten Po, auf dem die Peitsche wippte, und sowie Jurek meinte, das Pferd wolle nicht, zischte die Peitsche und knallte auf den dicken Pferdepo. Geräusche drangen in meine Ohren, fügten sich nahtlos an die Geräusche meiner Kindheit: Klavierspiel, Schiffstutens, Blub-Bum, Donnergegrummel, das Brummen der silbernen Flieger, die verschiedenen Sirenentöne, das Zischen und Knallen der Peitsche.

Das Pferd hob seinen Schwanz, legte ihn etwas zur Seite, und Klumpen fielen aus ihm heraus.

Gerüche wie Parfum, Meeresmodder, gemähte Wiesen und jetzt Pferdekacke.

Ich hörte Jurek fluchen, sah seinen Rücken, er war vor Wut aufgestanden, schlug auf das Pferd ein, das mir leid tat. Der lange Rücken von Jurek im dunkelbraunen Ledermantel, sein Kopf unter einem dunklen breitkrempligen Hut.

»Weiter!« zischte meine Mutter beschwörend.

Wenige hundert Meter vor dem kleinen Bahnhof, auf dem Hartmut und Henner ihre Münzen plattfahren ließen, gab das Pferd auf. Ich sah, als wir vom Schlitten runtergehoben wurden, daß der Schnee dem Pferd bis an den Bauch reichte.

Mutter band Jörg auf dem kleinen Rodelschlitten fest. Jurek ließ das Pferd und den Pferdeschlitten stehen, wo sie steckengeblieben waren, ging voran durch die Nacht und stampfte uns einen schmalen Weg durch den tiefen Schnee.

In der kleinen Wartehalle setzten wir uns auf die Bank, und Mutter begann, unsere Füße gegeneinanderzuschlagen.

»Das tut weh!«

»Das muß sein, sonst erfrieren eure Füße. Los! Bewegt euch, Arme hoch und eins-zwei, eins-zwei!«

Wir spielten Hampelmann und hatten Spaß daran, obwohl das Bewegen wegen der vielen Kleidungsstücke übereinander sehr schwer ging. Mutter fand Zeitungspapier und stopfte uns damit aus, band Kordeln um Beine und Arme, und wir konnten nur noch mit auseinandergestreckten Armen und breiten Beinen stehen, so dick waren wir verpackt. Irgendwann kam ein Zug, der uns zu einem Bahnhof brachte, einem richtigen Bahnhof, und fremde Männer trugen uns auf den Armen. Meine Angst, verlorenzugehen, weggeschleppt zu werden, beherrschte mich total. Ich behielt Mutter im Auge, hatte Angst, sie würde verschwinden, ich würde sie nie wiedersehen. Irgendwann saßen wir wieder in einem Zug, mußten mehrmals raus in den hohen Schnee, und manchmal schubste Mutter uns aus den Türen, weil wir uns vor Angst festklammerten. Wir fielen in den tiefen Schnee, buddelten uns mühsam wieder raus. Ich verstand nie, warum sie das machte und wenn ich sie fragte, sagte sie: »Frag nicht! Lauf!«

Wir taumelten weiter, stapften weiter, fielen hin, rappelten uns hoch. Mutter hatte sich Jörg um den Bauch geschnallt, auf ihrem Rücken wippte ein Rucksack. Manchmal nahm Peter mich an die Hand, wenn wir nebeneinander auf den schmalen gestampften Weg paßten. »Damit du nicht zurückbleibst.«

Ich sah aus den Schneegräben hoch zu den Eisenbahnwagen, aus denen wir herausgefallen waren. Aus Fenstern und Türen hingen Menschen, manche kopfüber und blutverschmiert. Der Schnee war rot.

»Los weiter! Kein Blick nach rechts! Los, immer geradeaus!«

Aber ich hatte die Toten und Verletzten gesehen, konnte ihre Schreie hören, das Wimmern der Kinder und Frauen. Dann wurde geschossen.

»Schneller! Los! Rennt!«

Wir stolperten durch den Schnee, fielen hin, rappelten uns wieder auf.

Oder wir mußten uns in den Schnee werfen, ganz ruhig liegenbleiben, bis mit dem Schießen aufgehört wurde. Wir kletterten über Tote und Verletzte, und ich mußte auf sie treten, weil meine Beine nicht lang genug waren, rüberzusteigen.

Mal schliefen wir in Heu oder Stroh, das im Gesicht kitzelte und pikste, mal auf Steinen unter Dächern, durch die es eisig zog, eng aneinandergeschmiegt, um uns etwas vor der Kälte zu schützen. Einmal gab es unterwegs warmes Essen, und dann ging es wieder weiter mit dem Zug. Mutter hatte uns durch die offenen Abteilfenster geworfen, ich landete auf Schößen von fremden, unrasierten, verbundenen Männern, die mich festhielten, und ich schrie und wehrte mich, aber sie waren stärker. Der Zug fuhr los, Mutter und die Brüder waren nicht da, und die Männer hielten mich fest.

Dann verstummte ich vor Entsetzen.

Plötzlich war Mutter da, sie zog mich am Arm in ein anderes Abteil, in dem die Brüder waren.

In einem offenen Güterwagen mußten wir uns auf den Bauch auf den Boden legen, und Mutter legte sich auf uns, und sie war so schwer.

Als wir in richtigen Betten lagen und Mutter sagte: »Nun sind wir da, hier bleiben wir«, glaubte ich ihr nicht.

Vom ersten Tag ihres Besuches an wollte meine Mutter, daß ich ihr die Losung vorlese.

»Aber warte, bis Heinrich kommt.«

»Laß es, Dorkas, ich glaube kaum, daß er vor dem Frühstück schon vollgelabert werden will.«

»Was sagst du da?!«

»Entschuldige, aber es interessiert ihn bestimmt nicht.«

»Aber es täte ihm gut.«

»Was ihm guttut, ist Ruhe am frühen Morgen.«

»Aber man beginnt den Tag mit Gottes Wort.«

»Wir beginnen ihn anders.«

»Aber ich schicke dir doch jedes Jahr die Losungen.«

»Ich hab sie ja auch, das heißt, hier nur eine, die anderen meterweise in Berlin gelassen.«

»Ich werde dir, sowie ich wieder in Aumühle bin, eine schikken.«

»Laß es, Dorkas, ich lese sie nicht.«

»Aber warum denn nicht?«

»Ich bin von kindauf vollgelabert worden, ich will nicht mehr, so einfach ist das.«

»Aber Kind, wenn ich vor meinem Tod erfahren würde, daß du gläubiger Christ geworden bist, könnte ich in Ruhe sterben.«

»Dorkas, ich will mit deinem Gott, den du mir von Kindheit an aufgezwungen hast, nichts zu tun haben. Ich habe da meine persönlichen Ansichten, also laß dein Missionieren. Du wirst halt unruhig sterben müssen.«

»Wieso denn das?«

»Du sagtest doch eben, du könntest in Ruhe sterben, wenn du wüßtest, daß ich Christin bin.«

»Ach so. Na ja. Vielleicht sollte ich dich wirklich in Ruhe lassen, denn Heinrich, ich meine Vaters Zwilling, hat mir mal gesagt: Deine Monika steht Christus viel näher, als du glaubst.«

»Na, wie schön, daß das wenigstens andere wissen.«

»Aber Kind, das beruhigt mich wirklich etwas.«

»Dann ist doch alles gut, du brauchst dich nicht aufzuregen, kannst also in Ruhe sterben.«

»Aber mir wäre es lieber ...«

»Mir wäre es lieber, wenn wir die Zeit besser nutzen könnten, zum Beispiel, daß ich dich weiter fragen kann und du mir von dir erzählst. Du hattest mal aufgeschrieben, was dir zur Flucht eingefallen ist. Ich hatte dich darum gebeten, ich hab es hier. Soll ich es dir mal vorlesen?«

»Mir wäre es lieber, du würdest mir aus der Bibel vorlesen!«

»Mensch, Mutti! Ich les dir doch schon jeden Tag die Losung vor, reicht denn das nicht?«

»Ihr habt bestimmt gar keine Bibel.«

»Aha, daher weht der Wind, du willst nur wissen, ob wir eine Bibel haben. Frag doch direkt. Heinrich hat eine, es ist die seiner Eltern. Meine Konfirmationsbibel ist in Berlin in der Wohnung von Kubitz und Tassilo, sie hält da ein großes Bücherregel, steckt zwischen Regal und Seitenwand, damit das Regal nicht umfällt, die ist also eine gute Stütze, gut aufgehoben da.«

»Wann bist du eigentlich aus der Kirche ausgetreten? Du weißt, wie sehr uns das getroffen hat.«

»Und ihr habt es nur erfahren, weil du mal wieder meine Post geöffnet hast, Post, die an mich gerichtet war. Du weißt das doch alles, warum soll ich denn das schon wieder erzählen?«

»Ich hab's doch vergessen.«

»Also gut, es war 1963, reicht dir das?«

»Nein, ich will wissen, warum.«

»Ist das nicht letztlich scheißegal?«

»Mir nicht!«

»Wie soll ich dir das erklären? Als Kind hab ich schon nie das Gefühl gehabt, daß euer Gott der Gerechte, der Liebende ist, der mir zuhört, dem ich mich anvertraute. Er war für mich immer der Strafende, Ungerechte, Wütende, so hab ich es wenigstens von dir erfahren. Später stellte ich fest, daß die Menschen, die am lautesten vom Christentum sprechen und damit herumposaunen, die waren, die mir die dicksten Knüppel zwischen die Beine warfen. Ich wurde mit Traktätchen gefüttert und Vatis Zwilling Heinrich bombardierte mich mit rührend kitschigen Briefen. Alles Bla-Bla! Damals war ich sehr verzeifelt, aber ich hörte von allen, die sich so laut Christen nannten, nur Bla-Bla, nie etwas, was mir half. Ich rannte in die Kirche in der Hoffnung, endlich mal etwas zu hören, was mir helfen könnte, aber auch in der Kirche nur Bla-Bla! Ich ging jedesmal verstörter aus der Kirche, als ich reingegangen war. Die Allgemeingültigkeiten kotzten mich an. Die Kirche, ich meine jetzt ihre Vertreter und ihre Mitglieder, alle maßregelten mich, maßten sich an, Gottes Stellvertreter an mir spielen zu dürfen, nannten es ihre Pflicht als Christenmenschen. Irgendwann war es dann so weit, daß ich mir sagte: Mit euch allen will ich nicht mehr in einer Organisation zusammen sein, macht euren Kram alleine.«

»Nein, Kind, das ist ja schlimm, aber so war es doch nicht!«

»Nicht? Mutter, ihr habt euch mir gegenüber doch nicht einmal christlich verhalten. Zwischen euerm Christentum und dem, was ich fühlte, war doch ein himmelweiter Unterschied, verstehst du?«

»Nein.«

»Wie soll ich dir das erklären? Vielleicht an Beispielen. Erinnerst du dich an Heidi Düwell? Sie war meine Freundin, aber ihr habt mir diese Freundschaft verboten. Warum? Weil ihr sagtet, ihre Eltern würden getrennt leben. Daß Heidi für Caterina Valente schwärmte, paßte euch auch nicht, obwohl ihr uns keine Alternativen angeboten hattet. Dann denk mal an Bärbel Girkens aus Essen, diese Freundschaft versuchtet ihr auch immer zu verbieten, nur hattet ihr nicht mehr den großen Einfluß, weil ich ja in Essen mittlerweile zur Schule ging. Warum hattet ihr was gegen Bärbel? Ihre Eltern waren katholisch, ihr Vater Eisenbahner. Sehr christlich, eure Einstellung, was? Dann meine späteren Freunde, die Lügenbrücke, die Lügenkette. War das christlich? Nee, du, irgendwann hatte ich von eurem Christentum eben die Schnauze gestrichen voll und trat aus.«

»Ja, aber wir meinten ...«

»Klar, ihr meintet es nur gut mit mir, wußtet aber nicht, was gut für mich, sondern nur für euch war. Ihr verhieltet euch so, auf daß es euch gutgeht auf Erden.«

»Nein, Kind, das stimmt nicht!«

»Für mich war es so. Und würde es heute einen Jesus geben oder zu der Zeit, als ich Kind war, ich weiß nicht, ob er euch nicht allesamt aus seinem Tempel gejagt hätte.«

»Monika, ich verbiete dir, so zu reden!«

»Kannst du nicht, Mutter. Aber traurig will ich dich nicht machen, verstehst du? Ich wollte glauben, aber es klappte nicht, ich redete mit Gott, er nicht mit mir. Er war es, der nicht wollte, also soll er es jetzt auch lassen.«

»Gott will dich bestimmt nur versuchen.«

»Das kann er bleiben lassen, auf die Tricks von euch fall ich nicht mehr rein.«

Da sitzt sie, fassungslos. Ich hätte sie schonen sollen! Arme alte Frau!

»Soll ich dir jetzt vorlesen, was du mal zur Flucht geschrieben hast? Dann kommen wir auf andere Gedanken.«

»Ja, mach das.«

Du hast geschrieben:

›Als wir die Russen von weitem mit Granatwerfern hörten, ging ich zum Ortsgruppenleiter, der mir befahl, dazubleiben, er würde mich sonst erschießen lassen. Wenn ich ginge, würden alle wegwollen und dann bräche das Chaos aus, weil dann die Züge überfüllt seien. Ich hatte den Feindsender gehört, hatte zu große Angst, wollte trotzdem fahren. Wir fuhren heimlich in der Nacht bei 18 Grad Kälte. Wir kamen an einem Kleinbahnhof in Görlitz an. Da waren französische Gefangene. Ich schrie zu dem Aufseher rüber, er solle mir doch mal Leute schicken, die mir tragen helfen könnten. Das tat der Aufseher. Auf dem Hauptbahnhof waren die Züge übervoll. Plötzlich blieb der Zug stehen, weil vorne zwei Wagen getroffen waren. Dann stiegen wir in einen Personenzug um, es war ein wahnsinniges Gedränge. Ich schob Peter in den Wagen hinein und reichte ihm den kleinen Jörg, weil Peter sich als Fünfjähriger im Zug besser allein zurechtfinden konnte. Ich hab um mich geboxt, gestoßen, um Monika hineinzuheben. Ich konnte sie nirgends sehen, dann fand ich sie, sie war abgedrängt worden. Hilfreiche Menschen reichten sie mir über die Köpfe hinweg zu, es gab doch noch gute Menschen, und nicht jeder dachte nur an sich selbst. In der Zeit war es so, daß alle rücksichtslos um ihr Leben kämpften, um von dem Russen wegzukommen. Wieder mußten wir raus der Angriffe wegen, blieben aber durch Gottes Hilfe bewahrt von einem Angriff auf unseren Wagen. Die kaputten Wagen wurden abgekoppelt. Einmal hab' ich was Leichtsinniges gemacht, wir fuhren in einem offenen Güterwagen, ich legte mich auf euch drauf unter eine Plane. Ich wollte euch vor der Kälte schützen und auch vor Angriffen, hatte aber nicht überlegt, was aus euch geworden wäre, wenn ich über euch erschossen worden wäre. Peter hat mal in der Schule später in einem Aufsatz von den bösen Müttern erzählt, die ihre Kinder in den Schnee warfen. Er wußte ja nicht, daß die Kinder erfroren waren. Wir mußten wieder in einen Zug, dessen Fenster kaputtgeschlagen und mit Brettern vernagelt waren. In Wittenberge mußten wir raus, denn ab jetzt durften nur noch Soldaten befördert werden. Alle Bahnhofshallen, Rotekreuzstationen und Schulen waren belegt von Flüchtlingen. Die Kinder und ich mußten auf dem Bahnsteig schlafen. Übermüdet schliefen wir ein. Wir hatten nicht gemerkt, daß sich in der Nacht ein Mann zu uns gelegt hatte, der wohl Läuse hatte, denn später stellte ich fest, daß Jörg und ich Läuse hatten. Einen Tag lang mußten wir in Wittenberge bei grausiger Kälte warten. Ich hatte mir einen goldenen Füllfederhalter von Vater und eine Kamera mitgenommen, falls uns die Russen doch einholen sollten und ich mich vor den Grausamkeiten der Russen freikaufen müßte. In Wittenberge war ein Hitlerjunge, diesem gab ich den goldenen Füllhalter und die Kamera, damit er mich in einen der Soldatenzüge reinbringt. Dieser wollte erst nicht, weil er Angst vor seinen Nazi-Vorgesetzten hatte. Wir warteten, bis es Nacht wurde, und er setzte mich in einen überfüllten Soldatenzug. Der Zug sollte nach Hamburg-Altona gehen. Es war wie ein Wunder Gottes, denn ich machte die Tür auf und sah, daß wir genau auf dem Bahnhof von Aumühle hielten. Wir hatten ja Aumühle als zweiten Treffpunkt nach Berlin ausgemacht. Auf dem Bahnhof stand ein Bahnbeamter, der erstaunt ausrief: Das ist ja die Dorkas! Er brachte uns in die Bahnhofshalle, dort setzte ich mich total erschöpft auf eine Bank. Der Bahnbeamte telefonierte für mich mit meiner Mutter und Itata. Das war alles Anfang Februar 1945, und es lag hoch Schnee. Meine Mutter und Itata holten uns mit einem Schlitten vom Bahnhof ab. Die Kinder wurden im Keller in zwei Betten gelegt. Ich schlief drei Tage und drei Nächte nicht, lief durchs Haus, war völlig aufgewühlt, konnte nicht schlafen. Dann legte ich mich abends mit Monika früh ins Bett und schlief zehn Stunden fest.‹«

»Ja, so war das.«

»Paß mal auf, Dorkas, ich hab' da ein paar Fragen. Zum Beispiel erinnere ich mich an Heu oder Stroh auf der Flucht, das mir im Gesicht piekste. Wo kann das gewesen sein? Schliefen wir mal im Stroh?«

»Ja, wir versteckten uns auf dem Heuboden eines Bauernhauses. Wir hatten eine Leiter hochgezogen, auf der wir hochgeklettert waren. Jörg schlief schon die ganze Flucht über. Ich hatte ihm Luminaletten gegeben, damit er nicht schreit und uns verrät. Ihr zwei wart vor Angst sowieso ruhig. Das mußtet ihr auch, denn unten waren Russen, die eine Frau vergewaltigten.«

»In Arnsdorf hattest du mal gesagt, du würdest uns alle mit Tabletten umbringen, wenn wir in die Hände der Russen fallen würden. Hättest du das mit Luminaletten gemacht? Ich erinnere mich an Angst vor Tabletten, die du uns geben könntest.«

»Ja, ich hatte genug Luminaletten von Vater aus der Charité. Jörg wurde bis Berlin nicht mehr wach, ich hatte Angst, ich hätte ihm zu viel gegeben und ihn umgebracht, aber wieso weißt du das denn von den Tabletten?«

»Ich saß doch oft unter dem Küchentisch bei Tante Irmel. Was hattest du für die Flucht mitgenommen?«

»Ich hatte einen Koffer mit Kindersachen für Jörg, den ich aber stehenlassen mußte. Dann hatte ich noch einen Brotbeutel mit Aletemilch und getrocknetem Obst, den hatte ich mir umgeschnallt.«

»War das nicht ein Rucksack? Ich sehe dich noch vor mir durch den Schnee stampfen, und der Rucksack wackelte hin und her.«

»Nein, es war ein Brotbeutel, aber ich trug ihn auf dem Rücken, weil ich ja Jörg oft auf meinen Bauch geschnallt hatte. Und im Bahnwärterhäuschen in Arnsdorf geschah ein Wunder Gottes, denn da lag viel Zeitungspapier herum und Bindfaden. Damit wikkelte ich alle Kinder ein.«

»Stopftest du uns nicht damit aus?«

»Ja, das stimmt, gut, daß du dich so genau erinnerst, obwohl ich das gar nicht verstehe.«

»Du sprichst immer von Wundern, das hat mich früher schon irritiert. Zum Beispiel ›durch ein Wunder Gottes wurden andere Wagen zerschossen‹ und so, ich finde das sehr anmaßend, harmlos ausgedrückt, denn in den Wagen, die zerschossen wurden, saßen vielleicht auch Christen, oder? Die konnten nicht von Gottes Wundern reden.«

»So gesehen hast du recht, aber Gott hielt seine Hand während der Flucht über uns und hat uns beschützt.«

»Über die anderen nicht?«

»Das weiß ich nicht.«

»Meinst du das wirklich mit den Wundern oder sagst du das einfach so?«

»Na hör mal, das glaub' ich wirklich!«

»Die Überheblichkeit der Christen kennt keine Grenzen. Aber lassen wir das, da kommen wir sowieso nicht weiter. Nochmals zu Arnsdorf. Jurek brachte uns ein Stück mit dem Pferdeschlitten, und er schimpfte mit dir, warum?«

»Er schimpfte mit mir? Warum sollte er?«

»Das frag' ich dich ja gerade.«

»Aber er war doch Kriegsgefangener, wieso sollte der denn mit mir schimpfen? Höchstens, weil er es unvernünftig fand, bei der Kälte mit euch zu fliehen, ja, das kann sein. Aber ich erinnere mich nicht, er war schließlich Kriegsgefangener!«

»Ein Kriegsgefangener, der dir viel half und uns Kinder wohl mochte, denn er schenkte dir Weizenschrot für uns, also ein sehr menschlicher Gefangener, oder?«

»Ja, heute sieht man das so.«

»Hoppla, Mutter, damals nicht? Solche Töne bringen mich echt auf die Palme.«

»Ja, warum denn das?«

»Also gut, lassen wirs, du kapierst das nicht. Kriegsgefangene waren also keine Menschen, sondern ganz im Sinne der Nazis Untermenschen, und ihr habt daran geglaubt, so einfach ließet ihr euch eure Moral, selbst eure christliche Moral, pervertieren. Schon gut, du brauchst dich nicht zu rechtfertigen, auch du und Vati gehörten zum großen Volk der Widerstandskämpfer.«

»Ja, was hat denn das damit zu tun?«

»Vergiß es, aber es kann sein, daß ich darauf noch mal zurückkommen werde, solange du da bist, ich hoffe, daß ich dann gelassener bin und nicht ausflippe. Jetzt zurück zur Flucht. Du hast in deinem Bericht nichts von Berlin geschrieben, ich kann mich an Berlin als Zwischenaufenthalt auch nicht erinnern, aber irgendwann erzähltest du mal, wir wären kurz dagewesen. Erst danach fuhren wir nach Aumühle.«

»Stimmt! Ich wollte schließlich wissen, was aus Vati geworden war. In Berlin ging ich zur Charité, ich wollte wissen, wo Vater war, aber niemand wußte es, sie sagten nur, ich solle machen, daß ich mit euch Kindern Berlin verlasse, es sei da viel zu gefährlich. Dann gab es einen Angriff, wir liefen zu einem Bunker und da haben die Blutordenträger, höchste SS-Leute, endlich mal was Gutes getan. Die haben uns in dem Bunker zu den SA-Schwestern gebracht, die haben Jörg dann gebadet, er hatte sich bis zum Stehkragen vollgemacht. Peter konnte ja aus dem fahrenden Zug durch die Ritzen pinkeln und du, wenn wir sowieso rausmußten. Sie gaben Jörg auch eine Kräftigungsspritze, weil er ja die ganze Zeit nichts gegessen hatte, weil er ja schlief. Und im Bunker bekamen wir Erbsensuppe.«

»Dann war das die warme Mahlzeit, an die ich mich erinnere.«

»Ja.«

»Du schriebst was von einem Soldatenzug. War das ein Lazarettzug? Ich erinnere mich an verbundene Menschen.«

»Ja, es war ein Lazarettzug, ein Verwundetentransport.«

»Außerdem erinnere ich mich an Schüsse, als wir zu Fuß durch den Schnee mußten. Wir mußten über Tote und Verletzte wegklettern.«

»Mein Gott, Monika, das darf doch nicht wahr sein, wieso weißt du davon? Du warst doch noch so klein, erst drei Jahre alt.«

»Irrtum, ich war vier.«

»Ich hab' immer geglaubt, ihr kriegt von allem gar nichts mit. Ja, die Russen schossen aus Maschinengewehren, warum wir überlebten, weiß ich nicht, sicher nur, weil sie ein neues Magazin einlegen mußten.«

»Mal kein Wunder Gottes?«

»So wird es gewesen sein.«

»Woher kannte der Bahnbeamte dich in Aumühle?«

»Ich war doch als Kind Fahrschülerin, daher.«

»Noch was zu Aumühle. Ich erinnere mich ganz schwach an Bahngleise, auf denen wir entlanggingen, und du sagtest immer, gleich seien wir in Aumühle. Also hielt der Zug nicht in Aumühle, sondern schon vorher, vielleicht in Friedrichsruh oder Schwarzenbek, oder aber wir sind schon in Büchen raus, aber das glaube ich nicht, von Büchen bis Aumühle zu Fuß?«

»Nein, das hätten wir nicht geschafft. Er hielt in Aumühle.«

»Komisch, das hab' ich anders in Erinnerung, aber ich kann

mich irren. Noch was. Als wir vom Bahnsteig die Treppen hochgingen, fielst du plötzlich um, knicktest einfach ein, bist wohl ohnmächtig geworden. Peter befahl mir, bei dir und Jörg zu bleiben, und Jörg tobte auf dir herum, und ich paßte auf, daß er nicht runterkegelte und du auch nicht, außerdem hatte ich Angst, weil Peter weggelaufen war. Als du wieder zu dir kamst, gingen wir weiter, da war das mit dem Bahnbeamten. Peter kam dann mit Omutti und Itata mit dem Schlitten.«

»Ja, so kann es gewesen sein. Peter war mal in Ferien in Aumühle, kannte den Weg zur Großmutter.«

Wir sitzen auf der Terrasse des einzigen Cafés der Insel, im Baiana.

Einkäufe mit Dorkas im Schlepptau kann ich während ihres Aufenthaltes nicht verhindern, sie besteht darauf, mich überallhin zu begleiten.

Ihre Kontaktaufnahme zu Einheimischen bleibt peinlich, ihr weinerlicher Ton, wenn ich sie bitte, nicht alle Leute anzusprechen, unerträglich. Sie quatscht Fremde an, wie es ihr gerade in den Sinn kommt, gebärdet sich pantomimisch mit fuchtelnden Armen und Grimassen.

Noch eine Woche!

Bin ich zu hart mit ihr? Berücksichtige ich zu wenig, daß sie alt ist? Da sitzt sie mir gegenüber auf dem harten Stuhl, das Kissen haben wir im Taxi vergessen.

Sie ist so anders, wenn ich mit ihr über die Vergangenheit rede. Ist das so bei allen alten Menschen? Werde ich auch so, ohne es zu merken? Sie nimmt ihre Sonnenbrille ab. Diese alten Augen!

Mensch, Dorkas! Immer wieder durchzieht mich ein trauriges Gefühl, wenn ich sie da so sitzen sehe mit ihrem alten Gesicht, das oft so seltsam wirkt, so fremd, so eigentümlich. Jetzt nestelt sie mit ihren Fingern an der Tischkante. Mein Gott! Wie ich dies Nesteln kenne, wenn ich meine Valium brauchte. Nimmt sie immer noch dieses verfluchte Zeug?

»Monilein, ich hab' mir zu wenig Valium mitgenommen, du

weißt doch, daß ich das nehmen muß, weil ich sonst so nervös bin, kann man hier welches besorgen?«

»Nimmst du es immer noch?«

»Ja, der Arzt hat es mir doch verschrieben!«

»Das ist kein Problem für Ärzte. Um die Sucht der Leute zu befriedigen, haben sie ihre Rezeptblöcke. Ich kenne das ja.«

»So viel nehme ich ja nun auch wieder nicht.«

»Ist doch egal. Ein bißchen schwanger ist auch schwanger. Komm, gehen wir in die Apotheke, noch kann man hier allen Mist rezeptfrei kriegen.«

Wie rede ich denn da? Sagte ich: egal? Wenn es um Drogen geht, reagiere ich doch sonst anders. O, ich bin ihrer so müde!

Wir bekommen Valium. Ich wundere mich, daß ich ihr das Gift kaufen kann, das mich umbringen würde, von dem ich abhängig war. Wäre sie jünger, würde ich da anders reagieren? Reagiere ich so aus Angst, sie könnte hier in einen Medikamentenentzug kommen? Nur das nicht! Dann soll sie sich lieber vollpumpen. Aber ich merke tagsüber nichts an ihrer Sprache, an ihren Bewegungen.

»Tu mir einen Gefallen, behalt die Pillen bei dir im Zimmer, schluck sie nicht in unserer Gegenwart und nimm alle, aber auch wirklich alle restlichen mit zurück nach Deutschland, ich will hier keine unterm Bett oder sonstwo finden, wenn du weg bist.«

»Macht dir denn das noch so viel aus?«

»Mir macht es was aus, wenn unter unserem Dach jemand Pillen einwirft.«

»Du bist doch schon so lange frei davon!«

»Eben, und deswegen will ich es ja auch bleiben. Es geht ums Prinzip, nicht, weil ich rückfällig werden könnte.«

»Meinst du, ich könnte mal ein Gläschen Bier trinken?«

»Was soll denn das! Willst du mich provozieren?«

»Nein, mein Kind, ich will ja nur mal ein Gläschen Bier trinken.«

»Eine miese Art! Und ich antworte dir: Kommt nicht in Frage!«

»Nicht?«

»Nicht!«

»Warum nicht?«

»Mensch, Dorkas, du kapierst auch gar nichts. Ich will nicht, daß du vor meiner Nase trinkst, schlimm genug, daß ich weiß, daß du Valium einschmeißt!«

»Ich schmeiße nicht!«

»Schon gut, schon gut.«

»Also macht es dir doch was aus.«

»Mein Gott, wenn ich dir doch ein paar knallen könnte! Du bist so wahnsinnig mies heute!«

»Kind, so spricht man nicht mit seiner Mutter!«

»Also paß auf, wenn du ein Bier trinkst, kannst du gleich ins Hotel fahren, die Sachen pack ich dir zusammen und du fliegst mit dem nächsten Flugzeug ab.«

Sie ist beleidigt. Ich sehe es an ihrem Gesicht, an ihrem vorgeschobenen Mund. Wie ich das verbiesterte Gesicht kenne!

»Aber von einem Glas kriegt man doch noch keine Fahne!«

»Ich diskutiere nicht mehr weiter. Ich hab dir gesagt, was ist, wenn du was trinkst.«

»Ich wußte ja nicht, daß es dir noch so viel ausmacht.«

»Wenn du jetzt nicht die Klappe hältst, dreh ich durch, im Ernst!«

Was will die Frau eigentlich von mir? Monika, bleib ganz ruhig, sie fährt ja bald wieder ab. Wie halte ich noch die letzten Tage durch? Viel leichter ist sie im Haus zu ertragen. Wieso ist sie im Ort so anders? Liegt es wirklich daran, daß wir uns zu Hause über die Vergangenheit unterhalten? Mein Gott, ich pack diese Frau nicht! Tina kommt. Ich erkläre Dorkas, daß sie Lehrerin ist, englisch spricht. Hätte ich es doch gelassen. Dorkas hat sich nicht nur ans Küssen gewöhnt, sie streckt ihren Kopf jedesmal dem Grüßenden entgegen.

Sofort beschlagnahmt Dorkas Tina und kramt ihr Schulenglisch hervor. Wenn sie doch mal ihre Klappe halten würde! Besonders laut fragt sie Tina, woher sie kommt, was sie hier tut, ob sie verheiratet ist, Kinder hat, ob sie Christin ist.

Tina ist verwirrt, sieht sich fragend nach uns um, als bitte sie um Hilfe.

»Auf dem Papier.«

»O, that is very bad!«

»Dorkas, fang bitte nicht hier auch noch zu missionieren an!«

»Aber das ist doch mein Auftrag!«

»Von wem hast du den denn?« fragt Heinrich lachend.

»Natürlich von Gott!«

»Hat er dir das gesagt?«

»Jeder Christ bekommt den Auftrag.«

»Jetzt weiß ich wenigstens, warum der alte Herr noch nicht mit mir gesprochen hat.«

»Den kriegen eben nur wirkliche Christen, und ich nehme meinen Auftrag ernst.«

»Bitte, Mutti, nicht hier, nimm ihn in deinem Augustinum ernst, mach nicht hier unsere Freunde verrückt!«

»Der Auftrag gilt überall. Und im Augustinum kümmere ich mich um eine alte Frau, die bettlägerig ist und bald sterben wird. Ich gehe jeden Tag zu ihr und lese ihr aus der Bibel vor, obwohl sie es nicht will. Aber ich will, daß sie vor dem Sterben noch zum Glauben findet!«

»Dorkas, du machst mich rasend!«

»Warum denn, mein Kind?«

»Du traktierst eine Sterbende gegen ihren Willen, laberst sie voll mit Zeug, das sie nicht hören will und womöglich drohst du ihr sogar mit der Hölle, malst sie phantasievoll aus, so wie du sie mir immer ausmalst.«

»Natürlich kommt sie in die Hölle, wenn sie nicht doch noch zum Glauben kommt!«

»Das sagst du ihr wirklich?«

»Natürlich!«

»Mutter, ich ersticke bald vor Wut! Paß nur auf, daß du sie nicht eines Tages wiederfindest, vielleicht sogar in der Hölle.«

»Aber Kind, ich komm in den Himmel und weiß, daß ich dann meinen Willi und Peter wiedersehe.«

»Na, vielleicht bekommst du auch einen Ehrenplatz, weil du so christlich Sterbende quälst.«

Sie schiebt wieder ihren Unterkiefer vor, spitzt den Mund.

Tina ist geflohen. Zé, auch eine Lehrerin, kommt. Heinrich sitzt da und amüsiert sich über meine Mutter, ich koche vor Wut.

Wieder nimmt Dorkas das Gespräch in die Hand, erfährt von Zé, daß diese sogar etwas Deutsch spricht und versteht. Diesmal versucht Dorkas es mit der anderen Tour: die Zwillinge, Heinrich und Willi.

Was sie für einen guten Mann gehabt habe, daß sie nun leider

Witwe sei, daß der Zwillingsbruder ihres Mannes so eine berühmte Persönlichkeit gewesen sei, der sogar die 5-Minuten-Andachten in der Gedächtniskirche einführte, daß er Stadtmissionsdirektor gewesen sei.

»Mutter, so gut versteht Zé nicht Deutsch, laß sie in Ruhe, bitte.«

»Aber sie wird den Namen G. doch wohl schon mal gehört haben!«

»Wird sie nicht. Den kennt hier keiner, außerdem sind hier alle katholisch.«

Eine Weile ist Ruhe.

»Ich muß mal.«

»Dann komm, laß deinen Blindenstock hier, ich bin ja da.«

»Aber man muß doch sehen, daß ich blind bin!«

»Bitte nicht schon wieder! Das interessiert hier niemanden.«

»Ein unhöfliches Volk!«

Ich lache.

»Mußt du nun oder mußt du nicht?«

»Ich muß nicht mehr.«

»Das halte ich nicht aus.«

»Wieso?«

»Schon gut.«

Nach kurzer Zeit fragt sie, wie lange wir denn noch hier bleiben müßten.

»Wir sind doch noch gar nicht lange da, ich komm ja nicht mal zum Entspannen!«

»Das ist mir hier zu langweilig.«

Sie raucht und versucht wieder ihre Aschenbechertour.

»Wissen eure Freunde eigentlich, daß ich blind bin?«

»Das weiß die ganze Insel.«

»Woher denn das?«

»Weil du willst, daß wir es allen sagen und weil du dich so benimmst. Allerdings kommen sie schon mal ins Schleudern, wenn du im Vorbeigehen einem Touristen auf die Schulter haust und ihm sagst, da hätte eine Fliege gesessen.«

»So?«

»Ja so.«

»Können wir jetzt nicht endlich hier weg?«

»Mutter, bisher hast du dich glänzend unterhalten, und ich

übersetze dir doch alles, was sie auf portugiesisch sagen. Laß mir noch etwas Zeit, ich will mich mit den Freunden auch noch unterhalten.«

Dieser Mund!

Wieder hat sie sich etwas neues ausgedacht. Sie schüttet ihre Limonade neben das Glas auf ihrem Tisch, stellt die Flasche neben den Tisch, sie fällt, zerspringt auf dem Fliesenboden.

»Mensch Mutti!«

Sie steht auf.

»Wo willst du hin?«

»Ich gehe, bleibt ruhig hier, ihr habt euch ja noch so viel zu erzählen, und euch interessiert es ja nicht, daß ich mich langweile!«

Ich reiße mich zusammen, sie nicht zu schlagen.

»Komm, Dorkas, wir gehen etwas spazieren«, schlägt Heinrich vor.

»Laß man, ich geh schon, treffen wir uns nachher in der Esplanada, ich hab keinen Bock, zu Hause auch noch zu kochen.«

Heinrich kommt aber mit.

Zahnlos schlürft meine Mutter die Spaghetti, deren Enden ihr ins Gesicht klatschen, die Soße verteilt sich auf Nase und Kinn. Schmatz. Schmatz. Heinrich legt sein Besteck zur Seite, ißt nicht weiter, sieht aus dem Fenster raus aufs Meer.

»Geh schon an den Strand, damit wenigstens einer die Nerven behält«, raune ich.

»Du tust mir leid.«

»Ich mir auch.«

Wir lachen und verabschieden uns.

Wir blieben in Aumühle.

Es dauerte lange, bis ich eine kleine Sicherheit spürte, mit der ich leben konnte, ohne die Angst, von Mutter vergessen, verlassen oder zurückgelassen zu werden, während sie mit den Brüdern weiterzog.

Diese kleine Sicherheit gab mir das Bewußtsein, daß Omutti nicht nur irgendeine Oma war, sondern die richtige Mutter meiner Mutter, und warum sollte meine Mutter ihre Mutter verlassen?

Ich malte mir ein Bild vom Krieg zurecht, das sehr lange unumstößlich für mich blieb. Peter hatte gesagt, Vater kämpfe gegen den Feind, und Mutter, er operiere Verletzte. Für mich war das ganz klar: Erst hauen und schlagen sie sich, greifen zu Messern und Stöcken und Schießgewehren, verletzen sich dabei, und Vater heilt sie.

Aber zum Krieg gehörten auch Bomben, die vom Himmel fallen, und Flugzeuge, aber diese brachte ich nie in Verbindung mit meinem Vater. Unser Krieg war ein anderer als der vom Vater. Unser Krieg war Flucht, das Gegrummel in der Ferne, das Blub-Bum, das Schießen in der Nähe, zu unserem Krieg gehörten Tote und Verletzte, Gedröhne, Pfeifen, Nächte im Keller, das Wackeln der Erde, der Glühlampen, des Geschirrs im Schrank, das Brummen der Flieger, die Scheinwerfer am Himmel, das Heulen und Krachen und Bersten und Splittern, die Sirenen. Das alles hatte nichts mit Vater zu tun, der weit weg Verwundete verband, er war nicht in Gefahr, aber wir. Ich hatte keine Angst um Vater, keine Angst, er würde sterben können oder verletzt werden. Die Gefahr sah ich nur bei uns.

Ich betete weiter für Vater, der liebe Gott möge ihn beschützen und heil zurückkommen lassen, aber das betete ich, weil Mutter es von mir erwartete und ich sonst keinen Gutenachtkuß bekam.

Das Haus in Aumühle, am Ende der Pfingstholzallee, war eine große, schöne Villa. In allen Zimmern wohnten Tanten und Kinder, es war wie ein Bienenhaus. Ich begann Aumühle zu lieben, auch weil es hier mehr Mädchen als Jungen gab.

Das Haus hatte Veranden, Loggien, Balkone, Terrassen, eine Pantry, große und kleinere Zimmer, manche waren getäfelt wie das Treppenhaus, wie die große Diele mit dem Kamin, es gab eine Küche und einen Speisefahrstuhl. Zum Garten vorne zur Straße hin gehörte eine große rechteckige Rasenfläche mit einer hohen Tanne in einer Ecke und umrahmenden Wegen und Blumenrabatten. Eines Tages war die Tanne weg, verheizt, und ich glaubte fest daran, daß Itata sie umschlagen ließ, weil einmal darunter eine Kreuzotter gefunden wurde. Ihr sollte das Versteck genommen werden. Auch nachdem es diese Tanne nicht mehr gab, ging ich nie langsam an dieser Ecke vorbei, sondern immer rennend vor Angst, die Kreuzotter sei doch noch in der Nähe. Es hieß aber,

Itata hätte sie erschlagen. Zur Straße hin war eine lange breite Reihe mit Rhododendronbüschen, und vor der Terrasse zum vorderen Rasen hatte Tante Vera ihren Steingarten, den sie hegte und pflegte, und es verging kein Tag, ohne daß sie ihn sich nicht besah, mal hier, mal da zupfte. Der Steingarten war für uns Kinder absolutes Tabu. An einer Seite des Hauses war der Gemüsegarten mit seinen Beeten und den Obstbäumen, Stachelbeersträuchern, Himbeeren, Brombeeren, Johannisbeeren. Auf einem Hügel hinter dem Gemüsegarten stand ein kleines rundes Gartenhäuschen inmitten von Nadelbäumen, auf die wir klettern durften, und unten an den Stämmen wuchsen große Steinpilze, die wir weder pflücken noch beim Herunterklettern zertreten durften, nur in der Küche berichten, wie groß sie inzwischen waren. Das kleine Gartenhäuschen hatte immer verschmutzte Fensterscheiben, so daß ich nie erkennen konnte, was Itata darin aufbewahrte, außerdem war es immer verschlossen.

Hinter dem Obst- und Gemüsegarten, hinter dem Hügel mit dem Gartenhäuschen, hinter dem hohen Zaun, der das Grundstück begrenzte, lief ein Weg, der der Katzensteg genannt wurde. In Höhe des Schaukel- und Spielplatzes zwischen hohen Buchen lagen hinter dem Katzensteg Baracken, in denen viele Kinder wohnten und uns beim Spielen zusahen. Ich kam nie auf die Idee, Kontakt zu ihnen aufzunehmen, denn ich hatte genügend Kinder diesseits des Zaunes zum Spielen.

Wir Kinder durften im Garten helfen. Der Garten wurde unter Itatas Anleitung bewirtschaftet, sie wußte alles über Pflanzen und Früchte, erklärte immer alles und beantwortete geduldig alle Fragen.

Sie zeigte uns, was Unkraut war, und wir durften es dann ausrupfen. Wir durften Beeren pflücken, Erbsen auspuhlen, ihre Schoten abziehen und zwischendurch natürlich naschen. Wir durften Kartoffeln in Körbe sammeln, die Itata mit einer großen Forke aus der Erde holte. Fallobst war sowieso unsere Aufgabe.

Eines Tages wurden wir in das Zimmer von Tante Ma geführt. Tante Ma war eine alte, dicke Frau, die nur im Bett lag. Es hieß, sie würde sterben, was ich nicht glaubte, denn ich kannte sie nur im Bett liegend, und noch am Tag davor war ich in ihrem Zimmer und hatte mit der Porzellanpuppe auf dem Sofa gespielt, eine Puppe mit gehäkelten Kleidern, die ich ausgelutscht hatte, weil sie mit

Zuckerwasser gestärkt waren, und danach hingen die Kleider schlabberig an ihr herunter.

Warum sollte Tante Ma sterben, wenn ich gestern noch bei ihr war und sie doch nicht wegen einer Krankheit im Bett lag, sondern es einfach gewohnt war, im Bett zu liegen? Wir standen an ihrem Bett und sollten ein Lied singen. Wir sangen.

Am anderen Tag war sie tot.

Man sagte, sie sei jetzt bei ihrem Vater im Himmel, dem lieben Gott.

Ich fragte Omutti, wo Tante Ma nun wirklich sei, aber sie sagte auch, sie sei bei ihrem Vater im Himmel. Ich gab mich nicht zufrieden, hakte nach und erfuhr, daß der liebe Gott der Vater aller Menschen sei. Das verstand ich, und nun war der liebe Gott eben ein Verwandter für mich, was mich beruhigte.

Wir Kinder durften mit auf den Friedhof und standen am offenen Grab, das mich faszinierte. Etwas weiter weg stand ein Stein mit einer Schrift darauf, und ich fragte Mutter, was darauf stände.

Meine Mutter sagte, da liege ihr Vater, mein Großvater und auf dem Stein seien die Worte ›hier harret der ersten Auferstehung‹ zu lesen. Ich fragte, was ›harret‹ heißt und ich erfuhr, das heiße warten.

Die ganze Beerdigung von Tante Ma, der Schwester meiner Großmutter Omutti, interessierte mich nicht mehr, mein Blick war auf Großvaters Grab gerichtet. Ich stellte mir vor, wie er da unter der Erde in seiner schönen Uniform mit den Kordeln und dem vielen Gold liegen würde, mit dem Helm auf dem Kopf, aus dessen Spitze ein Haarbüschel herauswuchs, so, wie ich Großvater auf dem großen Ölgemälde in Omuttis Zimmer gesehen hatte. Aber wieso wartet er und worauf? Wieso auf die erste Auferstehung? Gibt es mehrere? Und wenn er aufsteht, was dann?

Auf dem langen Nachhauseweg fragte ich Omutti, die mich an die Hand genommen hatte. Sie meinte, wenn eines Tages der Sohn Gottes wieder auf die Erde käme, würden alle Toten auferstehen und darauf warte der Großvater.

»Und wenn er bei der ersten nicht dabei ist, ist er dann traurig?«

Omutti lachte laut auf und meinte, es gäbe nur eine.

»Aber warum steht es denn dann auf dem Stein?«

»Das weiß ich auch nicht, das hat er eben so gewollt. Das zu erklären, ist zu schwierig.«

Wieder hatte ich etwas zu grübeln.

Aber dann vergaß ich das Aufstehen und Warten, denn Omutti zog aus einem Zaun einen kleinen Zweig hervor, roch daran und zog den Zweig zu mir herunter.

»Riech mal, das ist Jelängerjelieber.«

Ich roch und war gebannt von dem intensiven Geruch.

Welch ein Name für eine Pflanze!

Der Rest des Nachhausewegs wurde mir nicht mehr zu lang. Je länger, je lieber, sagte Omutti lächelnd. Und noch heute, wenn mir ein Weg zu lang erscheint, meine Beine zu müde sind, denke ich an diesen Weg vom Friedhof zurück in die Pfingstholzallee mit der so stark duftenden Pflanze Jelängerjelieber.

Aber abends im Bett sah ich wieder die Grube vor mir, die abgehackten Wurzeln, die aufgeschüttete Erde, den Sarg, der auf Brettern daneben stand, und die vielen Menschen in schwarzen bedrohlichen Kleidern. Ich sah Großvater und Tante Ma in dunklen Kisten liegen und geriet in Aufruhr bei dem Gedanken daran, daß sie es gar nicht schaffen könnten, die Kisten mit der Erde obendrauf aufzustemmen, wenn sie aufstehen wollten, daß sie für immer eingesperrt sein könnten.

Guten Morgen, mein Liebes, ich hab' dich husten gehört, darum wußte ich, daß du schon auf bist.«

»Warum schläfst du nicht länger? Es ist noch keine sieben!«

»Ich will doch jede Minute ausnutzen, mit dir zusammensein, in ein paar Tagen muß ich doch schon wieder weg.«

»Ach Mutti, kannst du mich bitte noch etwas alleine lassen? Ich will gerne einen Brief zu Ende schreiben.«

»An wen schreibst du?«

»An Armi.«

»Lies mal vor, was hast du bis jetzt geschrieben?«

»Es ist ein persönlicher Brief!«

»Du hast Geheimnisse?«

»Ja!«

Schweigen.

»Dann leg mir eine Kassette ein.«

»Aber in deinem Zimmer.«

»Aber ich will bei dir sitzen.«

»Dann kann ich nicht schreiben.«

»Ich stör dich doch nicht!«

»Mein Gott, Dorkas!«

Ich lege mein Schreibzeug weg.

»Du hast es mal wieder geschafft!«

»Was?«

»Ich kann, seit du da bist, keinen einzigen Brief fertig schreiben.«

»Was machen wir heute?«

»Nichts, ich will hierbleiben wegen Mercurio, ich glaube, er stirbt heute.«

»Ach der Arme! Laß uns doch dahin fahren, wo wir gestern waren, als die Fischer die Fische brachten. Was waren das noch für Fische?«

»Thunfische.«

»Sagtest du gestern nicht einen anderen Namen?«

»Gestern kamen Thunfische.«

»Aber es gibt doch noch andere Fische hier!«

»Ja, aber gestern kamen Thunfische!«

»Dann laß uns heute dahin, vielleicht haben sie heute andere Fische.«

»Mutti, ich will nicht aus dem Haus. Außerdem kommen nicht jeden Tag Fische. Porto Santo hat keine eigene Fischerei, nur so für privat, sonst kommen die Fische aus Madeira.«

»Warum fischen die denn hier nicht selbst?«

»Lohnt sich nicht.«

»Aber die könnten doch ...«

»Sie könnten, fischen aber nur so für sich und Freunde, eine Mannschaft muß bezahlt werden, außerdem müssen sie dann bei jedem Wetter raus, das ist nichts für Portosantensen.«

»Das tun doch aber andere auch.«

»Auch Hiesige, aber wie gesagt, nicht kommerziell. Die hier lieben ihre Unabhängigkeit. Unser Schreiner zum Beispiel, der all unsere Holzsachen machte, hätte Chef einer Schreinerei werden können, die neu eingerichtet werden sollte, aber er lehnte ab, will lieber mal da arbeiten, mal dort, nicht regelmäßig, außerdem will er keine Verantwortung haben. Er möchte lieber angeln gehen, wenn er dazu Lust hat.«

»Aber dann werden die ja hier nie was!«

»Nie was?«

»Na, man muß doch zu was kommen!«

»Zu was?«

»Na, Wohlstand und so.«

»Vielleicht reicht ihnen ihr kleiner Wohlstand, ihr Auskommen. Sie lassen sich hier nicht so leicht pressen, biegen, bis sie passen, so wie es die Herrschenden, sagen wir mal, wollen. Ganz typische querköpfige Insulaner. Wunderbar!«

»Ach Monilein, ich versteh nicht, wie ihr hier leben könnt.«

Mercurio liegt neben mir, sein Atem pfeift, das Atmen schmerzt. Zwischendurch hebt er seinen Kopf an und schreit bellend vor Schmerzen, dann läßt er den Kopf wieder fallen.

»Ich geh Heinrich wecken wegen Mercurio.«

»Geht es ihm so schlecht?«

»Ich sagte doch, daß er wahrscheinlich heute sterben wird.«

Heinrich und ich beschließen, den Tierpfleger noch mal aufzusuchen, damit er dem Hund etwas gegen die Schmerzen gibt. Heinrich ruft an, der Tierpfleger ist nicht da. Wir frühstücken.

»Was machen wir heute?«

»Mutter, ich habe dir doch gesagt, ich will heute nicht aus dem Haus.«

»Ich will aber auch nicht den ganzen Tag hierbleiben!«

»Dann unternimm selbst was, ich ruf dir ein Taxi.«

»Nein, alleine geh ich nicht!«

»Dann bleibst du eben hier.«

»Es genügt doch, wenn einer bei dem Tier bleibt!«

»Mein Gott, Mutti, was ist bloß los mit dir?! Versteh doch endlich, daß ich hierbleiben will!«

»Aber Heinrich ist doch da.«

»Aber wegfahren bei dem Gedanken, daß Mercurio stirbt, bring ich nicht, außerdem will ich Heinrich nicht alleine lassen.«

»Er ist doch nur ein Tier!«

»Das halt ich nicht aus!« schreie ich sie an und renn ins Schlafzimmer, Heinrich folgt mir.

»Meine Güte, muß man bei deiner Mutter Nerven haben! Wie hast du das bloß früher ausgehalten?«

»Ich weiß es nicht, wirklich nicht. Was ich aber weiß, ist, daß ich sie noch umbringen werde. Ich werde bestimmt noch zur Muttermörderin.«

»Nana, aber ich kann's verstehen. Noch ein paar Tage, meinst du, das geht?«

»Muß ja! Hoffentlich wird sie nicht krank und muß die Abreise verschieben. Der Gedanke, sie hier auch noch pflegen zu müssen, macht mich verrückt! Sie und bettlägerig! Um Himmels willen! Das fehlte noch! Ich ekel mich doch so vor ihr. Wenn sie doch wenigstens nicht so viele Abführmittel fressen würde! Sie scheißt das ganze Klo voll, so kann ich nicht mal Paula zum Putzen reinschikken, da schäme ich mich direkt. Wenn sie weg ist, laß ich mein Zimmer, den ganzen Trakt von der Decke bis zum Fußboden desinfizieren, sonst betrete ich das Zimmer nie mehr. Mein Gott, ich glaube, ich bin schon total hysterisch. Heinrich, bitte hilf mir, daß ich nicht durchdrehe und sie umbringe!«

»Nun beruhige dich erst mal.«

»Wie denn? Andere Töchter können ihre alten Mütter sogar jahrelang pflegen, lassen sich alles gefallen, opfern sich auf, ich kann das nicht und will es auch nicht. Vor ein paar Tagen wollte sie, daß ich mir mal ihren Rücken ansehe, sie hätte da so viele Warzen. Was hab ich mich gewunden, es ihr auszureden, hab ihr gesagt, das wäre vollkommen normal, kein Grund zur Sorge, nur um mir ihren nackten Rücken nicht ansehen zu müssen, aber sie bestand darauf und ich redete mir ein, sie sei eine Fremde, eine Patientin, irgendeine Frau. Aber mir wird jetzt noch schlecht, wenn ich nur daran denke. Ich bin echt nicht mehr normal.«

»Mir reicht's.«

Wir bringen es fertig, zu lachen.

»Weißt du, fahr mit deiner Mutter ruhig in den Ort, vielleicht trefft ihr den Tierpfleger. Sie hier zu haben, wenn Mercurio stirbt, finde ich zu schlimm.«

Wir gehen zurück. Dorkas raucht und lutscht ihre Schweizer Kräuterbonbons, die sie dann wieder irgendwo klebend liegenläßt.

»Komm, Dorkas, wir fahren in den Ort.«

»Ich denke, du willst nicht!«

»Wir fahren trotzdem.«

»Wegen mir doch wohl nicht!«

»Wegen mir bestimmt nicht! Los, komm!«

Das Taxi bringt uns in den Ort.

Wir sitzen im Baiana, das noch leer ist. Ich sehe den Tierpfleger vor dem Rathaus.

»Bleib hier, ich komme gleich wieder.«

»Ich komme mit.«

»Du bleibst!«

Ich renne los, damit sie mir nicht folgen kann.

Der Tierpfleger will den Tierarzt in Funchal anrufen, dann in die Camacha kommen.

Dorkas sitzt beleidigt am Cafétisch.

»Wie lange müssen wir hier eigentlich sitzen?«

»Wir sind doch gerade erst gekommen.«

»Das ist mir zu langweilig.«

»Auf der Insel ist nie was los.«

»Ja aber hier ist ja niemand, der sich zu uns setzt.«

»Mutter, um Hof zu halten, sind wir zu früh dran.«

Monika, bleib ruhig!

»Aber du willst doch sicher wegen Mercurio nach Hause!«

»Weißt du eigentlich, was du willst? Zu Hause wolltest du in den Ort, jetzt willst du wieder nach Hause. Und Mercurio interessiert dich einen Dreck!«

Monika, halt die Klappe!

»Aber Kind, das stimmt doch nicht! Wir hatten doch auch mal Hunde, weißt du noch, erst Heidi und später Axel.«

»Ja, wenn du dich aber zu denen auch so benommen hast wie zu Mercurio, tun sie mir heute noch leid.«

»Du tust mir weh.«

»Ich weiß. Ich will es nicht, aber ich halt es auch nicht immerzu aus, daß du mir weh tust.«

Ich will keinen Streit, rede mir Ruhe ein, aber es gelingt mir nicht. Ich bin zu aufgewühlt.

»Ich denke, ihr sogenannten Christen, ihr solltet euer Verhältnis zur Natur und jetzt speziell zum Tier wirklich mal überprüfen. Das ist ja nicht zum Aushalten!«

»Von Tierliebe steht nichts in der Bibel.«

»Ich weiß nicht, was drin steht und wenn nichts davon drinsteht, um so schlimmer! Ich erinnere mich an deine Worte: ›Quäle nie ein Tier zum Scherz, denn es fühlt wie du den Schmerz.‹ Erinnerst du dich? Ich habe nie jemanden gesehen, als ich Kind war, der ein

Tier quälte, aber du hast mir Quälereien sehr plastisch erzählt, wie Kinder Frösche aufpumpen zum Beispiel.«

»Ich quäle keine Tiere!«

»Aber du trittst Mercurio unterm Tisch und jammerst, daß wir uns angeblich nur um ihn kümmern und nicht um dich. Wenn es heute einen Jesus gäbe, der würde dir glatt eine knallen!«

»Was sagst du da?«

»Und er würde sehr traurig sein!«

»Wieso denn das?«

»Weil seine Christen, nicht nur du, seine Religion so pervers verhunzt haben, weil seine Anhänger so überheblich sind, abartig, arrogant, es ist echt zum Kotzen!«

»Mutzilein, so spricht man nicht!«

»Man vielleicht nicht, aber ich.«

»Du bist ja nicht normal.«

»Endlich hast du es erkannt!«

»Du tust mir weh!«

»Schon gut. Wir zanken uns ja wirklich, komm, gehen wir etwas spazieren, dann kann ich mich vielleicht etwas beruhigen.«

»Ich bete doch jeden Tag für dich!« jammert sie.

»Wie wär's, wenn du dir das sparen würdest? Bete lieber für dich, du scheinst es nötiger zu haben.«

Wenn das so weitergeht, setze ich sie heute noch ins Flugzeug!

Wir gehen die Palmenstraße runter zum Meer, laufen die Mole entlang und setzen uns an ihrem Ende auf eine der Bänke.

»Das Meer ist so schön ruhig, merkst du's?«

Meine Gedanken sind beim Hund, der jetzt vielleicht stirbt.

»Ja, schön ruhig ist das hier. Sag mal, hast du nicht vorhin einen Brief aus eurem Fach genommen? Wer hat geschrieben?«

»Dein Bruder Egon.«

»Lies mal vor.«

»Es werden sicher wieder Antworten auf meine Fragen sein.«

»Lies doch mal vor.«

»Aber du kennst sie ja bestimmt, ihr lest doch gemeinsam meine Post und beantwortet auch gemeinsam.«

»Das macht doch nichts, wenn ich das noch mal höre.«

Ich hole den Brief aus der Tasche.

»Also ich fragte euch, ob es damals üblich gewesen sei, als ihr Kinder wart, mit Gott zu drohen, wenn ihr nicht gehorchtet. Ich fragte, ob ihr als Kinder genauso erzogen worden seid, so als Erziehungshilfe den lieben Gott einzusetzen. Ihr habt geantwortet: Angst, nein! Mit Gott wurde Kindern nicht gedroht. Aber wir und unsere Kinder wurden in der Liebe und Verantwortung zu Gott und Jesus großgezogen. Die Liebe zu Gott und Jesus ist der Sinn der religiösen Erziehung, kein pädagogisches Mittel.«

»Ja, ich erinnere mich, daß du das gefragt hattest. Das hat mich sehr traurig gemacht.«

»Das glaube ich dir. Ich wollte ja auch nur wissen, ob ihr auch so erzogen worden seid und diese Art einfach übernommen habt. Mich macht das Erinnern an früher auch traurig.«

»Aber wir wollten doch nur dein Bestes.«

»Was wolltet ihr denn damit?«

»Mit was?«

»Mit meinem Besten.«

»Wie kommst du denn dadrauf?«

»Du sagtest eben, ihr wolltet ja nur mein Bestes.«

»Natürlich.«

»Du sagtest nicht: wir wollten ja nur für dich das Beste.«

»Das ist doch das gleiche.«

»Finde ich nicht.«

»Doch!«

»Sicher hast du das gleiche meinen wollen. Aber es ist doch wohl ein Unterschied, wenn ich zum Beispiel sage: ich will dein Brot oder ich will für dich Brot. Oder?«

»Na ja, aber man sagt das doch wirklich so.«

»Eben, ohne nachzudenken, man sagt das einfach so und darum denke ich, daß dann dahinter auch was steckt.«

»Was sollen wir dir denn genommen haben?«

»Meine Persönlichkeit und diese ausgiebigst, meine Freiheit der Entwicklung, meine Selbständigkeit zum Beispiel.«

»Aber das stimmt doch nicht! Sieh dich doch heute an, wie gut du dich entwickelt hast!«

Ich lache blökend aus vollem Hals los.

»Dorkas, manchmal bringst du Sachen raus, die sind herrlich.«

»Ja, das stimmt doch, oder?«

»Klar inzwischen schon, es wäre aber einfacher für mich gewesen, wenn ihr mir nicht erst alles genommen hättet.«

»Ja aber du bist doch froh, daß du hier bist.«

»Was hat denn das damit zu tun?«

»Wenn du nicht so wärst, wie du bist, würdest du ja auch gar nicht hierherpassen.«

»Stimmt. Wieder so ein Lichtblick von dir, ich danke dir.«

»Nimmst du mich wieder auf den Arm?«

»Nein, ich meine es wirklich.«

Wir schweigen und ich genieße die Ruhe.

Aber schon fängt sie wieder an.

»Aber Kind, so wie du zu mir redest, allgemein, nein, so spricht man nicht mit seiner Mutter!«

»Was sind denn das wieder für Töne?«

»Ich meine, daß wir dein Bestes genommen haben.«

»Mutter, es ist besser, wir lassen es.«

»Nein, ich will das wissen.«

»Ich sagte es doch schon.«

»Erklär es genauer.«

»Ach Mensch, wie denn! Also gut, ich versuche es, aber dann wirst du wieder sauer sein.«

»Ich will es aber wissen!«

»Mir ist klargeworden, daß ich total abhängig von eurer Gunst war, daß ihr mich abhängig von euren Launen hieltet, von euren seltsamen Moralvorstellungen, von eurem Leistungsdruck. Nur wenn ich parierte, galt ich was, wurde ich überhaupt beachtet.«

»Das ist doch nicht wahr.«

»Ich sehe das aber so, nur ist mir nicht klar, warum Eltern das machen, was geht da in ihren Köpfen vor sich? Warum hält man ein Kind absichtlich unselbständig, meinungslos, kritiklos, total angepaßt! Warum legen Eltern auf so viel Negatives so großen Wert?«

»Nein, das stimmt doch alles gar nicht.«

»Behütet hab' ich vergessen, natürlich war ich auch behütet, so sehr, daß ich auf ein Leben ohne euch in keinster Weise vorbereitet war, als ich ins Internat kam. Da war ich 16, glaube ich, und hab euch doch noch von Oberurff aus angerufen, ob ich mal pupsen darf.«

»Aber Kind!«

»Na ja, nicht gerade das, aber es gab wirklich Beispiele. Ich rief an und fragte, ob ich ins Kino darf. Natürlich durfte ich nicht. Ich rief sogar an, ob ich im Nachbarort Bergfreiheit in einem Café

Kaffee trinken darf, und natürlich durfte ich nicht. Anstatt daraus zu lernen, eben nicht mehr zu fragen, blieb ich so blöd, aus eurer Sicht eben wohlerzogen. Ins Kino durfte ich übrigens nicht, weil der Film an einem Sonntag vormittag lief und man dann natürlich in die Kirche gehen muß. Ich hatte da doch Uwe als Freund, was euch auch nicht paßte, er wäre wegen euch fast ausgerastet, nicht nur einmal, ist dann aber wegen mir ausgerastet, weil er es nicht mehr ertragen konnte, daß ich immerzu anrief und euch fragte. Und was sagte die brave Tochter? Eure Worte natürlich: Wenn der Junge die Gebote der Eltern des Mädchens nicht respektiert, ist er es nicht wert. Mir tut Uwe heute noch leid, was ich ihm mit euch alles zugemutet hatte. Natürlich ging ich nicht ins Kino, sondern brav in die Kirche, während er mit Freunden ins Kino ging. Gut was?«

»Aber man geht an einem Sonntag während der Kirchzeit schließlich nicht ins Kino!«

»Dorkas, gleich schreie ich!«

»Aber wieso denn, mein Kind?«

»Es passiert ein Unglück, wenn ich nicht schreie!«

»Aber Kind, reiß dich doch zusammen!«

»Mach ich, mein liebes Mütterlein, ich hab' dich ja so lieb, mein liebes, armes blindes Mütterlein. Komm, fahren wir nach Hause.«

»Wie sprichst du denn da?«

»Gefällt dir das nicht?«

»Aber das ist doch nicht echt!«

»Zum Glück nicht, also los, fahren wir. Vielleicht ist der Tierpfleger ja schon in der Camacha. Hoffentlich! Mit Portosantensern darf man sich nie verabreden, sie sind liebenswerte Chaoten, total unzuverlässig, aber das sagte ich ja schon mal.«

Wie geht es Mercurio?«

»Immer schlechter, er atmet zwischendurch schon gar nicht mehr, habt ihr den Tierpfleger getroffen?«

»Ja, er wollte in Funchal anrufen und dann kommen. Ich hatte gehofft, daß er schon hier ist.«

»Es wird zu spät sein.«

Da liegt der kleine Hund auf einer Decke neben meinem

Sitzplatz auf der Bank. Heinrich hat sich einen Stuhl herangezogen, setzt sich wieder, streichelt den Hund, redet leise auf ihn ein.

Nicky, der große Hund, kommt, schnuppert an Mercurio, legt sich wieder in seinen Korb.

»Ach, der arme Hund«, jammert Dorkas.

»Ich mach schnell was zu essen, am besten eine Tütensuppe, das geht schnell, dann kannst du deinen Mittagsschlaf machen.«

Wir essen. Dann legt sie sich hin. Ein Glück, denn wenn sie dabei ist, wenn Mercurio stirbt, wird sie wieder jammern, mich trösten wollen und ich werde mich winden, weil ich ihren Trost nicht aushalten werde.

Wir sitzen beim Hund, er liegt zwischen uns. Dann geht es zu Ende. Er schreit noch einmal auf, es folgen Zuckungen, während Heinrich seinen Kopf hält. Dann ist er tot.

»Er hat es geschafft.«

Wir sitzen ganz still, schweigen und weinen. Heinrich nimmt den kleinen Hund, legt ihn in sein Körbchen, ich bringe Nicky raus an die Kette.

»Gut, daß deine Mutter nicht dabei war.«

»Ja.«

Nun ist unser kleiner Hund gerade ein Vierteljahr alt geworden.

»Diese verdammte Staupe!«

»Ja.«

»Wenn das Serum wenigstens gekühlt gewesen wäre!«

»Ja.«

»Er hat ihn totgeimpft!«

»Ja.«

»Diese Vormenschen hier!«

»Ja.«

»Gut, daß wir die Medikamentenkühlbox bestellt haben!«

»Ja.«

»Das passiert uns nicht noch einmal!«

»Ich weiß.«

»Wir müssen ihn beerdigen.«

»Ja.«

Wir trinken Kaffee, rauchen.

»Wenn er sich wenigstens nicht so gequält hätte! Ich denke immerzu, ich hätte ihn töten sollen.«

»Mach dir keine Vorwürfe.«

»Es ist ja auch zu spät.«

»Ich geh' in den Garten und grab' ein Grab.«

»Laß es bitte, die Erde ist zu steinig, zu hart, laß uns Fernando anrufen, er kommt bestimmt.«

»Ich muß mich abreagieren, gleich kommt deine Mutter raus, ich kann sie jetzt nicht sehen!«

Nach einer Viertelstunde kommt Heinrich wieder rein.

»Ich schaff' es nicht, gerade einen halben Meter, das ist zu wenig, ich ruf Fernando an.«

»Meine Mutter rumort nebenan, gleich kommt sie raus.«

»Bleib ruhig, ja?«

»Ich versuche es.«

»Ich verzieh' mich, sowie sie kommt, an meine Eisenbahn.«

»Mach das.«

»Hallo, ihr Lieben, ich habe wunderbar geschlafen, wie geht es Mercurio?«

»Er ist tot.«

»Nein!« schreit sie, ringt die Arme, wirft sie in die Höhe, läßt sich auf die Bank fallen, verbirgt ihr Gesicht in den Händen.

»Doch!« schreie ich sie an.

»Ach der arme Hund, das tut mir ja so leid.«

Knall ihr eine! Sie soll ihre Klappe halten. Diese Heuchlerin!

»Komm, trink erst einmal Kaffee.«

»Oh, das ist gut. Beerdigt ihr ihn?«

»Heinrich hat Fernando angerufen, er kommt und hilft Heinrich, das Grab zu graben. Heinrich darf keine schweren körperlichen Arbeiten machen.«

»Wann kommt Fernando?«

»Sowie das Schiff abgefahren ist, er hat Dienst im Hafen. So gegen fünf.«

»Wo ist Mercurio jetzt?«

»In seinem Körbchen.«

Kurze Zeit später kommt Fernando, geht mit Heinrich in den Garten.

»Wo begrabt ihr ihn?«

»Im Osten neben dem Haus, da ist ein guter Platz.«

»Werdet ihr euch wieder einen anschaffen?«

»Vielleicht, ich weiß es noch nicht.«

»Ihr habt ja schon den einen und dann noch vier Katzen, denk an die Arbeit.«

»Sie machen keine Arbeit, sie machen Freude«.

Heinrich kommt rein, nimmt den Hund, trägt ihn raus.

»Mutti, ich gehe schnell mit, bleib hier, ich bin gleich wieder da.«

»Ich will mit!«

»Bitte bleib.«

»Ich will mit!«

»Dann bleib ich auch.«

Ich kann nicht mal mitgehen, um unseren Hund zu beerdigen, weil ich sie dabei nicht aushalte. Ich kann nicht einmal dabei sein, wenn Heinrich ihn in die Erde legt. Reiß dich zusammen, Monika, nur ja nicht heulen, sie soll dich nicht trösten wollen, ich kann ihre Nähe nicht ertragen. Ich atme tief durch, versuche meine Tränen der Wut und der Verzweiflung zurückzuhalten.

Gelassenheit. Wie geht noch der Spruch?

»Ich wünsche mir Gelassenheit, Dinge hinzunehmen, die ich nicht ändern kann, den Mut, Dinge zu ändern, die ich ändern kann, und die Weisheit, das eine vom anderen zu unterscheiden.«

Ach, alles Scheiße!

Wie hältst du das alles aus? Du hast sie ja den ganzen Tag um dich herum, ich hau' ja immer mal an den Strand ab, aber du?«

»Für mich ist der Strand keine Erholung, das weißt du doch, es sei denn, ich laufe bei Ebbe ein paar Kilometer, und jetzt können wir nicht mal mehr Mercurio mitnehmen.«

»Sollen wir einen neuen kleinen Hund besorgen?«

»Nein, noch nicht, vielleicht später.«

»Sollen wir sein Grab bepflanzen?«

»Ich hab auch schon daran gedacht, vielleicht Balsamo, das geht ja immer an und sieht hübsch aus.«

»Hältst du die paar Tage noch durch?«

»Ja, aber ich weiß nicht wie. Weißt du, was an mir so anders ist, was mir an mir aufgefallen ist? Ich verradikalisiere.«

»Wieder ein Monikawort?«

»Ich weiß nicht, wie ich es anders ausdrücken soll. Ich verhärte, spüre das nicht nur in meinem Nacken, an den Schultern, ich spüre es auch an meiner Sprache. Ich werfe mit Kraftausdrücken um mich, ich spreche mit ihr oft in Schlagworten, Schlagsätzen, die knalle ich ihr ums Ohr.«

»Du, ich will dir wirklich mal Dorkas einen Tag abnehmen, du mußt mal entspannen.«

»Solange sie auf der Insel ist, entspanne ich mich nicht, also verzieh du dich wenigstens so oft es geht an den Strand, vielleicht brauch ich dich besonders, wenn sie wieder weg ist. Nur mal so zum Schweigen, weißt du?«

»Was macht dein Herz? Du sagtest was von Rhythmusstörungen?«

»Die hab' ich und werd' sie behalten, solange sie da ist. Dann gehen sie sicher wieder weg. Ich komme mir zwischendurch immer wieder so mies vor, so schuftig, daß ich mit meiner Mutter nicht auskomme, dann das Durchleben meiner beschissenen Kindheit jetzt, ich glaube, ich hab mir zu viel vorgenommen.«

»Bitte laß es, denk an dein Herz, ich mach mir Sorgen.«

»Ich kann nicht mittendrin aufhören.«

»Aber andere arbeiten ihre Kindheit mit Psychologen auf.«

»Ich hab ja dich, sonst hätte ich mich nie getraut.«

Mutti, ich les' dir ein paar Passagen vor, die mir zu Aumühle einfielen, vielleicht erinnerst du dich dann noch an dies oder das, ja?«

»Ja fein, mach das.«

Ich habe Tee aufgebrüht, jetzt steht die Kanne auf einem Stövchen, ich lege Kluntjes in die Tassen und gieße ein.

»Also hör zu: Noch immer war Krieg, es muß also im Frühjahr 1945 gewesen sein, als wir lernen mußten, uns vor Tieffliegern zu schützen. Auf Kommando warfen wir uns auf den Boden, das Gesicht zur Erde, die Hände schützend hinter dem Kopf gehalten, bewegungslos. Wir mußten so lange liegenbleiben bis das Kommando kam, die Gefahr sei vorbei. Wir lernten, von der hohen Schaukel zu fallen, und so manche blaue Flecken bekamen wir alleine davon, aber nicht, wenn wirklich Tiefflieger kamen. Sie waren einfach da und wieder weg, und ich schmiß mich auf die Erde, wenn sie längst wieder weggeflogen waren, und erst wenn die anderen über mir standen und mich auslachten, rappelte ich mich wieder auf und schämte mich wegen meiner Angst.«

»O ja, die Tiefflieger!« stöhnt Dorkas. »Das war eine wirklich schlimme Zeit. Zum Glück warfen sie keine Bomben auf uns, aber sie flogen mindestens zweimal pro Tag über uns weg, und oft kamen wir gar nicht schnell genug ins Haus und gingen in Deckung, wo wir gerade waren. Ich glaube, Itata übte mit euch das Hinwerfen. In dieser Zeit war das auch mit dem brennenden Laubhaufen im Wald. Ja, das war in der Zeit der Tiefflieger. Wir saßen alle in der Diele vor dem Kamin und erzählten uns Geschichten. Itata machte abends immer noch eine Runde durchs Haus, sah nach, ob alles abgeschlossen war. Dabei entdeckte sie, daß im hinteren Garten im Wald ein Laubhaufen brannte. Wir hatten am Tag ein Feuer gemacht und gemeint, es anschließend genügend mit Wasser gelöscht zu haben. Sie kam an die Dielentür und machte mir ein Zeichen, da ging ich mit raus und sah das Feuer. Haben wir aber gelöscht! Hatte ich eine Angst! Es war ja gefährlich, denn so ein Feuer hätte ja ein Signal für die Flieger sein können. Und in dieser Zeit kamen auch zwei Seeleute, zwei Matrosen zu uns. ›Helfen sie uns!‹ baten sie. Das war lebensgefährlich für uns, aber wir versteckten sie im Keller. In der Nacht hauten sie ab und ließen ihre Seesäcke da, Itata brachte sie auf den Boden über dem Hühnerhaus und versteckte sie unter den Bohlen des Fußbodens. Einer der beiden kam zurück und holte seinen Seesack ab, von dem anderen wissen wir nicht, was aus ihm geworden ist. Itata hatte so ein komisches Gefühl und machte den Sack auf, sie hatte sich nicht getäuscht, denn in dem Sack waren zwei auseinandernehmbare Maschinenpistolen drin. Sie ging nachts an eine Brücke und warf die Einzelteile in die Bille. Aber lies weiter, daß du so viele Erinnerungen hast, ist ja direkt spannend.«

Ich lese weiter.

»Wir durften nicht betteln und nichts von Fremden annehmen. Sollten wir mal was bekommen, mußten wir es Mutter zeigen, denn es könnte vergiftet sein. Wir Kinder standen am Waldzaun zur Chaussee und beobachteten Menschenschlangen, Männer, die von anderen angebrüllt wurden. Plötzlich ging einer aus der Reihe, direkt auf mich zu und steckte mir ein Stück Schokolade durchs Gitter. Da stand ich nun mit der Schokolade.

›Du mußt teilen!‹

›Die ist vergiftet!‹

›Quatsch, wir teilen und sagen es niemandem!‹

›Und wenn sie vergiftet ist?‹

Wir hatten schon oft Menschenschlangen beobachtet.

›Das sind Gefangene‹, sagte Vetter Dieter.

›Warum sind sie gefangen?‹

›Weil sie unsere Feinde sind.‹

Aber warum schenkte mir ein Feind Schokolade? Warum hatte er mich angelächelt?

›Der will uns umbringen!‹

›Ich bring' es meiner Mutter.‹

Und ich hielt den Riegel fest in der Hand und er wurde in dem Fetzen Papier ganz weich.

Alle rannten hinter mir her und schrien: ›Wir haben Schokolade geschenkt bekommen!‹

Ich hielt die Hand meiner Mutter hin, die die aufgeweichte herausquellende Schokolade nahm, daran roch und dann leckte.

›Die ist gut!‹ entschied sie, nahm einen Löffel und jeder bekam der Reihe nach eine Löffelspitze Schokolade in den Mund geschoben.

Und wenn Mutter sich geirrt hatte? Wenn sie doch vergiftet war?

Abends im Bett dankte ich dem lieben Gott, daß er einen so lieben Feind gemacht hatte, und bat ihn, ihn zu beschützen.«

»Davon weiß ich nichts mehr.«

»Ich brachte das damals lange nicht auf die Reihe, daß es einen bösen Feind gab, der mir Schokolade schenkte. Glaubtest du wirklich daran, daß sie vergiftet sein könnte?«

»Natürlich, man hörte ja so viel. Aber lies doch weiter.«

»Itata nahm uns oft mit zum Pilzesuchen in den Sachsenwald. Jeder trug einen Korb, und erst im Wald bekamen wir ein Küchenmesser und Itata zeigte uns, wie man Pilze sammelt. Wir mußten sie über der Erde abschneiden, und wenn doch mal einer ausgerissen war, schnitt sie den untersten Teil ab und warf ihn zurück auf den Boden. Sie erklärte uns auch, welche Pilze wir sammeln durften, welche giftig waren, welche ungenießbar. Reizger sammelte ich nie, ließ sie stehen, weil mir der Name nicht gefiel. Wie oft hatte Mutter gesagt: Reiz mich nicht!

›Wem gehört der Wald?‹ fragte ich Itata.

›Dem Fürsten Bismarck.‹

›Der ganze Wald?‹

›Der ganze Wald.‹

Ab sofort war der Fürst Bismarck für mich König Drosselbart.

›Erlaubt er denn, daß wir seine Pilze suchen?‹

›Ja.‹

Das konnte ich mir gar nicht denken und war überzeugt, Itata irre sich und in Wirklichkeit wären wir Diebe. Ich hielt immerzu Ausschau nach der Kutsche von König Drosselbart, war fest davon überzeugt, daß er mit uns schimpfen und uns bestrafen würde.

Auf dem Rückweg vom Pilzesammeln im Sachsenwald kamen wir immer in die Nähe des Hexenhäuschens, das ganz nah an Großmutters Grundstück an der Chaussee lag.

›Das ist nur aus Spaß so wie ein Hexenhäuschen angemalt‹, aber für mich war es das Hexenhäuschen aus dem Märchen. Nie ging ich alleine in den Wald der Großmutter, aber auch wenn die Geschwister und Vetter und Cousinen dabei waren, behielt ich das Hexenhaus im Auge, um rechtzeitig warnen und wegrennen zu können.«

»Ja, ich erinnere mich, vor dem Hexenhaus hattest du immer Angst.«

»Sag mal, ich erinnere mich nicht, daß du mal mit zum Pilzesammeln gingst, uns mitnahmst, immer nur Itata, kann das sein?«

»Ich bin oft Pilzesuchen gegangen, Pilze waren schließlich unser Fleischersatz, aber ich nahm immer nur Peter mit, der war schon so vernünftig, tobte nicht so herum, und er kannte sich in Pilzen so gut aus.«

»Weißt du eigentlich, daß mich dieser Satz heute noch sauer macht? Um wieviel mehr muß ich es damals gewesen sein, nein, sicher war ich nicht sauer, sondern traurig, maßlos enttäuscht.«

»Wieso denn, mein Liebes?«

»Weil du Peter immer vorgezogen hast.«

»Ich hab keins meiner Kinder vorgezogen, ich habe euch alle gleich liebgehabt.«

»Ist dir eigentlich mal aufgefallen, daß du im Zusammenhang

mit uns Kindern immer vom Liebhaben sprichst, nie vom Lieben? Immer sagst du: ich hab' meine Kinder lieb, nie: ich liebe sie.«

»Aber das ist doch das gleiche!«

»Ich denke, da ist ein Unterschied. Liebhaben kann man viel. Man kann seine Puppe liebhaben oder seinen Teddy, aber eben nur lieben ist persönlicher und seltener.«

»Aber lieben tut man seinen Mann, das sagt man nicht zu Kindern!«

Ich lache verkrampft, gluckse.

»Ich denke auch, daß das was mit dem Küssen zu tun hat. Ich gab Vati mal als kleines Kind aus Versehen einen Kuß auf den Mund. Hat der mir da einen Schrecken eingejagt! ›Das darf nur Mutti!‹ Als ob ich etwas ganz Böses gemacht hätte. Als ich später sah, wie Eltern ihre Kinder und Kinder ihre Eltern küssen, auf den Mund und ganz herzlich, das auch in der Öffentlichkeit, als ich sah, daß sie ihre Kinder auf den Schoß nahmen, in die Arme, fand ich das vollkommen unanständig. Heute denke ich anders darüber.«

»Nein, was du dir immer so einfallen läßt!«

»Weißt du, ich beobachte hier sehr oft Kinder und deren Eltern, und es macht mich manchmal ganz wehmütig, weil sie so lieb miteinander umgehen. Hier macht es zum Beispiel einem fünfzehnjährigen Jungen nichts aus, mit einem Nachbarkind von drei Jahren zu schmusen, es im Arm zu halten, es zu wiegen. Ich bewundere ihre Natürlichkeit.«

»Ja, heute wird man die Kinder auch anders erziehen!«

»Ich weiß nicht, ob das was mit der Zeit zu tun hat, kann aber sein. Ich denke, je natürlicher sie miteinander umgehen, um so weniger gäbe es Mißbrauch.«

»Wieso Mißbrauch?«

»Ich meine, daß die ganze verkrampfte, ach so christliche Erziehung leichter dazu führen kann, Kinder auch sexuell zu mißbrauchen.«

»Aber Monika!«

»Bist du geschockt?«

»Na ja, aber lies doch weiter«.

»Na gut, also: Daß der Krieg aus sein sollte, verstand ich nicht und glaubte es auch nicht, denn Soldaten kamen in unser Haus und von da an herrschte wieder Chaos in meinem Leben. Es hieß, die Engländer hätten das Haus beschlagnahmt, wir müßten raus.

Ich glaubte, sie klauen Omuttis Haus und wunderte mich, daß kein Erwachsener das verhinderte, daß sie sich das alle gefallen ließen.

Wir zogen aus. Innerhalb des Hauses waren wir ja schon oft umgezogen, immer kamen Tanten und Kinder, das Umziehen war normal, machte mir auch keine Angst. Aber aus dem Haus auszuziehen, bedeutete für mich Flucht. Diesmal war die Flucht kurz, im Nachbarort zogen wir zum Bauern Kien, bei dem wir die nächsten Wochen lebten.

Viele Fragen, keine Antworten. Kein ruhiges Reden, keine Tanten, die erklärten, vorsangen und vorlasen. Nur Mutters verkniffenes Gesicht und ihr lautes Stöhnen.«

»Na hör mal! Was sagst du denn da!«

»Mutter, für mich war das damals so. Soll ich aufhören, vorzulesen?«

»Nein, lies weiter.«

»Da gibt es nicht mehr viel, nur Stichpunkte. Ich versuchte mich vor ein paar Wochen in diese Zeit zu versetzen, versuchte, mir vorzustellen, wie es dort aussah, aber ich sehe nur einen Raum mit einem einzigen Fenster, einem kleinen Fenster mit Blick auf den Hof mit dem Misthaufen und den Pferdeställen dahinter. Dann trat ein Bild vor mir auf, das aber auch von der Flucht stammen kann: brennende Ställe, und ich hörte die Hufe der Pferde, die gegen die Stalltüren traten, sie eintraten und wie die Pferde wiehernd weggaloppierten.«

»Das war durch die Unachtsamkeit von Nachbarkindern passiert, alle Ställe und das Wohnhaus brannten ab.«

»Und ich dachte, es wäre ein Gewitter gewesen. Wir wohnten in dem Haus, als es abbrannte?«

»Ja, aber die Engländer hatten gerade einen Teil des Hauses in Aumühle geräumt, so konnten wir gleich wieder nach Aumühle zurück. Übrigens wohnte Omutti mit bei Kiens im gleichen Zimmer.«

»Omutti? Komisch, daß ich mich daran nicht erinnere.«

»Ja und Peter und du, ihr spieltet mal in einer Jauchetonne U-Boot, da habt ihr vielleicht gestunken! Und dann gab es noch eine Sache, die war mir sehr, sehr peinlich. Da gab es einen Sergeanten, einen ganz dicken. Du hattest ja noch nie einen dicken Menschen gesehen und fragtest, ob er von all unseren Eiern, die wir abgeben mußten, so dick sei. Und der Sergeant stand neben uns und konnte deutsch, nein, war mir das peinlich!«

Ich lache.

»Hast du noch was geschrieben?«

»Ja, außer Stichpunkten hab ich doch noch paar Zettel hier, etwas von den Tanten, willst du das hören?«

»Na klar.«

»Erst als alle Tanten und Kinder zurück ins Haus nach Aumühle gezogen waren, war für mich die Welt wieder in Ordnung. Die Engländer wohnten zwar noch eine Weile im Parterre, aber wir oben und ziemlich eng.

Ich liebte alle Tanten.

Itata, weil sie immer alle Fragen beantwortete, wenn ihr meine Fragerei auch noch so viel wurde, sie schimpfte nicht deswegen, sondern blieb ganz ruhig und freundlich. Tante Inge liebte ich, weil sie aus Magermilch Sahne machen konnte und immer lächelte.

Tante Vera, weil sie so leise wie Tante Inge sein konnte, nie die Türen knallte oder ein lautes Wort sagte und wie ihre Tochter Inge immer lächelte, immer ganz geheimnisvoll.

Tante Linze gehörte zu meinen Lieblingstanten. Sie sang uns Kindern abends Lieder vor, für jedes Kind hatte sie ein ganz besonderes Lied, das sie nur für das eine Kind sang. Tante Linze hatte eine dunkle, kräftige, rauhe Stimme und es hieß, sie sei früher Sängerin gewesen.

Mein Lied hieß:

Ringelreigen Rosenkranz,
vier-fünf Stupsnäschen geh'n zum Tanz,
die erste ist die Vroni,
die zweite ist die Toni,
die dritte ist die Ida,
und die vierte, das ist die da.
Wer wird denn nun die fünfte sein?
Das ist gewiß unser liebes Monilein.

Ich war immer glücklich, wenn Tante Linze mir dieses Lied vorsang, es gehörte mir ganz alleine.

Peters Lied hieß:

Leise, Peterle, leise,
der Mond geht auf die Reise,
er hat ein goldnes Nachthemd an,
damit das Kind ihn sehen kann,
leise, Peterle, leise.

Stille, Peterle, stille,
der Mond trägt eine Brille,
die hat er in der Nacht nur an,
damit er das Kind besser sehen kann,
stille, Peterle, stille.

Schlaf gut, Peterle, schlaf gut,
der Mond hält Wacht die Nacht durch,
er paßt auf alle Kinder auf,
damit sie froh steh'n wieder auf,
schlaf gut, Peterle, schlaf gut.

Jörgs Lied hieß:

Wenn eine Mutter ihr Kindlein tut wiegen,
lächelt der Mond in das Fenster hinein,
tut sich der Himmel der Erde anschmiegen,
wiegt eine Mutter ihr Kindelein.

Tante Linze rauchte selbstgedrehte Zigaretten. Außer bei den Engländern hatte ich nie jemanden rauchen gesehen und alleine deswegen schon fesselte mich die Tante, besonders, weil die anderen Erwachsenen sich darüber aufregten, was Tante Linze aber gar nichts ausmachte.

Itata las uns aus der Kinderbibel und aus Kinderbüchern vor. Die Kinderbibel hatte wunderschöne Bilder und es hieß, ein alter Verwandter der Tante Irmel Schnorr von Carolsfeld hätte die Bilder gemalt. Auf ein paar Seiten waren die Bilder teilweise überklebt. Itata sagte, der Maler habe Gott gemalt, was verboten sei, deswegen hätte sie die Seiten überklebt. Ich fragte, warum es verboten sei, den lieben Gott zu malen, und sie meinte, niemand dürfe sich von Gott ein Bild machen.

Warum malte dann der Verwandte von Tantel Irmel Gott, wenn es verboten war?

›Warum darf man nicht wissen, wie der liebe Gott aussieht?‹

›Weil niemand weiß, wie er aussieht, denn man sieht ihn erst, wenn er einen in seinen Himmel ruft. Vorher kann es niemand wissen und er hat es verboten, zu wissen.‹

›Wie Rumpelstilzchen!‹

›Aber Monika, das ist doch nun wirklich was anderes!‹

Als ich die Kinderbibel allein erwischen konnte, versuchte ich vorsichtig die überklebten Seiten zu lösen, was mir an einer Ecke gelang. Da sah ich Gott in Wolken, seinen Bart, als wäre er Wolke und sein Gesicht, als wäre es Wolke. Aber sofort hatte ich ein schlechtes Gewissen, weil es verboten war, Gott zu sehen und jetzt, was würde jetzt passieren, wenn er weiß, daß ich weiß? Und ich stellte mir vor, wie er wütend wurde, daß er mit dem Fuß vor Wut aufstampfen wird, durch die Wolken durch und er dann auf die Erde fällt und tot wäre.

Itata las uns noch aus drei anderen Büchern vor. ›Friedel Starmatz‹ hieß das erste, das sehr traurig war, das zweite hieß ›Auch ein Held‹, genauso traurig und ›Helenes Kinderchen‹, das mir besonders gefiel, weil Helenes Kinderchen einmal zu einer sehr feinen Dame eingeladen wurden, und es gab Suppe und der Junge drehte den Teller mit Suppe um, weil er ›Fildflöten‹ sehen wollte, denn zu Hause hatten ihre Teller einen Stempel mit einer Schildkröte. Und die feine Dame hatte gar nicht geschimpft.

Wenn Itata umblätterte, wußten wir Kinder genau, mit welchem Wort sie auf der nächsten Seite beginnen mußte, so oft hatte sie uns die Bücher vorgelesen. Genauso merkten wir, wenn sie Abschnitte oder ganze Seiten überschlug, umblätterte ohne zu lesen. Alle grinsten verlegen und ich tat es ihnen nach ohne zu wissen, warum. Später flüsterte Christa, Itata lese uns die Liebesgeschichten nicht vor, weil sie sich geniere. Wie beneidete ich große Kinder, die selbst schon lesen konnten!

Omutti war etwas ganz Besonderes. Sie war keine Tante, sie war Omutti. Eine große, schlanke, alte Dame. Sie setzte ihre Füße beim Gehen mit den Zehen weit nach außen, weil sie meinte, das sei vornehmer und ich brauchte Jahrzehnte, mir dies abzugewöhnen, denn ich ahmte sie nach und fand meinen Watschelgang sehr elegant.«

»Stimmt, Omutti ging so, das hatte ich ganz vergessen, aber daß du das nachmachtest?«

»Ich geh doch heute noch leicht mit den Zehen nach außen, ganz konnte ich mir das nie abgewöhnen, aber vielleicht sind meine Beine ja auch falsch eingehängt, daß ich deswegen so gehe.«

»Du hast vielleicht Vorstellungen! Aber lies doch weiter.«

»Omuttis Zimmer wurde nur kurz von den Engländern beschlagnahmt, sie durfte, als wir von Kiens zurückkamen, wieder in ihr Zimmer, obwohl es im Parterre lag und die Engländer sonst ja das Parterre noch beschlagnahmt hatten. Omuttis Zimmer war getäfelt und voller Möbel. Zu bewundern gab es immer Neues in ihrem Zimmer, obwohl nie Neues hinzukam. Ich glaubte, ich würde es nie ganz kennenlernen, denn immer fiel mir etwas auf, das ich vorher nicht beachtet hatte. Da gab es den Briefbeschwerer auf ihrem Schreibtisch, eine Glaskugel, die unten abgeschliffen war, damit sie nicht wegrollen konnte. In der Glaskugel viele kleine blaue und rote Einschlüsse, ein Wunder! Da gab es den Gobelin an der Wand, das große in Gold gerahmte Bild mit dem Großvater auf seinem braunen Pferd, von dem Omutti sagte, es sei ein Fuchs, worüber ich mich gar nicht beruhigen konnte, daß sie ein Pferd von einem Fuchs nicht unterscheiden konnte. Aber dann erklärte sie mir die verschiedenen Farben der Pferde und die Namen dazu, die genauso kommisch waren, denn sie nannte einen Fuchs mit schwarzer Mähne und schwarzem Schweif Braunen, einen Schimmel mit Flecken Apfelschimmel.

Großvater sah schön aus in seiner Uniform mit den vielen Kordeln und dem Helm auf seinem kleinen schmalen Kopf, und Omutti sagte, er sei Soldat gewesen, Offizier. Ich glaubte, er muß der Oberste von allen Soldaten gewesen sein, ein König, denn die Soldaten, die ich kennengelernt hatte, hatten alle keine so schönen Uniformen. Auf dem Bild, das ich stundenlang ansehen konnte, war noch ein zweites Pferd zu sehen, es kam von weit hinten angaloppiert und Omutti sagte, der Mann auf dem Pferd sei Großvaters Adjutant gewesen. Ich erfuhr, was ein Adjudant war, einer, der sich um Großvater gekümmert hatte.

Ein Eisensplitter von einer Granate aus dem 1. Weltkrieg, wie Omutti mir erklärte, lag auf einem Bord, das an der Wand befestigt war. Omutti nahm den Splitter herunter, und wieder hatte ich was zu grübeln, denn Splitter sind aus Holz und die reißt man sich in die Hand oder den Finger, aber dieses soll auch ein Splitter sein? Omutti gab mir den Granatsplitter vorsichtig in die Hand, hielt ihre Hände unter meine und das war gut so, denn er war so schwer, daß ich ihn kaum halten konnte.

›Das ist der Splitter, der Großvaters Pferd traf, das sich verletzt aufbäumte und Großvater fiel runter und bekam den Sattelknopf an seine Stirn zwischen die Augen.‹

Das Geheimnisvollste in Omuttis Zimmer war ihr Schrank. Sie sagte, diesen Schrank könne niemand jemals raustragen, denn er sei aus Ebenholz, und erst im Zimmer sei er zusammengesetzt worden. Wie schwer Ebenholz war, wußte ich, denn es gab eine Spielzeugkugel mit Löchern für die Finger, mit der hätte man werfen können, wenn sie nicht so schwer gewesen wäre.

Der Schrank war reich geschnitzt, die Türen, die Wände, die Füße. Omutti bewahrte in diesem Schrank Spiele auf, sie sagte, die meisten seien noch aus der Zeit, als sie Kind war, und ich bewunderte sie noch mehr, weil sie alles aufgehoben und nichts kaputt gemacht hatte. Sie hatte Baukästen mit gebrannten Steinen und Ziegeln, die man aufeinanderschichten konnte, um richtige Spielzeughäuser zu bauen. Sie hatte Spielsammlungen mit Mensch-ärgere-dich-nicht, Halma, Mikado, Dame, Würfelspiele und Kartenspiele und eine richtige Puppenstube mit mehreren Zimmern in verschiedenen Stockwerken, so eingerichtet, wie richtige Zimmer sind, sogar mit goldenen, gepolsterten Ohrensesseln, Mahagonischränken und Kommoden mit Intarsienarbeiten, Betten aus Mahagoni mit richtigen Matratzen und Bettwäsche und kleinen Puppen aus Porzellan, die richtig in die Betten paßten und in den Sesseln richtig sitzen konnten. Sie trugen lange, hübsche Kleider mit Rüschen und Spitzen. Es gab Puppengeschirr, so winzig, daß mein kleiner Finger nicht mal in eine Tasse paßte.

Omutti hatte auch einen Meierhof, einen richtigen Spielzeugbauernhof mit allen Tieren, die es auf Bauernhöfen geben konnte. Dann hatte sie noch Sandsteckfiguren, Häuser, Zäune, Menschen, Tiere aus Holz, bunt angemalt und mit Holzkeilen, damit man sie im Sandkasten in den Sand stecken konnte.«

»Ja, Omutti hast du sehr gemocht.«

»Weißt du noch, wie sie ihren Schallplattenapparat liebte, als sie später blind war? Das war einer, in den man vorne durch einen Schlitz die kleinen Platten stecken konnte. Am meisten liebte sie die Platte mit ›Junge, komm bald wieder‹ und ›Ich trage, wo ich gehe, stets eine Uhr bei mir‹, weißt du noch?«

»Ja, stimmt.«

»Und einmal nahm sie mich mit zum Spazierengehen um den Mühlenteich. Ich hatte mir vorher nicht überlegt, daß das für sie als Blinde doch ganz schön schwierig sein würde, zumal wir kaum auf Wegen gingen. Einmal mußte sie sogar über einen Zaun klettern. Da war sie doch schon 80! Und sie lachte, weil ich das Lied sang, in dem ›Oma hüpf mal, sprach die Kleine, und da sprang die alte Dame in die Höh‹ vorkam. Und als wir endlich wieder zu Hause waren, meinte sie, so was Schönes hätte sie noch nie erlebt, jetzt fehle nur noch der Weltuntergang.«

»Ja, das hast du mir damals erzählt.«

»Omutti war schon eine tolle Frau!«

»Hast du noch mehr geschrieben?«

Ich blättere in Heften, durchforstete den Zettelkasten, finde eine Kladde.

»Da geht's weiter. Und zwar noch was zu dem Haus in Aumühle. Im Eßzimmer, der großen getäfelten Diele, war das Essen immer eine aufregende Sache, wenn ich ein Messerbänkchen an meinem Platz hatte, dessen Füßchen man abdrehen konnte. Nicht alle Füßchen konnte man abdrehen, und oft schlich ich mich schon vor dem Essen in die Diele und tauschte die Messerbänkchen aus, damit ich eins zum Spielen hatte. Ich durfte aber bei Tisch nicht spielen, und meine Hände mußten auf dem Tisch liegen. Nur dann, wenn die Erwachsenen nicht so sehr aufpaßten, konnte ich unterm Tisch, unter der herunterhängenden Tischdecke die Beinchen abdrehen bis das Kommando kam ›Hände auf den Tisch!‹

Schlimm waren die Zeiten nach dem Mittagessen, denn Mutter meinte, wir seien zu klein, müßten alle Mittagsschlaf halten, auch wenn wir beteuerten, gar nicht müde zu sein.

Sie machte keine Ausnahmen. Wir wurden in die Betten gesteckt, da half kein Betteln. Wir hatten große Holzbetten, am Kopf- und am Fußende waren hohe Holzwände. Die waren unsere Rettung, denn wir spielten: ›Wessen Spucke am langsamsten läuft, hat gewonnen‹. Wir spuckten oben auf die Kante, gaben der Spucke auf Kommando einen Stups, und nun beobachteten wir unsere eigene und die der Geschwister, bis sie unten angelangt waren und nasse Flecken aufs Bettzeug und die Matratzen machten. Wenn Mutter nach einer Stunde wie versprochen kam, stellten wir uns fest schlafend, aber sie merkte es doch, daß wir gar nicht geschlafen hatten, weil wir keine rote Wangen hatten. Also mußten wir uns, wenn wir sie auf der Treppe hörten, die Backen ganz fest reiben.«

»Ihr habt mich nie reinlegen können!«

»Hattest du das gemerkt?«

»Na klar!«

»Hast du aber nie gesagt.«

»Ich wollte keinen Ärger.«

»Ich mußte ja in Hattingen noch Mittagsschlaf halten, wurde immer nach dem Mittagessen mit Jörg noch ins Bett gesteckt.«

»Na ja, du warst ja auch noch so klein.«

»Peter mußte, als er zur Schule kam, keinen Mittagsschlaf mehr halten, da hieß es immer, er geht ja schon zur Schule. Und als ich in die Schule kam, mußte ich immer noch Mittagsschlaf halten, da hieß es dann, damit Jörg es nicht so ungerecht findet.«

»Stimmt das?«

»Ich erzähle dir keine Märchen.«

»Du mußt aber auch sehen, was das damals allgemein für Verhältnisse waren!«

»Das paßt immer.«

»Lies doch weiter.«

»Schimpfen war schlimm. Mutter war oft böse mit mir, hauptsächlich mit mir, denn Peter war zu vernünftig und Jörg zu klein, um irgendwas anzustellen, wie sie sagte. Oft war mir Schimpfen aber viel lieber als ihr Schweigen, als ihr Gesicht, das mir stundenlang eindringlich zeigte, was für ein schlimmes Kind ich war und wie schwer sie es wegen mir hatte. Oft dauerte ihr Schweigen bis abends, dauerte ihr Michnichtbeachten, auch wenn ich direkt vor ihr stand, bis nach dem Abendgebet. Welche Ängste hatte ich, daß sie mich nun nicht mehr lieb hätte. Wie oft schlich ich mich zu ihr, versuchte einen günstigen Augenblick abzupassen und fragte voller Unsicherheit, ob sie mich denn nun gar nicht mehr lieb hätte.

›Sei doch nicht so ein Dummchen, natürlich hab ich all meine Kinder lieb‹, sagte sie dann und danach sah sie mich bis zum Abend nicht mehr an, und ich wußte, wie sehr sie wegen mir leiden muß.

Ich pflückte im Vordergarten auf der Wiese Gänseblümchen und stellte sie ihr auf den Nachttisch, um ihr eine Freude zu machen und wenn sie sie sah, bedankte sich sich bei Peter, daß er immer so aufmerksam wäre und mitbekomme, wenn sie solche Sorgen hätte. Peter wußte nicht, was sie meinte und war verlegen und ich traute mich nicht zu sagen, daß ich ihr die Gänseblümchen hingestellt hatte. Meine Angst, sie würde sich nicht freuen, weil sie von mir kamen, war noch schlimmer, als wenn sie sich bei Peter bedankte.

Abends nach dem Gutenachtgebet sagte Mutter: ›Man soll die Sonne nicht über dem Zorn untergehen lassen, darum verzeih ich dir.‹ Und ich bekam meinen Gutenachtkuß.«

»Nein, Monika, das stimmt bestimmt nicht! Daran erinnere ich mich wirklich nicht, wenn es so war, tut mir das sehr leid.«

Ich sehe meine Mutter an, daß sie wirklich erschüttert ist und ich glaube ihr zum ersten Mal in meinem Leben, daß es ihr wirklich leid tut.

»Komm, machen wir eine Pause, gehen wir etwas spazieren.«

Ich darf ihr nicht alles vorlesen! Das ist zu hart für sie, zu brutal. Sie ist zu alt, laß ihr ihre Ruhe. Schone sie. Was hab ich davon, wenn sie erfährt, wie ich mich als Kind fühlte! Laß es, Monika, lies nur Belangloses vor, laß sie in Ruhe.

Wir gehen die Camachastraße entlang.

»Die Leute grüßen dich ja alle!«

»Die Camacha ist ein winziges Dorf, alle grüßen sich.«

»Wer war das?«

»João Filipe, der Hähnchenbrater.«

»Stell mich vor!«

Wir gehen zu João hinüber, der unter dem Vordach seines alten Natursteinhauses steht, gewinkt hat.

Ich stelle meine Mutter vor, sie will mit ihm reden, aber er versteht kein Englisch und lächelt höflich irritiert. Eben will ich sie wegziehen, da beginnt sie wieder mit ihrer ganz eigenen Pantomime, diesmal gackert sie dazu. Ich erkläre João, daß sie meint, er brate bestimmt wunderbare Hähnchen und verabschiede mich.

»Du hast ihm nicht gesagt, daß ich blind bin!«

»Das wissen alle, das braucht man nicht mehr zu sagen.«

»Das hat da so gequalmt, wie brät der eigentlich seine Hähnchen?«

»Sie haben hier alte Öl- oder Benzinfässer, sie legen sie auf Blöcke, ein Loch wird reingeschnitten, darin steckt so was wie ein Ofenrohr. Sie heizen mit Holz, das sich hier so findet, in letzter Zeit hatten sie Glück, denn sie konnten das Holz von den geschlagenen Zedern nehmen, die seit vielen Jahren krank waren, dann abstarben.«

»Aber hier gibt's doch keinen sauren Regen.«

»Eigentlich nicht, aber vielleicht wird auch so manche Wolke vom Kontinent mit dem Dreck gesättigt sein. Aber es heißt, und das glaube ich eher, daß sie eine Wurzelkrankheit haben, Proben schickten sie sogar nach Deutschland zur Analyse. Aber jetzt scheint die Krankheit gestoppt zu sein, denn man kann schon ein paar Zedern mit neuen Trieben sehen.«

Ich erkläre ihr jeden Baum, jeden Strauch. »Da oben auf der Telefonleitung sitzen Kanarienvögel.«

»Kanarienvögel?«

»Ja, wilde. Die gibt's hier, natürlich auch auf den Canarischen Inseln und auf Madeira, du kannst sie zwitschern hören, sei mal ganz still.«

Wir bleiben stehen und horchen. Die Vögel schweigen mit uns.

»Ich kenne mich nicht aus in der Bestimmung von Vögeln, und ich habe noch nirgends ein Buch über die hiesigen entdeckt im Gegensatz zu Pflanzenbüchern und Fischbüchern. Es heißt, hier gibt es auch Eulen, sogar weiße auf dem Berg Ana Ferreire und in der Serra sogar Steinadler. Manche sagen auch, es gebe den Roten Milan. Bussarde und Falken habe ich selbst schon gesehen. Dann gibt es natürlich Möwen und Seeschwalben, dann eine Art, die ich Strandläufer nenne, weiß aber nicht, ob es wirklich welche sind, sie wetzen in irrem Tempo am Strand entlang und haben einen langen Schnabel. Dann gibts natürlich auch Spatzen noch und noch.«

»Wer war das?«

»Unser Nachbar Camara, ich hatte dich schon vorgestellt.«

»Wer war das?«

»Eine Camacheirin, ich kenne sie nicht mit Namen.«

»Aber sie grüßte ja.«

»Mutti, ich sagte, daß sich hier alle grüßen.«

Ich zeige ihr den einzigen kleinen Laden in der Camacha, der sich ›Mini-Supermarkt‹ nennt und zur danebenliegenden kleinen Kneipe gehört.

»Die haben alle wichtigsten Lebensmittel und Putzsachen.«

»Das ist aber praktisch.«

»Ist es. Außerdem kommt manchmal ein Lkw und bringt Fische, aber nur dann, wenn sie so viel haben, daß im Ort auf dem Fischmarkt nicht alle verkauft werden. Jeder hört ihn, denn oft läßt er eine Kassette mit voller Lautstärke laufen oder schreit die Fische aus.«

»Wie ist das mit Obst und Gemüse?«

»Gibt's auch. Im kleinen Laden, oder es kommt auch ein Gemüsewagen, und die Verkäufer schreien laut durch die Gegend, und dann stellt man sich an den Straßenrand und wartet, bis er da ist. Genauso geht's mit den Gasflaschen, der Gasverkäufer hat eine Tröte, so weiß man immer, daß es der Gasmann ist.«

»Gas? Ihr kocht mit Gas?«

»Klar, mit was sonst. Hier gibt's nichts anderes, höchstens noch Strom, aber der ist zu teuer. Mit Strom kochen sie dann, wenn es kein Gas gibt, aber auch nur die, die einen Herd für Strom haben, wie wir, wir haben drei Gaskochstellen und eine elektrische Platte auf dem Herd. Die Herde kann man hier schon so eingeteilt kaufen. Früher, als es hier noch mehr Holz gab, haben alle mit Holz gekocht, aber es gibt ja kaum noch Holz. Deswegen haben wir ja auch den Kamin aus den Bauplänen rausgenommen.«

Wir sind am Ende der Camachastraße angelangt.

»Früher konnte man die Straße weitergehen bis zur Fonta, der Quelle, heute ist die Straße verlegt, macht einen ganz langen öden Bogen, man verliert dadurch gut eine halbe Stunde. Die Nato hat die Flugpiste hier verlängert, darum der Mist.«

»Was bauen die denn da?«

»Einmal die Piste auf 3000 Meter, dann in die Dünen Bunker rein, man sagt, für Munition, aber wer weiß, was dann wirklich reinkommt.«

»Auf so einer kleinen Insel?«

»Ja, das ist bestimmt noch ein Militärprojekt von vor 10 Jahren und egal, wie die Entspannung ist, der Etat war einmal genehmigt und wird verbaut, Blödsinn, aber verstehe einer die Militärbetonköppe.«

»Ob sich das lohnt für solch eine kleine Insel?«

»Weiß ich das? Immerhin ist die Insel doch praktisch als Versuchsobjekt, es gehen eben nur 5000 Leute drauf, da genügt eine Mini-Atombombe, aber immerhin liegen wir im todsicheren Bereich und nicht am Rand, wo wir dahinvegetieren müßten.«

»Das versteh ich nicht.«

»Was nicht?«

»Todsicher ist man, wenn man vor dem Tod sicher ist.«

»Oder daß der Tod einem sicher ist.«

»Das sagt man aber so nicht.«

»Man nicht, aber ich.«

Wir gehen zurück.

»Mutti, dahinten auf der Stromleitung sitzt ein Wiedehopf, kannst du ihn sehen?«

»Wo? Dahinten?«

»Ja, von denen gibt es viele hier, aber auch leider Insulaner, zumindest einige Jugendliche, die sie mit Flitschen und auch mit Gewehren abschießen, Kanarienvögel auch.«

»Aber warum denn das? Das ist ja schlimm!«

»Warum? Vielleicht weil sie Langeweile haben oder sportlichen Ehrgeiz, ich weiß es nicht. Sie binden sich die Vögel an den Gürtel und geben damit an. Sind sie erst in einem Alter, daß sie Mofa fahren dürfen, brauchen sie das nicht mehr, dann haben sie einen Sattel unterm Hintern, zwischen den Beinen, um sich männlicher zu fühlen, dazu noch unter dem Motto: je lauter, um so männlicher.«

»Aber das mit den Vögeln ist wirklich schlimm.«

»Sie machen sich keine Gedanken. Ich hab mal den Nachbarjungen gefragt, warum er das mache, genauso hätte ich fragen können, ob er schon mal auf dem Mond war. Er starrte mich nur blöd grinsend und verständnislos an.«

»Aber ist es denn erlaubt, Singvögel abzuschießen?«

»Weiß ich nicht. Ich glaube nicht. Es liegt aber nicht an einem Gesetz, denn Gesetze gelten hier nicht so, wie wir es uns vorstellen. Es liegt am Naturverständnis, am Umweltbewußtsein, vielmehr am fehlenden. Sie haben immer schon Vögel geschossen und gegessen. Jäger schießen hier sogar Jagdvögel ab, weil diese Vögel

Hasen fangen und sie Angst haben, es gäbe zur Jagdzeit dann zu wenig Hasen. So wurde uns erzählt.«

»Wieso gelten denn hier die Gesetze nicht?«

»Offiziell gelten sie hier, aber die Polizei kann hier nichts machen, weil sie mit allen verwandt oder befreundet ist. Sie unternimmt ja nicht mal was gegen betrunkene Autofahrer und Motorradfahrer, nichts gegen die, die ohne Licht fahren und ohne Motor nachts die Berge runterrasen. Am Tage nichts gegen ganze Familien auf Motorrädern, Vater, Mutter, mindestens zwei Kinder, die Eltern vorschriftsmäßig mit Sturzhelmen, aber auch nicht immer, die Kinder ohne, dazu mit Einkaufstüten, Kartons, Kisten, wenn möglich noch mit einem Thunfisch auf dem Schoß. Hier fährt ja sogar die Polizei mit einem Kleinkind auf dem Tank.«

»Aber Kind, das ist ja schlimm und hier wohnt ihr?«

Ich lache.

»Klar ist das schlimm, aber eben nichts zu machen.«

»Aber da muß sich doch mal jemand drum kümmern, in Deutschland wäre so was nicht möglich!«

»Dafür gibt es in Deutschland anderen Mist.«

»Aber trotzdem muß man doch was dagegen unternehmen!«

»Mutti, hier gibt es einen anderen Maßstab. Ist denn der von uns Deutschen der richtige? Am deutschen Wesen soll die Welt genesen? Nee, Dorkas, das ist schon zu oft schiefgegangen.«

Auf dem Rückweg geht es leicht bergan.

»Sieh mal, ich kann ganz ohne zu Schnaufen gehen, hab gar keine Schwierigkeiten mehr. Der Arzt hat gesagt, mein Herzfehler sei weg, ist das nicht schön?«

»Was? Wie kann denn ein Herzfehler, den du angeblich seit der Geburt hast, einfach weggehen? Eine Pulmonalstenose hat man oder man hat nicht.«

»Aber Kind, der Arzt hat gesagt...«

»Na, dann sei doch froh, wenn du solch einen Künstler zum Arzt hast. Kannst du mir mal die Adresse geben, vielleicht geht meine Pulmonalstenose auch einfach weg.«

Hätte ich doch nichts gesagt! Ich Idiot! Ich Depp! Ich Hornochse! Kaum 20 Meter weiter bleibt sie stehen, keucht, prustet.

»Mein Herz!« Sie faßt sich ans Herz, lehnt sich gegen einen geparkten Lkw.

Da hast du's! Warum konnte ich nicht schweigen? Jetzt geht diese Tour wieder los!

Wie ein Walroß kommt sie angeschnaubt.

Hätte ich doch nichts gesagt!

Jetzt kannst du wieder vorlesen.«

»Bitte heute nicht mehr. Heinrich hat sich mal wieder eine Platte gewünscht, wir haben doch schon seit Tagen keine Musik mehr gehört. Bitte setz dich zu Heinrich, ohne zu singen, zu summen, zu tanzen oder zu dirigieren, ja? Bitte!«

»Was hören wir?«

»Die Porto Santo Sinfonie.«

»Was, die gibts?«

»Wir haben sie so genannt, weil sie hierherpaßt. Es ist Schuberts Neunte.«

»Kenn ich die?«

»Ich weiß es nicht. Von früher bestimmt nicht, denn im Haus G. wurde ja keine Musik gehört.«

Was ist los mit mir? Warum bin ich so gereizt?

Dorkas sitzt ruhig neben Heinrich im Sessel, ich sitze am großen Tisch, will mich entspannen, aber ich hätte wissen müssen, daß ich bei dieser Musik und in der Besuchersituation nicht entspannen kann.

Die Musik verstärkt sogar meine Verkrampfung, zerreißt mich, wühlt mich durcheinander, bis ich lautlos vor mich hin weine, froh, daß sie mich nicht sehen können.

Reiß dich zusammen!

Es gelingt mir nicht.

Voller Verzweiflung über Mercurios Tod, sein langes, qualvolles Sterben, meine Unfähigkeit, ihm diese Qualen zu ersparen, ihn zu töten, all diese Tage voller Anspannung und Sehnsucht nach Ruhe. Auch Zerrissenheit zwischen dem Wiederfindenwollen meiner Kindheit und dem Verlangen, es aufzugeben, alles hinzuschmeißen, dazu das aufkommende Gefühl der Resignation, des sich wiederholenden Gedankens: »was bringt das schon?,« verwirren mich und lösen Suchtgedanken aus, obwohl ich weiß, daß ich nicht rückfällig werde. Dieses Wissen würde bei anderen trockenen Alkoholikern auf Unverständnis und Kritik stoßen, weil gerade in diesem vermeintlichen Wissen, wie sie sagen, die größte Gefahr liege. Ich habe meine Notwendigkeiten, sie liegen selten im Einklang mit denen der anderen.

Unbeschriebenes weißes Papier übt auf mich eine unwiderstehliche Anziehungskraft aus, zwingt mich, es zu beschreiben. Die Angst, ohne Papier zu sein, läßt mich stapelweise Papier horten. Ich kann nicht sein ohne Papier, mich nicht denken, mich nicht fühlen. Ich schreibe, seit ich schreiben kann, wie alles, was ich tue, maßlos.

Ich hatte immer geglaubt, gegen meine Maßlosigkeit ankämpfen zu müssen und habe, indem ich gegen sie kämpfte, gegen mich gekämpft. Ich war mir selbst mein größter Feind. Ich glaubte sein zu müssen, wie andere mich haben wollten. Sie sagten: Du mußt dich ändern! Sie sagten: Werd' nur ja wieder, wie du warst!

Ich wußte nie mehr, wer ich zuvor war, wer ich für jeden einzelnen Menschen zuvor war. Ich änderte mich laufend und war mir fremd. So war ich mir gegenüber immer treulos, um anderen treu zu sein, wie ein getretener Hund ihnen hinterher zu dackeln. Passen wollte ich, weiter nichts, aber ich paßte nie.

Und vor mir taucht eine Erinnerung auf: War es 1956 oder war es 1957? Oberurff, Internat. Eben kamen meine Eltern, um mir mitzuteilen, sie hätten ein Mädcheninternat für mich, weil ich von meinem Freund Uwe nicht abließe. Nach den Ferien käme ich nicht mehr zurück. Ich renne zum Lehrer Denk, den wir Papa Denk nannten, und lasse meine Mutter alleine packen.

»Sie nehmen mich weg! Ich darf nicht wiederkommen«, schrie ich ihn verzweifelt an, als könne er mir helfen, nicht verschleppt zu werden.

Papa Denk nimmt meine beiden ausgestreckten Hände entgegen.

»Monika, das ist schlimm, das tut mir leid für dich und für Uwe und für die Klasse und auch für mich. Ja, auch für mich. Bleib wie du bist!«

Und ich rannte zurück, wollte unbedingt Uwe noch vor dem Verschleppen sehen.

Was hatte er gesagt? Bleib, wie du bist? Wer bin ich denn? Wer bin ich, daß ich wissen kann, wie ich bleiben soll, wenn ich nicht mal weiß, wer ich bin?

Es dauerte lange, ehe ich mich trauen konnte, mich mit meinen Augen zu sehen. Es dauerte lange, bis ich mich aushalten konnte. Lange, bis ich mit mir einen Waffenstillstand schloß. Lange, bis ich mit mir Freundschaft schloß. Lange, bis ich begriff, mit mir Freundschaft zu schließen ist überlebensnotwendig.

Ich bin so oft auf den Bauch gefallen! Das Bewußtwerden meiner selbst schützt mich nicht davor, nicht zu fallen. Meine Mittelmäßigkeit steht nicht im Widerspruch zu meiner Maßlosigkeit. Ich habe mit mir zu leben gelernt.

Unbeschriebenes weißes Papier. Welch ein erregender Geruch von Druckerschwärze auf grobem, nicht ausgebleichtem Papier einer Tageszeitung! Rauher, herber, schwerer Geruch, kühlmodrig, mich wohltuend weich umschließend. Ich habe ein zärtliches Gefühl, ein verwandschaftliches Gefühl jedem gegenüber, der die Schutzhülle eines Buches aufreißt, mit den Daumen die Mitte des Buches aufklappt, um das Buch vor sein Gesicht zu halten, daß der Geruch tief in ihn einströmen kann.

Diese Musik!

Die große Porto Santo Sinfonie!

Und wieder kommen Tränen.

Als Heinrich die Platte umdrehen will, stehe ich auf, bitte ihn, heute nicht weiter, nicht das Ende dieser geliebten Musik hören zu müssen.

»Ich halte sie heute nicht aus.«

Heinrich sieht mein verweintes Gesicht, ich sehe, daß er Tränen in den Augen hat.

»Dorkas, für heute ist's genug, gehen wir ins Bett, Monika ist müde.«

»O wie schade, aber so spät ist es doch noch gar nicht.«

»Aber es war ein anstrengender Tag heute, Dorkas, ich bin auch müde.«

Und sie hält mir ihre Wange zum Gutenachtkuß hin.

Guten Morgen mein Kind, hast du gut geschlafen?«

»Danke, es ging.«

»Was machen wir heute?«

»Nichts.«

»Nichts?«
»Nichts.«
»Warum nichts?«
Ich lache.
»Was gibt's da zu lachen? Man kann doch nicht einfach nichts tun!«
»Mir fiel eben nur Heinrich ein, der in etwa so sagt: warum ist überhaupt etwas und nicht vielmehr nichts?«
»Was redest du denn da?«
»Ach, vergiß es.«
»Mutzilein, lies mir doch noch was vor.«
»Nicht Mutzilein, nicht Mausilein, nicht Monilein!«
»Also gut, lies mir noch was vor.«
»Was? Aus meinen Notizen?«
»Ja, mach das.«
Ich krame in meiner Mappe mit den losen Zetteln, versuche am Gestrigen anzuknüpfen.

»Also hör zu: Die Besatzungszeit fand ich aufregend, leider war sie viel zu kurz. Uns Kindern erlaubten die Engländer, Beete anzulegen, und was darauf wuchs, durften wir behalten, dagegen mußte Itata aus ihrem Garten fast alles abgeben. Daß die Engländer Kindern etwas erlaubten, was sie Erwachsenen verboten, imponierte mir sehr, und sie stiegen in meiner Achtung, besonders ein Neger, wie der schwarze Soldat genannt wurde.

Noch nie hatte ich einen Neger gesehen, einen richtig schwarzen Mann und weil er es war, der uns die Beete erlaubt hatte, knickste ich immer ganz tief, wenn ich ihn sah.«

»Ja, das fand ich sehr übertrieben.«

Ich lache auf.

»Als der schwarze Soldat einmal über meine blonden Locken streichelte, glaubte ich, nun schwarze Haare zu haben und war erstaunt, daß er gar nicht abgefärbt hatte, als ich mich im Spiegel besah. Einmal reichte er mir seine Hand, und ich faßte meinen ganzen Mut zusammen und legte meine Hand in seine, zog sie wieder weg und besah sie mir. Sie war auch nicht schwarz. Der Neger lachte, lachte mich aber nicht aus, sondern freute sich, und darum wurde er mein Freund, den ich später, wenn ich groß wäre, heiraten wollte.

Eines Tages lag geschnitztes Spielzeug auf unseren Beeten, und die Tanten sagten, das hätte der Neger für uns gemacht. Ich freute mich, weil er Kinder mochte, und deswegen liebte ich ihn sehr.«

»Ja, an den Neger erinnere ich mich genau, auch, daß du ihn heiraten wolltest.«

»Und ihr habt mich ausgelacht.«

»Natürlich, das war ja auch zu komisch.«

»Mir war es damals ernst.«

»Aber das waren doch Kindersachen!«

»Kindersachen, die du nicht ernst genommen hast.«

»Na ja, das war ja auch kein Ernst.«

»Mutter, kapier doch endlich mal, daß es mir ernst war!«

Sie machte eine Handbewegung, und sofort erkenne ich diese abwertende Geste wieder, mit der sie ›Kindersachen‹ hinwegfegte.

»Mutter, erzähl du mir doch mal etwas über die Besatzungszeit.«

»Da weiß ich einiges, die Engländer warfen zum Beispiel Rasierklingen aus den Fenstern, und wir haben sie aufgesammelt, die waren ja gefährlich für euch. Mit Rasierklingen haben sie auch ein Bild zerschnitten, darauf war eine Burg. Das haben sie gemacht, na, ich denke, aus Wut. Als wir aus dem Haus mußten, wollten sie, daß wir fast alle Möbel in den Keller bringen, und dann haben sie den Keller voll Wasser laufen lassen. Ein Smyrnateppich war ganz verdorben, und in Hattingen hatte ich noch einen Schrank, der abgeblättert war.«

»Was meinst du, warum sie das taten?«

»Nur aus Gemeinheit!«

»Meinst du nicht, daß ihr noch ganz gut weggekommen seid nach all dem, was ihr anderen angetan habt?«

»Ich habe nie jemandem was angetan!«

»Ich meine jetzt eure Generation, das Hitlervolk.«

»Natürlich wollten sie sich rächen! Sie suchten ja auch immer nach Waffen. Mein Vater hatte einen Säbel von Churchill geschenkt bekommen, einen mit einem Silberknauf, darin war das Bildnis von Churchill, den mußten wir auch abgeben.«

»Von Churchill einen Säbel? Wie ist denn dein Vater da dran gekommen?«

»Das weiß ich nicht.«

»Mutter, spinn hier nicht rum, ein Säbel von Churchill!«

»Es hieß immer, er sei von Churchill, schon als ich Kind war.

Mein Bruder Manfred war darüber so verärgert, daß er ganz feierlich sein ehemaliges Spielzeugschwert überreichte, was die Engländer natürlich ärgerte.«

»Wieso Manfred denn? Ich denke, er war noch in Gefangenschaft.«

»Nein, er und mein Bruder Egon kamen schon sehr früh nach Hause, Willi blieb noch bis zum Herbst weg.«

»Vielleicht waren die Engländer so sauer gewesen, weil ihr ja doch noch Waffen hattet, den Säbel zum Beispiel.«

»Ja, das kann sein. Damals waren ja laufend Hausdurchsuchungen, sie suchten ja auch nach versteckten Männern und Alkohol.«

»Erzähl mal etwas der Reihe nach, wenn du dich erinnern kannst. Wie hast du das Ende des Krieges erlebt?«

»Wir hatten ja solche Angst, daß die Russen kämen, sie waren ja schon in Groß-Büchen, aber dann kamen zum Glück die Engländer. Vorher waren noch viele Kinder mit Panzerfäusten losgegangen, sie sind alle umgekommen. Ein Neger kam zu uns ans Fenster, noch bevor das Haus beschlagnahmt wurde. Wir waren so erschrocken, weil wir ja noch nie einen Neger gesehen hatten. Wir machten die Fensterläden zu, aber er kam trotzdem rein und fragte nach Waffen. Da war Itata ganz resolut, sie herrschte ihn an, hier gäbe es keine Waffen, nur Frauen und Kinder. Aber er blieb, er wollte Alkohol. Da führte Itata ihn in den Saftkeller. Ein ganzer Raum voll Saftflaschen. Da war der Neger so wütend, daß er alle Flaschen runterschmiß, und dann ist er gegangen. Dann haben wir gesehen, wie ein Schwarzer vor unserem Haus Weiße hat exerzieren lassen. So was kannten wir ja nicht und fanden das unmöglich.«

Ich gluckse, stelle mir die Situation vor.

»Was gibt es denn da zu lachen?«

»Ich stell mir gerade eure Empörung vor. Da läßt ein schwarzer Untermensch die Weißen zappeln, so dachtet ihr doch damals.«

»Ach Kind.«

»Aber so müßt ihr doch damals gedacht haben!«

»Na ja, das sah ja auch so ungewohnt aus.«

»Ich erinnere mich, daß ihr euch darüber aufregtet, daß sie das Haus in einem dreckigen Zustand zurückgelassen hatten, daß überall Kaugummis klebten und überall Zigarettenkippen lagen, aber ich sah in der Küche im obersten Stock etwas wirklich Tolles.

Da lagen Rosinen und Nüsse auf dem Fußboden verstreut, und wir Kinder stürzten uns darauf und du schriest: Liegen lassen! aber Itata meinte, wir sollten sie aufsammeln, sie würde uns davon einen großen Kuchen backen, was sie dann auch tat.«

»Ja, ich hatte ja immer Angst, alles könnte vergiftet sein, aber lies doch weiter, hast du noch mehr?«

»Ja, paß auf, hör zu: Die Engländer hatten auch stabile Holzhocker dagelassen, von denen wir noch Jahrzehnte später in Hattingen welche hatten.

Es kam die Zeit, in der es sehr wenig zu essen gab und die Erwachsenen Mühe hatten, etwas auf den Tisch zu bringen, trotzdem erinnere ich mich nicht an Hunger. Mutter und Tante Inge gingen oft hamstern und kamen enttäuscht und mit fast leeren Rucksäcken zurück.

Einmal nahmen Tante Inge und Mutter uns mit zum Obst-Ernten. Wir mußten mit einem Schiff über einen See fahren und auf der anderen Seite gab es viele Obstbäume, und es hieß, daß jeder behalten könne, was er schleppen kann. Wir Kinder hatten auch alle Körbe und sammelten sie voll Obst und warteten an der Anlegerbrücke auf das Schiff. Wir sahen es kommen, aber es legte an einem ganz anderen Steg, viel weiter weg an, und nun begann das Chaos. Wir mußten rennen. Nur wenige standen am richtigen Anleger. Die Menschen überholten mich keuchend, und meine Mutter schrie, ich solle mich beeilen. Das Obst hüpfte aus den Körben, ich wollte es retten, mußte es aber auf Befehl liegen lassen. Weiter! Weiter!

›Rennt!‹ schrie Mutter. Ich hatte panische Angst, sie zu verlieren, konnte ich doch nicht mit ihr Schritt halten. Ich rannte, weil mein Leben davon abhing, sie nicht zu verlieren. Damals wußte ich ja noch nicht, daß ich einen Herzfehler habe und deswegen nie so schnell wie die anderen sein konnte. Ich hatte Angst, Mutter würde mit Peter alleine im Schiff abfahren, mich zurücklassen.«

»Mein Gott, Monika, das stimmt ja mit dem Schiff, das war wirklich eine schlimme Situation. Wir hatten da gewartet, wo wir angelegt hatten. Wir wußten ja nicht, daß das Schiff auf der Rückfahrt woanders anlegt. Und diese vielen Menschen! Das Gedränge! Die Angst, nicht mehr mitzukommen! Das war in Vierlanden. Aber ich wäre doch nie ohne dich abgefahren, wie kommst du denn auf so was?«

»Damals hatte ich Angst.«
»Du Dummchen, lies weiter.«
»Laß uns bitte eine Pause machen, gleich kommt Heinrich und wir haben ja noch nicht mal gefrühstückt.«

Ich gehe zu Heinrich ins Badezimmer, in dem ich, außer im Schlafzimmer, die einzige Möglichkeit habe, mit ihm alleine zu sprechen.
»Ich hab heute nacht immer wieder überlegt, wie ich Mercurio das lange, schlimme Sterben hätte ersparen können. Im Medikamentenschrank haben wir doch zum Beispiel Adalat, wenn ich ihm ein paar davon gegeben hätte, wäre er bestimmt ganz ruhig eingeschlafen.«
»Stimmt, daran habe ich auch nicht gedacht. Denkst du viel an ihn?«
»Ja.«
»Ich auch.«
»Gehst du heute mal alleine in den Ort? Ich hab dir auf einem Zettel alles aufgeschrieben, was wir brauchen. Mit Dorkas in den Läden, in dem Gedränge und ihrem Anmachen von Leuten – das halte ich heute nicht aus. Geht das?«
»Ich komme aber erst am Nachmittag zurück, reicht das?«
»Klar, leg die Sachen bei Teixera in die Kühltruhe.«
»Wie geht es deiner Mutter?«
»Ich glaube, ganz gut. Ich glaube, sie ist die einzige, der es in diesen vierzehn Tagen gutgeht. Wir reden gerade über die Aumühler Zeiten.«
»Und wie geht es dir?«
»Portosantensisch: mais ou menos« (mehr oder weniger).

Dorkas, weißt du eigentlich, daß ich damals in Aumühle betteln ging, obwohl du uns Betteln verboten hattest?«
»Nein, das wußte ich nicht, aber hör mal!«
»Ich weiß nicht mehr, wieso ich das machte, vielleicht weil

ihr hamstern gingt, vielleicht wollte ich es einfach auch mal ausprobieren.«

»Wo hast du denn gebettelt?«

»Paß auf, ich hab es aufgeschrieben, hier steht's. Am Anfang der Pfingstholzallee, möglichst weit weg von Großmutters Haus, öffnete ich das Gartentor und ging an den seitlichen Eingang des wunderschönen, großen weißen Hauses und klopfte an die Tür. Als sich die Tür vorsichtig öffnete, streckte ich meine beiden Hände vor und sagte vor Aufregung kein einziges Wort. Und schon hatte ich Kirschen in den Händen, dicke, dunkelrote Kirschen. Wenn ich sie den anderen zeigen würde, würde ich bestraft. Daran hatte ich nicht gedacht. Also mußte ich die Kirschen essen, und ich stopfte sie mir auf dem Rückweg in den Mund und war so aufgeregt und hatte Gewissensbisse, daß ich Bauchweh bekam.

Ich ging nie wieder betteln, nicht, weil es verboten war, sondern weil ich nicht wußte, wohin ich unauffällig mein Erbetteltes tun könnte.«

»Aber Monika!«

Ich lache.

»Mutter, das liegt etwa 45 Jahre zurück.«

»Lies weiter.«

»Es gab Gerichte, die ich nicht mochte und darum für mäkelig und undankbar gehalten wurde.

›Ich geb mir solche Mühe, überhaupt etwas auf den Tisch zu bringen und du!‹ und ›Anstatt dankbar zu sein, daß du überhaupt was zu essen bekommst!‹

Ich kam mir sehr undankbar vor und würgte das Essen in mich hinein. Es gab Sagosuppen oder Sagopudding. Peter hatte gesagt, das seien Froscheier, und ich glaubte ihm und war überzeugt, nun würden Frösche in meinem Bauch wachsen. Oder es gab Haferbrei mit Spelzen, die ich in den Backentaschen sammelte, weil ich sie nicht auf den Tellerrand legen durfte. Draußen wollte ich sie dann ausspucken, weil sie mich zu sehr piekšten. Aber Mutter sah meine dicken Backentaschen und befahl zu schlucken. Welch eine Qual! Oder es gab Kälberzähne, wie Peter die grauen Riesengraupen nannte, und wieder glaubte ich ihm und war überzeugt, sie seien weichgekochte Kälberzähne. Ich verstand nicht, wieso wir so eklige Dinge essen mußten, anstatt lieber gar nichts zu essen. Unter Aufsicht und täglicher Strafandrohung und auch Strafe würgte ich das Essen in mich hinein. Schön war es, wenn die Tanten Brot in Konservendosen gebacken hatten, denn das Brot sah wie ein Riesenpilz aus, der über den Rand herausgequollen war.

Wir Kinder bekamen verschiedenfarbige Bakalitdöschen mit Schraubdeckeln, in die Anfang der Woche unsere Ration Butter kam, die wir uns für die laufende Woche einteilen mußten. Peter hatte am Ende der Woche immer noch Butter und strich sie sich genüßlich triumphierend auf sein Brot, während ich schon seit Tagen Brot ohne Butter aß. Gab es mal eine Scheibe Wurst, war diese Scheibe für mich von solch riesigstarker Anziehungskraft, daß ich sie mit zwei bis drei Bissen gegessen hatte. Peter, der keine größere Scheibe bekommen hatte, biß von seiner Scheibe Brot immer wieder ab und hatte zum Schluß immer noch Wurst auf dem Brot. Ich verstand das nicht, war neidisch, weil er so sparsam sein konnte, und sauer, weil ich es nicht schaffte. Bis ich sah, daß er die Scheibe Wurst mit den Zähnen beim Abbeißen des Brotes weiterschob und so zum Schluß eben immer noch etwas hatte. Ich fühlte mich betrogen.«

»Ach ja, die Butterdöschen, ich erinnere mich und daß du so ein schlechter Esser warst. Du hast es einem wirklich nicht leicht gemacht.«

»Ich höre heute immer noch einen Vorwurf raus.«

»Ach Kind, das waren ja auch schlimme Zeiten.«

»Weiß ich doch, brauchst dich doch heute nicht mehr über mich aufzuregen. Ich habe da noch was aufgeschrieben, soll ich weiterlesen?«

»Mach das.«

»Spaziergänge liebte ich, besonders wenn viele Tanten und Omutti mitgingen. Ein Spaziergang zum Mühlenteich war versprochen, gleich hinterm Bahnhof im Sachsenwald. Wir Kinder tobten ausgelassen herum, bis an einer kleinen Holzbrücke das Toben für mich vorbei war. Die kleine Brücke führte über eine Mulde, und man konnte zwischen den Bohlen in die Tiefe sehen.

›Das ist die Lügenbrücke‹ sagte Mutter, ›sie bricht unter dem zusammen, der ein schlechtes Gewissen hat.‹

Alle gingen weiter, als hätte meine Mutter nichts gesagt, als hätte sie nicht gewarnt. Die Erwachsenen gingen ganz ruhig, sich unterhaltend über die Brücke, die Geschwister tobten über die Holzbohlen wie auch die Cousinen und der Vetter. Niemand brach ein. Ich blieb vor der Brücke stehen, überzeugt, daß sie unter mir einbrechen würde. Ich betete und bat um Verzeihung, um Vergebung all meiner Sünden, die mir einfielen, und bat, mir auch die zu vergeben, die mir nicht einfielen, aber ich war nicht überzeugt, daß der liebe Gott mich hörte.

Als alle schon ganz weit fort waren, fiel es Omutti auf, daß ich fehlte, sie kam zurück und nahm mich an die Hand. Mit ihr gemeinsam betrat ich die Brücke, paßte genau auf, welche Bohlen sie betrat und setzte meine Füße nur auf diese sicheren. Geschafft, nichts war passiert. Ich wußte, daß Omutti gut war, daß der liebe Gott sie nie abstürzen ließ, und darum war ich gerettet.

Später nahm ich nie mehr an einem der gemeinsamen Spaziergänge zum Mühlenteich teil, sagte, ich wolle lieber Itata helfen.«

»Nein, Kind, das glaube ich dir nicht. Ich habe zwar die Brücke Lügenbrücke genannt, sie hieß schon so, als ich Kind war, aber daß du dir meine Worte so zu Herzen genommen hast!«

»Mutter, ich war ein Kind! Wenn du mir sagtest, die Brücke bricht ein, wenn man ein schlechtes Gewissen hat, habe ich das geglaubt. Ich wußte doch als Kind nicht, daß das alles zur Gequatsche war!«

»Ja, du warst schon immer sehr empfindlich.«

»Oder blöd.«

»Nana, mein Dummchen.«

»Siehst du, oder ich war eben das Dummchen, das hast du mir ja auch oft genug gesagt. Ich merke, wie ich mich schon wieder aufrege.«

»Aber Kind, sei doch nicht so empfindlich!«

»Mutter, du kapierst auch gar nichts!«

»Was ist denn los mit dir!«

»Ich finde es nicht so einfach, an all das früher zu denken, über meine beschissene Kindheit nachzudenken.«

»Was sagst du da?«

»Schon gut, lassen wir's. Soll ich weiterlesen oder sollen wir lieber Schluß machen?«

»Lies weiter.«

»Wir zogen im Haus wieder um, weil Onkel Egon und Onkel Manfred plötzlich da waren. Ich hatte in Omuttis Zimmer ein Bett an die Wand gestellt bekommen, abgeschirmt durch einen Paravent, damit wir uns nicht gegenseitig störten, sagte Mutter.

Wenn Omutti ins Zimmer kam, schlief ich meist schon, aber einmal war ich doch noch wach, stellte mich schlafend, als sie nach mir sah.

Ich hörte am Rascheln, daß sie sich auszog, ich hörte sie leise stöhnen und ›ach ja, ach ja‹ sagen. Ich schielte zwischen den Ritzen der Paraventflügel durch und sah Omutti nackt. Nie zuvor sah ich einen nackten Menschen! Wie konnte man nur so aussehen, so faltig? Eine alte, faltige Frau! Ich sah ihre Hängebrüste und wußte nicht, was sie dort baumeln hatte. Ich war erschrocken und redete mir ein, sie sei krank, denn nur ein kranker, entstellter Mensch könne so aussehen. Sie ging zur Waschschüssel, goß sich aus dem Porzellankrug Waschwasser ein und wusch sich, dabei sah ich ihren flachen, faltigen Po. Als sie sich umdrehte, erschreckte ich mich neu, denn ich sah zwischen ihren Beinen unter dem schrumpeligen Bauch auch noch lange graue Haare. Ich verkroch mich unter die Decke und schlief lange nicht ein vor Verwirrung. Mutter und Tante Inge gingen weiter hamstern, auch mußten sie auf die Felder zum Ährenlesen und Rübenziehen, ihre Füße waren immer ganz zerstochen und verkratzt, und besonders Mutter stöhnte sehr.«

»Ach ja, ich erinnere mich.«

»Sag mal, hatten wir damals nicht Holzschuhe aus zwei Teilen, nur von einem Stück Leder oder Gummi zusammengehalten? Sie fallen mir gerade ein.«

»Nein, die hatten wir nie.«

»Komisch, ich erinnere mich sogar genau an das Klappern. Wieso komme ich denn darauf? Die Sohle war aus zwei Holzteilen.«

»Nein, solche Schuhe hatten wir nie.«

Ich sehe sie an, sie macht wieder ein so seltsames Gesicht, verzieht ihren Mund wieder so grotesk. Wie eine Fratze! Ich bin verstört.

»Ist was? Du siehst so anders aus.«

»Na ja, du mutest mir ja auch viel zu!«

»Wie meinst du das ?«

»Na, all die Erinnerungen und das mit Omutti und ihrem nackten Körper.«

»Bist du entsetzt?«

»Ja, denn alte Frauen sehen nun mal so aus!«

»Das weiß ich ja inzwischen, aber damals wußte ich das doch nicht. Außerdem hatte ich noch nie einen nackten Menschen gesehen. Nacktheit war doch Sünde! Ich durfte ja nicht einmal Peter oder Jörg nackt sehen, als wir noch kleine Kinder waren.«

»Aber so war das doch nicht. Ich war doch bestimmt nicht spröde!«

Ich lachte laut heraus.

»Wie du mit Vati warst, weiß ich nicht, wie du aber mit mir warst, weiß ich. Mutter, ich glaube, du warst nicht spröde, du hattest nur so eine verschrobene, verkorkste christliche Vorstellung, dazu gehörte ja auch, daß ich beim Einschlafen meine Arme obendrauf auf der Bettdecke haben mußte, obwohl ich mich gerne unter der Decke eingekuschelt hätte. Du hattest sicher Angst, ich könnte eines Tages entdecken, daß ich zwischen den Beinen ein Mädchen war.«

»Nein, Kind, ich hab' euch sehr frei erzogen.«

»Du machst Witze, verulk mich nicht.«

»Nein, ich meine es ehrlich!

»Du, ich durfte mich ja selbst nicht einmal ansehen. Abends mußte ich mich ausziehen, Schlüpfer anlassen, das Nachthemd drüber, erst dann den Schlüpfer ausziehen, ohne das Nachthemd weit hochzunehmen, morgens umgekehrt.«

»Daran erinnere ich mich nicht.«

»Macht doch nichts, aber ich.«

»Aber ich habe euch doch aufgeklärt!«

»Mutter, die Geschwister vielleicht, mich nicht, hast mich glatt vergessen, es sei denn, deine Aufklärung wären Sätze wie: ›Laß keinen Jungen in deine Nähe!‹ oder: ›Die Jungen wollen alle das gleiche von dir!‹«

»Ach Kind, das stimmt doch alles nicht.«

»Und als Trost hinterher der Satz: ›Sollte eins meiner Kinder mal mit einem Kind nach Hause kommen, bleibt es immer mein Kind.‹«

»Ja, so denke ich auch.«

»Ja, aber wie man an ein Kind kommt, sagtest du nicht. Ich war 16, als mich mein Freund Uwe aufklärte.«

»Aber das ist ja furchtbar!«

»Wieso? Ihm ging es nämlich auf den Geist, daß ich im Internat immer so blöd grinste, wenn die Jungen Witze machten, und er fragte mich, ob ich die Witze überhaupt verstünde, und natürlich verstand ich sie nicht, da hat er mich aufgeklärt.«

»Kind, ich bin entsetzt!«

»Fall nicht gleich in Ohnmacht, nicht so, wie du jetzt denkst, sondern wirklich sehr rücksichtsvoll mit Worten.«

Sie atmet erleichtert auf.

»Nein, Kind, der Uwe?«

»Ja, er war doch mein erster Freund!«

»Aber du, ich habe euch doch wirklich nicht körperfeindlich erzogen!«

»Mutter, was ist denn das für ein Wort aus deinem Mund? Du machst Witze mit mir.«

»Na ja, wir hatten schließlich Angst, daß du auf die schiefe Bahn gerätst.«

»Das wäre ein leichtes gewesen, weil ich so naiv, so blöd, so unwissend war, das hätte doch jeder ausnutzen können, wenn ich nicht wie eine häßliche kleine graue Maus gehalten worden wäre, damit sich nur ja keiner an mich ranmacht.«

»Nein, Monika, ich will nicht, daß du so mit mir sprichst!«

»Wie soll ich denn sprechen?«

»Du hast gar keinen Respekt!«

»Wovor?«

»Na siehst du, du weißt das nicht mal!«

»Das stimmt. Besser, wir lassen's, sonst kriegen wir noch Krach, wenn du aber weiterhören willst, ich hab noch mehr auf Lager.«

»Verschone mich!«

In der Küche bereite ich den Tee vor, als es klopft, Ein Nachbarkind kommt und reicht mir eine Plastiktüte mit Fischen, die habe der Vater heute geangelt.

»Kommst du in die Küche? Ich habe drei Fische vom Nachbarn, die will ich schnell putzen.«

»Wie kommt es, daß die Leute euch die einfach schenken?«

»Vielleicht einfach, weil es ihnen Freude macht.«

»Hast du denn auch was zu verschenken?«

»Ab und an, wenn ich viel Quark machen konnte oder mal

Käse übrighabe. Sie kennen ja hier keinen Quark und selbstgemachten Käse.

Soll ich die Fische einfrieren oder wollen wir sie heute Abend essen?«

»Essen wir sie doch, aber meinen filetiere bitte wegen der Gräten.«

»Manchmal gibt es Tage, da bekommen wir so viel geschenkt, daß wir gar nicht wissen wohin damit, dann ist mal wieder wochenlang Ruhe.«

Ich filetiere ihren Fisch und nehme das Tablett. Wir gehen zurück in den Wohnraum, als es wieder klopft. Ein anderes Nachbarkind hält mir einen großen weißen lebenden Gockel entgegen, »vom Papa«.

»Was soll ich denn mit einem Gockel?«

»Der ist von Papa für euch.«

»Dann soll er ihn mir bitte schlachten.«

»Das kann er nicht.«

»Na wunderbar! Und was macht ihr, wenn ihr ein Huhn essen wollt?«

»Nachbar Camara schlachtet für uns.«

»Mutti, aus unserem Teestündchen wird nichts, es sei denn du trinkst ihn in der Küche zwischen Federn. Ich geh eben zum Nachbar Camara.«

Ich sehe die Mutter des Nachbarmädchens und frage, ob sie nicht schlachten will.

Sie lächelt verschämt, kann es nicht.

Der Nachbar sitzt einhundert Meter weiter unten an der Straße auf einem Mäuerchen.

»Können Sie mir bitte den Hahn schlachten?«

Er klettert von der Mauer, nimmt den Hahn, faßt mit einer Hand oberhalb der Flügel fest zu, mit der anderen Hand den Hals, zieht dran, reicht mir das Tier.

Ich greife zu und trage den noch zappelnden Hahn zurück ins Haus.

Ich hatte damit gerechnet, daß der Nachbar mit dem Hahn diskret hinter seinem Haus verschwindet, und ihn mir dann geschlachtet überreicht. Am besten noch gerupft und ausgenommen. Mein Gott Monika, du hast Vorstellungen!

Der Hahn zappelt noch eine ganze Weile, ich stehe hilflos genervt in der Küche, hoffe, daß er bald Ruhe gibt. Gänseschlachten. Birkelbach, Landfrauenschule. Wann war das? 1957? Wir sollten Gänse schlachten. Ich hatte Angst vor lebenden Gänsen, Dorkas hatte mal gesagt, sie hätten im Schnabel ganz scharfe, rasierklingenartige, winzige Zähne, würden einem mit Vorliebe in die Fesseln beißen, dabei nicht nur die Haut abziehen, sondern alle Sehnen freilegen. Ich ging Gänsen vor Respekt immer aus dem Weg, und nun sollten wir sie schlachten. Wir mußten die Gänse fangen, an den Flügeln packen, die Beine zusammenbinden, die Gans an einem Haken an der Wand an den zusammengebundenen Füßen aufhängen, die Flügel so verschränken, daß sie sich nicht lösen können, den Hals mit einer Hand festhalten, mit der anderen den Knüppel und dann zack! drauf aufs Genick, fest, aber nicht den Schädel zertrümmern, erst dann mit dem doppelseitigem scharfen Messer den tödlichen Stich setzen. Ich schlug zu, zu schwach, hatte Angst, es könne der Gans zu weh tun, und die schlecht verschränkten Flügel lösten sich und ich bekam meine Abreibung. Rechts, links, rechts, links schlug die Gans mir ihre Flügel ins Gesicht. Striemen über Striemen, Indianerbemalung. Lachen der Mitschülerinnen, Gezeter der Lehrerin.

»Dorkas, ich rupfe draußen, kommst du mit?«

Aber schon die ersten Federn fliegen wild durch die Gegend. Also wieder rein!

Während sie Tee trinkt, rupfe ich. Es geht mühsam, ich habe keine Übung mehr, reiße die Haut ein, lasse Kiele in der Haut.

»Du warst doch auf der Maidenschule, da habt ihr doch schlachten gelernt, warum hast du denn das nicht selbst gemacht?

»Weil ich in diese Schule mußte mit deinem Argument, daß, sollte ich mal ein lebendes Huhn geschenkt bekommen, es peinlich wäre, Nachbarn zu fragen.«

»Na ja, stimmt doch, so was macht man auch selbst.«

»Man vielleicht. Ich nicht. Ich hab's zwar lernen müssen, aber ich reiße mich nun wirklich nicht drum. Ich frage lieber den Nachbarn, und es ist mir nicht peinlich.«

»Aber du hast doch noch viel anderes gelernt, was du jetzt gut gebrauchen kannst.«

»Stimmt. Trotzdem stelle ich mich an, als rupfte ich zum ersten Mal ein Huhn.«

Erst nach einer Stunde ist der Gockel gerupft, ausgenommen, »paß auf, daß du die Galle nicht kaputt machst!« – und nun liegt er im Kochtopf.

Dorkas, was sind eigentlich Steckrüben, wir bekamen doch damals oft Steckrübeneintopf. Und Stielmus, das mochte ich auch nicht.«

»Steckrüben? Das sind, glaube ich, Kohlrüben, große, gelbe Rüben, so groß, wie Futterrüben.«

»Sind das Zuckerrüben?«

»Nein, die sind wieder was anderes. Aber du warst doch in Birkelbach auf der Landfrauenschule, wieso weißt du denn das alles nicht mehr?«

»Ich habe wohl eine besondere Gabe, Dinge zu vergessen. Ich kann ja heute nicht mal mehr Noten lesen, nachdem ich jahrelang Flöten- und Klavierunterricht hatte, na und dann in der Schule, angefangen bei Otto Daube im Musikunterricht, von dem ich nur noch ein Ende der Lieder kenne, die er uns beibrachte: ›... will sterben wie mein Vater im grünen Wald getrost.‹ Das muß mich damals sehr beeindruckt haben.«

»Schade, daß du kein Instrument mehr spielst.«

»Ich finde es auch manchmal schade. Fräulein Petri, diese verbiesterte schrullige Klavierlehrerin, hat mir alle Freude an allen Instrumenten und für immer genommen, dabei war ich so stolz, als ich mit dem Unterricht anfing! Aber der Unterricht bei ihr entwickelte sich zur reinsten Quälerei, dann dies ewige Üben neben all den Hausaufgaben, dann noch nachholen, vorarbeiten. Das war wohl alles zu viel für mich.«

Nach jahrelanger Flöten- und Klaviertyrannei ohne den geringsten musikalischen Erfolg schlugen meine Eltern mir einen Klavierlehrer vor, weil sie glaubten, meine Aversion gegen das Üben liege ausschließlich an der Klavierlehrerin Fräulein Petri. Ich wollte aber gar nicht mehr üben, war überzeugt, daß das Gekeife der Petrei nur durch männliches Gebrummel abgelöst würde, daß ein Metronom mir niemals die Freiheit ließe, mein Tempo selbst zu bestimmen. Mein Widerwillen legte sich auch nicht, als ich meine Finger statt in einem 90-Grad-Winkel wie eine verkrampfte Harke mit hervorquellenden Sehnen auf dem Handrücken bei dem Lehrer locker und flachgefächert wie eine Laubharke benutzen sollte. Erst als ich meinen Eltern unter Heulen und Toben und Strampeln und Hinwerfen auf den Teppich eröffnete, der Punkt sei erreicht, daß ich eher umgebracht werden wolle, als jemals wieder ein Instrument zu berühren, sie könnten sich auf den Kopf stellen, ich ließe mich durch nichts mehr überreden und jegliche Strafe wäre egal, würde meinen Entschluß nicht ändern. Ich war außer mir vor Verzweiflung, kämpfte, als ginge es um mein Leben.

»Kind, war das wirklich so schlimm?«

»Ja.«

Und ich hörte auf, mich von Musiklehrern quälen zu lassen.

»Aber Cornelia hat doch so gerne gespielt.«

»Cornelia ging auch ganz anders ans Klavier. Die haute doch schon mit vier Jahren ›Anneliese, ach Anneliese‹ auf die Tasten, und alle amüsierten sich und bewunderten dieses Naturtalent. Ich glaube, sie konnte sich als Kind besser durchsetzen als ich. Nein, das war anders. Ich glaube eher, sie, als richtige G., brauchte sich als Kind gar nicht durchzusetzen, ihr wurde alles nachgesehen, solange sie ihre Rolle als draufgängerische ulkige Nudel, als witzige, lebenshungrige G. spielte. Erst später bekam sie mit sich Probleme, wohl als sie durchschaute, welche Rolle sie spielte, die mit ihrem wahren Ich nicht übereinstimmte.«

»Aber sie ist sehr musikalisch und spielt heute Trompete.«

»Und Jörg, der als einziger kein Instrument spielen mußte?«

»Der war zu unmusikalisch.«

»Wundervolle Geschwisterkonstellation! Er war nicht unmusikalischer als wir, nur bekam er die Kämpfe und Krämpfe seiner Geschwister mit und entschied sich, unmusikalisch zu sein, hat ja auch geklappt, er wurde nicht bedrängt.«

»Ja, als Kind konnte er nicht mal die Tonleiter.«

»Bravo! So hätte ich das auch machen sollen! Und heute spielt er freiwillig Querflöte, weil seine Musikalität erst im Alter herauskam.«

»Er spielt sehr gut.«

»Weil er nicht mehr muß!«

»Schade, daß du kein Instrument spielst.«

»Mutter, du wiederholst dich. Sag mal lieber, was ist Stielmus?«

»Mangold, die Stiele und Blätter werden fein geschnitten und als Gemüse gekocht.«

»Also deshalb.«

»Was deshalb?«

»Ich bekam hier oft Mangold geschenkt. Ich kochte die Blätter wie Spinat, sie waren auch lecker, herb, aber als die Nachbarn die Stiele auf dem Kompost sahen, meinten sie, die könne man auch essen. Also schnitt ich sie beim nächsten Mal klein und kochte sie mit. Der Kochgeruch kam mir schon sehr verdächtig vor, als ich aber dann den Topfdeckel anhob, hätte ich vor Schrecken fast meine ganze Kindheit in den Topf gekotzt. Ich schmiß die Stiele wieder auf den Kompost und legte anderes Zeug drüber wegen der Nachbarn. Ich kann denen ja schlecht erklären, was die für mich bedeuten.«

»Wir waren damals aber froh, überhaupt was auf den Tisch zu bekommen.«

»Ich weiß doch, aber ich glaube, ich werde sie nie wieder essen.«

»Wenn man Hunger hat, fragt man nicht danach, ob es schmeckt.«

»Stimmt.«

»Lies doch weiter. Oder frag, wenn du was wissen willst.«

»Ja, sag mal, wer waren die Leute, bei denen ich bettelte?«

»Die ersten in der Pfingstholzallee auf unserer Straßenseite waren Zöllners, Halbjuden.«

»Als ich bettelte, war der Krieg vorbei, da gab's bestimmt keine Juden oder Halbjuden mehr, dafür hattet ihr ja gesorgt.«

»Wie du das so sagst!«

»Stimmt doch, oder? Ausgerottet, vergast, erschossen, erschlagen, vergiftet, abgespritzt usw. usw.«

»Ach Kind, du machst es einem auch wirklich schwer!«

Ich spüre Aggressivität, die sich mal wieder aufsteigend hochfrißt und erschrecke über meine Rücksichtslosigkeit.

»Tut mir leid.«

Tut es mir wirklich leid? Nie fand ein Gespräch statt, und jetzt knalle ich ihr Dinge um die Ohren, weil ich nicht gelassen genug bin.

»Zöllners waren also Halbjuden?«

»Ja, vielmehr die Frau. Sie bekam einen Tag, bevor sie abgeholt werden sollte, von einem netten Polizisten Bescheid. Sie hat sich dann umgebracht. Die Familie blieb aber dort wohnen.«

»Und bei denen habe ich gebettelt! Und die haben mir blondem, deutschem Mädchen auch noch Kirschen geschenkt, anstatt mir die Tür gegen den Kopf zu schlagen. Ich schäme mich.«

»Aber wieso denn, Kind.«

»Am liebsten will ich jetzt Schluß machen, alle Papiere hier zusammenpacken, verbrennen. Ich hab's im Moment mal wieder dicke!«

»Was ist denn los mit dir?«

»Mutter, ich weiß es nicht. Ich verstehe so vieles nicht, und so vieles macht mir angst.«

»Ach lies doch noch etwas.«

»Mutter! Bitte! Laß mich etwas Ruhe haben, dann geht es schon wieder.«

»Aber was soll ich denn dann machen?«

»Einfach mal nichts, wie wär's?«

»Das ist mir zu langweilig. Lies doch noch etwas vor.«

»Was machst du eigentlich in Aumühle, wenn dich keiner unterhält?«

»Dann besuche ich alte Damen.«

»Und quälst sie.«

»Denen erzähle ich meine Lebensgeschichte, aber sie erzählen mir ihre nicht, das finde ich sehr unhöflich. Manche besuche ich deswegen auch nicht mehr, denn über was soll man sich sonst unterhalten?«

»Vielleicht mal mit ihnen schweigen?«

»Das ist mir zu langweilig.«

»Müssen denn immer alle bezahlen?«

»Wieso bezahlen?«

»Du erwartest, daß sie dir genauso von sich erzählen, und wenn sie es nicht tun, besuchst du sie nicht mehr.«

»Ja, warum auch?«

»Sie besuchen, um ihnen eine Freude zu machen, auf die Idee kommst du nicht?«

»Ja, aber wenn sie nichts sagen?«

»Komm, lassen wir's. Ich les dir noch eine Sache vor, dann ist aber erst mal Schluß, ja?«

»Mach das.«

»Irgendwann lernte ich in Aumühle Fahrradfahren. Itata hatte ein Rad, auf dem wir manchmal auf dem Hof vor der Küche radeln durften. Ich war so glücklich, daß ich radeln konnte und fuhr aus dem Tor raus auf den Fußweg die Pfingstholzallee entlang bis zum Ende. Zurück fuhr ich auf der anderen Straßenseite und kam am Tannenweg vorbei. In dem Eckhaus, in dem später Dönitz wohnte, bis er starb, lebten viele, viele Kinder, und einige hielten mich an, und ich mußte vom Fahrrad steigen. Sie wollten das Rad ausgeliehen haben. Ich wußte, daß Itata sehr böse sein würde, wenn das Fahrrad kaputt oder geklaut würde. Ich weiß nicht, wie ich so schnell reagieren konnte und warum ausgerechnet mit der Lüge, das Fahrrad gehöre meiner Zwillingsschwester, ich müsse sie erst fragen, ob ich es ausleihen dürfe. ›Dann frag und komm wieder!‹ Ich versprach es und radelte zurück voller Angst. Ich hatte versprochen, wiederzukommen. Und nun? Und das mit meiner Zwillingsschwester? Ich stellte das Rad vor der Küche ans Geländer zum Keller und überlegte. Wenn ich gar nicht mehr hinginge, würden sie mich doch irgendwann sehen und verprügeln. Wen konnte ich um Rat fragen? Aber das ging ja nicht, denn ich hatte ja gelogen. Da kam mir die Idee. Ich lief ins Haus, zog mir andere Sachen an und rannte zum Tannenweg, ließ sicherheitshalber das Rad zurück. Ich war fest entschlossen, die Sache in Ordnung zu bringen.

›Wo ist das Rad?‹

›Seid ihr verrückt geworden, meiner Zwillingsschwester solche Angst zu machen? Natürlich hatte ich ihr verboten, irgend jemandem das Rad zu leihen. Und wehe, ihr fragt sie noch ein einziges Mal, dann könnt ihr was erleben!‹

Ich hatte sie angeschrien, wie ich noch nie jemanden angeschrien hatte, und rannte zurück, war überzeugt, sie würden mir folgen und den Schwindel entdecken, ich war so aufgeregt, daß ich vor dem Haus der Großmutter zusammenbrach und liegenblieb. Als ich wieder zu mir kam, sah ich, daß ich total eingedreckt war. Ich hatte das ganze Essen ausgebrochen.«

»Aber Kind, davon wußte ich ja gar nichts! Wie bist du denn auf die Idee mit der Zwillingsschwester gekommen?«

»Das überlege ich heute auch. Ich weiß es nicht. Vielleicht sah ich mal ein Foto von Vater und Heinrich, als Kinder konnten wir sie ja nicht auseinander halten.«

»Du hast schon immer eine merkwürdige Phantasie gehabt!«

Guten Morgen, Dorkas, hast du gut geschlafen?«

»Hervorragend, ihr habt wirklich gute Betten.«

»Trauerst du deinem nicht nach? Du schwärmst doch sonst so von deiner durchgelegenen Matratze.«

»Nein, eure Betten sind wirklich gut. Sag mal, wenn ich mal nicht mehr bin, willst du dann mein Bett haben?«

»Ich glaube, jetzt geht's los!«

»Was?«

»Ein Spruch, Mutter, weiter nichts. Aber ich und dein Bett? Hast du noch ein paar solche Ideen auf Lager?«

»Es ist ein sehr gutes Bett.«

»Verschenk es.«

»Was machen wir heute?«

»Trink erst mal Kaffee.«

»Und dann?

»Du bist vielleicht eine Betriebsnudel! Wie wär's, wenn wir später raus zur Calheta fahren, ans Ende der Insel?«

»Gut, kommt Heinrich mit?«

»Bestimmt nicht, er geht an den Strand.«

»Ist ihm das so alleine nicht zu langweilig?«

Ich lache.

»Langweilig? Wir kennen weder zusammen, noch alleine Langeweile.

»Was machen wir an der Calheta?«

»Ich hab mal die Papiere zusammengesucht, die ich von deinem Bruder Egon bekam, die Stammbäume und die Antworten auf meine Fragen in bezug auf die Familie, ich meine jetzt die Vorfahren. Die Stammbäume gehen ja bis ins Jahr 1681 zurück, da gibt es sogar noch die Großeltern der Gebrüder Grimm, dann die Linie deiner Mutter, die Buddenbrooks, zu Lippe und von Blumenthal und die Lippe-Biesterfelds, aber all das ist mir zu kompliziert, da durchzusteigen. Was mich interessiert, sind die Leute, die du noch kanntest, also deine Großeltern, meine Urgroßeltern. Sag mal, die Buddenbrooks, wieso hat Thomas Mann über sie geschrieben?«

»Er hat nur den Namen gebraucht und mußte damals Strafe zahlen, seine haben nichts mit unserer zu tun.«

»Aber von den anderen kannst du mir bestimmt viel erzählen.«

»Da muß ich aber schwer nachdenken!«

»Gut.«

Wir fahren zur Calheta raus und setzen uns vor einem der Blechbudenrestaurants aufs Plateau, bestellen Kaffee.

»Du hast dich ja noch nie für die Verwandtschaft interessiert. Jetzt auf einmal?«

»Ja, ich möchte wissen, aus was für einer Familie ich komme, wer waren Vater und du, um so vielleicht ein besseres Verständnis für mich zu bekommen.«

»Ja, schon, aber aus Vaters Familie weiß ich nicht viel.«

»Erst sind wir ja sowieso bei deiner Familie. Ich stelle mir das so vor: Ich lese als Einstieg das vor, was dein Bruder Egon schrieb, ja?«

»Gut, mach das.«

»Also, da geht es um deinen Großvater, meinen Urgroßvater Ernst Wilhelm von Kietzell, der 1834 in Hanau geboren wurde. Egon schrieb: ›Er war Kadett in Kassel, Leutnant bei der hessischen Infanterie, 1866 von der preußischen Armee übernommen, dann Krieg gegen Frankreich 1870/71, er lebte in Garnisonen in Magdeburg, Halberstadt und Breslau, wurde schließlich in Kassel Oberst, war befreundet mit dem Generalleutnant Viebahn, der die Bibel- und Gebetsgemeinschaft Deutscher Offiziere gründete. Er nahm 1902 seinen Abschied und kaufte das Haus in Bischofroda, wo er 1921 starb. Bischofroda liegt bei Mila, in der Nähe von Eisenach, war Bischofsitz, über der Vordertür ist noch heute das alte Bischofswappen. Zum Haus gehörten zwei Gärten, 50 und 25 a groß, der letztere war jenseits der Straße. Innen eine große Halle mit Eichentreppe im alten Stil. Am Hang hinterm Haus die alte Kirche mit Friedhof. Die Grabsteine dienen heute noch als Umfassungsmauer. Neben dem Haupthaus, Schloß genannt, das alte Backhaus, davor die Dorflinde. Die Familien im Ort hießen fast alle Müller. Heute ist das Haus Kindergarten der LPG.‹

Das schrieb dein Bruder Egon. Wenn du so von früher erzählst, erwähnst du selten die Großeltern von Kietzell, wohl aber die anderen Großeltern, die von Patows. Warum? Wart ihr seltener bei denen in Bischofroda?«

»Ja, wir waren öfter auf Schloß Zinnitz, weil die elf Kinder des jüngsten Sohnes meines Großvaters oft auf Bischofroda waren. Aber ich mochte meinen Großvater väterlicherseits sehr. Wenn ich da war, nahm er mich auf den Schoß und erzählte mir Geschichten, aber in seinem Zimmer war ein Keilerkopf an der Wand, vor dem hatte ich Angst. Großvater war Jäger. Und Großmutter hatte eine Trigenimussache, hatte immer große Schmerzen und lief immer mit einem Tuch auf dem Kopf herum.«

»Aus den Papier geht hervor, daß dein Großvater sieben Kinder hatte.«

»Ja, Tante Ebbe, sie hieß richtig Elsbeth, die verwaltete Bischofroda, als ihr Vater gestorben war. Zum Schluß wohnte sie mit bei uns in Aumühle, wo sie die Kellertreppe runterfiel und starb. Der Fritz, der jüngste Sohn, war mit Ursula Freiin von Puttkamer verheiratet und hatte elf Kinder, die jüngste hieß deswegen Elfe. Fritz war Allergiker, hätte nicht geimpft werden dürfen, er wollte es auch nicht, aber er wurde trotzdem geimpft, ich glaube gegen Cholera, und deswegen starb er dann. Dann gab es noch den Georg, der heiratete die Tochter des Dorfschneiders und hatte voreheliche Beziehungen. Außerdem war das Mädchen nicht standesgemäß, und meine Großeltern haben ihnen Hausverbot gegeben. Georg starb im 1. Weltkrieg, schon zu Anfang in Polen, genauso sein Bruder Hans, der ein Jahr davor fiel, auch in Polen. Erst nach dem Tod meiner Großeltern nahm meine Mutter die Kinder von Georg und seine Frau in ihrem Haus auf.«

»Regelrecht rausgeschmissen haben sie ihn! Den eigenen Sohn! Tolle Verwandtschaft hab' ich da!«

»Ja, früher war das so. Und vom Fritz sind fünf der sechs Söhne gefallen, nur Egbert überlebte, der die Tochter von Tante Irmel Schnorr von Carolsfeld geheiratet hat, die kennst du ja, die Karin.«

»Fünf der sechs Söhne sind draufgegangen und der einzige Überlebende meldete sich genauso wie dein jüngster Bruder Manfred zur Bundeswehr, kaum daß es sie wieder gab, das kapiere ich nie! Unheimlich schade, wirklich, als ob sie nichts kapiert hätten.«

»Aber Monika, wie redest du denn da!«

»Ja, wie denn?«

»Du, das waren bestimmt sehr gute Offiziere.«

»Mit so was bist du bei mir an der falschen Adresse. Es gab mal eine Zeit, da fand ich Uniformen schick und Onkel Ecki und Onkel Manfred gehörten zu meinen Lieblingsonkeln, aber inzwischen denke ich anders darüber. Du kannst das vielleicht nicht verstehen, weil du aus einer preußischen Offiziersfamilie kommst.«

»O doch! Denn Peter und Jörg wurden ja keine Soldaten und das finde ich auch gut so.«

»Heute. Ich erinnere mich, daß du früher oft sagtest, wie stolz es dich machen würde, wenn sie die Familientradition fortsetzen würden. Aber gut, daß du heute anders denkst.«

»Ja, aber du bist respektlos!«

»Deine Sätze bringen mich immer wieder zum Lachen, na, sagen wir mal manchmal, der war eher ein Kompliment.«

»Lies doch weiter, was Egon schrieb.«

»Mach ich, es geht jetzt weiter, und zwar schreibt er von deinem Vater Karl, dem ältesten Sohn von Ernst Wilhelm und seiner Frau Ida. Egon schrieb: ›1874 in Wiesbaden geboren‹ und zählt dann die ganzen Garnisonen auf, wohin die Familie ja immer mitzog. ›1887, also mit 13 Jahren kam unser Vater in die Kadettenanstalt Plön, 1889 in die Kadettenanstalt Berlin, dort machte er auch sein Abitur, schlug aber die Soldatenlaufbahn ein bis zum Oberst. Er war Träger des Ordens Pour le merite, 1918 nahm er seinen Abschied, kaufte 1919 in Hohenwohltorf bei Aumühle ein Haus, war ab 1922 Prediger in der bibelgläubigen Gemeinschaft Hamburg/Holstenwall. Gestorben ist er 1940 in Aumühle.‹«

»Ja, bevor du zur Welt kamst.«

»Er war es, der mich durchs Telefon segnete, und du sagtest, deswegen hätte ich eine Mission zu erfüllen.«

»Ja, natürlich.«

»Wieso natürlich?«

»Du warst doch vor deiner Geburt gesegnet worden!«

»Mit was?«

»Also Kind, mit Gottes Segen natürlich.«

»Ich denke mit Großvaters.«

»Er tat es im Auftrag Gottes.«

»Und weil ich gesegnet wurde, bekomme ich solche Auflagen?«

»Wieso Auflagen?«

»Ich soll doch eine Mission erfüllen.«

»Ja, aber du erfüllst ja den Auftrag nicht, das ist es ja, was mich so traurig macht.«

»Wie stellst du dir meine Mission vor?«

»Na, daß du nach Gottes Wort lebst.«

»Nennt man das Mission?«

»Und daß man das weitergibt, damit andere auch nach Gottes Wort leben.«

»Wem soll ich das weitergeben?«

»An alle, die nicht glauben.«

»Und ihr glaubt, mir würde das Spaß machen?«

»Man lebt nicht, um Spaß zu haben!«

»Warum habt ihr mich nicht in ein Kloster gesteckt? Es gibt doch bestimmt auch evangelische Klöster. So wie ihr das mit mir gemacht habt, haben früher Eltern ihre Kinder auch der Kirche versprochen.«

»Wir haben dir doch auch so einen schönen Konfirmationsspruch ausgesucht, kennst du ihn noch?«

»Ja, kämpfe den guten Kampf des Glaubens, ergreife das ewige Leben, wozu du auch berufen bist. Oder so ähnlich.«

»Ja, so war er.«

»Ich kämpfe nicht mehr.«

»Ja, warum denn das nicht?«

»Ich habe bedingungslos kapituliert.«

»Kind, so was sagt man nicht!«

»Ist das ein unanständiges Wort?«

»Man kämpft um seinen Glauben!«

»Ich habe eben verloren.«

»Nein, dabei verliert man nicht!«

»Wenn man kämpft, gibt es doch Gewinner und Verlierer, oder? Na ja, es gibt ja auch noch unentschieden!«

»Man gibt nicht auf! Wenn man richtig kämpft, gewinnt man auch.«

»Hoppla, Mutter, dann wäre ja Gott der Verlierer.«

»Gott ist nie der Verlierer.«

»Wir drehen uns im Kreis.«

»Nein Kind, du mußt ihn nur richtig bitten, so mancher muß auch ringen, dann bekommt er den Glauben geschenkt.«

»Ich habe lange gebetet und gebettelt und gerungen, es kam nichts bei raus. Heute denke ich anders darüber: Entweder ich bekomme was geschenkt, weil der andere mir eine Freude machen will, oder er soll es bleiben lassen. Ich will nichts geschenkt kriegen, um das ich vorher kämpfen muß. Entweder dein lieber Gott ist der Gott der Liebe, dann beschenkt er mich ohne Bedingungen, oder er ist der, der sich seit meiner Kindheit herauskristallisierte, nämlich der unmenschliche, grausame, mitleidslose, berechnende, unbarmherzige Gott. Weißt du, wer er ist?«

»Natürlich. Er ist der Gott der Liebe, wenn man ihn aber nicht auch liebt, verdammt er einen und man kommt in die Hölle, und da wird das Schreien groß sein und das Zähneklappern und das Entsetzen wird nie ein Ende nehmen.«

»Da haben wir es wieder!«

»Was?«

»Das paßt doch alles nicht zusammen. Er stellt Bedingungen. Ist das Liebe? Und wenn man sie nicht erfüllt, kommt man in die Hölle, so wie du sie mir ausmalst.«

»Ich werde für dich beten.«

»Warum? Daß ich doch noch angebettelt komme? Wer weiß, was mit einem in der Agonie ist, kann ja alles sein. Heinrichs Professor damals an der Uni in Stuttgart, Max Bense, früher ein Atheist, ist im hohen Alter noch gläubiger Katholik geworden. Demnach ist alles möglich in der Agonie, meint Heinrich. Also reg dich nicht weiter auf.«

»Ich reg mich nicht auf, ich bin nur traurig.«

»Mutti, deine Trauer kannst du ja mit deinem Gott besprechen, da hast du es gut, und einfach dazu. Du hast ihn, mit mir wollte er nicht.«

»Wer?«

»Na, dein Gott!«

»Warum sagst du immer, daß es meiner ist? Es gibt nur einen.«

»Mag sein, aber sag das mal denen, die einen anderen haben!«

»Nein, es gibt nur einen wahrhaftigen Gott!«

»Das sagen die anderen von ihrem auch. Jeder hält seinen für den einzigen, den wahren Gott und macht deswegen sogar Religionskriege, und alle meinen, es seien heilige Kriege, um das Recht zu haben, den anderen, wenn er nicht zu missionieren ist, umzubringen. Aber lassen wir's, gehen wir zurück zu deinem Vater. Dein Bruder Egon schrieb: ›Verheiratet mit Elisabeth Freiin von Patow, von ihren Enkeln Omutti genannt. Deren Eltern lebten auf Schloß Zinnitz. Omutti starb 1963 in Aumühle.‹

Erzähl mir doch mal was von deinem Vater, den hab' ich ja nie kennengelernt. Er interessiert mich, weil er ja Einfluß auf dein Leben, dein Denken hatte.«

»Vater war Offizier, hatte unter dem Kaiser gedient und wurde im 1. Weltkrieg mehrmals verwundet. Einmal hatte sein Pferd einen Treffer mitbekommen, es bäumte sich auf, ehe es starb, Vater flog runter und bekam den Sattelknopf auf die Stirn, direkt oberhalb der Nase zwischen die Augen, auch die Backenknochen waren kaputt. Man sah später noch die Verletzung an der Nase und weil ein Auge etwas runterhing. Omutti war sehr tapfer, sie fuhr nach Königsberg und holte ihn ab. Einmal war er verwundet, ich glaube, das war in Frankreich oder Belgien, da fuhr sie auch zu ihm und fand ihn in einer Kirche auf Stroh liegen. Sie mietete ein Hotelzimmer und pflegte ihn dort gesund, danach ging er wieder in den Krieg, kam dann gesund nach Hause. Von der Verletzung in Königsberg hatte er was zurückbehalten, er konnte nicht mehr riechen, komischerweise aber Veilchen und angebranntes Essen. Und einmal war mein Vater verschüttet, und genau zu der Zeit betete Omutti für ihn und man fand ihn und hat ihn ausgebuddelt.«

»Wieder ein Wunder?«

»Natürlich!«

»Du hast ja ein wundervolles Leben!«

»Was hab ich?«

»Ein Leben voller Wunder.«

»Ach so, ja.«

»Sag mal, von Omutti hieß es, sie wollte Missionarin werden und gar nicht heiraten.«

»Ja, das stimmt, aber sie hat dann doch geheiratet.«

»Ist verheiratet worden?«

»So kann man es nennen.«

»Du hast doch deine Großeltern in Zinnitz ganz gut gekannt, erzähl doch mal was von denen.«

»Meine Großeltern waren Egon Freiherr von Patow, er heiratete Henriette von Blumenthal. Sie hatten zwei Töchter, Elisabeth, meine Mutter, und Margarethe, ihre Schwester. Sie hatten noch mehr Kinder, aber die starben alle. Das Schloß Zinnitz war eins der Anwesen meiner Großeltern, es war ein Luxusgut in der Niederlausitz. Als der Krieg begann, der 1. Weltkrieg, zog meine Mutter mit uns Kindern von Spandau nach Zinnitz. Itata war drei, ich war zwei und Egon war fünf Jahre alt. Manfred war da noch nicht geboren. Zinnitz war ein feudales Gut. Wir hatten dort Kindermädchen, die eine hieß Elsa Kammler, die holte uns immer vom Zug ab. Sie kam mit einem Omnibus-Wagen, das war ein Pferdewagen. Der alte Kutscher mit steifem Hut, Pelzkragen und Pellerine und langem Bart senkte zum Gruß die Peitsche und dann stiegen wir ein, und in der Tür neben Decken und Kissen und Wärmflaschen war eine Flasche mit warmer Milch und Zwieback. Es war bitterkalt, und wir sangen, je näher wir zum Schloß kamen, um so lauter Weihnachtslieder. Als das Försterhaus und die kleine Schloßkirche auftauchten, wurde die Zeltplane an einer Stelle etwas geöffnet, damit wir die Fahrt über den großen Hof und die im Halbrund gelegenen Ställe sehen konnten. Die schmiedeeisernen Tore zum Park standen offen, und schon hielt der Wagen vor der Tür des Schlosses, wo Großmutter im Rollstuhl in der geöffneten Tür saß, neben ihr Fräulein Ella, ihre rechte Hand und Beschließerin. Ach, gab es Jubel und Erzählen in der Diele, ehe wir die Treppe mit der rotgestrichenen Wand hinaufgingen, Großmutter rief immer: ›Kinder, die färbt ab, seid vorsichtig!‹ Im zweiten Stock Zimmer vier wohnten wir Mädchen. Aber dabei war ich doch höchstens drei oder so, daß ich mich daran noch so genau erinnere? Na, vielleicht sind es auch Erinnerungen von späteren Jahren, denn es spielte sich immer gleich ab.«

»Wo war dein Großvater?«

»Er war auch da, groß, aufrecht, mit kleinem Spitzbart, gütig lächelnd, aber für uns Mädchen war er nur eine Randfigur, die wir mit Ehrfurcht und Bewunderung liebten. Die Kutscherremise war unser Lieblingsplatz, dort verbrachten wir viele Regentage. Die Kutschen wurden poliert und in Ordnung gehalten. Wir sahen dem Kutscher und den Bediensteten immer gerne zu. Noch was, an das ich mich erinnere. Zum zweiten Frühstück brachte man uns, es war Vaters Schwester Elsbeth, also Tante Ebbe, Herrin über das Küchenreich, Schmalzstullen. So ein Schmalz auf rundem Landbrot hab' ich nirgends wieder gegessen. Was mag aus den alten Kutschen geworden sein? So manche Schmalzflecken haben die Polster von unseren Schmalzstullen bekommen. Das alte Schloß mit dem herrlichen Fachwerk war später russische Militärschule geworden, und in der Kutschenremise stand dann bestimmt der Wagen des Kommandeurs. Der Zauber ist fort, aber ich habe herrliche Erinnerungen. Großvater ging viel mit seinen

Inspektoren über die Felder und in die Ställe, und abends trafen sie sich im Jagdzimmer. Großmutter prägte für uns Kinder das Leben auf Schloß Zinnitz. In meiner Erinnerung sehe ich sie in ihrem Zimmer, dem Sonnenzimmer, weil es hell und an der Südseite gelegen war. Bei mir hieß es immer das grüne Zimmer, weil darin ein großer lindgrüner Teppich lag. Großmutter hatte immer ein schwarzes Spitzengebilde auf dem Kopf, kein eigentliches Häubchen, es lag nur gefältet zart in schwarzen Spitzen locker auf ihrer Stirn bis nach hinten zum Haarknoten. Sie trug sehr strenge hochgeschlossene graue Kleider mit dunklen Pailletten oder schwarzen mit vielen Spitzen. Bilder und Photographien zeigen sie in traumhaften Gebilden von Hofkleidern mit Dekolleté und langer Schleppe, das war zu der Zeit, als der Bruder von Großvater am Hof in Dresden richtiger Oberhofzeremonienmeister war, der mit langem Stock und goldenem Knauf die fürstlichen Gäste bei Hof ankündigte. Klingt das nicht märchenhaft? Mir selbst klang es immer so geheimnisvoll und wie aus einer entfernten Welt. Euch muß es unwirklich und wie aus einer Operette vorkommen oder wie aus einem Film. Meine Eltern lebten in ihrer Jugend noch in Zeiten, wo der kaiserliche Hof in Berlin mit seinen Bällen und Empfängen eine große Rolle spielte. Mein Vater war in Lichterfelde Kadett und einer der Auserwählten, die als Page bei Hof sein durften. Nur Schüler mit guten Noten und aus gutem Haus bekamen das anstrengende, aufregende Amt, bei Hoffestlichkeiten mit Federbarett, Seidenanzügen mit Spitzen und Schnüren und Stulpenhandschuhen und knielangen Stiefeln sechs Stunden bei Festessen hinter dem Stuhl einer Prinzessin stehen zu dürfen, ihre Aufträge erwartend. Ein Wachstuchtäschchen unter dem Schoß der Jacke war dafür da, die gütigen Aufmerksamkeiten der Dame, manche Leckerei, zu verstecken, die dann später in der Kadettenanstalt im Schlafsaal mit den anderen Schülern geteilt wurde. Ja, das war ein Leben! Und bei meiner Großmutter im Sonnenzimmer war Glück und Seligkeit. Sie saß im hohen, geraden Ohrensessel, neben sich einen kleinen Rokokonähtisch, der tausend Geheimnisse zu bergen schien. Und nun durfte man aussuchen, womit man auf dem Teppich spielen wollte. Da war der schwere Glasbriefbeschwerer, eine Halbkugel, in der seltsame bunte Bilder und Kringel eingegossen schienen und zauberhaft schimmerten.«

»War das der, den Omutti dann später auf ihrem Schreibtisch hatte?«

»Ja, genau der. Der faszinierte mich als Kind sehr. Dann die Schachteln, die man öffnete, und darin wieder eine, darin wieder eine und immer kleinere, die man auseinandernehmen konnte. Oder auch die kleine Metallschatulle, innen mit grünem Samt, oder war es brauner? Darin lag ein verzierter Fingerhut. Und dann das kleine Zinnfaß, in dem lange Stecknadeln waren mit großen bunten Glasköpfen. Mit diesen Nadeln steckten wir Muster auf das große mit Sand gefüllte Nadelkissen. Wenn Itata und ich heute noch von dieser Zeit erzählen, kommen wir immer ins Schwärmen. Großmutter hatte auch ein Legespiel aus kleinen quadratischen Plättchen, auf denen Märchenbilder waren. Mehrere Bilder mit rosarotem Untergrund und auch mit grünem. Großmutter sagte stets mit Bestimmtheit ›blau‹ und ich sagte mit der gleichen Bestimmtheit ›grüne, Großmutter‹!«

Mein Blick geht raus aufs Meer und die schmale Enge zwischen dem Ende der Insel Porto Santo und der kleinen unbewohnten Insel ›de cal‹, die Kalkinsel, auf der in früheren Zeiten der feine Kalk für Stuckarbeiten für Madeira gebrochen wurde. Die Flut hat eingesetzt, sie preßt das Meer zwischen die beiden Inseln durch. In Gedanken bin ich bei meiner Mutter, wie sie als kleines Mädchen bei ihrer Großmutter im Zimmer auf dem lindgrünen Teppich sitzt und die Schachteln auseinandernimmt und staunt. Und mich überkommt eine tiefe Wehmut, die mich verwirrt.

»Komm, gehen wir etwas an den Strand runter?«

Märchenwelt. Und ich gehe neben meiner alten Mutter her und weine.

Wir ziehen unsere Schuhe aus, laufen barfuß auf dem Sand. Ich halte meine Mutter mit ihrem unsicheren Schritt, atme tief durch, und aus dem Gefühl der Trauer kommt eine ganz kleine Zärtlichkeit auf, ein Anflug von Frieden.

»Kind, du kommst aus einem christlichen Elternhaus, aus einer großen Familie, versprich mir, daß du wenigstens die Losung liest!«

Hammer! Immer wieder dieser Hammer, der alles zerstört!

»Nein, Dorkas, das verspreche ich dir nicht.«

»Wir haben in Aumühle im Augustinum eine alte Dame, die liegt im Sterben, und der erzähl' ich jeden Tag...«

»Ich weiß!« schreie ich sie an, »ich weiß, die traktierst du gegen ihren Willen mit Gott und der Hölle, malst ihr wenn möglich noch die Hölle aus, wie du sie mir immer ausmalst. Eben ging es mir noch verdammt gut. Ich hatte dir zugehört, und ich konnte mir alles so gut vorstellen, und schon wieder zerstörst du alles. Laß doch endlich die arme Frau in Ruhe, hör auf, sie zu foltern! Ich kann mich ja immerhin inzwischen gegen dich wehren, aber sie doch nicht!«

»Kind, mein Auftrag...«

»Mensch, Dorkas, ich kann das nicht mehr hören! Warum versaust du den ganzen Tag mit deinem unerträglichen Missionieren? Komm, fahren wir nach Hause, ich hab keine Lust mehr.«

»Aber warum denn schon? Ich habe dir doch noch so viel zu sagen!«

»Weil ich sauer bin, unendlich sauer!«

»Das tut mir leid, mein Kind. Ich wollte dich nicht ärgern. Ich mach mir doch aber solche Sorgen!«

»Schon gut, gehen wir in die Blechhütte oder besser vor die Hütte, ich laß uns einen Sonnenschirm bringen. Außerdem hab ich Hunger. Soll ich uns ein paar Brötchen bringen lassen?«

Wie hab ich früher bloß meine Mutter ausgehalten, wenn ich es heute nicht kann? Was ist es, was immer zwischen uns war? Was, weswegen wir nie zueinander fanden? Warum will ich immer noch von ihr geliebt werden? Ich bin kein Kind mehr!

Wir kauen unsere Brötchen, haben neuen Kaffee bekommen.

»Dorkas, ich hatte euch nach Aumühle noch Fragen geschickt, ich hab' die Antworten hier. Soll ich noch mal was vorlesen?«

»Lies!«

»Also die erste Frage: Woher kannten sich von Patows und von Kietzells, bevor Omutti heiratete? Antwort: ›Die Familien kannten sich durch einen christlichen Offizierskreis unter General Viebahn; er nannte sich ›Kreis gläubiger Offiziere‹. Sie waren wohl meist freikirchlich, aus der Erweckungsbewegung um die Jahrhundertwende. Zu diesem Kreis gehörten also beide Familien. Und auf dem Gut Zinnitz der von Patows fanden öfters Konferenzen dieses Kreises statt. Dazu gehörte also unser Vater, dein Großvater, Karl von Kietzell mit seinen Geschwistern. So lernten sich Karl und Elisabeth von Patow kennen. Es bedurfte der Nachhilfe durch den Großvater von Patow, also deines Urgroßvaters auf

Zinnitz, um seine Tochter zur Heirat zu bewegen, was nicht ausschließt, daß sie sich als Eheleute liebten. Es gibt ein Sprichwort: Manche heiraten, weil sie sich lieben; andere lieben sich, weil sie heirateten. Es war, soviel wir Kinder wissen, eine sehr gute Ehe.«

»Ja, das war sie.«

»Was ist eine gute Ehe?«

»Also Kind! Wenn man sich liebt und ehrt.«

»Was sind gute Eltern?«

»Du stellst vielleicht Fragen! Natürlich, wenn sie ihre Kinder groß ziehen, sie lieben, sie pflegen, wenn sie krank sind.«

»Und ehren?«

»Kinder ehren?«

»Ja, Kinder ehren.«

»Also nein, das ist doch was ganz anderes.«

»Was?«

»Man ehrt jemanden, der eine Persönlichkeit ist.«

»Das Kind ist keine Persönlichkeit?«

»Es wird erst eine, dafür sind ja Eltern da, damit ihre Kinder mal was werden.«

»Ach so.«

»Was ach so?«

»Meinst du nicht, daß jedes Kind, selbst schon als Neugeborenes, eine Persönlichkeit ist?«

»Nein, das glaube ich nicht. Es ist ein Kind, man liebt und beschützt es, aber es muß sich erst zur Persönlichkeit entwickeln.«

Warum unterhalte ich mich überhaupt noch mit ihr?

Hat sie damit denn nicht schon alles gesagt?

»Mein Gott! Mutter!«

»Lies doch weiter.«

»Also gut. Zweite Frage von mir an euch: Wieso wurde Omutti nicht Missionarin? Antwort: ›Unsere Mutter wollte Missionarin werden, und zwar in Armenien. Es kam nicht dazu, weil sie ja erst eine Missionsstelle und eine zahlende Mission hätte finden müssen. Dann kam die Heirat mit Karl dazwischen.‹ Das schrieb dein Bruder Egon. Sag mal, weißt du, warum sie ausgerechnet nach Armenien wollte? Die Armenier hatten doch schon seit Jahrhunderten ein christliches Reich.«

»Ja? Das wußte ich nicht.«

»Aber sie wurden ja damals von den Türken fast ausgerottet

und brauchten Hilfe. Nur, ich dachte immer, man missioniert dort, wo man meint, die Menschen seien Wilde, also christlose Irre.«

Ich sehe zu ihr hin, um ihre Reaktion auf meine Provokation zu spüren, aber sie hat sie nicht mitbekommen.

»Lies weiter.«

»Dritte Frage: Omutti und ihre Schwester Margarethe, die wir Tante Ma nannten, wollten beide nicht heiraten. Warum wurde Tante Ma denn nicht verheiratet? Antwort: ›Bei Tante Ma lag das anders, obwohl sie den gleichen Glauben hatte. Sie hatte als junger Mensch eine sehr starke Kopfrose gehabt, schmerzhaft und entstellend. Ihr Vater, also Egon von Patow, ließ ihr auf seinem Gut Zinnitz ein Erholungshaus bauen, in dem sie fortan Gäste, meist aus Berlin, aufnahm, denen sie Bibelstunden hielt. Das Haus hatte übrigens eine gar nicht so kleine Glocke für Mahlzeiten und Andachten, die 1918/19 beim Verkauf von Zinnitz mit nach Reinbek ging und noch heute dort ist. Sie hängt dort auf dem Reinbeker Schloßturm. Als Tante Ma Schloß Reinbek kaufte und ihr Erholungsheim im großen Stil fortführte, läutete die Glocke wieder zu den Mahlzeiten und Andachten und schlug zu dem alten Uhrwerk, das erneuert wurde, die Stunden. Das tut sie heute noch, obwohl das Schloß inzwischen im Besitz der Stadt ist und Tagungen und auch Museen dient.‹«

»Ja, auf Schloß Reinbek habe ich einen großen Teil meiner Kindheit und Jugend verbracht.«

»Dahin kommen wir noch. Dann fragte ich deinen Bruder, warum Zinnitz verkauft wurde. Antwort: ›Die Großeltern waren gestorben und Tante Ma konnte das Anwesen nicht alleine halten, außerdem war der Braunkohletagebau schon bis nahe ans Schloß vorgestoßen und Tante Ma wurde immerzu gedrängt, alles ans Braunkohlebergwerk zu verkaufen. Außerdem hatte sie einen Verwalter, der sie übers Ohr haute. Unser Vater Karl war weder Landwirt noch Geschäftsmann, er kaufte von dem Anteil seiner Frau, unserer Mutter, deiner Großmutter Omutti eine Villa in Hohenwohltorf. Es war die Zeit der Inflation, das Geld war nichts wert. Omutti, die Landwirtschaft liebte, aber auch nichts davon verstand, wollte wenigstens ein paar Tiere haben, also kaufte unser Vater ihr eine Kuh, ein Pferd, Schweine und einen Hund im Zwinger.‹«

»Ja, das war eine schlimme Zeit! Mein Vater ging mit einem

Sack voller Geld aus dem Haus und kam mit fast nichts und ohne Geld zurück. Ich war ja noch ein Kind, da haben mir Kommunistenkinder mal ein Brot, das ich eingekauft hatte, und einen Regenschirm geklaut, da waren wir alle sehr entsetzt über die Zeiten, und eines Morgens hatten die Kommunisten Maschinengewehre vor unserem Haus aufgepflanzt. Mein Vater hat dann das Haus in Hohenwohltorf verkauft, für ›einen Appel und ein Ei‹, wie man so sagt. Es waren ja ganz schlimme Zeiten, ein Ei kostete, glaube ich, drei Milliarden Mark. Tante Ma hat es ihm sehr übel genommen, daß er das Haus verkauft hat, denn in solch einer Zeit verkauft man eben nicht. Wir waren total pleite. Mein Vater hatte ja auch seinen Abschied beim Militär genommen. Nach dem Krieg war er so erschüttert, und als sich der Kaiser auch noch nach Holland absetzte, zog er seinen Rock aus, und da er ja schon immer in der Bibel gelesen hatte, sagte er: ›Bisher hab' ich einem weltlichen Kaiser gedient, ab jetzt diene ich nur noch einem göttlichen‹, und er wurde Prediger. Da er eine kleine Pension bekam, bekam er als Prediger nur etwas zu den Fahrkosten dazu, aber wir konnten davon nicht leben. Omutti ist mit Silber nach St. Pauli gegangen und auch mit einer Ziehharmonika, und sie war sich dazu nicht zu schade, dies zu verkaufen. Wir zogen dann zu Tante Ma ins Schloß Reinbek, und sie ließ uns da in einem kleinen Zimmer wohnen. Sie hat es ihrem Schwager sehr übel genommen, daß er so wenig geschäftstüchtig war. Mein Vater war dann auch noch inhaftiert, zum Glück nur sechs Wochen, weil er den Orden ›Pour le merite‹ bekommen hatte. In diesen sechs Wochen ging es uns sehr schlecht bei Tante Ma. Omutti trug von der Köchin Nina Schützle abgetragene Schuhe.«

»Sag mal, hat Tante Ma euch, weil sie sauer auf ihren Schwager war, so beengt wohnen lassen?«

»Ja, sie hat ihren Zorn sehr gezeigt.«

»War sie eine hochmütige Frau?«

»Hochmütig? Nein, das wohl nicht, aber sie nahm Karl einfach nicht für voll.«

»Tolle Verwandtschaft hab' ich da, sehr christlich, muß ich sagen.«

»Na ja, später haben wir ja dann eine Etage bei ihr im Schloß gemietet, in der ersten Etage des Seitenflügels.«

»Und da hast du einen Teil deiner Kindheit verbracht.«

»Ja, da hab' ich auch noch geheiratet.«
»Sag mal, dein Vater war doch Prediger. Wo hat er denn gepredigt?«
»In Gemeindehäusern und Schulen.«
»Irgendwo hab ich auch noch einen Brief von deinem Bruder, in dem ich mal fragte, ob eure Mutter euch mit zu seinen Predigten nahm. Er antwortete ja, aber warte, ich finde den Brief gleich.«
»Nein, nie.«
»Was? Ich finde den Brief nie?«
»Nein, wir waren nie in Vaters Predigten.«
»Nie?«
»Nie.«
»Wie bitte?«
»Wir waren nie in Vaters Predigten.«
»Nie?«
»Nie!«
Ich sehe meine Mutter an. Ungläubig wegen ihrer Aussage und irritiert wegen ihres Aussehens. Da ist es wieder, das seltsame Gesicht, einfach grotesk! Das vorgeschobene Kinn, die gespitzten Lippen über ihrem zahnlosen Mund.
Ich überfordere sie bestimmt. Wir müssen eine Pause einlegen.
»Ist dir nicht gut?«
»Doch, warum?«
»Weil du so komisch aussiehst.«
»Wie komisch?«
»So anders.«
»Ich sehe aus wie immer!«
»Sollen wir nicht für heute Schluß machen?«
»Nein, das interessiert mich alles sehr.«
»Also, du sagtest, eure Mutter wäre mit euch Kindern nie in die Predigten eures Vaters gegangen. Ich erinnere mich aber, daß Egon von diesen Predigten schrieb.«
»Er irrt!«
»Weißt du, ich kann mir schlecht vorstellen, daß ihr nie da wart, es war doch ein christliches Haus.«
»Stimmt.«
»Seid ihr vielleicht woanders hingegangen? In die Kirche?«
»Nein, nie!«
»Stell dir mal vor, Vater, also dein Willi, wäre Prediger gewe-

sen, also Berufsprediger, meinst du nicht, du hättest uns jeden Sonntag in seine Andachten geschleift?«

»Nein, warum?«

»Warum?«

»Ja, warum?«

»Da komme ich nicht mehr mit, tut mir leid. Ich kann mir das alles höchstens so erklären, daß deine Mutter sauer war, daß er den Offiziersberuf aufgegeben hat. Kann das sein?«

»Nein.«

»Also deswegen war sie nicht sauer?«

»Nein.«

»Dann war sie vielleicht sauer, weil er weder Landwirt, noch Geschäftsmann war, daß er euch durch seine Naivität ins Elend stürzte. Hat sie ihm das übel genommen?«

»Nein, nie.«

»Ich hab das Gefühl, als liefe da eine Platte mit Sprung ab.«

»Wieso?«

»Hilfe! Das halt ich nicht aus! Tante Ma, die Schwester deiner Mutter, war sauer, sie hat ihm Vorhaltungen gemacht, weil er Hohenwohltorf zu einer Zeit verkaufte, als kein normaler Mensch Hab und Gut verkaufte. Das hätte dein Vater wissen müssen, wenn er nicht seinen Verstand verloren hatte. Er war es doch, der mit einem Sack voller Geld losging und mit fast nichts wiederkam, oder? Also muß, außer daß er leichtsinnig war, noch was gewesen sein. Vielleicht hatte Omutti die Schnauze voll? Sie wollte ja sowieso nie heiraten, mußte immer zwischen den Kindern und dem Mann wegen seines Soldatenberufs hin und her reisen, ihn mal da pflegen, mal da, da war sie für euch Kinder doch sowieso nur eine Besuchsmutter. Dann das Haus in Hohenwohltorf, wo sie sich, wie dein Bruder schrieb, nie wohlfühlte. Vielleicht hatte sie die Nase gestrichen voll von ihrem Mann, wollte weg, ihn sitzenlassen, da hat er eben das Haus verkauft, konnte ihr Genörgele nicht mehr ertragen. Kann das so gewesen sein?«

»Nein.«

»Nein?«

»Nein.«

»Also gut, lassen wir's. Ich bestell ein Taxi, es ist ja auch schon spät.«

Wie war's? Du machst einen so angespannten Eindruck, ist was passiert?«

»Ich bin vollkommen fertig, gut, daß sie sich gleich hingelegt hat, hoffentlich schläft sie richtig. Sie hatte vorhin wieder so einen Ausfall, so schlimm war es noch nie. Das Gesicht, die Augen, ich weiß gar nicht, wie ich dir das beschreiben soll, so richtig töricht, abseitig.«

»Du, manchmal denke ich, daß sie öfter so Minischlaganfälle hat, das kann doch sein.«

»Mensch, mach mir keine Angst!«

»Aber du bist doch Krankenschwester, müßtest das doch kennen.«

»Kenn ich aber nicht. Ich hab doch bloß die Ausbildung gemacht und bei den Johannitern mußte ich nur putzen, war immer der Abschaum, vielleicht weil ich nur zur Hälfte adelig war, wer weiß? Vielleicht war ich auch einfach nur zu blöd, weil ich immer alles machte, was andere mir auftrugen. Wenn es ums Einteilen der Arbeit ging, gehörte ich immer zum Rest. Andere durften Leute betten, füttern und so, ich stand in der Drecksspüle und putzte die verschissenen Pfannen, Enten und wusch die bekackte Wäsche aus, weil die Wäscherei sich weigerte, sie so anzunehmen. Als ich kurz vor dem Examen meine erste Spritze geben durfte, hab ich geheult vor Glück. So verrückt war ich!«

»Na, dir hat man ja wohl immer arg mitgespielt!«

»Oft, nicht immer. Aber, und so sehe ich das heute: Dazu gehören zwei. Ich kann nicht sagen: Die haben mir übel mitgespielt, sondern: da gab es eine Monika, die sich das gefallen ließ. Verstehst du? Ich hatte ein Bild von mir als Krankenschwester, das in frühere Jahrhunderte paßte. Motto: dienen! Und dienen war für mich Unterordnen, aber das war mir gar nicht bewußt, denn was anderes war ich ja gar nicht gewohnt. Ich sah damals meine Arbeit so: je dreckiger es mir ging, um so eher müßte Gott mich liebhaben. Ich machte mich zur Sklavin. Ich machte das sogar mit unerschöpflicher Langmut, verstehst du? So war ich. Ich war total kaputt. Ich ließ mit mir machen ohne aufzumurren, weil das für mich normal war.«

»Ich hätte dich gerne früher kennengelernt.«

»O Gott! Für eine Weile hättest du mich ganz exotisch gefunden, aber dann wäre dir meine Demut schon auf den Geist gegangen.«

Wir lachen, und das tut mir gut.

»Das damals war auch nur auf einer Station besonders schlimm, auf der inneren Frauenstation, dem Omatorium, wie wir die Station damals nannten. Da gab es eine alte drahtige Oberschwester, die mich nicht mochte. Wie ich das Examen geschafft hab, weiß ich gar nicht, vielleicht nur, weil ich theoretisch viel wußte. Aber auf dieser Frauenstation muß sie mich doch sehr gequält haben, denn da bekam ich mein Zwölffingerdarmgeschwür. Ich kotzte, sowie ich diese widerliche Schwester sah, da konnte ich gar nichts machen, das ging ganz automatisch. Da kam mal ein Arzt von einer anderen Station vorbei, ich glaube, er hieß Möckel, ja, Möckel, der blieb vor mir stehen und sagte ›wie sehen Sie denn aus!‹ und hob ein Augenlid hoch. ›Sofort Blut abnehmen lassen, Sie haben eine ausgewachsene Gelbsucht, aufnehmen lassen, aber sofort!‹ Es war keine Gelbsucht, nur das Geschwür, und ich sah so gelb nur wegen des vielen Kotzens aus.«

»Wann war das?«

»1958 fing ich mit der Ausbildung an, vielleicht nach einem halben Jahr bei den Johannitern in Bonn.«

»Wieso kamst du denn zu den Johannitern?«

»Weil Mutter meinte, ihr Großvater wäre Johanniterritter gewesen und Vater, weil ich Halt brauche, und ich hatte ja keine Meinung. Das einzige Gute an der Bonner Zeit war, daß ich da eine Freundin fand, die Armgard, die uns ja in diesem Jahr noch besuchen will. Aber sonst war die Ausbildung Menschenschinderei. Zum Beispiel die Nachtwache. Acht Wochen Nachtdienst ohne einen freien Tag und tagsüber oft noch Unterricht. Das ließe sich heute niemand mehr gefallen, mit Recht! Ich kam ganz überraschend in die Nachtwache, weil wohl eine krank wurde. Das war auf der Geburtshilfe bei dem Bruder vom Wolfgang Büttner, dem Schauspieler. Ich wurde nicht eingearbeitet, weil sie meinten, ich als Gynäkologentochter wäre mit Neugeborenen und Geburten aufgewachsen. Aber die Arbeit machte mir viel Freude. Ich war für die Wöchnerinnen, die Neugeborenen und für die Geburten da, bei den Geburten habe ich natürlich nur der Hebamme und dem Büttner geholfen. Es waren auch Privatfrauen da, ich kann dir sagen, seitdem war ich für ein klassenloses Krankenhaus. Die Frauen haben mich schikaniert und ich? Ich ließ mich schikanieren. Da lag ja die angebliche Bonner Elite, aus der Familie Adenauer und Co. Ich kann dir sagen, das war ein Verein! ›Schwester, machen Sie bitte das Fenster auf‹, erneutes Klingeln, ›Schwester, machen Sie bitte das Fenster zu, ach nein doch nicht, nur etwas auf, nein, am besten doch zu‹, kaum war ich wieder bei den Kindern, klingelte es ›Schwester, bringen Sie mir bitte einen schwarzen Tee‹, kaum brachte ich ihn, meinten sie ›ach besser einen Pfefferminztee, sonst kann ich nicht schlafen‹. So ging das. Und ich? ›Aber gerne, gnädige Frau.‹ Geheuchelt habe ich, das machte mir gar nichts aus.«

Heinrich lacht.

»Der Büttner sagte damals immer: Monika, du wirst Hebamme! Er war es auch, der mich wirklich dazu brachte, nicht mein Vater, obwohl der auch immer eine Hebamme aus mir machen wollte. Dabei war meine erste Geburt, die ich sah, alles andere als eine schöne Sache. Das war die Contergan-Zeit. Wenn eine Frau kam, sollte ich sie ins Bett legen, dann die Hebamme rufen. Das machte ich, und kaum lag die Frau, sagte sie ›sehen Sie doch mal nach, was da ist‹, und sie schlägt die Bettdecke weg, und ich sehe zwischen ihren Beinen zwei kleine Füße. Mensch, da bin ich über den langen Flur gerannt, ins Hebammenzimmer, hab' sie aus dem Bett gerissen, geschrien: ›Die Füße sind schon draußen!‹ Sie fauchte mich an: ›Hol den Chef!‹ Und ich rannte ans andere Ende des langen Flures, gleich rein in sein Zimmer, hab' ihm die Bettdecke weggerissen, ihn aus dem Bett gezogen, er war total verdutzt. Und dann kam das Kind, die Füße setzten gleich am Rumpf an. Da wußte man noch nicht, daß das die Schuld von Contergan war.«

»Gab's viele Fälle in deiner Zeit?«

»Nein, nur dieser, wenigstens in den acht Wochen Nachtwache. Einmal war ein Kind nachts gestorben, das war schlimm. Die Schwestern sagten mir schon zu Dienstbeginn, daß es sterben würde und ich Esel fragte nicht, was ich denn dann tun solle. Es starb, und ich war so verzweifelt, wußte nicht mal, ob die Mutter wußte, daß es so krank war. Ich klaute auf dem Flur aus den Blumenvasen Blumen und schmückte das Bettchen, hatte die winzigen Hände gefaltet und heulte und heulte. Da ging das Telefon, eine Kollegin bat mich, eine Etage tiefer ihr bei einer Tür zu helfen, sie einzusetzen. Ich ging runter, fragte nicht, wieso sie mitten in der Nacht die Türen aushängt. Half ihr, ging dabei rückwärts in eine Kammer, zu der die Tür fehlte, die andere Schwester schob mich mit der schweren Tür, und ich stieß gegen was, drehte mich um und sah eine Tote im Bett. Vor Schrecken ließ ich die Tür los, und sie knallte auf die Tote drauf. Ich bin fast vor Schrecken umgekippt. Die Schwester hatte die Tür aushängen müssen, damit das Bett der Toten da reinpaßte. Mein Gott, war das ein Verein! Und morgens, als ich die Kinder zu den Müttern zum Stillen brachte, fragte natürlich die Mutter des toten Kindes, wo denn ihres bleibe. Da habe ich gesagt, es schlafe so fest. Damit war sie zufrieden. Ich hatte Angst, daß sie es sehen will und ich nicht wüßte, was ich tun soll.«

»Und trotzdem wolltest du Hebamme werden?«

»Ja, sicher, weil ich dort ganz direkt mit den Frauen zu tun hatte, wirklich helfen konnte. Aber die acht Wochen damals waren hart, kann ich dir sagen. In der Zeit fing ich auch an mit Schlaftabletten, ich schluckte Contergan und anderes, ich glaube, es hieß Noludar oder so ähnlich. Morgens nach dem Dienst mußten wir erst noch in die Morgenandacht, danach gemeinsam zur Oberin, ihr von der Nacht berichten, danach gemeinsam zum Frühstücken mit der Schulschwester, dann war bei mir der Punkt der totalen Müdigkeit natürlich vorbei, ich war nur noch aufgekratzt und zitterte und fror, da schluckte ich eben Pillen. Manche Nacht ging es mir so schlimm, daß ich mich kaum traute, die Kinder auszutragen, ich ging nur an der Wand entlang, dachte, wenn ich zusammenbreche, hat das Kind etwas Halt, wenn ich an der Wand runtersacke. Einmal ging ich zur Oberin und bat sie um eine freie Nacht. Das traute ich mich aber auch nur, weil eine Kurskollegin eine freie Nacht für einen Ball bekam. Ich dachte, wenn sie frei zum Tanzen bekommt, kann ich frei zum Schlafen bekommen, aber die Oberin war total entsetzt über meinen unangemessenen Wunsch. Erst als ich sie erpreßte, na, sagen wir mal nötigte, weil sie einer anderen für einen Ball freigab, gab sie mir eine freie Nacht. Tat die gut! Dann Samstag abends die Wochenschlußandachten. Teilnahme Pflicht. Prinzessin Oskar von Preußen, die Schirmherrin, nahm fast immer an diesen Andachten teil, und danach stand sie mit der Oberin an der Tür und jeder mußte an ihnen vorbei und sich verabschieden, bei der Königlichen Hoheit mit Hofknicks. Hab' ich geübt! Mit Armgard, mit meiner Mutter. Aber bei mir kamen nur alberne, verunglückte Verrenkungen heraus, blödsinnig, wenn ich heute daran denke, aber damals wollte ich den Hofknicks perfekt können, allen zeigen, daß ich dazugehöre. Sie mißglückten aber immer dermaßen lächerlich, daß ich zu einem tiefen normalen Knicks überging und mich entsetzlich schämte, wenn die Königliche Hoheit gütigst lächelte.

Die alte Dame wurde auch mal stationär aufgenommen und die haben schon gewußt, weshalb sie ins Zimmer der Königlichen Hoheit nur Gräfinnen und so reinließen. Armgard gehörte dazu. Ich glaube, ich hätte es nicht gebracht, abends die Königliche Hoheit zu fragen: Möchten Ihre Königliche Hoheit jetzt auf den Schieber oder später? Armgard kam immer ganz spät von der Station, weil die Prinzessin immer erst später wollte.

Jetzt rede ich und rede ich, dabei wollte ich an diese beschissene Zeit gar nicht mehr denken.«

»Entschuldige.«

»Entschuldige? Ich quatsch' doch. Es kommt mir eben immer mal, aber sehr selten hoch.«

»Aber du warst doch auch noch im Westerwald, hast du mal gesagt.«

»Ja, in Dierdorf, da gibt es auch ein Johanniter-Krankenhaus. Damals war es so baufällig, daß es hätte geschlossen werden müssen. Ein Teil war schon mit Brettern vernagelt, durfte nicht betreten werden. Je oller, je doller, dachte ich damals und schuftete noch mehr als in Bonn. Da gab es zum Beispiel einen Fahrstuhl, der nur selten funktionierte. So mußten wir oft die Leute die Treppen rauf- und runterschleppen. Oft machte das auch der einzige alte Pfleger Wilhelm, der packte sich die Operierten oder Toten auf den Buckel. Als Armi und ich da ankamen, stand da ein funkelnagelneuer Narkoseapparat, schön mit einem Laken abgedeckt. Sie fragten uns hoffnungsvoll, ob wir mit dem Apparat umgehen, ob wir damit Narkosen machen könnten. Natürlich konnten wir das nicht, das machten ja schließlich Ärzte. Also wurden alle Operationen weiter mit Äthertropf gemacht, auch das machten keine Ärzte, sondern wir, die Schwestern. Bei großen Operationen, z.B. bei einer Galle, die nie unter acht Stunden operiert wurde, mußten wir uns beim Äthertropf abwechseln, weil wir sonst selbst benebelt vom Hocker gefallen wären. Einen einzigen

Arzt hatten wir, Dr. Weigand oder Wiegand, ich kann dir sagen, der war einsame Spitze, denn wegen einer angeblichen Kriegsverletzung meinte er, nachts nicht gerufen werden zu dürfen. Und das Haus nannte sich Unfallkrankenhaus! Liegt an der Wiedbachtalbrücke, bei Montabaur. An der Autobahn hätte ein Warnschild stehen müssen: Achtung Autofahrer, Krankenhaus nur Attrappe! Die Lkws purzelten nur so herum, übermüdete Fahrer, Urlaubsverkehr. Und am Wochenende? Massenunfälle, ein Krankenwagen nach dem anderen lieferte die Verletzten ab, und der Herr Chefarzt kommt im grünen Jagdanzug und Jägerhut, ganz schick, sagt zu uns wenigen Weißkitteln: ›Den da röntgen, bei dem macht ihr Wundversorgung, der ist schon tot, der da stirbt sowieso, bei dem da kann man auch nichts mehr machen, tschüs, ich bin auf der Jagd.‹ Und weg ist er.«

»Das darf doch wohl nicht wahr sein!«

»Ist es aber. Ich belüge dich nicht. Wenn ich das nicht erlebt hätte, würde ich jeden, der dies erzählte, für einen Spinner halten. Einmal beschwerten wir uns in Bonn, da kam eine Abordnung edler Johanniterritter, natürlich nach offizieller Anmeldung, und wir hatten alles noch sauberer zu schrubben. Aber die hohen Herren waren sowieso nicht vom Fach, die interessierte das alles nicht, sie gingen einmal freundlich lächelnd über die Flure und weg waren sie. Weißt du, was ich in der Krankenschwesternausbildung gelernt habe? Putzen. Wie soll ich da wissen, wie es bei einem Schlaganfall zugeht? Ich würde heute durch jedes Examen fallen, weil ich so wenig Ahnung habe. Aber im Putzen macht mir keiner was vor. Toll, was? Tolle Krankenschwester bin ich. In Bonn waren Putzfrauen zu teuer, außerdem arbeiteten sie in Ministerien und Botschaften, in Dierdorf hatten sie sowieso kein Geld für Putzfrauen, sie hatten ja schließlich auch uns. Armgard putzte auf der Frauenstation unten, ich auf der Männerstation oben, und wehe, ich putzte zu naß. Dann schrien die von unten durch die Ritzen, das Wasser tropfe ihnen auf die Betten. Trotz allem haben Armi und ich noch viel Spaß gehabt. Das sage ich so einfach, aber wenn ich richtig überlege, stimmt das gar nicht. Es war oft eher so bei mir, daß ich blöd lachte, um nicht heulen zu müssen.«

»Mein Gott, Zwieselchen, reg dich ab.«

»Mach ich, denn nach dem Anerkennungsjahr ging ich ja nach Marburg, um Hebamme zu werden, das war immerhin eine gute

Ausbildung unter dem Drachen Elfriede Krausse. Sie hat uns viel abverlangt. Immerhin war meine 100. Geburt meine Examensgeburt, da mußten wir von Anfang an praktisch arbeiten.«

»Hoffentlich erholt sich deine Mutter etwas, es wäre eine Katastrophe, wenn ihr hier was passiert!«

»Das ist wahr. Ich bereite schon mal Abendessen vor.«

Dorkas kommt aus ihrem Zimmer, frisch, ihr Gesicht ist wieder normal, sie macht nicht mehr den verschrobenen Eindruck.

Wir essen.

Ich habe mir vorgenommen, sie nicht mehr nach ihrem Vater als Prediger zu fragen. Ich habe Angst, daß sie wieder ›Aussetzer‹ bekommt.

»Ich habe doch tatsächlich fest geschlafen, das hat gutgetan.«

»Das freut mich. Das war auch zu viel heute. Wir werden etwas kürzertreten.«

»Aber nein, das interessiert mich doch alles so, laß uns gleich nach dem Essen weitermachen.«

Mutter, möchtest du nicht irgendwas anderes machen? Spazierengehen? Soll ich dir aus einem Buch vorlesen? Wir können ja auch mal im Radio die ›Deutsche Welle‹ suchen.«

»Nein, machen wir doch weiter, wo wir aufgehört haben.«

»Na gut. Kannst du mir was von dem Aumühler Haus erzählen, wann das gekauft wurde zum Beispiel?«

»1939, als das Schloß Reinbek nicht mehr gehalten werden konnte, verkaufte Tante Ma das Schloß und vererbte uns Kindern etwas, das heißt, da waren wir ja keine Kinder mehr. Egon, seine Frau Inge und Esther, also Itata, kauften davon das Haus in Aumühle.«

»Und du?«

»Ich nahm das Geld für die Haushaltsgründung in Berlin, ich hatte ja geheiratet.«

»Wem gehörte das Haus in Aumühle vorher?«

»Das weiß ich nicht, oder doch, warte, ich glaube, es gehörte einem Schulfreund von Egon oder dessen Familie.«

»Juden?«

»Nein, du, das weiß ich nicht. Wieso?«

»Weil man damals sehr leicht prächtige Häuser kaufen konnte, da hat sich so mancher an der Not der Juden gesundgestoßen. Mir ist es immer suspekt, wenn in dieser Zeit jemand ein Haus kaufte.«

»Du, das weiß ich wirklich nicht.«

»Noch mal zu Schloß Zinnitz. Einmal heißt es, es sei ein Feudalgut, dann ein Schloß, dein Bruder nannte es Ritterschloß, was war es denn nun wirklich? Ich fragte dich schon mal wegen Arnsdorf, aber da kamen die Worte feudal und Rittergut nicht vor.«

»Zinnitz war eins der Anwesen der von Patows, meiner Großeltern mütterlicherseits. Sie hatten noch andere, aber Zinnitz war ein Luxusgut. Man nannte damals die großen Gutshäuser Schlösser und die adeligen Güter Rittergüter.«

»Wo hast du deine Schulzeit verbracht?«

»Zuerst bekamen wir auf Schloß Zinnitz Privatunterricht, kamen aber dann dort auch in die Schule, eine Dorfschule. Itata hat da noch was gelernt, aber ich hab da immer nur gestört. Die Schule war schlecht, denn die Kinder konnten nicht regelmäßig kommen, weil sie ja auf dem Feld arbeiten mußten, und dadurch waren wir sehr weit zurück. Und weil ich immer störte, ich war ja erst fünf Jahre alt, mußte ich immer Unkraut jäten, das war für mich genauso schlimm wie Schule. Ich lernte noch die Sütterlinschrift. Itata war ein Jahr älter und fleißiger, sie lernte mehr und war auch viel disziplinierter. Als wir in Reinbek wohnten, kamen wir nach Hamburg in eine Klosterschule, da war ich elf. Ich war Fahrschülerin. Von der Klosterschule kann ich dir so manches Leid erzählen! In dieser Zeit kaufte sich Tante Ma ein Radio, ja, es war, glaube ich, in dieser Zeit, und wir wollten alle gemeinsam Radio hören, eine Oper. Als sie den Apparat anstellte und die Oberin die Musik hörte, nahm sie das Radio und schmiß es weg, sagte ganz entsetzt: ›Das ist Teufelszeug!‹ Na ja, dies nebenbei. Ich ging noch in Hamburg zur Schule, da war ich dann 15 und machte nebenbei den Segelflugschein in der Rhön.«

»O ja, ich erinnere mich an die Kassette, die Jörg mir von deinem 75. Geburtstag schickte. Darauf hattest du von dem Segelflugschein gesprochen und daß deine Eltern davon nichts wissen durften und daß ein Onkel, dessen Namen du angeblich nicht mehr weißt, dir den Schein und die Ausbildung und die Reisen in die Rhön spendierte und dich vor deinen Eltern deckte. Cornelia und Ulrike schrien auf und waren ganz schön entgeistert, fanden das alles zumindest recht mysteriös, weil sie natürlich deine Eskapaden mit der Erziehung von uns nicht in Einklang bringen konnten. Ich kann es übrigens auch nicht, und wenn ich ganz ehrlich bin, glaub ich dir das mit dem Segelflugschein und dem angeblichen Onkel auch nicht.«

»Natürlich hab ich den Segelflugschein gemacht! Oben auf der Wasserkuppe war eine große Tafel, auf der stand: ›Deutsche Flieger wurden Sieger durch uns allein, Volk, fliegst du wieder, wirst du Sieger durch dich allein!‹«

»Sehr sinnig.«

»Wieso?«

»Überheblich.«

»Göring kam mal rauf, wir mußten ja erst ein Modellflugzeug in klein bauen, da hat er uns zugeschaut und hat dann die Tafel eingeweiht.«

»Nun gut. Zurück zu deiner Schulzeit.«

»1929 habe ich mit 17 Jahren die Schule abgeschlossen, und zwar mit der ›mittleren Reife‹, dann kam ich auf die Reifensteiner Landfrauenschule nach Malchow in Mecklenburg. Und mit 18 kam ich auf das Lehrgut Arnoldsmühle, denn ich sollte landwirtschaftliche Lehrerin werden wie Itata, aber als ich in Arnoldsmühle mit vielen Kindern zu tun hatte und mir das so viel Spaß machte, entschloß ich mich, nach Berlin zu gehen, um Kindergärtnerin zu werden. Die Ausbildung machte ich im Pestalozzi-Fröbel-Haus.«

»Und da wohntest du bei Georgiis, bei Tante Vera, der Mutter von Inge, der Verlobten von deinem Bruder Egon, und später kam Spätzle dazu und es hieß ›das Dreimädelhaus‹.«

»Ja, ich konnte ja schließlich nicht als junges Mädel irgendwo zur Untermiete wohnen, wie hätte denn das ausgesehen!«

Ich durchwühle Ordner, Schachteln, Zettelkästen.

»Hier hab ich noch etwas, das hast du mal geschrieben, und zwar über deine Grenzgänge. Du warst ja öfter nach Arnsdorf gegangen und ich glaube, du hast in der späteren Erinnerung manches durcheinander gebracht. Auch erzählst du auf einer Kassette von solch einem Grenzgang. Ich bringe die nicht alle unter, steig da nicht richtig durch, verstehst du? Kannst du mir mal einen Grenzgang erzählen?«

»Aber das ist doch schon so lange her.«

»Das stimmt, 44 Jahre, aber vielleicht geht es doch noch. Anhand des damals Geschriebenen können wir ja dann immer noch nachlesen, wenn dir was nicht einfällt. Wie oft warst du eigentlich drüben?«

»Dreimal, von Aumühle aus zweimal, einmal von Hattingen aus. Die beiden Male von Aumühle aus waren ohne Vatis Wissen.«

»Warum hast du sie ihm verheimlicht?«

»Er wäre dagegen gewesen. Aber er arbeitete ja immerzu im Lazarett und da merkte er es gar nicht. Als ich wieder heil zurück war, war er natürlich froh, auch, weil ich so viele Sachen rausholen konnte.«

»Erzähl mal eine Tour.«

»Also, ich wollte unbedingt nach Arnsdorf, denn da hatte ich ja noch mein Silber vergraben. Das wollte ich holen und noch andere Sachen. Ich fuhr mit dem Viehwagen nach Helmstedt, da war einer im Zug, der sich als Führer ausgab. Die Leute im Zug hatten mich gewarnt, als ich ihnen sagte, ich ginge rüber, da wären Gauner dabei, die würden viel Geld nehmen und einen dann in die Arme der Russen treiben. Davor hatte ich natürlich Angst. Ich hatte 20 Mark im Schuh und sprach den Führer an. Er wollte, glaube ich, 500 Mark haben, andere hatten Hühner und Karnickel, ich hatte gar nichts, die 20 Mark brauchte ich ja für eine Fahrkarte. Aber er sagte, ich solle mich anschließen. In Helmstedt mußten wir die Nacht abwarten und in einer Scheune schlafen, es war stockdunkel, ich weiß nicht, mit wem ich da alles im Stroh lag.«

»Sag mal, wann war das?«

»Einmal im Oktober '45 und einmal im Winter '45/46.«

»Erzähl weiter.«

»Ehe es hell wurde, mußten wir los. Der Führer ging vor und beobachtete einen Bahndamm, da war ein Posten. Als der weit weg war, winkte er uns zu und wir gingen rüber. Der Führer kam nicht weiter mit, er wollte noch andere rüberschleusen. So mußten wir alleine zu Fuß weiter bis nach Magdeburg. Am Bahnhof stand eine lange Schlange von Menschen am Schalter und ich schloß mich an, ich wollte mir eine Karte nach Görlitz kaufen. Da kamen

Russen, die abzählten. ›Dap-dap-dap-stop! Dawai! Dawai!‹ Ich war auch dabei. Einmal war es schon gutgegangen, aber diesmal hatten sie mich. Die haben einen ja ganz willkürlich festgenommen! Ich wurde verhört und gefragt, wohin ich wollte. Ich sagte zu Verwandten. Tante Irmel war ja nicht mit uns verwandt, aber das war mir egal. Ich wußte ja auch nicht, daß Tante Irmel gar nicht mehr in Arnsdorf war. Beim ersten Mal war sie noch da. Die Russen sperrten mich in einen Keller, da war schon jemand, ein Mädchen, nur im Unterrock, das war ziemlich dick. Es war schon 14 Tage da und schon dreimal vom Kommandanten geholt und vergewaltigt worden. Ich hatte große Angst, das würde mir auch passieren. Ich hatte Stiefel von Willi an, alles andere hatten sie mir abgenommen, meinen Rucksack und Koffer. Die waren leer, da hatte ich nur ein paar Lebensmittel drin. Da wollte ich doch die Sachen reintun, die ich mit in den Westen nehmen wollte. Mit den Stiefeln klopfte ich immer an die Wand, bis sich so viel Putz löste, daß ich mich an einem Stein etwas festhalten konnte. Ich kam ans Gitter ran und da fiel ich zurück auf den Rücken und tat mir furchtbar weh. Ich wußte ja nicht, daß das Gitter von irgend jemandem vorher durchgesägt war. Nun mußte ich aufpassen, wie das mit den Posten war, ich sah ja nur die Beine. Ich mußte wissen, wie viele es waren und in welchen Abständen sie am Kellerfenster vorbeikamen. Dann kletterte ich mühsam rauf. Ich wollte das Mädchen auch hochziehen, aber es war zu dick, paßte nicht durch. In der Zeit war ja jeder sich selbst am nächsten, also mußte ich das Mädchen zurücklassen, was sollte ich denn machen? Ich war also draußen und bin geflohen und kam in die Nähe eines Bahnhofs und fand einen Zug, da bin ich einfach eingestiegen. Im Zug erfuhr ich erst, daß wir nach Görlitz fahren. Da hatte ich Glück gehabt. Aber im Zug erfuhr ich auch, daß ein Teil von Görlitz in Polen liegt. Da kam ein Russe, der wollte Dokumente sehen. Ich tat so, als ob ich verzweifelt suche. Ich hatte doch gar keine. Da sagte der Russe: ›Nix Frauen!‹ Da hatte ich wieder Glück. Aber was sollte ich machen, um nicht nach Polen zu kommen? Welcher Teil war polnisch? Ich stieg also in Reichenbach aus, das war vor Görlitz. Die Leute sagten, in Görlitz sei eine Entlausungsstation, die wollte ich nicht über mich ergehen lassen. Von Reichenbach aus waren es noch etwa 30 Kilometer bis Arnsdorf, ich ging erst zu Fuß, dann nahm mich ein Pferdefuhrwerk mit. Ins Schloß durfte ich nicht, da bin ich erst zu meiner ehemaligen Waschfrau, Frau Böhm, gegangen. Sie hatte, nachdem ich damals mit euch floh, all meine Bücher aus dem Schloß geholt und bei sich versteckt. Da war auch ›Mein Kampf‹ dabei, da hätte sie große Schwierigkeiten kriegen können. Ich suchte alle medizinischen Bücher raus und nahm die Einbände ab. Man durfte damals Zweipfundpäckchen in die Heimat schicken. Ich nahm also die losen Blätter und machte viele kleine Päckchen und adressierte sie an viele verschiedene Leute, damit es nicht auffiel. Aber mir ging es hauptsächlich ums Silber, ich glaube, es war das Patow'sche Silber. Es hatte drei Tannen im Wappen, das von den Kietzells hatte drei Eicheln. Es kann aber auch das von der Gräfin Lippe-Biesterfeld gewesen sein. Irgendeins von euch Kindern hat es heute.«

»Ich hab das von den Blumenthals.«

»Na ja, ist ja egal. Ich wollte zum Schweinemeister Jurek, der mir damals beim Silbervergraben geholfen hatte. Die Fußböden in den Kellern waren damals aus Lehm. Die Russen hatten zwar Sonden, mit denen sie überall rumstocherten, um Vergrabenes aufzuspüren, aber mein Silber hatten sie nicht gefunden. Ich bin mit Jurek dann in das Haus gegangen, da wohnten viele Flüchtlinge drin, die durften ja nichts merken, es waren ja zum Teil sehr linientreue Leute darunter. Wir sind heimlich mit Kerzen in den Keller gegangen und hatten Angst, daß bei jedem Schlag die Leute etwas hören konnten. Der Lehm war ja hart und festgewalzt worden. Aber dann hatten wir das Silber rausgekriegt. Ich hatte alles mit Ölpapier eingewickelt, alles mit Paraffin eingerieben, trotzdem waren die Klingen verrostet. Das Silber hab' ich dann auch in Zweipfundpäckchen verpackt und rübergeschickt. Der Jurek ist dann, das hörte ich später, wohl verpfiffen worden, und die Russen haben ihn erschossen. Das ist eine große Belastung für mich. Dann bin ich zu der alten Bäckersfrau gegangen, die hatte mir früher schon mal unter der Hand Mehl oder so was gegeben. Ich habe sie besucht. Sie hat mir ein großes Brot und eine Gurke gegeben, damit ich auf der Rückreise was zu essen hatte. Dann bin ich zu dem Oberschweizer gegangen, da fand ich mein Kinderbettchen und meine Nähmaschine, aber die hat er mir nicht rausgegeben. Dann machte ich mich zu Fuß auf den Weg und fand einen Zug Richtung Magdeburg. Von dort aus ging ich zu Fuß zur Grenze. In einem Ort traf ich auf der Straße einen jungen Mann, der sagte, er wohne hier, wollte aber rüber zu seinem Onkel. Er fragte mich, ob ich mitwolle, er meinte, sein Vater würde uns helfen. Er würde vorangehen und eine Aktenmappe unter dem Arm tragen. Wenn er sie fallen ließe, sei Gefahr. Es war Spätnachmittag, der Vater war vorausgegangen, hatte die Aktenmappe nicht fallen lassen, aber wir waren noch nicht über die Grenze. Wir mußten durch einen kleinen Bach, durch den man gut durchwaten konnte. Ich zog mir die Stiefel aus, weil ich dachte, sie würden zu schwer, wenn sie sich voll Wasser saugen. Ich raffte meinen Rock, und so kamen wir auf die andere Seite. Plötzlich wurde hinter uns hergeschossen. Wir legten uns flach auf den Boden und krabbelten dann weiter. Hinter einem Knick verschnauften wir. Da bot mir der junge Mann eine Zigarette an, und ich rauchte die erste meines Lebens. Dann mußten wir weiter, da bin ich mit nackten Füßen über ein Stoppelfeld gelaufen und hab' mir die ganzen Füße zerstochen. Der junge Mann zeigte mir dann, wie man das machen muß, nämlich mit den Füßen flach drüberstreifen, dann knicken die Halme. An diesem Tag hatte es keinen Zweck, es weiter zu versuchen, also gingen wir zurück. Der Vater meinte, es sei zu gefährlich. Sie nahmen mich mit zu sich nach Hause, und ich bekam ein Bett in der Küche gemacht, es war ein Sofa. Der junge Mann versprach, mich rechtzeitig zu wecken, und dann versuchten wir es wieder, und wir schafften es, über die Grenze zu kommen. In Helmstedt kaufte er mir eine Fahrkarte nach Hamburg, weil ich kein Geld mehr hatte. Schade, ich hab' seinen Namen vergessen. Das war's.«

Ich hatte ihre Berichte schon mal gelesen, die Kassetten mehrfach gehört, und wieder war ich sprachlos über das, was ich hörte. Ich wußte alles, doch wühlte mich ihr Bericht wieder auf. Heinrich war an den Tisch gekommen, hatte auch zugehört.

»Mutti, ich erinnere mich, daß meine Schwestern auf der Kassette genauso sprachlos, fassungslos waren wie ich jetzt.«

»Wieso denn das?«

»Auf der Kassette fragte Nele, wie du dieses Risiko eingehen konntest, du hattest doch drei Kinder.«

»Ja, ich erinnere mich.«

»Und du antwortetest in einem ganz festen harten Ton: Es war zu unser aller Besten!«

»Das war es auch.«

Wir schweigen.

»Und was wäre aus uns dreien geworden und aus Vati, wenn sie dich nicht nur mal kurz eingelocht, sondern abtransportiert hätten, nach Sibirien zum Beispiel?«

»Ach was! Ich bin immer zurückgekommen!«

»Mannomann!«

Heinrich sagt: »Monika, ich war damals 16 Jahre, aber ich erinnere mich genau, daß jeder in dieser Zeit bis an die Grenzen seiner Möglichkeiten ging, um zu überleben. Was haben wir damals nicht alles geschafft, jedes Risiko auf uns genommen, was uns damals als Risiko gar nicht bewußt war, weil das ganze Leben ein einziges Risiko war. Durch den Krieg waren wir es ja gewohnt, das Extreme zu ertragen, da war dann Essenorganisieren ganz normal, auch Sachen aufzutreiben, die man tauschen konnte.«

»Ich weiß nicht, ich kapiere es trotzdem nicht. Dieses Risiko für das bißchen Silber!«

»Aber es war doch unser Familiensilber!«

»Na und?«

»Aber das wurde doch unsere Existenz!«

»Wieso, ihr habt es doch gar nicht verkauft oder eingetauscht, wir Kinder haben es doch!«

»Ja, aber es hätte sein können.«

»Damals gingen viele über die Grenze, um noch Sachen zu holen, Monika, das war damals ganz normaler Alltag«, sagt Heinrich.

»Gut, ich muß es akzeptieren, auch wenn ich es nicht verstehen kann. Und du hast Willi nicht erzählt, was du auf so einer Tour erlebt hast?«

»Natürlich nicht, denn dann hätte er mich doch nie gehen lassen!«

»Hammer! Das kapiere ein anderer, ich kann es wirklich nicht.«

Im Vorgarten zu spielen, auf dem großen Rasen, eingefaßt von Blumenrabatten, Wegen, auch im Spätsommer noch barfuß und nur im sommerlich leichtem Kleid herumtoben, Ball spielen, lachen, raufen – ein Kinderparadies!

Wir hielten im Spiel ein, starrten zurück. Ein armer Mann, dachte ich.

Er stand am Gartentor, starrte uns an, wir ihn.

»Das ist doch Onkel Willi!« schrie Christa.

Ich kannte keinen Onkel Willi.

Mit dem Bettler Onkel Willi kam Unruhe ins Haus, die Erwachsenen liefen zusammen, redeten durcheinander, umringten den Bettler Onkel Willi, ich hörte Wortfetzen, den Namen meiner Mutter.

Sie war auf dem Feld beim König Drosselbart wie alle Tage, mal kam sie mit einer Schürze voll Korn zurück, mal mit Kartoffeln, mal mit Rüben.

Die Erwachsenen brachten den Bettler ins Haus, der schlurfend zwischen ihnen entlangging im viel zu langen großen Mantel.

Meine Cousinen starrten mich an und ich wußte nicht, was sie von mir wollten. In ihren Blicken waren Vorwürfe.

»Das ist doch dein Vater!«

Mein Vater? Der Bettler Onkel Willi ist mein Vater?

Ich rannte ins Haus, wollte zu meinem Vater, wollte in die Arme genommen werden, auf seinem Schoß sitzen, schreien vor Glück. Aber er war nicht da.

»Seid leise, Onkel Willi, dein Vater ist krank, er braucht absolute Ruhe!«

Kein Toben mehr, kein Herumpoltern auf Treppen, kein Schreien, kein Türeknallen mehr. Wir bewegten uns auf Zehenspitzen, flüsterten und immerzu zischten Tanten hinter uns her.

Als meine Mutter vom Feld kam, bewachte sie Vater, verschloß ihn in einem Zimmer, keiner außer ihr durfte zu ihm. Erst abends, wenn Peter und Jörg ausgezogen in ihren Schlafanzügen vor seiner Tür standen, mußten sie auf Zehenspitzen leise in das dunkle Zimmer, sofort in ihre Betten.

Ich wurde auf dem Flur verabschiedet, um in mein Bett in Omuttis Zimmer hinter den Paravent zu verschwinden.

»Darf ich nicht auch bei Vati schlafen?«

»Da ist kein Platz, da ist es sowieso so eng, geh und schlaf gut.«

Ich hole das Fotoalbum hervor, finde zwei Fotos aus der Zeit, als Vater aus der Kriegsgefangenschaft nach Aumühle gekommen war. Herbst 1945.

Beide Fotos sind vor der Loggia aufgenommen, vor der geöffneten Glastür auf den Treppenstufen. Eins muß Dorkas geknipst haben, denn es zeigt Vater sitzend auf einer Treppenstufe, Jörg und mich auf je einem Knie, ich lächelnd, Jörg ängstlich, Peter steht stolz strahlend hinter Vater.

Auf dem zweiten Foto ist Mutter dabei. Wir Kinder stehen wie die Orgelpfeifen aufgereiht nebeneinander, eingerahmt von den Eltern. Mutter lächelt seitlich neben Jörg stehend auf ihn herab. Auf Peters Seite, eine Hand kameradschaftlich jovial auf Peters Schulter gelegt, die andere Hand in der Hosentasche, Vater. Ich stehe dazwischen, verstört, ernst, erstaunt.

Sicher haben wir Vater gesehen. Muß ja sein. Ich erinnere mich aber nicht. Vater existierte wie immer, aber schon dort unerreichbar fern für mich.

Dorkas kommt aus ihrem Zimmer, brillenlos, zahnlos, glänzend wie eine Speckschwarte.

»Kind, ich nehme ein Sonnenbad, holst du mir einen Liegestuhl auf die Terrasse?«

»Willst du nicht eine Sonnenbrille aufsetzen? Du unterschätzt die Sonne!«

»Ich mach doch meine Augen zu!«

»Wenn schon. Das kann nicht reichen. Aber was rede ich da, du hast ja selbst im Winter im Schnee in Pontresina in der Knallsonne liegend keine aufgesetzt, wunderst dich ja auch nicht, weshalb du fast blind bist.«

»Der Augenarzt meinte auch, ich dürfe nie ohne Sonnenbrille in die Sonne.«

»Ich weiß, daß er das schon vor 30 Jahren sagte, aber meine eitle, liebe Frau Mutter möchte viel lieber blind sein, als wie eine Eule herumlaufen. Mach doch, was du willst.«

»Aber ich mach doch meine Augen zu!«

»Bei dir sind Hopfen und Malz verloren.«

»Sag mir nach 15 Minuten Bescheid, dann komm ich wieder rein.«

»Ich komme auch mit raus, dann kannst du mir mal erzählen,

wie das war, als Vati aus der Gefangenschaft nach Aumühle zurückkam.«

Wir setzen uns in Liegestühle auf die Terrasse.

»Ne du, das ist mir zu heiß, wie eine Bratpfanne ist das hier. Ich spanne den Sonnenschirm auf, hab keine Angst, nur ich setz mich drunter, du darfst als Spiegelei brutzeln.«

»Ich war auf dem Feld von Bismarcks, Kartoffeln lesen oder vielleicht waren auch Rüben zu ziehen, ich weiß das nicht mehr. Da kam mein Bruder Manfred, der sagte, er hätte eine Überraschung für mich, ich solle mal mitkommen. Er arbeitete dann für mich weiter. In einem Scheunentor stand Willi und wartete auf mich.«

»Ich dachte, er wäre von den Tanten gleich ins Bett gesteckt worden.«

»Nein, er kam zu mir aufs Feld. Er hatte von seiner letzten Essensration ein Paar Stiefelchen für Jörg getauscht und die waren zu klein, sie paßten nicht. Vater hatte einen langen Soldatenmantel an und viel zu weite Hosen und trug nur einen Socken. Den Mantel hatte er einem gefallenen Soldaten abgenommen. Plötzlich fiel er vor meinem Bett in Ohnmacht, er war so unterernährt und schlapp.«

»Du erzählst das so runter, als ob du mir die Börsenkurse vorliest.«

»Wieso?«

»So uninteressiert, wie so nebenbei.«

»Mach ich das?«

»So kam es mir vor, aber erzähl weiter.«

»Wir schliefen alle in zwei Betten, das heißt, Jörg hatte ja ein Kinderbettchen.«

»Moment mal, ich schlief bei euch im Zimmer?«

»Ja, wo denn sonst.«

»Ich hatte doch bei Omutti hinter dem Paravent ein Bett.«

»Ach ja, stimmt ja.«

»Erzähl weiter.«

»Vater meldete sich dann sofort im Lazarett Buschbeck, wo er sich beim Chefarzt Dr. Lessing vorstellte. Der sagte: ›Kamerad, Sie haben immer schon in unserer Einheit gedient.‹ Das stimmte nicht, aber das war wichtig wegen der Engländer. Lessing sagte: ›Wir sind hier in englischer Gefangenschaft. Sie fangen hier als

Arzt an.‹ Früher war das Lazarett eine Kegelbahn und im langen Gang waren Betten aufgestellt. Später wurde das Lazarett nach Sachsenwaldau verlegt, da ist heute eine offene Trinkerheilanstalt drin.«

»Offene Trinkerheilanstalt! Du hast einen Sprachschatz, da läuft es mir kalt den Rücken runter!«

»Warum?«

»Ach, lassen wir's, ich reagiere sicher nur so, weil ich ja selbst Alkoholikerin bin.«

»Aber so nannte man das damals.«

»Schon gut, erzähl weiter.«

»Eine Küchenfrau hatte mal Typhus gehabt, deshalb stellte die Leitung des Lazaretts eine Tafel mit der Aufschrift ›Seuchenlazarett! Vorsicht! Seuchengefahr!‹ auf. Als die Engländer das lasen, fuhren sie gleich wieder weg, weil sie natürlich Angst hatten, aber die Deutschen ließen sich nicht abschrecken, die dann später kamen, um die Entlassungsscheine zu prüfen. Für verwundete Gefangene gab es Extrarationen an Lebensmitteln und Getränken. Die deutsche Entlassungskommission durfte sich also erst mal richtig satt essen und dann wurde sie betrunken gemacht. Sie unterschrieben anstandslos alle Entlassungspapiere, auch die von Vater aus russischer Gefangenschaft. Vorher hatten Vater und ich uns verabschiedet, weil wir dachten, er käme wieder in ein Lager, diesmal zu den Engländern.«

»Hast du Vati mal gefragt, was er im Krieg und in der Gefangenschaft erlebt hat?«

»Nein, nie.«

»Warum nicht?«

»Das hätte ihm und mir zu weh getan. Er schrie im Schlaf oft auf, und ich mußte ihn wecken und beruhigen.«

»Hast du seine nachträglichen Tagebücher gelesen?«

»Nein, nie.«

»Ich auch noch nicht, ich habe nur gelesen, daß er sie nach dem Krieg schrieb. Warum hast du sie später nie gelesen?«

»Ich wollte nichts wissen! Und damals bekam Jörg Diphtherie, und da kam Vater mit Lessing, sie sahen Jörg in den Hals und nahmen ihn gleich mit. Sechs Wochen blieb er im Lazarett, und er war das einzige Kind und wurde natürlich von allen verwöhnt.«

»Hast du ihn in den sechs Wochen mal besucht? Durftest du in das Lazarett?«

»Ich hätte gedurft, aber ich hab's gelassen, weil er bestimmt geweint hätte, wenn er mich gesehen hätte. So wie Ulrike später, als sie wegen, ich glaube, es war Scharlach, ins Krankenhaus kam. Ich habe sie einmal besucht und danach bekam sie Fieber, weil sie sich so aufregte. Ich hab sie dann erst wieder gesehen, als sie nach Hause kam.«

»Und was Vati schrieb, hat dich nie interessiert? Na, du wirst deine Gründe haben. Sag mal, haben wir uns bei Jörg denn nicht angesteckt?«

»Nein, ihr wart geimpft.«

»Die 15 Minuten sind um, ich gehe schon mal rein, Tee machen.«

»Wann kommt Heinrich?«

»Wie immer, gegen fünf.«

»Muß er denn immer an den Strand?«

»Sowie es geht, er braucht den Strand, den heißen Sand, er ist gut für die Knochen, und das Meer ist gut für seine Bandscheiben.«

»Aber ich habe ja gar nichts von ihm!«

»Mutter, die paar Stunden, die er weg ist!«

»Geht er auch, wenn ich nicht da bin?«

»Natürlich.«

»Ist dir das alleine nicht zu langweilig?«

»Ich kenne keine Langeweile.«

Wir trinken Tee.

»Erzähl mir doch mal, wie du es erlebtest, als du von den ganzen Verbrechen hörtest, die im Hitlerstaat passierten.«

»Damals hielten wir das für Propaganda der Siegermächte, aber dann mußten wir doch einsehen, daß es stimmte. Ich war natürlich erschüttert.«

»Und du sagtest, du hättest nichts gewußt?«

»Ich habe wirklich nichts gewußt!«

»Bis auf die Verschleppungen und die Boykotts glaub ich dir das sogar. Ich denke an Vatis Aufzeichnungen, auch die wolltest du nicht lesen, weil du nichts wissen wolltest.«

»Ich hatte mit drei Kindern genug zu tun, dann den Haushalt, da konnte ich mich nicht auch um Politik kümmern.«

»Hat Vati mit dir mal über politische Dinge gesprochen?«

»Nein, nie.«

»Schweigen ist auch Zustimmung, verstehst du?«

»Nein.«

»Was nein, daß Schweigen nicht Zustimmung ist?«

»Nein, darüber hab ich mir nie Gedanken gemacht.«

»Ach so.«

»Und Vaters Aufzeichnungen würden mich bestimmt ganz furchtbar traurig machen, davon will ich gar nichts wissen. Daß aber du das alles wissen willst, verstehe ich nicht. Du warst doch damals noch ein Kind.«

»Ich weiß.«

»Na und? Warum interessiert dich das alles?«

»Mutter, Nichtreden war im Hause G. doch großgeschrieben. Vati konnte uns zwar stundenlang die Sterne am Himmel erklären und wenn ich in Mathe nichts verstand, holte er bei Adam Riese aus, aber auf das, was ich nicht verstand, das Wichtige, kamen wir nicht, weil wir bis dahin beide genervt, wirklich, total genervt waren. Das Wichtige wurde doch immer ausgeklammert!«

»Aber Kind, das stimmt doch nicht!«

»Und wenn ich was hatte, was ich mit euch besprechen wollte, was mir dringend war, hieß es: ›Nimm dich nicht so wichtig!‹«

»Man soll sich auch nicht wichtig nehmen!«

»Warum nicht?«

»Das ist unchristlich.«

»Wer sagt das?«

»Das steht in der Bibel.«

»Damit kannst du immer kommen, weil du weißt, daß ich es nicht nachprüfen würde. Außerdem kann man in der Bibel für alles und gegen alles Argumente finden, ganz so, wie es einem gerade paßt, das hat mich früher schon aufgeregt!«

»Aber Kind!«

»Steht nicht auch drin, man solle seinen Nächsten lieben wie sich selbst?«

»Ja.«

»Wie stellt ihr euch das vor, daß man sich selbst liebt?«

»Kind, so was sagt man nicht!«

»Was?«

»Daß man sich selbst liebt.«

Ich lache.

»Mensch, Dorkas, manchmal bringst du es fertig, daß ich echt über dich lache. Aber mal im Ernst, ich hab' es weder als Kind noch Jahrzehnte später geschafft, mich zu lieben, weil ich es wohl nie gelernt hatte, weil ich es nie durfte. Eher sich selbst verleugnen, sich selbst nie wichtig nehmen, das waren die Maximen, die es immerhin geschafft haben, es so weit zu bringen, daß ich mich verachtete.«

»Aber Kind, warum denn das?«

»Mutter, ich glaube, wenn es heute einen Jesus gäbe, er würde die Kinder ernster nehmen, als ihr eure eigenen Kinder genommen habt. Er wäre so entsetzt, so wahnsinnig enttäuscht von euch Christen, wenn er sehen müßte, was ihr aus seiner Kirche gemacht habt.«

»Nein, Kind! Wir haben nach seinem Wort gelebt!«

»Ich kann es nicht glauben. Und wenn, habt ihr euch ein paar Weisheiten herausgepickt, so wie die Rosinen aus dem Kuchen. Hauptsache ihr hattet sie. Welche Rosinen gibt's für die Kinder zum Beispiel in der Bibel? Na, welche? Wo steht, du sollst deine Kinder ehren? Nein, es heißt nur: ›Du sollst deine Eltern ehren.‹ O Gott, ist das alles schlimm!«

»Dich interessiert jetzt doch nur alles, um mir zu sagen, wie schlimm ich war!«

»Mutter, ich möchte verstehen, wie so was Verschrobenes wie ich es bin, zumindest war, zustande gekommen ist. Und weswegen ich mich für euch interessiere, liegt wohl daran, daß ihr meine Eltern seid, also Einfluß auf mich hattet. Und mich interessieren die Großeltern, denn sie hatten Einfluß auf euch. Und mich interessiert die Zeit eurer Kindheit und Jugend, das Kaiserreich, das Hitlerreich, um eventuell die Chance zu bekommen, zu verstehen, warum alles so war, wie es war, verstehst du? Und Vater war es, der sagte, ich solle nie vergessen, aus welchem Stall ich käme.«

»Das stimmt! Das soll man auch nicht vergessen!«

»Also habe ich doch ein ganz bestimmtes Brandmal, das G.-Brandmal. Da ist es doch natürlich, wenn ich mich frage, was ist das Haus G.? Was das der von Kietzells? Aus welchem Stall komm ich denn nun?«

»Ja, aber da kann man doch die Politik weglassen!«

»Kann man, ich kann es nicht. Ihr habt das sogenannte Dritte

Reich miterlebt, und zwar nicht als Widerstandskämpfer, obwohl alle noch lebenden Alten sich für Widerstandskämpfer halten. Ein Volk der Widerstandskämpfer.«

»Nein, so war das nicht.«

»Bravo! Weißt du, ich habe mal eine Zeit geglaubt, wenn die Generation, die als Erwachsene das Dritte Reich mitmachte, erst mal ausgestorben ist, bekäme ich so einen Anflug von Nationalstolz, aber da habe ich mir wohl was vorgemacht. Ich hatte ihn noch nie und werde ihn wohl auch nie haben. Damals dachte ich, mir fehle deswegen was, heute denke ich da anders. Die Verbrechen damals, auch das Ahnen davon – und es gibt keinen, der nicht wußte, sah, ahnte, hörte –, all das ist so erschreckend, so abstoßend, so belastend, weil ich mich frage, wie ich in der Zeit gelebt hätte. Ich weiß es nicht, ich weiß es wirklich nicht. Es ist nicht so, daß ich sage, ich wäre ausgewandert oder in den Widerstand gegangen. Sicher nicht. Ich war so haltlos, daß ich sicher in einer Naziorganisation Halt gesucht und gefunden hätte. Das ist das Schlimme. Verstehst du?«

»Nein.«

»Mutti, wenn ein Kind, vielmehr ein junger Mensch keinen Halt hat, sich aber sehnsüchtig einen sucht, ist doch die Gefahr groß, daß er sich Gruppen anschließt oder?«

»Ja, das versteh ich.«

»Weißt du, ich hab' ja auch in einer Zeit gelebt und tue es ja heute noch, in der so vieles passiert, und ich tue nichts. Zusätzlich belastet mich das, was damals passierte, und daß meine Eltern dazugehörten. Ich gehöre zur Kriegsgeneration, darum gehört diese Zeit doch auch zu mir, auch wenn ich noch ein Kind war, verstehst du? Ich würde so gerne verstehen, kann es aber nicht, es sei denn, ich rationalisiere. Ein Volk, das Gehorchen und Pflichterfüllung für die größten Tugenden hält, und ihr gehörtet dazu, denn ihr wart so erzogen worden, solch ein Volk ist nun mal aus meiner Sicht jederzeit wieder bereit zu gehorchen, wenn jemand befiehlt. Es erfüllt seine Aufgabe, sogar wenn die Aufgabe Verbrechen sind, die befohlen werden, denn es erfüllt ja nur seine Pflicht. Ich bin ja auch zum Gehorchen und zur Pflichterfüllung erzogen worden, und ich überlege, wann ich anfing, zu fragen und die Werte, die mir anerzogen waren, überprüfte und viele, wirklich viele über Bord warf, weil sie mein Leben blockierten.«

»Du denkst sehr schlecht von den Deutschen?«

»Mutter, ich bin nun mal Deutsche, aber das sagt mir nichts mehr. Es gab mal eine Zeit, da freute ich mich, wenn bei einem Fußball-Länderspiel die Deutschen gewannen und ich glaubte, dies sei das Nationalgefühl. Puh, wie erbärmlich! Ich bin heute weder froh, Deutsche zu sein, noch traurig oder sonst was, auch nicht stolz, und das wird dich treffen, denn du bist die Tochter eines kaisertreuen preußischen Offiziers gewesen, dazu noch adelig.«

»Du schämst dich?«

»Grund gibt es ja nun wirklich genug, auch heute noch. Allein wenn ich an einen sogenannten Historiker denke, der sich Kanzler nennt. Sogar einen Doktor soll er haben. Erbärmlich!«

»Aber Kind, das hat doch alles nichts mit dir zu tun!«

»Mutter, denk an eure Worte: ›Denk immer daran, aus welchem Stall du kommst!‹ Stimmt's?«

»Das hab ich nie gesagt.«

»Es gibt noch andere Sprüche, durch Zufügung des Familiennamens G. zu Maximen erklärt: eine G. tut so was nicht! Eine G. gibt nicht auf! Eine G. geht mit gutem Beispiel voran! Eine G. fällt nicht auf! Eine G. weiß, was sich gehört!«

»Nein, daran erinnere ich mich nicht.«

»Macht doch nichts, aber ich. Manchmal denke ich, daß wir, nein, nun will ich mal nur von mir sprechen, daß ich unter diesen ganzen ehrenwerten Grundsätzen dahinvegetierte, dahindämmerte. Wie gesagt, sie blockierten mein Leben.«

»Meinst du nicht, daß dein Sohn, daß deine Enkel dir später auch mal Vorwürfe machen werden für deine Zeit?«

»Mit Sicherheit.«

»Na, dann möchte ich dich mal erleben!«

»Wirst du nicht, weil du ja nicht ewig lebst. Aber die Vorwürfe sind berechtigt.«

»Und das macht dir nichts aus?«

»Sie machen mir was aus. Sie machen mich traurig und ich schäme mich. Jetzt schon, alleine wenn ich an die Umwelt denke, die wir ihnen hinterlassen, alles wegen des Profits. Dafür werden unsere Enkel, Urenkel uns verfluchen.«

»Kind, das ist schlimm.«

»Daß sie uns verfluchen werden?«

»Ja.«

»Schlimm ist, daß wir es so weit kommen lassen, daß sie ein Recht haben, uns zu verfluchen.«

»Man verflucht keinen!«

»Hör mir doch damit auf! Weißt du, bei mir ist es eine Art Resignation, ja, das ist es. Ich hab' die 68er Jahre mitgemacht, ich habe mich in meinem kleinen Bereich engagiert. Als die Umweltbelastungen bekannt wurden, habe ich mir in meinem kleinen Bereich ein Alibi geschaffen, indem ich Lösungsmittel, Farben, Spraydosen, Batterien zum Sondermüll bei der Berliner Stadtreinigung brachte. Als ich mit meiner Tüte dastand und fragte, wohin ich das Zeug tun soll, sagten sie gelangweilt, ich solle sie man dahinten einfach abstellen. Später las ich in der Zeitung, daß die Leute bei der Müllabfuhr doch alles zusammen auf den Müll tun. Heinrich und ich, wir haben uns nach Porto Santo abgesetzt, weil wir wenigstens die letzten Lebensjahre so verbringen wollen, wie wir es wollen, nämlich lebenswert. Nicht, daß es hier keine Umweltbelastungen gäbe, unser Lebensgefühl hier ist ein anderes. Hier fühlen wir uns zu Hause und hier wollen wir mal begraben werden.«

»Ach Kind, so weit weg von der Heimat!«

»Mutter, gleich schreie ich!«

»Aber warum denn?«

»Mutter, Porto Santo müßte noch viel weiter wegliegen, viel viel weiter. Aber hier wollen wir mal begraben sein, auch wenn es hier nur fünf Jahre Liegezeiten gibt, manche sagen sogar, nur drei, keine Ahnung, ist ja auch egal. Und damit nur ja keiner auf die Idee kommt, uns überführen zu lassen, damit wir in deutscher Muttererde im deutschen Vaterland die letzte Ruhe finden, haben wir es testamentarisch festgelegt, einen Durchschlag hat die Konsulin, einen Tassilo. Hier bringt uns niemand mehr weg.«

»Aber ihr kommt doch mal zu Besuch nach Hause!«

»Nach Hause? Mutter, wir sind hier zu Hause. Und warum sollen wir nach Deutschland? Es gibt nichts, was uns zieht. Wenn uns jemand sehen will, kann er herkommen, hier kann man schön Urlaub machen.«

»Ja, wenn euch das genügt.«

»Es genügt uns.«

Dorkas, gehst du mit spazieren? Ich möchte mich bewegen.«

»Wann kommt Heinrich?«

»Wie immer, gegen fünf. Er wird gleich kommen, ich lege ihm einen Zettel hin, daß wir etwas laufen, oder willst du hier bleiben?«

»Nein.«

Wir gehen den Zedernweg entlang, Richtung Pico.

»Kind, ich verstehe, wenn ihr hier gerne lebt, aber andererseits ist das hier doch alles so anders. Hier habt ihr keine Kultur...«

»Vielen Dank.«

»Ich meine Theater, Konzerte und so.«

»Wie oft waren wir denn in Berlin im Theater, im Konzert, in Museen? Wenn wir abends kaputt nach Hause kamen, war es äußerst mühsam, sich noch mal aufzuraffen. Ansonsten waren wir froh, wenn wir die Beine auf den Tisch legen konnten, um uns irgendeinen Schwachsinn in der Glotze anzusehen. Hör mir doch auf mit Kultur! An Wochenenden mal, das schon, aber sonst? Wir waren doch froh, wenn wir hinter uns die Tür zumachen konnten, um mal endlich entspannen zu können. Hier haben wir alles, was wir brauchen. Und wenn unsere Bücher ausgehen, bestellen wir welche, manchmal gibt es sogar in Funchal welche.«

»Und Konzerte?«

»Gibts in Funchal auch. Zum Beispiel jedes Jahr Anfang Juni die Bachfestwoche. Einmal war sogar das Kammerorchester aus Funchal hier, das sein Konzert auf einen Sonntag um eins nach der Messe gelegt hatte. Da geht niemand hin, alle wollen nach Hause zum Essen. Heinrich und ich und ein junger Mann waren die einzigen Zuhörer in der Kirche. Die haben sich entschuldigt bei uns, daß so wenige da seien, aber sie würden für uns spielen, ein verkürztes Programm, aber sie würden spielen. Ich kann dir sagen, es war rührend! Eine Tür klapperte, die Dielen knarrten, es gab falsche Einsätze, aber wir hatten Tränen in den Augen vor Ergriffenheit. Ein Konzert, das unter die Haut ging, weil sie sich solche Mühe gaben und nichts klappte. Das ist unsere Kultur, die tut uns wirklich gut.«

»Ja, wenn das so ist.«

»So ist es.«

Die Sonne steht noch hoch im Südwesten, wir setzen uns unter eine Zeder auf Feldsteine.

»Mutter, wir sind wirklich zufrieden hier. Manchmal denke ich daran, daß mein Leben auch ganz anders hätte laufen können, daß ich, falls ich mich nicht schon umgebracht hätte, als Terroristin lebenslang hinter Gitter sitzen könnte. Dann könntest du mich da besuchen, und das wäre doch nicht so nett, oder? Oder ich hätte gut Amokläuferin werden können.«

»Was erzählst du denn da? Ich denke, du bist gegen Gewalt!«

»Bin ich. Aber manchmal war ich früher so verzweifelt und fühlte mich in meinen Gefühlen so angegriffen und verletzt, daß ich glaubte, mir nur noch durch einen Reihumschlag Luft machen zu können. Oder nach den 68ern wäre es ein leichtes gewesen, mich Terroristen anzuschließen. Ich bin gegen Gewalt und es erschüttert mich, daß ich trotzdem gewalttätig werden könnte.«

»Nein, Kind, das macht mich ganz traurig.«

»Mich auch, Mutter. Ich denke, bei Peter und mir richtete sich die Gewalt aber letztlich nicht gegen andere, sondern gegen uns selbst. Erinnerst du dich noch, wie Peter wegen der Hochrüstung so verzweifelt war, daß er sich mit Benzin überschütten und anstecken wollte? Als Mahnmal? Weiß du, warum er es nicht tat? Weil er da schon wußte, daß er Krebs hat und meinte, die Leute würden dann sagen, er hätte es wegen der Krankheit gemacht.«

»Mein Gott, Monika, das hatte ich ja ganz vergessen!«

»Mutter, der Tod hat ihn doch vor dem Weiterleben gerettet. Er war es, der wie kaum ein zweiter unter dem alltäglichen Wahnsinn ›Mensch‹ gelitten hat.«

»Nein, ich will daran gar nicht denken und auch nicht, daß du so eine wie die, wie hieß sie noch, geworden wärst.«

»Du meinst Ulrike Meinhoff?«

»Ja, die. Nein, wirklich nicht. Du versündigst dich gegen Gott und dein Eltern.«

»Lassen wir mal beide aus dem Spiel. Aber das kannst du ja nicht. Weißt du, was uns letztlich gerettet hat? Peter der Tod, mich hat die Alkoholkrankheit gerettet. Ich kann wirklich froh sein, daß sie mich erwischt hat.«

»Nein, Kind, ich will darüber nicht reden. Ich rege mich sonst zu sehr auf.«

»Sollen wir weitergehen?«

Ich ziehe sie vom Stein hoch, nehme ihren Arm.

»Nein, sag mal Kind, du denkst so schlecht von den Deutschen, du bist so radikal! Deine Ideen! Wir Deutsche sind doch bestimmt nicht so schlecht. Denk doch mal alleine an die Umwelt, da haben wir doch mehr getan, mehr als andere.«

»Das haben die Deutschen schon immer getan, mehr, gründlicher, überzeugter, aber das ist kein Maßstab für mich.«

»Ich bin entsetzt, wie du dich schämst, Deutsche zu sein.«

»Mutter, ich schäme mich ja nun nicht laufend. Weißt du, wann ich mich zum ersten Mal schämte? Da waren der Kubitz und ich in Prag, und auf dem Rückweg kamen wir in Theresienstadt vorbei. Wir hatten noch nie ein KZ gesehen. Da parkten wir den Wagen zwischen anderen und vielen Bussen, da stiegen viele Menschen aus, Osteuropäer. Die wurden durch die Anlage geführt. Der Kubitz und ich sprachen kein einziges Wort, trotzdem taten wir instinktiv das gleiche. Wir paßten auf, daß wir möglichst weit weg von den anderen blieben, aus Scham, wir könnten als Deutsche erkannt werden.«

»Aber Monika, das erschüttert mich sehr!«

»Dorkas, damals schämte ich mich zum ersten Mal, das ist vielleicht zwanzig Jahre her, und seitdem passiert es eben immer wieder mal. Das braucht dich nicht zu erschüttern. Das Beschämende ist nicht alleine das Wissen um die Nazizeit mit seinem gehorsamen, pflichtbewußten, verblendeten, pervertierten Volk, sondern auch der ganz normale Alltag, zum Beispiel mit einem Kanzler Kohl. Der tut mir direkt körperlich weh!«

»Aber er ist doch unser Kanzler, und so schlimm ist er doch nun wirklich nicht!«

»Doch, Mutter, für mich ja. Er ist Heinrichs Jahrgang, das mußt du dir mal vorstellen, war Hitlerjunge wie Heinrich, und trotzdem hat er nichts begriffen, nichts dazugelernt. Mutter, ich spreche nur für mich, verstehst du? Für mich ist er eine Zumutung. Es ist nicht nur die Peinlichkeit.«

»Peinlichkeit?«

»Sagen wir mal so: Ich denke, es ist human, einem anderen Peinlichkeiten zu ersparen. Er erspart uns nichts, kein Goebbelsvergleich mit Gorbatschow, kein Bitburg mit dem Donald Duck aus dem Weißen Haus.«

»Aber er ist doch gewählt!«

»Mutter, jeder, der dem Volk sagt, wie gut es ist, wird gewählt. Jeder, der dem Volk was vormacht, wird gewählt, da kann doch jeder Idiot gewählt werden! Das Volk will hören, wie gut es ist, wieviel besser als andere. Dann bekommt es von ganz oben nämlich die Legitimität, sich wie ein Herrenvolk aufzuführen.«

»Herrenvolk?«

»Das Wort müßtest du doch kennen. Mutti, denk mal an die Urlauber im südlichen Ausland. Oder geh mal in ein Stehcafé, wie wir eins von Eduscho an der Ecke Johann-Georg-Straße/Ku-Damm hatten. Vor zwei Jahren konntest du da noch Herrenvolk um einen Tisch versammelt sehen und ihm zuhören. Ich hab's getan, weil ich nicht glauben wollte, daß es dies wirklich gibt. Wenn da die Truppe guter Deutscher zusammenstand, alles Leute aus der Nachbarschaft, und ein Schwarzer kam rein und wollte seine Tasse mit an den Tisch stellen, oder ein Türke, denn das türkische Konsulat liegt ja gleich nebenan, oder es kam einer rein, der nur nach Ost oder Süd aussah, da konntest du sehen, wie das deutsche Herrenvolk sich benahm. Sie drängten den Fremden so widerlich ab, winkelten ihre Ellbogen an, drehten sich zur Seite und drückten ihn mit den Schultern weg und warfen ihm Blicke zu, die verächtlicher nicht mehr sein konnten. Da konnte ich deutsches Herrenvolk hautnah beobachten und ihm aufs Maul schauen. Oder hier auf der Insel, da gibt es ein Pärchen, das sich auch ein Haus bauen ließ und natürlich die Inselschwierigkeiten hatte, die alle haben. Weißt du, was diese guten Deutschen, junge Leute, sagten? ›Den Kanaken werden wir erst mal zeigen, was Pünktlichkeit, Zuverlässigkeit, was Arbeit ist!‹ So ist das, Dorkas, und das ekelt mich an, verdammt noch mal!«

»Aber man soll doch nicht pauschalisieren.«

»Da hast du recht. Es gibt zum Glück auch Deutsche, vor denen ich großen Respekt habe, zum Beispiel vor Weizsäcker, nur schade, daß er in der falschen Partei ist oder vor einem Willy Brandt, aber es gibt viel zu wenige. Ich denke, daß der Deutsche seine Juden braucht. Er braucht jemanden, auf den er schimpfen kann und ihm und sich zeigen kann, daß er besser ist als der andere. Ich benehme mich ja genauso, hat Heinrich mal gesagt und das hat mich sehr getroffen, aber er hat recht, denn ich schimpfe ja auch auf den typisch Deutschen, den sogenannten ›guten‹ Deutschen. Es nutzt nichts, mir vorzumachen, daß ich anders bin und das fuchst mich schon, aber was soll ich machen? Ich kriege das kalte Grausen vor dem ›Guten Deutschen‹.«

»Kind, du vergißt, daß wir keinen Hitler mehr haben, sondern eine Demokratie.«

»Ein Demokratie-Spiel, Dorkas. Anfangs aufgezwungen und so langsam wachsen wir rein, aber es gelingt noch nicht immer, denn man muß verdammt aufpassen, daß die Regierenden sich an das Spiel halten. Deswegen finde ich ja die Grünen so gut, weil sie denen laufend auf die Finger sehen.«

»Wieso sagst du Spiel?«

»Weil alle vier Jahre gewählt werden darf, und in der Zwischenzeit hat man keinen Einfluß mehr. Die, die regieren, reden sich raus, sie hätten ja die Stimmen des Volkes und können sich deswegen in den vier Jahren alles erlauben. Und kommt mal nach vier Jahren eine andere Regierung dran, will vieles anders machen, besser, geht das gar nicht, weil sie an Verträge der Vorregierung gebunden sind. Altlasten sozusagen. Einen Volksentscheid gibt es nicht, also ist es für mich eine Scheindemokratie, ein Demokratie-Spiel. Aber wenn es einen Volksentscheid gäbe, wäre es für den Deutschen auch nicht gut, denn er würde gegen Ausländer, Asylanten, Übersiedler sein, gegen alles Fremde im Land. Er hat sogar die Legitimation dazu, denn es darf ja sogar ein deutscher Politiker heute noch von ›verrasst‹ sprechen im Zusammenhang mit Ausländerhetze. Ein paar Ausländer würden die Deutschen schon behalten wollen, denn wer macht denn sonst die Dreckarbeit? Müllabfuhr, Straßenreinigung, wer in der Industrie die Dreckarbeit? Ein paar Sklaven brauchen sie schon.«

»Nein, das glaube ich nicht, so sind die Deutschen nicht. Außerdem mußt du mal daran denken, wie wir nach dem Krieg unser Land wieder aufgebaut haben. Das mußt du doch zugeben, daß uns das gelungen ist. Wir sind doch wieder wer!«

»Dorkas, das ›wir sind doch wieder wer‹, ist auch so ein deutscher Spruch, der geliebt wird. Mit so einem Spruch kann doch jeder Politiker das Volk hinterm Ofen vorlocken. Der Politiker, der wirklich sagt, was er denkt, der kritisch ist und dem Volk auch mal Unangenehmes zumutet, hat doch keine Chance, da kann er noch so gut sein. Denk doch mal an Lafontaine zum Beispiel. Das deutsche Volk will, daß seine Welt in Ordnung ist und bleibt. Und ist sie es nicht, muß der Politiker es verstehen, dem Volk klarzumachen, wie gut es ihm doch geht, und schon glaubt der Wähler es. Der Deutsche muß seine Welt in Ordnung haben, sei es religiös, ideologisch oder demokratisch. Das Bedürfnis nach Sicherheit und Ordnung ist im Deutschen doch so verankert, daß sein Leben eingeschränkt ist.«

»Das verstehe ich nicht.«

»Ich meine das so, daß vom Deutschen nie eingestanden wird, daß das Leben, die Entwicklung ein offener Prozeß ist mit all seinen Schwierigkeiten, Windungen, Kurven, auch im persönlichen Leben und niemand weiß, wohin diese Entwicklung geht. Aber der Deutsche will das wissen. Er will wissen, wozu, wofür, wohin. Er will für seine Leistung, für die typisch deutschen Tugenden belohnt werden. Er engt den historischen Prozeß ein, kanalisiert ihn, gibt ihm keine Möglichkeit. Um seine Ordnung zu haben, ist ihm jede Schablone, jedes Klischee recht, mit all seinen fragwürdigen Komponenten. Denk mal an die Kehrwoche in Schwaben, an die typisch deutsche Gemütlichkeit, an den Stolz des Vaters, wenn der Sohn von seinem ersten selbstverdienten Geld einen Bausparvertrag abschließt. Alles, was diese Ordnung stören könnte, muß beseitigt werden: Ausländer, Asylanten, Pack, Gesindel, Gesocks. Weg damit! Um die Selbstbestätigung zu kriegen, ist ihm jedes Mittel recht: Ossis, Kommunisten usw., die drohende Gefahr, also weg damit! Der Deutsche bildet sich ein: ›Am deutschen Wesen soll die Welt genesen‹. Diese Anmaßung ist für mich so hochmütig, nein, noch mehr, sie ist menschheitsverachtend. Sie zeigt den Mangel an Toleranz. So, wie ich es mir vorstelle, muß es sein, basta! Das nenne ich verheerende Bewußtseinseinengung.«

»Ach Kind!«

»Mutter, dem deutschen Durchschnittsmenschen fehlt das alltagskritische Bewußtsein, weil er es für Mäkeltum hält und mäkeln ist eine Untugend, mäkeln gehört sich nicht, das wird dem Kind schon eingeimpft. Das Feilschen, Handeln des Südländers macht er im Urlaub aus Jux mit, es ist ihm aber total zuwider, er lehnt es im tiefsten Inneren ab. Der Deutsche kann nicht erst mal in Frage stellen und dann das beste daraus machen, er kann nicht mal fünf gerade sein lassen, weil ihn das unsicher macht. Und die normale Unsicherheit, die Labilität des Menschen, darf es nicht geben. Für ihn muß alles festgelegt sein. Für ihn muß es mehr als für andere Völker geschriebene Gesetze, Gebote, Verbote und Regeln geben, ohne die fühlt er sich unsicher. Er braucht das als Stütze, als Gerüst, als Krücke. Aber voller Überzeugung nutzt er Gesetzeslücken aus, macht sich moralisch strafbar, Hauptsache, man kann ihm vom Gesetz her nichts anhaben. Verstehst du, was ich mit Bewußtseinseinschränkung meine?«

»Ich weiß nicht.«

»Mutter, wenn seine Ordnung ins Wanken gerät, zum Beispiel in den 68ern oder durch die Emanzipation der Frau, ist die Neigung vorhanden, nach dem starken Mann zu rufen, dem er blind vertrauen kann. Führer befiel, wir folgen dir! Der starke Mann ist immer der, der dem Volk sagt, wie gut es in Wirklichkeit ist, besser als alle anderen, denn das verhindert Nachdenken, Verinnerlichen, engt das Bewußtsein ein. Das will der Deutsche. So sehr sogar, daß er es wagen kann, fest daran zu glauben: ›So was hat es unter Hitler nicht gegeben‹, oder: ›So was hat es aber unter dem Kaiser nicht gegeben.‹ ›Todesstrafe her! Rübe ab! Arbeitslager! Früher waren die Straßen noch sauber, früher gab es keine Schwulenlokale, früher war die Frau nicht berufstätig, sondern im Haus, früher konnte man als Frau abends noch auf die Straße ohne Angst zu haben‹.«

»Das stimmt ja auch«.

»Da haben wir's!«

»Was?«

»Ach Mutter, lassen wir's.«

»Nein, Kind, das regt mich alles furchtbar auf, was du da sagst. Denk doch mal an die Industrie, an den Fortschritt, so schlecht...«

»Bitte Mutter, lassen wir's!«

»So schlecht darf man doch nicht denken.«

»Sieh dir doch mal lieber von hier oben die Insel an, ist sie nicht schön? Kannst du da auf dem Flughafen den blauen Flieger sehen?«

»Wo? Nein, ich sehe nichts.«

»Das ist die ›Maersk‹, ich glaube, eine skandinavische Maschine. Sie tankt hier aber nur auf, fliegt dann zurück, Stockholm, Oslo, ich weiß nicht, woher sie kommt.«

»Bringt sie keine Touristen?«

»Nein, die sind alle für Madeira, hier tanken sie nur auf, weil die Piste in Madeira zu kurz ist, da können sie nicht vollgetankt starten.«

»Das ist aber schade für die Insel hier, wenn sie keine Touristen bekommt.«

»Von mir aus können sie alle auf Madeira bleiben, aber die Einheimischen hätten natürlich auch gerne etwas vom Touristengeld. Na ja, sollen wir zurückgehen? Wir sind schon eine ganz gute Strecke gelaufen.«

Wir drehen um, gehen schweigend nebeneinander her, ich halte meine Mutter am Arm fest.

»Mausilein, so schlecht, wie du denkst...«

»Mutter!«

»Nein wirklich!«

»Mutter, du sagtest Industrie und Fortschritt. Wir sprachen doch vorhin von Demokratie, nicht wahr? Weißt du, was Industrie und Demokratie miteinander zu tun haben? Die Demokratie funktioniert so lange, wie die Industrie die Macht hat und behält. Sowie die Regierung der Industrie Auflagen, zum Beispiel für den Umweltschutz, macht, droht die Industrie ins Ausland zu gehen, in arme Länder, in denen sie das Land, die Luft, das Wasser und damit den Menschen ruinieren können, Hauptsache, der Profit stimmt. Für mich wäre es eher eine Demokratie, wenn eine Firma im Ausland die gleichen Auflagen bekäme wie im Inland, nicht von den jeweiligen korrupten Regierungen, sondern von der deutschen. Oder denk mal ans Verursacherprinzip. Wenn ich meinen Müll auf die Straße werfe, bekomme ich dafür meine Strafe. Wenn die Industrie aber ihren Mist ins Wasser kippt, zahlt der Steuerzahler. Früher gab es die Todesstrafe für Brunnenvergifter. Oder denk mal an die Genforschung. Wenn Deutschland sie begrenzt, geht die Forschung ins Ausland. Manipulierte Pflanzen sind ja jetzt schon im Freiland. Das ist doch ein Prozeß, dessen Folgen niemand voraussehen kann. Oder denk mal an die chemische Industrie. Wenn Deutschland endlich mal ein Produkt verboten hat, weil es zu gefährlich ist, nimmt die Industrie das Mittel doch nicht vom Markt! O nein, sie schickt den Dreck ins Ausland, in die Länder, die die Auflagen nicht haben und in denen das Wort Chemie Fortschritt bedeutet.«

»Ohne Chemie aber...!«

»Klar, aber wer spricht von Verantwortung für die Menschheit, die Natur? Langsam wird es in Deutschland ein Begriff, aber im Ausland? Geh doch mal auf Madeira, in Funchal, durch die Altstadt, du glaubst nicht, was du da in den Auslagen sehen kannst. Alle Gifte dieser Welt gibts, freiverkäuflich, alles, was in Deutschland verboten ist, was meinst du, was Bayer, Hoechst und Co sich freuen. Sicher wird es irgendwann bis Anfang 1993 verboten werden, weil Portugal ja dann Vollmitglied in der EG ist, aber dann gibt es ja immer noch Länder außerhalb der EG, die man verseuchen kann.«

»Ist das wirklich so schlimm?«

»Ja, für mich Mutter, und für Heinrich. Andere kümmert es wenig oder gar nicht, vielleicht sehen sie das alles auch gar nicht.«

»Ach Kind!«

»Oder denk mal an die Waffenindustrie. Warum ist denn Deutschland so reich? Oder auch andere Industrieländer. Warum sind sie so reich? Die Waffenindustrie der reichen Länder ist für mich genauso kriminell wie der Anbau, die Ernte und der Handel von Mohn- und Kokapflanzen. Wer in der Waffenindustrie arbeitet, jeder Angestellte, Arbeiter, kann aus meiner Sicht genausogut Drogen herstellen und verkaufen. Für mich gibt es da keinen Unterschied. Und komm mir nicht mit dem Argument der Arbeitsplätze. Das ist zu billiger Schwachsinn! Die Deutschen sagen: ja, wenn wir mal abrüsten, was sollen denn dann die vielen Arbeitslosen machen? Genauso würden sie jammern, wenn Deutschland die größte Drogenindustrie der Welt aufgebaut hätte mit dem Argument, die Leute von der Straße zu kriegen. Eine Regierung, die Waffenindustrie fördert und für die Forschung noch schlimmerer Waffen Steuermittel ausgibt, ist für mich genauso kriminell wie die Dritteweltländer, die den Drogenanbau dulden.«

»Aber mit Drogen zerstört sich doch der Mensch!«

»Ich krieg gleich einen Schreianfall, Dorkas! Was macht man denn mit Waffen? Stellt man sie in den Vordergarten als Gartenzwerge?«

»Ich versteh' dich wirklich nicht.«

»Ist das so schwer?«

»Aber man muß sich doch mit Waffen verteidigen können!«

»Kann man sich mit Drogen auch.«
»Mit Drogen?«
»Klar, arme Länder verteidigen ihre Armut mit Drogen.«
»Ach so.«
»Aber du kannst doch nicht alles der CDU ankreiden!«
»Tu ich auch nicht, Mutter, das ist wirklich nicht alleine CDU-Mist.«
»Was ist denn das da?«
»Was?«
»Da steht doch was, was sich bewegt.«
»Esel, Mutter. Eine Eselin und ihr Junges.«
Ich führe meine Mutter zu den Eseln, lasse sie die Tiere streicheln.
»Früher gab es hier viele Esel, sie waren Arbeitstiere und man brauchte sie zur Fortbewegung. Es gibt heute noch Leute, die auf Eseln reiten, die Kühe raustreiben zum Beispiel.«
»Haben die denn genug zu fressen?«
»Sie sind genügsam.«
»Noch mal zur CDU, Kind.«
»Ach Mutter, wir haben so unterschiedliche Auffassungen. Ich weiß, daß du und Vati nach dem Krieg treue CDU-Wähler wart, als der Zwilling Heinrich längst SPD wählte. Ihr seid wie die meisten anderen braven Bürger von überzeugten Nazis zu überzeugten Adenauerwählern geworden, geschlittert ohne auch nur einmal nachzudenken. Ich mach' dir keinen Vorwurf, weil es für die damalige Zeit so typisch war und für euch speziell normal, nichts in Frage zu stellen, Hauptsache da war einer, der sagte, wolang es ging. Wendehälse, ohne daß scharenweise die Nerven eingeklemmt werden, das bringen wahrscheinlich nur Deutsche so gründlich fertig. Für Vati war es doch so, daß die Kriegsjahre nur eine kleine Unterbrechung seiner Laufbahn kosteten, danach machte er problemlos weiter, wo er aufgehört hatte. Es gab nur kleine Unterschiede, statt Berlin war es Hattingen, statt Professur eine eigene Praxis. So, als hätte es die Hitlerzeit nicht gegeben, denn sie totzuschweigen gehörte zu unserer Familie wie sicher zu jedem sogenannten guten Deutschen. Und nun gab und gibt es eine Partei mit dem großen C drin, das war doch eine reelle Sache!«
»Nein, Kind, so darfst du nicht reden! Wir hatten nach dem

Krieg genug zu tun, um wieder auf die Beine zu kommen, da konnten wir uns nicht auch noch um Politik kümmern.«

»Das konntet ihr nie, auch nicht vor dem Krieg und als ihr aus dem Gröbsten raus wart, auch nicht.«

»Aber Kind, die CDU ist doch eine christliche Partei und für mich als Christin...«

»Da haben wir's!«

»Was?«

»War Onkel Heinrich kein Christ?«

»Doch, aber er war schon immer der frechere, der rebellerischere.«

»Du meinst, die CDU sei eine christliche Partei?«

»Sonst hätten sie ja wohl das C nicht drin!«

»Geschickte Werbung! Sag doch mal, was das C den Politikern dieser Partei wohl bedeutet.«

»Na, daß sie sich an Gottes Gesetze halten.«

»Und die CDU tut das?«

»Ich denke doch, außerdem sagen sie es.«

»Da haben wir es wieder, komm, laß uns aufhören, es bringt mir nur Frust.«

»Du ärgerst dich?«

»Ja.«

»Aber wir sind doch nicht alle blöd, die die CDU wählen.«

»Nicht alle, Dorkas, das stimmt. Die einen berechnen sich den wirtschaftlichen Vorteil, für die nächsten ist die berufliche Karriere wichtig, der Rest läuft mit. Das C in der Partei ist für mich eine ganz schlimme Gotteslästerung, aber es zieht halt, weil das Volk dann meint, ihre Mitglieder seien Christen. Es glaubt, ohne zu fragen, also sehr christlich. Das C steht als Symbol für Redlichkeit, Humanität, schafft ein gutes Gewissen, früher nannte man das Ablaß.«

»Nein, Kind, so darfst du nicht reden!«

»Mensch, hab dich doch nicht so!«

»Nein, Kind! Sieh mal, du hast das Dritte Reich nicht miterlebt. Jetzt leben wir wenigstens in einem Rechtsstaat oder wie das heißt.«

»Das Beste an dem Satz war: ›oder wie das heißt‹. Klasse, Mutter! Rechtsstaat? Daß ich nicht lache! Da wird ein NS-Verbrecher, Erich von dem Bach Soundso Anfang der Sechziger, glaube ich, wegen Teilnahme an Morden zu dreieinhalb Jahren verurteilt, ein Jahr später wegen Mordes an ein paar deutschen Kommunisten zu lebenslanger Haft verknackt. Toller Rechtsstaat, was? Ein Dr. Huschke, oder wie der hieß, um die gleiche Zeit wegen Mordes oder Beihilfe an Juden zu fünf Jahren ohne Ehrverlust verurteilt, kam aber gleich frei. Rechtsstaat? Was ist das für ein Rechtsstaat, wenn Kriegsverbrechen keine Verbrechen sind? Was ist das für ein Rechtsstaat, in dem sogar ein wegen Steuerhinterziehung rechtskräftig verurteilter Politiker im Amt bleiben, sogar Parteivorsitzender sein kann?

Meinst du, wenn die BRD Eichmann bekommen, Israel ihn ausgeliefert hätte, er wäre zu lebenslänglich verurteilt worden? Nie! In dem sogenannten Rechtsstaat wäre er wegen Mangels an Beweisen bestimmt freigesprochen worden. So würde es offiziell heißen, aber in Wirklichkeit wollen die alten Richter, die ja zum Teil noch unter Hitler sogenanntes Recht sprachen, ihre Verstrickungen verdecken. Eine Hand wäscht die andere? Eine dreckige Hand kann an der anderen dreckigen Hand kaum sauberer werden.«

»Woher weißt du denn das alles mit den Urteilen?«

»Ich hab vor kurzem ›Eichmann in Jerusalem‹ von Hannah Arendt gelesen, aber da erinnerte ich mich, als ich das las, auch an Zeitungsberichte darüber, und ich habe damals schon nicht an einen wirklichen Rechtsstaat geglaubt.«

»Weißt du, du hast gut reden, du hast ja auch dein Vaterland verlassen.«

Ich lache laut auf und spüre, daß es eher ein verkrampfter Schrei ist.

»Jawohl, Dorkas, wir beide, Heinrich und ich, sind Vaterlandsverräter, Nestbeschmutzer. Dabei fällt mir gerade ein, daß du diese beiden Begriffe mal sagtest, das muß in den Fünfzigern gewesen sein. Da nanntest du Willy Brandt einen Vaterlandsverräter und Nestbeschmutzer, also bin ich doch in ganz guter Gesellschaft.«

»Ja, er hat im Krieg auf der Seite des Feindes gekämpft!«

»Hätte Vati das doch auch gemacht! Er und viele, viele andere! Damals, als du das von Willy Brandt sagtest, wußte ich noch nicht mal, wer der war, aber dadurch, daß du so abfällig von ihm sprachst, muß er interessant für mich geworden sein. Da muß in meinem Unterbewußtsein viel abgelaufen sein, über das ich mir erst jetzt so langsam klarwerde. Und wenn ich recht überlege, waren alle, die mich interessierten, Menschen, die nicht ins Haus G. paßten. Politiker wie Schriftsteller, Wissenschaftler, Musiker, genau so wie Freunde.«

»Wieso denn Schriftsteller?«

»Denk doch mal an Tucholsky. Ich wünschte mir mal zu Weihnachten etwas über ihn und von ihm, bekam es nicht, sondern dafür ›Elke im Seewind‹. Ich kaufte mir dann die Bücher, die mich interessierten, später selbst. Oder auch Brecht. Oder denk mal an Freud.«

»Freud?«

»Ja, Peter kam mal aus dem Internat, es waren Ferien, und er hatte ein Buch von Freud dabei. Vati ist geradezu ausgerastet und schrie: ›Der kommt mir nicht ins Haus!‹«

»Daran erinnere ich mich nicht.«

»Aber ich. Freud wurde wie viele andere Namen für mich zum Begriff des Verbotenen. Ach Mutti, während wir uns unterhalten, fällt mir ja immer mehr ein. Damals nanntest du einen Namen ganz verächtlich, von dem ich auch noch nie etwas gehört hatte, Helmut Zacharias. Keine Ahnung, wer der Mann war, aber den Namen vergeß ich nie, weil du von ihm gesprochen hast, als sei er der Teufel persönlich. Du sagtest, er wäre in Amerika gewesen, und nun würde er nicht mehr richtig Deutsch können, es mit einem Akzent sprechen. Und da fällt mir noch was dazu ein. Als Peter und ich damals, 1951 oder 1952, aus England zurück waren, ging ich mit dir zur Post und habe dir wohl die Tür nicht so aufgehalten, wie es sich gehörte, da sagte ich automatisch ›sorry‹. Da zischtest du mich ganz böse an ›Hier wird Deutsch gesprochen! Merk dir das!«

»Stimmt das wirklich?«

»Ja.«

Ihr wart aber lange weg, ich bin schon über eine Stunde hier, ich machte mir schon Sorgen.«

»Lieb von dir. Wir waren spazieren und haben uns unterhalten.«

»Wie geht es?«

»Mir fallen so viele Sachen ein, und ich verstehe gar nicht, wieso das Erinnern und die ganze Anspannung mit meiner Mutter derart anstrengt, daß ich mich jetzt in die Ecke werfen könnte.«

»Nimm die Kopfhörer, hör etwas Musik.«

»Nee, ich muß doch Abendbrot machen.«

»Das kann ich doch machen.«

»Nein, behalt lieber Dorkas bei dir, wenn ich in der Küche bin, dann kann ich wenigstens beim Vorbereiten etwas Ruhe haben.«

Wir essen zu Abend, Dorkas mampft ihr rindenloses Brot. Heinrich und ich sehen uns an oder zur Terrassentür raus, nur, um sie nicht beim Essen sehen zu müssen. Wie wird es sein, wenn ich mal so alt bin? Warum würde ich jedem alten Menschen beim Essen zusehen können, nur nicht meiner Mutter?

»Weißt du, Kind, ich glaube, ihr zwei Ältesten, Peter und du, ihr habt es schon schwerer gehabt, bei den kleineren hab' ich mich dann nicht mehr so um alles gekümmert. Man lernt ja auch an den eigenen Kindern.«

»Schön, daß du das sagst, das tut direkt gut.«

»Ja weißt du, das mußt du verstehen, man macht sich ja immer solche Sorgen um die Kinder.«

»Geht das schon wieder los?«

»Was?«

»Das Sorgenmachen? Waren die denn nötig? Waren wir so unmögliche Kinder, daß ihr euch immerzu Sorgen machen mußtet, und immerzu gängeln mußtet?«

»Nein, wir haben euch bestimmt nicht gegängelt!«

»Ach Mutti, wie soll ich das denn sonst nennen? Behütet? Ich weiß nicht. Zum Beispiel fand im Hause G. die Zensur statt, von dir durchgeführt. Und ein Briefgeheimnis gab es auch nicht. Du hast sogar die Tagebücher von Ulrike gelesen, das hast du mir sogar mal gesagt mit der Begründung: ›Ich mach mir ja solche Sorgen.‹ Wer weiß, sicher hast du meine Tagebücher auch gelesen.«

»Nein.«

»Zensur. Und du sprichst von der deutschen Demokratie, die galt, aber nur außerhalb der Wände der G.s.«

»Wieso denn Zensur?«

»Denk mal alleine an die Illustrierten im Wartezimmer. Einmal pro Woche kam jemand, hat sie ausgewechselt, Lesering nannte sich das wohl. Und als erstes nahmst du sie, blättertest alle durch, und sowie auf einer Seite mal jemand im Badeanzug gezeigt wurde, Bikinis gab es damals noch nicht, wurde die ganze Zeitung vor uns Kindern versteckt. Wo? In deinem Wäscheschrank. Auch, wenn mal eine ein Dekolleté hatte, kam die Zeitung in den Wäscheschrank. Die bekamen ja nicht mal die Patientinnen zu sehen, aus Angst, wir könnten ins Wartezimmer gehen und uns den Schmutz ansehen, verdorben werden. Und für Demokratie war Vati sowieso nicht und für gewerkschaftliche Mitbestimmung auch nicht, denn ›wo kämen wir da hin, wenn die Putzfrau mit darüber entscheiden dürfte, ob ein Blinddarm operiert wird oder nicht‹. Vatis Worte, Dorkas. Er war auch einer von denen, die nichts kapiert hatten.«

Heinrich gluckst vor Lachen.

»Das weiß ich alles gar nicht mehr.«

»Macht doch nichts, aber schön, daß du mir mal zuhörst. Wenn ich Heinrich nämlich mal was aus unserer Familie erzähle, von früher, hält er uns für Exoten. Weißt du, was mir auffällt, daß vieles, was ich jetzt erzähle, zu dem gehört, was ich vergessen hatte, was in die Zeit gehört, zu der ich keinen Zugang mehr hatte, in der ich die große Lücke von fast zehn Jahren hab'. Ist das nicht komisch?«

»Wieso komisch?«

»Also besser gesagt: Ist das nicht schön?«

»Na ja, Kind, alles ganz schön und gut, was du da so erzählst, aber denk doch mal bitte daran, was du uns für Freunde aufgetischt hast. Da hast du uns wirklich viel zugemutet.«

»Also, jetzt sind meine Freunde dran, gut. Ich hab' euch viel zugemutet, das weiß ich. Aber das weiß ich auch erst seit ein paar Jahren. Ich hab alle möglichen Männer mitgeschleppt, denk mal an Roger, den Franzosen aus dem Elsaß, homosexuell und katholisch und dazu noch mit einem Priester als Freund. Erinnerst du dich? Wegen Roger bekam ich von Vati die zweite Ohrfeige, die erste auch wegen eines Jungen, Siep aus Holland, weißt du noch?«

»Ja, an Siep erinnere ich mich noch.«

»Weißt du auch noch, weswegen ich die Ohrfeige bekam?«

»Nein.«

»Holland marschierte damals so gerne, vielleicht tun sie das heute auch noch, zumindest war das für mich vollkommen unbekannt. Zu jedem Anlaß gab's eine Kapelle und Tambourmädchen, und das Volk marschierte hinterher. Die jungen Leute vom Hotel waren auch dabei, und wir gingen Arm in Arm in Reihen hinter der Kapelle her. Da habt ihr uns vom Balkon des Hotels aus gesehen. Vater pfiff, und ich als gehorsame Tochter löste mich aus der Reihe und trat vor meinen Vater. ›Du poussierst mit Siep!‹ schrie er, und ich sagte: ›Das ist überhaupt nicht wahr!‹, und zack hatte ich eine Ohrfeige mit den Worten ›das Überhaupt-Nicht hättest du dir sparen können!‹«

»Nein wirklich? Das war nicht recht.«

»Mutter, darum ging es doch gar nicht. Und die Ohrfeige wegen Roger? Das muß 1961 gewesen sein, da war ich immerhin schon 21. Wir saßen im Borgward, das war, als ich mein Anerkennungsjahr als Schwester in Dierdorf machte. Ich sagte, daß ich einen neuen Freund hätte, und Vati wollte wissen, wer er war, woher er kam, woher seine Eltern kamen, ob keine Krankheiten in der Familie wären. Ich sagte alles, was ich wußte. Plötzlich ein Schlag nach hinten zu mir auf dem Rücksitz mit den Worten: ›Auch so einer, der die Hugenotten vertrieben hat!‹«

»Wirklich, Kind?«

»Wirklich.«

»Aber Kind, du hast es einem auch wirklich nicht leichtgemacht.«

»Ich glaube, wir haben es uns damals alle nicht leichtgemacht. Ich wußte damals nicht, daß Roger homosexuell war und durch mich versuchte, seine Anlagen zu verschieben. Das wußtet ihr auch nicht, euch ging es nur darum, daß er katholisch war, also unmöglich für mich, es sei denn, er würde evangelisch. Da fiel auch der Spruch von Vati ›conditio sine qua non‹, den ich damals nicht mal verstand, aber er wirkte auf mich wie eine böse Zauberformel.«

»Na, und dann gab es ja noch so einige, die du uns vorstelltest.«

»Das war es ja. Hätte ich es doch nicht getan! Aber ich war ja so gut erzogen, daß wir uns das Leben immer da schwermachten, wo es hätte leichter sein können.«

»Du hattest doch auch mal einen Schaufensterdekorateur.«

»Ach ja, stimmt ja. Der kam für euch als Nichtakademiker sowieso nicht in Frage. Dann der Theologiestudent, der aber Atheist war, dazu depressiv, der wollte, daß ich ihn heirate, weil er sich sonst das Leben nehmen würde, der dann in die Psychiatrie kam. Dann der Geologe, bei dem die Hoden nicht eingetreten waren, was ihr mir aus Scham gar nicht sagen wolltet, aber ich bestand darauf zu erfahren, warum wir nicht zusammenbleiben konnten, und drohte, zu ihm nach Spanien zu fahren, wo er wegen seiner Doktorarbeit sein mußte. Als ihr es mir sagtet, meinte ich, es wäre mir egal, ob er Hoden hätte oder nicht, ich hab' ihn als Menschen geliebt.«

»Ach ja, der Hartmut. Das war ein wirklich netter Junge.«

»War er, und ihr meintet, Hoden seien wichtig, und ich wußte nicht mal, wofür, und da war ich schon in der Schwesternausbildung. Das muß man sich mal klarmachen!«

»Mensch, Zwieselchen, reg dich doch nicht so auf!«

Heinrich, der all die Geschichten schon kennt, spürt meine Erregung.

»Ich will mich aber aufregen, verstehst du? Ich will mich endlich mal aufregen! Und außerdem war ich damals so naiv und hatte lange geglaubt, daß es christlich sei, wenn ich keinen Mann an mich herankommen lasse. Selbst als ich wußte, wofür ein Mann seine Hoden hat, sagte ich mir, als Hartmut mit mir Schluß machte, nachdem er bei einem Arzt sein Dilemma erfahren hatte: Was soll ich mit einem Mann, der Hoden hat? So dachte ich damals. Ich war bis zur absoluten Lächerlichkeit blöd, naiv und gehorsam, halt sozusagen gut erzogen.«

»Ach Kind, das hört sich ja alles schlimm an. Du warst doch dann auch mal verlobt.«

»Stimmt, ganz offiziell. Hermann, mein Gott, stimmt ja. Ich liebte ihn nicht, aber er war Jurist. Ich hab' nur sein Examen abgewartet und hab' ihn dann weggeschickt, mich also entlobt.«

»Ich hab' nie verstanden, warum du dich erst verlobt hast.«

»Ich auch nicht. Er war immerhin der erste nach dem Geologen, gegen den ihr nichts hattet. Akademiker und evangelisch, daß ihr ihn sonst nicht so mochtet, spielte ja keine Rolle. Ich liebte ihn nicht, dachte, vielleicht geht eine Verbindung nur ohne Liebe, weil es ja mit Liebe nie klappte. Und dann dachte ich noch, vielleicht klappt es mal mit einem ganz scheißnormalem Menschen. Die anderen waren ja alle liebenswerte Spinner, zum Teil chaotisch, genauso wie ich. Ich versuchte es halt mit Hermann, weil ich glaubte, die, die mich interessieren, krieg' ich ja doch nicht, also nimm den erstbesten, der den Eltern gefallen könnte. Klappte auch nicht.«

»Ja und dann Bremen!«

»Stimmt ja, Dorkas, war das alles ein Krampf! Der Heiner war früher Assistenzarzt in Marburg, und er sagte damals schon, ich könne jederzeit kommen. Das schwebte mir immer im Hinterkopf. Er wurde dann Oberarzt in Bremen, und ich traf ihn wieder. Immer noch drängte er mich, ich solle kommen. Inzwischen steckte ich tief in meiner Tablettensucht drin, und ich haute vom Kubitz ab, blieb ein Jahr in Bremen. Schlimm! Ich glaube, das war das widerlichste Jahr, das ich erlebte. Ich verstrickte mich zusätzlich in Alkohol. Er war Alkoholiker, was ich damals nicht wußte. Aber viel schlimmer waren seine Frauengeschichten. Wie oft passierte es, daß ich in die Wohnung kam, in der Garderobe standen Pumps, und aus dem Schlafzimmer kam lustvolles Gestöhne. Dann hatte er mal eine achtzigjährige Patientin da, auch die in seinem Bett, und ich durfte anschließend die von ihr bekackte Bettwäsche waschen. Heiner meinte, wenn ich bleiben wolle, müsse ich das alles akzeptieren, ansonsten gehen. Und ich? Ich glaubte immer, es liege an mir, daß ich nicht alles ertragen kann, und versuchte, mich zu ändern. Mal wieder! Ich war da noch überzeugt, daß zum Lieben tiefstes Leid gehört. Mein Gott, was war ich versaut!«

Wachwerden im eisigen Morgengrauen unter ungewohnt dikkem, schwerem, fremdmuffelndem Federbett in einem nie zuvor wahrgenommem Zimmer, neben mir das benutzte, aber leere zweite Bett.

Wo bin ich? Wie komme ich hierher?

Entsetzt war ich hochgeschreckt.

Das alles ist nicht wahr, nicht wirklich, ich träume nur!

Aber auch, wenn ich meine Augen noch so fest verschloß, sie mir rieb, um sie vorsichtig blinzelnd wieder zu öffnen, die Tatsache blieb: Hier war ich noch nie! Ich bin alleine!

Ich starrte zur Tür. Lieber Gott, laß das alles nicht wahr sein. Laß Mutti oder Vati reinkommen! Und die Tür öffnete sich einen Spalt. Fremde Augen in einem fremden Teilgesicht lächelten mich an.

Ich erstarrte, wollte schreien, blieb stumm, wollte mich unterm Federbett verkriechen, blieb still sitzen.

Sie haben mich abgegeben!

Die fremde Frau kam lächelnd auf mich zu, faßte mich unter die Achseln, hob mich hoch, trug mich summend an ihre Brust gedrückt über einen eisigen Flur.

»Ganz die Dorkas!« strahlte sie und öffnete eine Tür. Warme Luft kam mir entgegen. Ich sah eine Küche. Die fremde Frau stellte mich auf eine glänzende, weißgestrichene Holzbank am Fenster, ich nahm eine Rückenlehne und die seitlichen Armlehnen wahr, dann eine Zinkwanne auf der Bank mit wenig Wasser.

»Ganz die Dorkas!« strahlte sie wieder und mich an, faßte unten an mein Nachthemd, hob es hoch, ich wollte kratzen, beißen, schlagen, »das darf man nicht, niemand darf einen nackt sehen, hat Mutti immer gesagt!« wollte ich sagen und »das ist unanständig, so was tut man nicht!«, aber ich sagte keinen Ton, hob brav die Arme und schämte mich entsetzlich. Die fremde Frau hob mich in die Wanne, ich sah ihre lachenden Augen, die kugeligen, rotgeäderten Bäckchen und wollte sie nicht lieb finden.

Eiskaltes Wasser schloß sich wie Eisenringe um meine Knöchel, ich zappelte nicht, ließ die fremde Frau machen, was sie wollte.

Schon hatte ich einen nassen Lappen im Gesicht. Ich roch Seife. Ich wollte keine Seife im Gesicht haben, weil meine Mutter ihr Gesicht nie mit Seife wäscht, nur uns Kinder immer auch im Gesicht mit Seife wusch, aber jetzt wollte ich keine Seife im Gesicht haben, trotzdem ließ ich mir mit Seife in meinem Gesicht herumwischen und meine Augen brannten. Die fremde Frau bohrte einen Finger in den Lappen, mir in die Ohren, als wollte sie mich aufbohren, der Lappen klatschte um meinen Hals, auf meinen Bauch, die Brust, ich wurde gedreht und schon wischte sie mir mit dem Lappen den Rücken. Wieder drehte sie mich, faßte nach einer Hand, fuhr meinen Arm entlang bis unter die Achseln, es kitzelte, aber ich zuckte nicht. Sie rieb alle Finger einzeln, drehte die Hand um, rubbelte die Rückseite. Andere Hand, anderer Arm, andere Rückseite.

Ich fror.

Nun kamen die Beine dran.

»Gib einen Fuß.«

Ich balancierte, wollte sie nicht als Halt anfassen, mußte es aber, sonst wäre ich gefallen. Beim Rubbeln wurde ich hin und her geschubst.

»Den anderen!«

Ich sah von oben auf ihren Kopf, sah ihre festen, dunklen Haare zu einem Zopf geflochten, um den Haaransatz gelegt und festgesteckt. Ein Kunstwerk! Wie sie das wohl machte? Ich wunderte mich, daß ich mich wunderte.

»Beine breit!«

Ich machte die Beine breit.

Das geht mich alles gar nichts an, dachte ich mir Mut zu, aber trotzdem schämte ich mich, weil sie mich zwischen den Beinen wusch.

»Bücken!«

Ich bückte mich und sie bog mich so, daß ich ihr meinen Po entgegenstrecken mußte. Sie wusch meinen Po.

Nachwaschen, Seife weg, ein großes Handtuch flog um mich, sie wickelte mich ein, ich war geschützt. Sie rubbelte mich trocken, strahle mich immer noch an, summte vor Zufriedenheit und Freude.

Nichtfragenkönnen, warum ich hier bin, wo die anderen sind, aus Angst, daß sie sagen könnte »deine Eltern wollten dich nicht mehr, da haben sie dich mir gegeben«.

Die fremde Frau nahm das schützende Handtuch weg, zog mich an. Es waren meine Sachen. Frische Anziehsachen. Wie kamen die hierher?

Ich mußte mich auf einen Stuhl setzen, während sie mir meine lockigen Haare bürstete und kämmte, es ziepte wie immer, sie zog fest an den Haaren, nahm Strähne für Strähne, so als wolle sie mir meine Locken geradeziehen. Tränen standen mir in den Augen und ich wischte sie heimlich weg.

Wenn ich ganz lieb bin, bringt sie mich bestimmt wieder zu meiner Mutter!

Sie schob mir ein Brettchen mit einem Marmeladenbrot hin, setzte sich selbst an die Schmalseite des Küchentisches. Sie faltete die Hände. Ich faltete die Hände. Sie schloß die Augen, ich schloß die Augen. Sie sprach laut und deutlich: »Komm Herr Jesus, sei unser Gast und segne, was du uns bescheret hast. Amen.«

»Amen«, flüsterte ich.

»Du darfst ein Blatt vom Kalender abreißen, willst du?«

Ich riß das Blatt vom Kalender, der an der Wand hing, behielt das Blatt in der Hand. Wo hat sie ihren Papierkorb?

»Gib es mir.«

Ich gab es ihr.

»Setz dich wieder.«

Ich setzte mich.

Sie las vor, was auf dem Blatt stand. Ich sah, daß sie las und ich hörte, daß sie sprach, aber ich verstand kein einziges Wort. Ihre Worte perlten an mir ab wie Tropfen auf Fettpapier.

»Nun laß es dir schmecken.«

Vom Herd holte sie Muckefuck aus einer weißen, angeschlagenen, großen Emaillekanne. Wir aßen und tranken. Sie lächelte und ich lächelte.

Die Küchentür öffnete sich, ein Mann trat ein, er trug einen Schal um den Hals und einen Hut auf dem Kopf. Er grinste, murmelte etwas, was ich nicht verstand, und verschwand mit Schal und Hut im angrenzenden Zimmer. Ich sah die fremde Frau an, wagte aber nicht zu fragen, wer sie und der komische Mann seien.

Als wir fertig gegessen hatten, falteten wir wieder die Hände, und die Frau sagte: »Danket dem Herren, denn er ist freundlich und seine Güte währet ewiglich, Amen.«

»Amen«, sagte ich.

Die Frau nahm mich an die Hand und zog mich lächelnd ins Nebenzimmer, in das der fremde Mann mit Schal und Hut gegangen war.

Das Zimmer, ein Wohnzimmer, war nicht geheizt. Nur in der Küche war es warm. Der Mann mit dem Schal und Hut erhob sich aus einem Ohrensessel, als wir eintraten und ging ein paar Schritte auf ein Möbelstück an der Wand zu, öffnete eine Klappe.

Wie unser Flügel in Berlin, nur abgeschnitten!

Der Mann setzte sich auf einen gepolsterten Hocker und schon wirbelten seine Finger über die Tasten, Tonleitern rauf und runter, schneller, immer schneller. Ich sah fasziniert auf seine Finger. So was hatte ich noch nie gehört und gesehen.

»Er spielt sich ein«, flüsterte die fremde Frau und zog mich neben den Mann, der nun einen Blick zur Seite auf die Frau warf, beide nickten gleichzeitig, und der Mann fing erneut an zu spielen, langsamer als zuvor, vielstimmiger und noch viel schöner, und die fremde Frau sang. Sie lächelte dabei zu mir runter, nickte, ich verstand, daß sie wollte, daß ich mitsinge, aber ich kannte das Lied nicht. Sie nickte singend und lächelnd weiter, und um ihre eine Freude zu machen, summte ich erst leise mit, aufpassend, die richtigen Töne zu erwischen. Ich merkte, daß sich die Melodie immer wiederholte, darum konnte ich nun etwas lauter mitsummen. Die Frau strahlte, und ich freute mich, daß sie sich über mich freute.

Dann stand der Mann mit Schal und Hut auf, klappte den abgeschnittenen Flügel zu, grinste uns an und ging durch die Küche raus in den kalten Flur.

Die Frau und ich gingen zurück in die warme Küche und setzten uns an den Tisch. Sie schälte Kartoffeln und sang dabei alle Strophen, die sie zuvor mit Klavierbegleitung gesungen hatte. Der Vormittag ging schnell vorüber mit diesen immer wiederholten Strophen, und ich lernte alle zwölf des Liedes »Befiehl du deine Wege« auswendig.

Ich sang dieses Lied mit all seinen Strophen voller Inbrunst, voller Sehnsucht, als sei es die Zauberformel, zu verstehen, was passiert war, als könne dadurch meine Mutter erscheinen und mich wieder zu sich holen.

Abends im Bett betete die Frau mit mir und küßte mich auf die Stirn.

»Schlaf schön, dein Vati kommt später.«

Vati kommt später? Wo war er? Warum war er nicht da? Warum ließ er mich alleine?

Ich versuchte, nicht einzuschlafen, wollte wachbleiben, um Vati zu fragen, warum wir hier wären und wo die anderen seien. Aber ich schlief ein und am Morgen war das Bett neben mir benutzt, aber leer.

Warum macht er das? Warum weckt er mich nicht? Kam er denn wirklich nachts? Oder sagte die fremde Frau das einfach nur?

Jeden Tag lernte ich Psalmen auswendig, dazu ein Lied aus dem Gesangbuch, manchmal auch Sprüche vom Neukirchener Abreißkalender. Aber die Psalmen mochte ich am liebsten, sie waren so traurig, so sehnsüchtig, so voller Zuversicht. Ich war überzeugt, die hätten Leute geschrieben, die ganz traurig waren, so wie ich.

Einmal faßte ich allen Mut zusammen und fragte endlich die Frau, wer sie sei.

»Aber ich bin doch deine Patentante, weißt du denn das nicht?«

Ich wußte es nicht.

»Mein armes, armes Kind!« Und sie drückte mich fest an ihre starke Brust, hielt meinen Kopf, streichelte mein Haar und am liebsten hätte ich geweint, aber das traute ich mich nur abends unter dem Federbett, wenn ich alleine war. Sie sollte nicht denken, ich sei undankbar.

Dafür weinte sie, schniefte, zog ein Taschentuch raus, fuhr sich mit ihm über die Augen und küßte mich wieder. Ich spürte, daß sie mich liebhatte, aber wo war meine Mutter?

»Dein Vati ist mein Bruder. Hast du das wirklich nicht gewußt?«

»Nein.«

»Das hat dir niemand gesagt?«

»Nein.«

»Ich bin die Margarete Büchter, sag Tante Tete zu mir.«

Nun fand ich auch den Mut zu fragen, wer der komische Mann mit Hut und Schal ist.

»Das ist Onkel Karl, mein Mann.«

»Warum läuft er in der Wohnung mit Hut und Schal rum?«

»Weil's kalt ist.«

Alles hörte sich so einfach an, so selbstverständlich, trotzdem blieb für mich alles so unwirklich.

Abends im Bett flehte ich zu Gott und sagte die vielen auswendig gelernten Psalmen auf.

»Wende dich zu mir und sei mir gnädig, denn ich bin einsam und elend. Die Angst meines Herzens ist groß, führe mich aus meinen Nöten«, und »Sieh meinen Jammer und Elend und vergib mir meine Sünden«.

Leise sang ich unter dem Federbett das neu gelernte Lied »Jesus geh voran« und hätte es am liebsten geschrien, glaubte, dann würde der liebe Gott mich besser hören, denn die Leute in den Psalmen schrien ja auch: »Wenn mir Angst ist, so rufe ich den Herrn und schreie zu meinem Gott.« Aber ich schrie nie, weil die Tante denken könnte, es wäre was passiert, aus Angst, ich müßte ihr erklären, warum ich schrie, aus Angst, sie könnte mich auslachen, wenn ich ihr mein Schreien erkläre.

Weinend schlief ich ein und hoffte, nur ein einziges Mal nachts wach zu werden, wenn Vati käme.

Aber ich sah ihn nie. Ich spürte ihn nie.

Tante Tete und Onkel Karl nahmen mich mit in eine Kirche. Sie sagte, es sei die Sankt-Georgs-Kirche, und die Kirche sei das Haus vom lieben Gott. Das verwirrte mich. Der liebe Gott hat ein Haus auf der Erde? Wohnte er denn nicht im Himmel? Aber vielleicht würde ich ihn doch entdecken? Vielleicht käme er ja manchmal nach Hause? Aber weil wir Menschen ihn doch nicht sehen durften, würde er sich bestimmt verstecken. Ich nahm mir vor, ihn mit meinen Augen in jedem Winkel zu suchen und war sehr aufgeregt.

Die Tante hatte gemerkt, daß ich aufgeregt war und fragte. Dann sagte sie, daß die Kirche das Haus vom lieben Gott sei, man aber nur spüren könne, daß er da sei. Ich glaubte fest, ich würde es schon merken, wenn er da wäre.

Wir betraten sein großes Haus und gingen gleich hinter dem Eingang nach links die Treppe hoch und gingen an Reihen von Bänken vorbei zur ersten Reihe vor einer Holzbalustrade. Der Onkel nahm ein Staubtuch aus seiner Manteltasche und wischte die Ablage fürs Gesangbuch ab, legte dann erst sein Gesangbuch hin. Danach wischte er die Bank ab, die Sitzfläche, die Rückenlehne. Ich sah keinen Staub und strich mit der Hand über die Bank. Nein, sie war sauber. Warum machte er das? Ich stand zwischen den Reihen und hatte den lieben Gott ganz vergessen. Die Tante lächelte mich an, setzte sich erleichtert und atmete tief zufrieden durch, nahm ihr Taschentuch und wischte sich über die Augen. Weinte sie? Nein, sie sah sehr glücklich aus. Ich sah dem Onkel zu, den ich sehr komisch fand. Er hatte seinen Mantel ausgezogen und auf links gedreht und legte ihn nun über die staubgewischte Gesangbuchablage. Dann setzte er sich umständlich auf die Bank und zog aus einer seiner Jackentaschen ein Döschen, öffnete es und puhlte aus seinen Ohren Watte heraus und steckte sie in das Döschen, das zugeklappt in seiner Jackentasche verschwand. Aus einer anderen Tasche zauberte er ein anderes Döschen hervor, öffnete es und holte zwei Wattekügelchen hervor, steckte sie in seine Ohren und ließ auch das zweite Döschen verschwinden. Ich sah ihn fragend an, vielleicht erklärte er mir dann, warum er so komische Sachen machte, aber er lächelte nur.

Plötzlich begann Musik, wie ich sie noch nie gehört hatte, und die Tante deutete mir an, mich zwischen sie und Onkel Karl zu setzen. Ich sah, daß noch mehr Menschen gekommen waren und noch kamen, aber keiner wischte die Bänke ab.

Plötzlich fingen die Leute an zu singen, aber es war kein Lied, das ich kannte, dabei kannte ich schon so viele. Dann redete eine Männerstimme. Ich stellte mich an die Balustrade, glaubte, der liebe Gott spreche, aber da unten stand nur ein Mann in einem langen schwarzen Kleid. Später stellte der schwarze Mann sich auf eine Empore, und er redete und ich hörte aufmerksam zu, verstand aber kaum etwas, und so begann ich mit meinen Augen alle Winkel abzusuchen, ob ich vielleicht den lieben Gott nicht doch irgendwo versteckt sehen könnte. Aber ich sah keinen Mann mit einem langen Bart. Tante Tete hatte gesagt, daß man ihn spürt, aber ich spürte ihn auch nicht. Als wieder gesungen wurde, begann der Onkel seine Wattekugeln wieder auszuwechseln und weil Tante Tete wohl sah, daß ich so erstaunt war, meinte sie flüsternd, er hätte bestimmte Watte für drinnen und draußen.

»Er hat's an den Ohren.«

Das alles fand ich sehr seltsam.

Beim Mittagessen in der Küche fragte ich, warum der Onkel immer so lange kaut.

Die Tante lachte und meinte, viel kauen sei gesünder. Ich beobachtete den schweigsamen Onkel und bewunderte ihn, denn selbst ganz weiches Essen kaute er lange, ganz lange.

»Man muß jeden Bissen 36mal kauen.«

Ich probierte das Essen ganz lange im Mund zu behalten und kaute und kaute, aber nach wenigen Bissen war es immer schon runtergeschluckt.

Ich war ein braves Mädchen. Das sagte die Tante jeden Tag.

Aber meine Mutter kam nicht, mich abzuholen, und meine Tante brachte mich auch nicht nach Hause, und meinen Vater sah ich auch nicht.

Abends im Bett betete ich weiterhin die auswendig gelernten Psalmen, denn vielleicht würde mich ja der liebe Gott doch noch irgendwann hören.

»Wie lange soll ich sorgen in meiner Seele und mich ängstigen in meinem Herzen täglich. Mein Herz freut sich, daß du so gerne hilfst.«

Das stimmt doch alles gar nicht! Alles stimmt nicht! Die lügen alle und auch du, lieber Gott. Warum belügst du mich auch?

»Lieber Gott, hilf mir, sei doch endlich mal ehrlich!«

Hier ist der rote Faden gekappt!

Wieso hier? Gerade hier? Nicht, als ich am ersten Morgen unter dem Federbett bei der Tante wach wurde, sondern als ich wieder abgeholt wurde. Kann das sein? Wieso aber? Wieso, als die Familie endlich wieder zusammenlebte?

Irritation.

Ruhe! Es gibt für alles Erklärungen. Finde ich sie? Wen kann ich fragen? Wer kann mir helfen?

Niemand!

Mutter? Nein.

Wenn ich mich wie bisher vorantaste? Möglich.

Ich spüre ein Holzgeländer in der linken Hand, sehe vor mir eine Treppe. Die Treppe im Haus Waldstraße 6. Betrete ich die Treppe? Muß ich ja, aber ich weiß es nicht.

Meine linke Hand auf dem runden Treppengeländer, vor mir die Treppe.

»Wann habt ihr mich von Tante Tete weggeholt?«

»Das muß im Januar/Februar 1946 gewesen sein.«

»Kannst du mir mehr darüber sagen? Warum kam ich nach Hattingen?«

»Vati wollte ins Ruhrgebiet und sich dort eine Praxis einrichten oder eine Stelle in einem Krankenhaus suchen.«

»Warum gerade das Ruhrgebiet?«

»Weil seine Schwester ja in Hattingen wohnte und er vom Niederrhein kam, das ist ja ganz in der Nähe. Ich wollte gar nicht dorthin. In die Nähe der G.s? Die waren ja alle sehr nett, aber in der Masse zu laut, zu stark, zu selbstbewußt. Sie waren herzlich, rührend, aber zu einvernehmend. Sie drückten einen sofort beim Begrüßen an sich, küßten einen ab, auch wenn man sie noch gar nicht kannte. Außerdem waren sie viel zu tüchtig. Alle wurden immer mit ihrem Leben fertig, jeder stand seinen Mann. Gab es mal Probleme, kam die Familie zusammen und beriet, und schon klappte alles wieder.

Vati hätte nach Wanne-Eickel gekonnt, dort hätte er eine Klinik übernehmen können, er nahm mich auch mit hin, um mir alles zu zeigen, aber ich sah nur Fördertürme, Dreck, kaputte Häuser, und Frauen liefen in Lockenwicklern und Hausschuhen über die Straße, da hab' ich dann doch gestreikt. Später fand Vati eine Praxismöglichkeit in Hattingen und er sagte: ›Lieber der erste in Gallien als der zweite in Rom.‹ Darum zogen wir nach Hattingen.«

»Und ich fuhr mit Vati vor, und wir wohnten bei Tante Tete und Onkel Karl, während ihr in Aumühle bliebt.«

»Ja, eins der Kinder sollte mit, ich wollte mal etwas entlastet sein.«

»Tante Tete und Onkel Karl waren wildfremde Leute für mich, warum ließest du nicht Peter mitfahren, er war doch älter, und er hätte das alles sicher viel besser verstanden.«

»Nein, Peter wollte ich bei mir behalten, und ich dachte es mir schön für dich.«

»Habt ihr mir vor der Reise erklärt, gesagt, wohin ich komme?«

»Nein, natürlich nicht, du warst ja für Erklärungen noch zu klein, du hättest das damals nicht verstanden.«

»Ich war fünf. Meinst du nicht, ein Kind mit fünf könnte so was schon verstehen, wenn man es ihm richtig erklärt?«

»Ich stand auf dem Standpunkt, man solle Kindern so viel wie möglich abnehmen, sie so wenig wie möglich mit irgend etwas belasten.«

»Wie bitte?«

»Na ja, was soll das Erklären? Du hättest dich nur aufgeregt und nicht mitgewollt.«

»Weißt du eigentlich, daß ich dort sehr traurig war, obwohl Tante Tete und Onkel Karl sehr lieb zu mir waren? Ich hatte geglaubt, du wolltest mich nicht mehr und hättest mich weggegeben.«

»Aber Kind, warum sollte ich?«

»Damals hatte ich die Angst.«

»Das kann schon sein, aber früher dachte ich, Kinder vergessen schnell.«

»Hast du denn alles aus deiner Kindheit vergessen? Ich meine traurige Dinge, angstmachende Erlebnisse? Ich denke zum Beispiel an den Keilerkopf bei deinem Großvater, vor dem du Angst hattest.«

»Nein, ich kann mich an meine Kinderängste noch sehr gut erinnern.«

»Und du meintest, deine Kinder könnten besser vergessen?«

»Na ja, das hatte ich mir nicht so richtig überlegt, ich hatte schließlich andere Dinge im Kopf, davon hast du ja heute gar keine Vorstellungen.«

»Ja, ja.«

»Nein, wirklich nicht. Und schließlich, vergiß nicht: Wir wollten nur dein Bestes!«

»Da haben wir es wieder!«

»Was?«

»Schon gut. Sag mal, wie lange war ich bei Tante Tete?«

»Vati und du, ihr wart ja schon in Hattingen, und ich kam mit Peter und Jörg so Mitte März nach. Und in Hattingen trafen wir Gretel wieder, Gretel aus Schlesien, die war damals schon in Arnsdorf, und diese Gretel wurde dann unser Hausmädchen und half uns gleich, die Praxis und die Wohnung einzurichten.«

»Wo habt ihr in der Zeit gewohnt, bis die Wohnung fertig war? Vati soll ja mit bei Tante Tete gewohnt haben, aber ich erinnere mich nicht, ihn in all dieser Zeit gesehen zu haben.«

»Er mußte ja schließlich auch wegen einer Praxis unterwegs sein. Wir wohnten dann alle mit bei Tante Tete, wo hätten wir sonst wohnen sollen?«

»Alle zusammen?«

»Natürlich!«

»Hast du dich eigentlich gefreut, mich wiederzusehen?«

»Natürlich, wieso fragst du eigentlich so komisch?«

»Weil ich mich nicht erinnere. Sag mal, hab' ich mich gefreut, die Brüder wiederzusehen?«

»Ja, ist doch wohl klar.«

»Wie war ich, wenn ich mich freute?«

»Du stellst vielleicht Fragen!«

»Wie war ich?«

»Ganz normal.«

»Was war normal, wenn ich mich freute?«

»Mein Gott, Monika, du fragst und fragst, ich weiß das alles nicht mehr.«

»Und gingen wir dann alle in das Haus in der Waldstraße? Ich meine alle gemeinsam?«

»Gemeinsam? Ich denke schon, wie denn sonst?«
»Gingen wir alle gemeinsam die Treppe in den 1. Stock hoch?«
»Natürlich.«
»Mutter, bitte, versuch dich mal genau zu erinnern.«
»Wir gingen alle gemeinsam die Treppe hoch, reicht dir das?«
Ich gebe es auf.
Mich überkommt eine tiefe Traurigkeit.
»Mutter, ich geh' mit dem Hund etwas spazieren, nur eine kleine Runde.«
»Ich komm mit.«
»Du bleibst! Ich will etwas alleine sein!«

Mein Vater! Meine Mutter!

Habt ihr euch je gefragt, ob ich mehr brauchte, als Brot, um nicht zu verhungern, als Wasser, um nicht zu verdursten, als eine Matratze, um am anderen Tag wieder zu funktionieren, mehr, als mich durch den Krieg und die Flucht zu bringen, damit du, Dorkas, stolz berichten kannst, welche Opfer du gebracht hast, um uns zu retten? Habt ihr euch je gefragt, ob ich außer den G./von Kietzell-Benimmregeln wie: »eine G. tut so was nicht!« noch anderes brauchte, um zu leben? Liebe?

Was ist es, daß deine Generation, Vater, von Schlagworten leben kann, um sie anderen um die Ohren zu schlagen, genauso wie Ratschläge? Ich lese es immer wieder. Sind diese Klischees eure Gerüste? Um mitmenschliches Denken, eigenes Denken zu verhindern? Um eigenes Reflektieren schon im Ansatz auszumerzen? Seid ihr als Kinder selbst schon mit Wort und Rat geschlagen, anstatt einmal in den Arm genommen worden, einmal liebevoll getröstet?

Dorkas, deine Worte »man muß eben Opfer bringen!« hab ich so gut im Ohr. O ja, Dorkas, Opfer hast du gebracht, warst selbst so selten Opfer. Ja, geopfert hast du mich für deinen Mann, meinen Vater, für sein Ansehen, seinen Ruhm, für dich, um als Frau des Wilhelm G. auch ein bißchen von seinem Glanz mitzubekommen, für die Gesellschaft, damit sie sagen kann: seht diese Familie!

Wärst du doch öfter Opfer gewesen, würdest du dieses Fingerspitzengefühl, das andere so erhaben Menschlichkeit nennen, empfunden und verinnerlicht haben. Das ganze Ausmaß von Peters und meiner Vereinsamung als kleine Kinder schon, nein, Mutter, du hast nichts begriffen! Soll ich dich weiter entschuldigen? Soll ich weiterhin alles auf deine aristokratische Erziehung schieben, auf die Kaiserzeit, die Hitlerzeit, auf dein verwildertes Verständnis von Christsein? Soll ich weiter denken: Herr vergib ihr, denn sie wußte nicht, was sie tat?

Ihr beide, Dorkas und Willi, ihr wart ja so groß, wenn es darum ging, daß ich mich bei euch entschuldigen mußte, natürlich auch vorm lieben Gott, auf daß es euch gutgeht auf Erden. Aber daß Eltern sich einmal bei dem Kind entschuldigen? »Wo kämen wir denn dahin!« Was Vater? Auch so ein Spruch: Wo kommen wir denn dahin!

Reue ist was für Kinder! Hat Eichmann auch gesagt. So habt ihr doch gedacht, oder!

Vor und bei Kindern entschuldigt man sich doch nicht als Eltern! Für jeden kleinsten Scheiß mußte ich mich entschuldigen, mußte ich vor euch und Gott bereuen, aber ihr hattet einen Freibrief, jeden größten Mist zu machen, ohne daß er euch auch nur bewußt wurde.

Selbstherrlichkeit! Wundervoll! Meine Eltern!

Na, was sagt denn euer lieber Gott dazu? Mich habt ihr immer gefragt, was er denn sagen würde!

Euch aber ließ er rumwurschteln in eurer Selbstgefälligkeit.

Habt ihr es einfach als Christen! Mein Gott, habt ihr es einfach!

Dorkas, noch ein paar Tage bist du da. Ich bin deiner so müde. Komm bitte nicht auf die Idee zu sagen: Ach meine lieben Kinder, es war ja so schön bei euch, ich komme im nächsten Jahr wieder!

Noch paar Tage, meinst du, die schaffst du noch?«

»Ja, aber auch keinen Tag länger.«

»Du hast dich ganz auf diese 14 Tage programmiert, danach klappst du zusammen.«

»Ach was.«

»Das sagst du immer, wenn du nicht mehr kannst. Ich hab dir ja schon mal angeboten, dir Dorkas mal einen ganzen Tag abzunehmen, dann kannst du mal tun, wozu du Lust hast.«

»Nein, kommt gar nicht in Frage, es geht wirklich, auch wenn ich sie vorhin am liebsten ins Flugzeug gesetzt hätte. Es gibt ja immer wieder Momente, in denen ich weiterkomme.«

»Mach doch Schluß mit allem, pack alles weg.«

Ich lache.

»Ich muß aber!«

»Süchtling!«

»Selber Süchtling. Wir können doch beide nichts in Maßen machen.«

»Da hast du recht.«

»Weißt du, was mir klargeworden ist? Ich drücke mich vor dem Mehrwissen über meinen Vater. Ich tu das ja schon lange und immer wieder, vielleicht wirklich, weil ich das doch insgesamt positive Bild nicht zerstören will.«

»Mehrwissen?«

»Ja, ich hab doch nicht mal die Tagebuchaufzeichnungen gelesen, die Mutter mitgebracht hat.«

»Hast du Angst?«

»Ja. Und ich denke dabei an meinen Bruder Jörg. Ich hatte doch meine Geschwister gebeten, mir zu helfen, mir zu berichten, was sie von früher über mich in Verbindung mit meinen Eltern wissen. Cornelia schickte eine Kassette, Ulrike meldete sich gar nicht, aber sie war ja noch zu jung, auch hat sie mich kaum erlebt, weil ich ja dann im Internat war. Und Jörg schrieb, über so was wolle er lieber mal bei einem Geschwistertreffen sprechen und nicht schreiben, weil er dadurch eventuell sein Bild von den Eltern korrigieren müßte. Schön was? Mein Pastorenbruder hat Angst, das Elternbild könne einen Kratzer bekommen. Sehr einfach macht der sich das! Anfangs hatte ich mich geärgert, aber dann doch einsehen müssen, daß ich mich auch am liebsten drücken würde. Jetzt will ich aber die Chance nutzen, solange Dorkas da ist, aber ich denke manchmal, ich komme mit meinem Erinnern gar nicht weiter.«

»Ist dir denn noch gar nichts eingefallen?«

»Doch, ich war ganz erstaunt, als ich ihr Dinge erzählte, die in die Zeit gehörten, von der ich glaubte, da wäre nichts. Weißt du, was ich dann gedacht habe?«

»Sag.«
»Mir fielen ein paar Sachen ein, als ich so richtig sauer war.«
»Warum nicht? Ärgern ist auch schon mal erlösend.«
»Meinst du?«
»Warum nicht? Irgendwo muß doch der Knoten sitzen!«
»Ganz schön kompliziert ist das alles.«
»Ärger dich doch noch mehr.«
»Noch mehr? Spinnst du?«
»Ich meine, laß deine Wut doch mal richtig raus.«
»Ach, hör doch auf. So wütend bin ich ja doch gar nicht.«
»Vielleicht doch?«
»Ich werde vorankommen, jetzt gibt es sowieso kein Zurück mehr. Heute las ich immerhin schon mal Peters letztes Tagebuch vor seinem Tod, das hat mich aufgewühlt und traurig gemacht und auch so wütend auf meine Eltern. Aber dann ist zwischendurch immer meine Mutter um mich herum, und ich beherrsche mich, weil ich nicht will, daß sie meint, mich trösten zu müssen, genauso wie bei Mercurios Tod, ich kann sie dann erst recht nicht ertragen. Aber weißt du, was Peter schrieb? Er schrieb: ›Wenn das Sterben aufhört.‹ Er war Christ, praktizierender Christ von der wirklich ruhigen, ehrlichen, verzweifelten Sorte. Durch seinen Glauben und seine Gemeinde und die Leute von der Friedensbewegung war er gehalten, die Leute haben ihn aufgefangen, wodurch er wirklich das Sterben lernen konnte. Dann schrieb er was von End-Täuschungen, genauso ein Wort! End-Täuschungen. Ich hol' mal die Seiten, da will ich dir was vorlesen.«
»Ich staune immer wieder, wie du in deiner Art von Ordnung überhaupt was wiederfinden kannst.«
Wir lachen.
»Ich hab's, meine Unordnung ist für mich Ordnung. Hör zu, er schreibt: ›Die Erwartungen der Eltern, des Clans, ›die G. machen ihren Weg!‹ – Leistungsdruck – wenn du dein erstes Geld verdienst, gehst du bestimmt in eine Bausparkasse, was willst du mal werden? Bin nie sitzengeblieben, immer mit Hängen und Würgen und Nachhilfe in die nächsthöhere Klasse gekommen. Reden halten müssen, sich produzieren, Vorführung der Kinder, unmöglich, sich den indirekten unterschwelligen Erwartungen zu entziehen. Unterschwellige Erwartungen: Der Junge bekommt einmal meine Praxis, Medizinstudium, dann bist du, was ich glaube, ein ständi-

ger Außenseiter – hin zur Studentengemeinde – Studium, dann Biologie und Theologie. Verzichten lernen, Mißerfolge festigen Enttäuschungen. Die Eltern, d.h. die Patriarchen Willi + Heinrich produzieren meine Mißerfolge. Leistungsdruck, Erwartungen indirekt und direkt, sogar massiv. Durfte nie sitzenbleiben, kam ins Internat, obwohl nur die Kinder von Freunden der Eltern hin sollten. Mit Mißerfolgen leben, Enttäuschungen aushalten, leben lernen, indem man loslassen, verzichten lernt als Voraussetzung und Einstieg das Sterben lernen. Ruhe und Gelassenheit, sich bescheiden geben. Mein Leben und diesmal meine Vergangenheit erscheint mir im neuen Licht: Ich kann sagen, es war gut, ich bin zufrieden, versöhnt.‹«

»Dein Bruder hat das Sterben gelernt. Ob wir das auch mal können?«

»Aber er konnte es doch erst, als er wußte, daß er bald sterben wird. Warum erst dann? Verdrängt man das so? Oder ist es vorher gar nicht möglich? Ich meine für die meisten Menschen? Und Peter schrieb auch noch von denen, die plötzlich sterben, Unfall, Krieg oder so, und er fand es für sich so gut, daß er noch etwas Zeit hatte, sich vorzubereiten.«

»Ich bewundere deinen Bruder.«

»Er war das gewissenhafteste, ernsteste, traurigste Kind, das ich je erlebt habe. Er hat unter den Eltern gelitten, weil er den G.-Erwartungen nicht entsprechen konnte. Er litt unter den Lehrern, besonders unter Lehrer Eversberg in Hattingen, der ein grausamer, vielleicht ehemaliger Nazi-Lehrer war, der wohl Schwache nicht ertragen konnte, sie leiden ließ und sich ihnen gegenüber verächtlich äußerte. Peter hatte ein etwas fliehendes Kinn, und meine Mutter erzählte vor Jahren, daß Eversberg ihn deswegen für schwachsinnig hielt und meinen Eltern sagte, so was gehöre nicht aufs Gymnasium. Warum hat mein Vater den Eversberg nicht ein einziges Mal zur Sau gemacht? Kein einziges Mal! Er hat sich nie vor seinen Sohn gestellt, ihn in Schutz genommen. Mein Vater hat selbst unter der Schwäche seines Sohnes gelitten, ganz still, und hat Peter, nachdem Eversberg ihn mal wieder drangsaliert hatte, jovial auf die Schultern geklopft. Aber was machte letztlich mein Vater? Weg mit Peter. Ab ins Internat. Da war Willi fein raus, mußte die Mißerfolge seines ältesten Sohnes nicht dort ertragen, wo er, Willi, hohes Ansehen genoß. Der Sohn des angesehenen Arztes ein Versager? Abgeschoben haben sie ihn. Weg damit! Der G.-Druck war brutal! Ekelhaft! Und das Gönnerhafte von den Zwillingen, zum Kotzen! Zweifaches Exemplar, dabei war eins schon zu viel. Zu viel G.! Armer Peter. Wirklich. Er war eine der wirklich tragischen Figuren im Theater G.«

»Du bist so aufgewühlt, meinst du, du kannst schlafen?«

»Ich weiß nicht. Abgeschoben haben sie ihn. Wie im Klinikum in Berlin, als der angesehene Chefarzt der Hautabteilung, Professor Orphanos, Peter von der Station runterschmeißen wollte, weil Peter die Chemotherapie ablehnte. Wie verträgt sich das mit dem Eid des Hippokrates? Kannst du mir das mal verraten? Als Peter erfuhr, daß er Krebs hatte, Metastasen überall, ließ er sich von einem jungen Arzt Material über Behandlungsmöglichkeiten geben und hat sie studiert, danach lehnte er alles ab, weil sie nicht heilen, sondern das Sterben verzögern, zusätzlich die sinkende Lebensqualität noch mehr vermindern. Er wollte sich das Sterben nicht durch die Chemotherapie behindern lassen. Und der Arzt war einverstanden, hat seinen Wunsch respektiert und gesagt, er könne nach Hause, solle wiederkommen, wenn es nicht mehr ginge. Als es dann nicht mehr ging, kam er aber auf eine andere Station, auf die Hautstation, weil sein Krebs ein Melanom war. Peter sagte mir, bei dem Orphanos müßten alle Patienten zur Visite nackt, total nackt obendrauf auf den Bettdecken liegen und warten, bis der Herr Chefarzt mit seinem Weißkittelgeschwader kam. Auch wenn jemand was am großen Zeh hatte, mußte er nackt auf den hohen Herrn warten. Ich wollte das gar nicht glauben, aber so wie Peter das sagte, so verletzt, entsetzt, so traurig, mußte es stimmen. Als ich das mal im Jüdischen Krankenhaus beim Frühstück unseren Ärzten erzählte, war denen das zum Teil nicht neu, und von Patienten, die zu uns kamen, schon mal beim Orphanos lagen, hörte ich das auch. Wunderbar, so den Weißkitteln ausgeliefert zu sein! Nach solch einer Visite kam Peter weinend auf den Flur, wo ich wartete. Ich war so entsetzt, hatte ihn noch nie in meinem Leben weinen gesehen, selbst als Kind nicht. Ich schob ihn im Rollstuhl in die Halle raus, und da sagte er mir, was vorgefallen war. Der Chefarzt zu seinen Weißkitteln: ›Schafft mir den da weg! Den will ich auf meiner Station nicht haben, der soll bei sich zu Hause sterben.‹

Wenn ich diesen Kerl doch erwischt hätte! Ich glaube, ich hätte ihn in seine Eier getreten, aber so kräftig, daß da nur noch Matsch gewesen wäre! Was ist das für ein Arzt, der von Patienten mit Metastasen im ganzen Körper verlangt, sich der Chemotherapie zu unterziehen? Wozu diese brutale Therapie, wo doch jeder weiß, wie sehr sie den Kranken schwächt, wie sehr er kotzen muß, ohne danach erleichtert zu sein! Warum kann der Arzt nicht akzeptieren, den Willen des Todkranken respektieren? Da ist einer, der sagt: ›Nein, ich will in Frieden sterben.‹ Und darf es nicht, angeblich wegen der Wissenschaft. Ich frage dich: Was ist das für ein Arzt? Er ist sicher keine Ausnahme. Wer weiß, mit welchen Pharmakonzernen so manche Ärzte lukrative Verträge haben! Aber lukrativ für wen? Für den Kranken?

Ich ging zu der Stationsärztin, eine sehr nette, junge Ärztin. Sie sagte, sie wisse, weswegen ich käme, heute wäre der Chef zu weit gegangen. Das sei schon oft passiert, aber noch nie so ausfallend. Sie könne nichts machen, weil, wenn sie sich einmische, ihr das Leben unter ihm noch schlimmer gemacht würde, aber es gebe schon Angehörige, die sich bei der ethischen Kommission beschwert hätten. Das sah ich als Wink an und rief Jörg an, der sofort mit Neles Mann, Hartmut kam. Sie machten eine Eingabe vor der Kommission, mit Erfolg. Dem Chefarzt wurde verboten, Peter zu behandeln, er bekam ein Einzelzimmer, und nur die junge Ärztin versorgte ihn medizinisch. Diese Ärztin war es übrigens, die mich fragte, ob Peter schon immer so beherrscht gewesen sei, sie bewundere ihn, aber er täte ihr furchtbar leid. Sie sagte mir was von einer Theorie, daß solche Menschen viel eher Krebs kriegen könnten als andere.«

Während ich sprach, hatte ich angefangen zu weinen.

»Beruhige dich doch. Sollen wir aufstehen, eine Runde Canasta spielen? So kannst du ja doch nicht schlafen.«

»Ich bin unendlich müde, ausgelaugt. Ich will es wenigstens versuchen.«

»Versprich mir aber, daß du mich weckst, wenn du nicht schlafen kannst.«

»Nein, denn es kann ja sein, daß ich aufstehe und einfach nur lesen will, aber wenn es mir nicht gutgeht, wecke ich dich, das verspreche ich dir.«

Mutter, du hast mir einige deiner Kinderängste erzählt, gab es da noch mehr? Kannst du dich erinnern?«

»Natürlich! Einmal sind wir mit dem Zug ohne Mutter, nur mit dem Kindermädchen, zu den Großeltern gereist, da hatte ich furchtbare Angst, fühlte mich verlassen, unbeschützt. Oder an der Buschmühle, da war ein Teich, und alle gingen ins Wasser zum Baden, nur ich traute mich nicht. Dann das Gänsemännchen, eine kleine Marmorfigur, die mich im Traum verfolgte, oder der Erzieher von meinem Bruder Egon, der das Eichhörnchen erschossen hat, das ich so gerne beobachtet hatte, da hatte ich Angst vor diesem Mann, weil er töten konnte. Dann hatte ich Angst vor einem alten Gartenarbeiter. Meine Schwester und ich gingen den Palmenweg entlang zum Haus der Tante, der Weg war düster, da stand der Gärtner an einer Palme, alt, grau, mit einem großen Hut und schaute uns über die Schulter nach, er tat gar nichts, aber ich klammerte mich an meine Schwester und ging den Weg nie mehr alleine. Oder 1918, da war ich sechs. Wir lebten ganz still von der Welt abgeschnitten auf dem Land. Plötzlich hörten wir aus einem Gespräch der Erwachsenen ›Revolution, Schießereien, Rosa Luxemburg, Karl Liebknecht, Unruhe‹. Wir fragten, bekamen irgendwelche beruhigende Antworten, aber die Unsicherheit, die Angst blieb. Eines Tages am Abend sollten meine Schwester und ich schlafen, es war Winter und schon früh dunkel. Da gab es Krach auf dem Hof, ein Lastkraftwagen ließ den Motor aufheulen. Autos kannten wir ja fast gar nicht, schon gar nicht mit so lautem Motor. Männer riefen – Angst, Revolution? Es war nur ein verspäteter Lastwagen mit Kohlen angekommen und im Dunkeln entladen worden, das sagte unsere Mutter auf unser Geschrei hin, als sie zu uns kam. Sie nahm die Angst.

Dann, das muß vorher gewesen sein, so 1914, da war ich zwei. Ich weiß da nur was von Angst, Autos, Unruhe, Eile, beunruhigende Stimmen, besorgte Gesichter meiner Mutter und der anderen. Das Auto, in dem wir saßen, fuhr sich fest im aufgeweichten Boden auf der Auffahrt zum Großelternhaus in Bischofroda. Ich zitterte, verstand nichts. Mutter erklärte mir später, wir wären bei den Großeltern gewesen, als plötzlich die Einberufung meines Vaters zur Garnison kam. Die Mobilmachung stand für den nächsten Tag bevor, und wir mußten nachts nach Spandau zurück. Militär auf allen Zügen.

Oder Angst bei Großvaters Beerdigung, 1917, also bei dem Großvater von Patow in Zinnitz. Weinende Erwachsene, schwarze Kleider, der Geruch von Tannen und Kränzen, Großvater so still aufgebahrt mit spitzem Gesicht. Ich hatte Angst vor dem Neuen, das ich nicht verstand. Das Grab auf dem Friedhof, der Sarg senkt sich. Ich wurde fortgebracht, da ich umgekippt war vor Angst vor dem Neuen. Es ging dann besser, als Mutter mir erklärte, Großvater sei nun im Himmel, ihm gehe es jetzt besser, er sei bei seinem Herren, aber sein spitzes Gesicht senkte man in die Erde.

Dann hatte ich Angst, als wir in Hohenwohltorf wohnten, auf dem Weg zur Schule. Der Weg ging an einem Graben vorbei mit einem kleinen Bächlein, viele Bäume, etwas düsterer Weg. Der alte Gärtner sagte, daß Schlangen auf dem Weg seien, er hätte sie gesehen. Wir gingen barfuß zur Schule, es waren ja schlechte Zeiten, das war 1919. Mein Bruder sagte, Schlangen würden einen verfolgen und immer geradeaus losschießen, wenn sie Füße sähen. Also im Zickzack laufen, damit die Schlangen ihr Ziel verfehlten. Ich lief dann später auch in Schuhen, wenn ich alleine lief, immer im Zickzack zur Schule.

Oder in Reinbek, da war ich vielleicht zwölf. Ich kam im Winter am Spätnachmittag vom Klavierunterricht nach Hause. Ich stolperte und fiel auf dem Weg in eine Hecke. Da lag ein Betrunkener herum und der faßte an meinen Fuß und ich floh.

Oder über meinem Kinderbett hing ein Spruch: ›Wo wirst du die Ewigkeit verbringen?‹ stand darauf. Mal hatte ich gelogen, mal in der Schule abgeschrieben, mal mich mit meiner Schwester gezankt, Schuld, Angst, wo ich nach dem Tod hinkäme. Von der Schule rannte ich oft nach Hause in panischer Angst. Die Eltern hatten gesagt, daß Gott am Tag des Jüngsten Gerichts auf die Erde käme, um die Toten aus ihren Gräbern zu holen, er würde sie mit in sein Reich nehmen. Und zwar ginge das unbemerkt vor sich vor denen, die nicht an Jesus glaubten. Waren die Eltern, während ich in der Schule war, entführt worden und hatten mich auf der Erde alleine gelassen? Ich war oft sehr frech, vorlaut, eitel, bestimmt nicht würdig, in den Himmel zu kommen. Ein Aufatmen, wenn alle noch da waren, wenn alles wie immer war.«

Dorkas schweigt. Ich fühle mich verwirrt in meinen Gefühlen, der Schweiß ist mir aus allen Poren gebrochen, mein Herz rast, holpert, setzt aus, rast weiter.

Diese Ähnlichkeit der Ängste!

»Gehst du etwas mit mir spazieren? Ich brauche Bewegung.«

Wir gehen den Zedernweg entlang, die vielleicht frühere Dorfstraße der Camacha. Ich habe meine Mutter eingehakt, passe besser als sonst auf den Weg auf, damit sie nicht stolpert, nicht auf herumliegende Steine tritt, über eine herausragende Wurzel fällt. Grillen zirpen, Kanarienvögel zwitschern, von weitem ist das in Abständen sich wiederholende Tuten des Wiedehopfes zu hören, Hunde bellen. Lilli, eine unserer Katzen, begleitet uns.

»Du sagst ja nichts.«

»Mir hat's wirklich die Stimme verschlagen. Ich bin erschüttert.«

»Wieso denn das?«

»Es ist wegen deiner Ängste.«

»Die hat doch jedes Kind.«

»Schon.«

»Ja, jedes Kind hat Ängste.«

»Das stimmt, aber mir ist unbegreiflich, wie Erwachsene so brutal zu Kindern sein können, ohne es zu merken.«

»Brutal?«

»Ja, ich denke, das Leben macht einem Kind sowieso schon Angst genug, aber man kann ihm viel Angst nehmen, wenn es sich beschützt fühlt, geborgen, wenn ihm Dinge erklärt werden.«

»Da hast du recht.«

»Weißt du, warum ich so erschüttert bin? Das ist, weil du so schlimme Ängste hattest, ohne den Teufelskreis zu durchbrechen, indem du dir sagtest: mit meinen Kindern mach ich das aber anders.«

»Aber, wie hätte ich denn eure Ängste verhindern konnen?«

»Ich denke an den Spruch über deinem Bett, eine Grausamkeit! Aber das fiel deinen Eltern nicht auf. Deine Eltern mißbrauchten Gott, um dir angst zu machen, ohne es sich bewußt zu machen. Eine bewußtlose Generation. Aber was sag ich da? Eine Generation? Das war wohl schon immer so, ich kann nur hoffen, daß sich heute nicht mehr alle solche Grausamkeiten gefallen lassen und sie ihren Kindern zumuten, weil sie beginnen, bewußter zu leben.

Genauso du, du mißbrauchtest Gott genauso und hättest dir und mir viel ersparen können, wenn du deine Ängste, die du als Kind hattest, als Erwachsene nicht als gegeben angesehen hättest, sondern dir vorgenommen hättest, es mit deinen Kindern besser zu machen.«

»Was willst du eigentlich von mir!«

»Mutter, wo blieb die Liebe Gottes, falls es sie überhaupt gibt? Angst machen gehörte und gehört bestimmt immer noch zu den Inhalten christlicher Erziehung, zumindest mußt du daran geglaubt haben. Angst einjagen, damit man dann wieder beten kann, um Vergebung bitten kann, um gerettet zu werden. Wenn man einem Kind nicht so viel Ängste einjagen würde, brauchte es auch nicht gerettet zu werden.«

»Jeder Mensch lebt in Sünde, deswegen hat ja Gott seinen Sohn auf die Erde geschickt.«

»Du als Christin mußt das wohl so sehen. Ich denke, daß besonders ein Kind nicht in Sünde lebt.«

»Jeder Mensch lebt in Sünde, sonst wäre er ja Gott.«

»Na und? Vielleicht ist er Gott? Oder sagen wir besser, vielleicht ist das Kind Gott?«

»Du versündigst dich!«

»Schon wieder!«

»Ja, so was sagt man nicht und denkt es auch nicht.«

»Paß auf. Ich sehe, daß du aus deiner Erziehung und aus der Ausbildung zur Kindergärtnerin keinerlei Konsequenzen gezogen hast, weil du es nicht gewohnt warst, etwas in Frage zu stellen, sondern alles als gegeben hingenommen hast.«

»Welche Konsequenzen meinst du denn?«

»Ich meine jetzt speziell mich, indem du mich angstfreier hättest erziehen können.«

»Ich machte dir doch keine angst!«

»Du machtest es und machst es doch noch heute, nur falle ich heute nicht mehr auf deine Sprüche rein. Ich finde es zum Kotzen, was sich Christen erlauben, andere zu terrorisieren. Das schließt Vergewaltigung, Folter, Mißbrauch, Verbrechen ein, alles im Namen des Christentums. Hör mir doch damit auf!«

»Du bist ungerecht.«

»Natürlich bin ich ungerecht, ungezogen, unwürdig, respektlos, sonst noch was?«

»Du hast gut reden, du bist ja nicht mal mehr auf dem Papier Christin!«

»Hättest du es lieber, daß ich heuchlerisch bin wie die meisten sogenannten guten Christen? Daß ich in der Kirche geblieben wäre, nur damit du keine Tochter hast, die ausgetreten ist?«

»Na ja, es war nicht leicht, es vor der Verwandtschaft zu verheimlichen.«

»Da haben wir's!«

»Was?«

»Ach Mutter, besser wir lassen das. Ich gerate schon wieder in Rage. Wir waren bei deinen Ängsten, und ich hatte richtig Mitleid mit dir, jetzt hab ich wieder eine irre Wut auf dich.«

»Man ist nicht wütend auf seine Mutter!«

»Jetzt reicht's!«

Wir gehen schweigend weiter. Ich suche nach einem Thema, bei dem wir uns nicht zanken, aber mir fällt keins ein. Ich sage mir, ich müßte meine Mutter eigentlich bedauern, weil sie nicht in der Lage war, einmal nachzudenken, aber das Bedauern gelingt mir nicht.

Wir sind am Ende des Zedernweges angekommen und drehen um.

»Kennst du Wiederholungsträume?«

»Nein, was ist das?«

»Ich kam gerade darauf, weil wir uns im Frust immer wiederholen. Wiederholungsträume sind, wie der Name sagt, Träume, die man wiederholt hat.«

»Kenne ich nicht.«

»Träumst du vom Krieg?«

»Nein, nie.«

»Im Krieg, träumtest du da vom Krieg?«

»Nein.«

»Wie war das mit dem Marmormännchen, dem Gansemännchen, das dich im Traum verfolgte?«

»Ach so.«

»Ich habe welche, die ich Jahrzehnte immer wieder träumte, Augen-Träume und Wand-Träume.«

»Wieso Augen und Wand?«

»Bei den Augenträumen verfolgte mich immer jemand, meist waren es uniformierte Männer, Soldaten. Ich rannte, und einer folgte mir und ich merkte, daß er mich einholte. Dann packte er mich, und mein ganzes Ansinnen war, ihn unschädlich zu machen, was nur möglich war, wenn ich es schaffte, ihm die Augen auszudrücken. Bis in anatomische Einzelheiten träumte ich diese Träume immer wieder, wie ich die Daumen in seine Augen drückte, wie sie vorquollen, rausquollen, ich sie dann zwischen die Finger nahm und rausriß. Danach war ich befreit, er konnte mich nicht weiter verfolgen.«

»So was träumst du?«

»Ja, oder daß irgend etwas Entsetzliches passiert, es fallen Bomben, und es wird geschossen, und ich renne und suche in Ekken Schutz und halte meine Hände vor die Augen, weil ich nur Angst um meine Augen habe, vor sonst gar nichts, weil ich verloren bin, wenn ich nicht mehr sehe.«

»Das ist aber seltsam!«

»Ich träume diese Augenträume nicht mehr.«

»Wieso nicht?«

»Mir wurde bewußt, daß es meine Ängste vor Gott waren, weil er ja angeblich alles sehen konnte, sogar ins Herz. Und dann die Geschichte mit der Glucke in Arnsdorf, die einem die Augen auspicke. Dann du, weil du immer alles wissen wolltest, weil du immer überall nachschnüffeltest, du mich immer im Auge behieltest.«

»Ach Kind! Und was waren das für Wandträume?«

»Auch Verfolgungsträume. Ich wurde gehetzt, kam ganz außer Atem, wollte mich irgendwo festhalten, fand eine Wand, einen Baum oder so, lehnte mich an, wollte etwas verschnaufen, da gab die Wand, der Baum nach, wie Gummi, gab mir keinen Halt.«

»So was hast du geträumt?«

»Ja, aber auch diese Träume träume ich nicht mehr.«

»Wieso?«

»Ich machte mir klar, daß ich alleine stehen kann.«

»Na, du deutest dir aber da was zurecht!«

»Meinst du nicht, daß das stimmen kann?«

»Ich halte nichts vom Traumdeuten, das ist auch so ein Teufelszeug.«

Dorkas hat sich zum Mittagsschlaf hingelegt.

Heinrich und ich sitzen uns am Tisch gegenüber. Er streckt beide Hände aus, in die ich meine Stirn lege.

»Du tust mir gut.«

»Kann ich was für dich tun?«

»Ja, mich ertragen.«

»Mehr nicht?«

»Das ist mehr, als ich im Augenblick selbst kann.«

»Was ist los?«

»Weiß du, manchmal ist die Frau mir so nah, dann spüre ich so was wie Mitleid, Achtung, aber dann könnte ich sie wieder umbringen. Es ist ein Teufelskreis: Wenn ich so denke, hab ich wieder ein schlechtes Gewissen.«

»Das hat sie dir ja nun wirklich bis ins Mark eingepflanzt!«

»Aber es ist schon leichter damit zu leben als früher.«

Wir trinken Kaffee.

»Kommst du voran?«

»Ja, aber ich bin so verkrampft, so nervös. Mein rechtes Augenlid flattert, und meine Mundwinkel sind so angespannt, der ganze Unterkiefer, ich beiße die Zähne aufeinander, daß, wenn ich mich zwinge, sie zu öffnen, sie klappern, als hätte ich Fieber. Nichts ist mehr locker.«

»Stimmt, oft sprichst du auch so verkrampft, dabei so konzentriert, als ob dir jedes Wort schwerfiele, so, als ob du Ausländer wärst und was Wichtiges erklären willst.«

»Genauso komm ich mir vor.«

»Konntest du nie locker mit deiner Mutter reden?«

»Nie.«

»Schlimm.«

»Halt, das stimmt nicht, früher nie, später konnten wir schon mal flachsen, aber dann war Vater dabei, der lockerte auf. Jetzt flachse ich auch mal, aber kurz danach zittert mein ganzer Körper. Ich glaube, ich bin hysterisch.«

Wir stecken uns Zigaretten an.

»Weißt du, das Gespräch fand im Hause G. nicht statt. Bestimmt, nein, vielleicht hatten es da meine jüngeren Geschwister anders, vielleicht wurde mit ihnen geredet, vielleicht wurde mit ihnen sogar diskutiert. Und, was mir klar geworden ist: Meine Mutter gab sich total für Willi auf. Sie gab sich für ihn und auch für uns auf, aber nicht so, daß ich fühlen konnte, sie liebe uns, sondern in einem steten Kampf gegen uns. Das war ihr nie bewußt. Dabei hat sie so schlimme Kinderängste gehabt, darüber sprachen wir vorhin. Sie hat daraus keinerlei Konsequenzen gezogen. Wenn jemand aus Erfahrungen nichts lernt, muß der doch bescheuert sein, oder?«

»Im allgemeinen ja.«

»Und mir kam dann noch die Idee, daß sie ihr Denken, ihre Entwicklung zugunsten Willis aufgab. Sie ist auf einer Entwicklungsstufe stehengeblieben, die mich erschreckt.«

»Vielleicht machte ihr Denken angst.«

»Vielleicht. Einmal, es ist schon lange her, es war nach Vaters Tod, da machte sie einen Ansatz, erzählte mir etwas, worüber ich ganz erstaunt war, daß sie sich überhaupt Gedanken gemacht hatte. Ich weiß nicht mehr, worum es ging, aber ich erinnere mich an mein Erstaunen. Und nun denke ich manchmal, ich hätte mich festgefahren, so daß ich gar keine Möglichkeit habe, mir keine einräume, sie mal anders zu sehen, verstehst du?«

»Aber immer noch klammerst du deinen Vater aus.«

»Ja, ich komm noch zu ihm, bestimmt.«

»Er hatte doch auch großen Einfluß auf deine Mutter.«

»Klar, ich denke, er machte sie abhängig, und sie machte uns abhängig. Wir waren alle abhängig von Vaters Launen, von seiner Gesundheit, von seinem Tagesablauf, von seinem Ruhebedürfnis, von seinen Wertvorstellungen. Alles drehte sich um Vater. Sie war sicher mal eine selbständige junge Frau, und als Vater starb, war sie nur noch die Witwe des Doktor Wilhelm G. Sie ging zum Beispiel zur Bank und bettelte direkt um Geld, dabei hatte sie genug auf dem Konto. Sie sagte tausendmal: ›Ich bin doch die Witwe von Wilhelm G‹, so daß mir das unheimlich peinlich war, denn der Bankdirektor kannte sie ja und sagte immer wieder: ›Ich weiß, gnädige Frau, machen Sie sich keine Sorgen.‹«

»Das hört man oft von Frauen, wenn ihre Männer sterben.«

»Ja, aber früher, bevor sie Willi kennenlernte, war sie bestimmt nicht so. Und weißt du, was mich noch so aufregt, was mir aber erst jetzt wieder eingefallen ist? Sie hat uns Kinder gegeneinander ausgespielt, Wahnsinn! Auch gegen andere. Rücksichtslos! Sogar gegen meinen Lieblingsvetter Traugott G. Das hat sie geschafft! Und das Schlimme daran ist, daß ich das mit mir machen ließ.«

»Jetzt kann dir das ja nicht mehr passieren.«

»Meinst du, weil mir das bewußt worden ist? Da bin ich mir nicht so sicher. Ich habe ja auch eingespielte Verhaltensweisen, wie eine Platte mit einer kaputten Rille.«

»Dann mußt du die Platte austauschen.«

Wir lachen.

»An was ich heute noch gedacht habe, ist, daß es so schade ist, daß Tassilo und die anderen Enkel eigentlich keine Oma haben, wie man sich eine Oma vorstellt. So, wie ich sie in Omutti hatte, wenn auch nur für ganz kurz, in der Zeit, als wir nach der Flucht in Aumühle wohnten. Meine Mutter kann mit ihren Enkeln ebensowenig anfangen wie mit ihren Kindern. Tassilo hat zwei Großmütter, die andere ist als Oma vielleicht besser, als sie als Mutter war. Als ihr jüngerer Sohn Rainer an akutem Nierenversagen starb, sagte sie doch tatsächlich: ›Warum konnte es nicht der andere sein?‹ Ich habe vielleicht eine Mutter und ehemalige Schwiegermutter!«

»Mich wundert, daß du deinen Sohn bei der Mutter, die du hast, anders erziehen konntest.«

»Ich habe in vielen Dingen bestimmt den gleichen Mist gemacht, aber trotzdem glaube ich, daß wir vieles instinktiv anders machten. Der Kubitz und ich, wir waren uns vieler Dinge, Begriffe, die man heute kennt, sicher nicht bewußt, haben aber Tassilo instinktiv von Geburt an als eigenständige Persönlichkeit gesehen und respektiert, ihm Selbstverantwortung und Verantwortung vorgelebt und auf Selbstbestimmung Wert gelegt. Aber je weiter ich in meine Sucht reinsackte und für Tassilo ausfiel, um so intensiver hat sich der Kubitz um das Kind gekümmert. Der Kubitz war die ständige Bezugsperson, der zuverlässige Partner fürs Kind. Wäre der Kubitz nicht dieser Vater gewesen, ich glaube, Tassilo wäre heute nicht so, wie er ist.«

»Das glaube ich auch. Was meinst du mit Eigenverantwortung?«

»Da fällt mir Ordnung ein. Ein vielleicht dummes Beispiel, aber ich sehe gerade meine herumgeschmissenen Klamotten. Tassilo hatte ab etwa drei Jahren die Verantwortung für sein Zimmer. Manchmal konnte man sein Zimmer kaum öffnen vor Bauklötzen, Lego, Dreckwäsche. Wir haben ihn in seinem Dreck gelassen, bis es ihm selbst zu bunt wurde, dann haben wir ihm geholfen, aufzuräumen, aber auch nicht immer. Oder mit dem Klamottenwaschen. Was nicht im Wäschepuff war, wurde nicht gewaschen, da konnte das Gejammer noch so groß sein, er habe nichts zum Anziehen. So wie bei dir ja auch, stimmt's? Tassilo ist heute ein einigermaßen ordentlicher Junge. Nicht mein Maßstab und schon gar nicht deiner, aber darauf kommt es ja nicht an. Oder als er zur Schule kam. Es wäre leichter gewesen, ihn gleich um die Ecke einzuschulen, aber er wollte mit seinen Freunden aus dem Kinderladen gemeinsam eingeschult werden, viel umständlicher, aber er wollte es so. Einmal fuhr der Kubitz mit ihm im Bus hin, danach fuhr er alleine und es ging ganz einfach. Dann wollte er mit dem Fahrrad fahren, da gab es noch nicht so viele Radwege, und das in Berlin, im Berufsverkehr! Aber wir haben ihn gelassen. Am Anfang fuhr ich heimlich im Auto in großem Abstand hinterher, wollte sehen, ob er auch alles an Ampeln und Kreuzungen richtig machte. Er machte es perfekt. Von da an ließ ich ihn alleine fahren, fuhr nicht mehr hinterher. Oft hatte ich Angst, aber das war meine Angst, nicht seine, verstehst du? Es ging uns alleine um ihn. Daß Tassilo so gerne in der Schule war, ist mir ein Rätsel, er hatte es weder von seinem Vater noch von mir. Vielleicht hat er mitgekriegt, daß der Kubitz und ich nie über unsere Arbeit gestöhnt hatten? Ich weiß es nicht. Wir überließen es auch ihm alleine, ob und wann er Hausaufgaben machte, darum haben wir uns nie gekümmert, aber er hat sie immer gemacht. Wir sagten ihm, wenn er etwas nicht kapiert hätte, solle er uns fragen. Wir vertrauten ihm, das war's wohl.«

»So hätte ich nie das Abi gemacht!«

»Aber er. Wieso das so glattging, verstehe ich ja auch nicht.«

»Und wenn er das Abi nicht gemacht hätte?«

»Dann eben nicht. Er wußte, daß er werden konnte, was er wollte, er wußte, er hätte unsere Unterstützung gehabt.«

»Auch Straßenkehrer?«

»Auch Straßenkehrer.«

»Bestimmt hätte ich so gar nichts gelernt.«

»Ich weiß nicht, ich glaube aber, ich schon. Wenn der Druck nicht gewesen wäre, hätte ich bestimmt die Schule gemocht. Bei uns zählte aber nur Leistung, daraufhin wurden wir getrimmt und sind letztlich doch alle mehr oder weniger Versager geworden. Na, ich nehme mal den Gottesmann Jörg da raus. Pauken, vorlernen, nachlernen, Hausaufgaben, sogar im Urlaub kam der Tornister mit, und es gab keinen Tag, ohne daß wir lernen mußten. Freizeit gab es kaum. Und nur die gute Note wurde belohnt, gelobt. Sonst wurde das stille, beleidigte Gesicht aufgelegt, keine Miene verzogen, uns trotzdem gezeigt, wie wir sie wieder enttäuscht hatten.«

»Und deine Sucht, du wurdest doch abhängig, als Tassilo noch klein war.«

»Schon in der Schwangerschaft. Sie drohte von Anfang an schiefzugehen, und mein Gynäkologe meinte, es sei von der Natur so eingerichtet, daß Kinder oft einfach abgingen, wenn irgendein Fehler vorliegt. Aber ich glaubte nicht daran und wollte das Kind haben. Wegen meines Herzfehlers konnte ich die üblichen Wehenhemmer nicht vertragen, da gab er mir Valium und das über Monate, klar, daß ich dann abhängig wurde. Außerdem waren die Dosen von Anfang an hoch. Ich wußte aber nicht, daß ich abhängig war, konnte mir im Krankenhaus ja immer Nachschub besorgen, das war nie ein Problem, wenigstens anfangs noch nicht.

Als Tassilo geboren war, wunderte ich mich, daß er so friedlich war, solange er ruhig in meinem Arm lag. Sowie ich ihn aber bewegte, weil mein Arm einschlief, schrie er, als hätte er Schmerzen. Ich ließ noch extra einen Kinderneurologen kommen, der sagte, er sei vollkommen in Ordnung. Erst als ich im Tablettenentzug war, zehn Jahre später, wußte ich, daß der Kleine gleich zu Beginn seines Lebens einen Valiumentzug durchmachen mußte, und was das bedeutet, weiß ich ja nun wirklich. Er schrie, weil er Nervenschmerzen hatte, seine Haut muß so wie bei mir gewesen sein, so, als lägen alle Nerven frei. Damals wußte ich das alles nicht. Horror muß das für ihn gewesen sein! Mein Gott, nie wieder!«

»Hat Tassilo sonst noch viel von deiner Suchtzeit mitbekommen?«

»Ja, das ist auch so ein Faktor in meinem Leben, der mir unheimlich weh tut und an den ich gar nicht gerne denke. Aber davon wird's auch nicht besser. Ich war unzuverlässig, versprach Dinge, die ich nie hielt, das sagte er mir sogar mal ganz traurig. Um mich zu betäuben hatte ich mein Valium, später Alkohol, zum Schluß beides. Wenn was war, kippte ich mich zu, weil ich mich nicht ertragen konnte. Oder einmal spielte er in meinem Zimmer und hopste vom Sofa aufs Bett, vom Bett aufs Sofa. Da hörte er ein Geräusch, ging den Dingen auf den Grund, zog den Reißverschluß der Sofapolster auf und stellte eine leere

Flasche nach der anderen raus auf den Tisch, und mit jeder Flasche sah er mich enttäuschter an. Ich rannte raus in die Küche und kippte mich wieder zu. Wenn ich heute daran denke, macht mich das immer noch traurig und ich schäme mich, da kann ich mir noch so oft einzureden versuchen, daß dies alles Symptome der Alkoholkrankheit waren. Das hilft mir nicht. Daß Tassilo bei all meinem Mist noch so normal geworden ist, ist das Verdienst seines Vaters.«

»Aber du hast doch den Kubitz verlassen.«

»Das war was anderes. Ich veränderte mich durch meine Trokkenheit und der Kubitz nicht. Das war nicht seine Schuld, aber ich kam in den alten Trott und wäre vor Resignation fast rückfällig geworden. Da ich mich aber gegen den Alkohol und für das Leben entschieden hatte, mußte ich gehen. Das weißt du doch ganz genau, daß der Alki verändern muß, sich und Situationen, um zu überleben. Und der Alki kann es auch, weil er die Notwendigkeit sieht, die ein Nichtalki gar nicht kapieren kann. Ich ließ Tassilo bei seinem Vater. Noch bevor ich ging, hörte ich meine Mutter sagen: ›Aber Kind, eine Mutter gibt ihr Kind nicht auf!‹ und: ›Aber Kind, eine Mutter kämpft um ihr Kind!‹ Und genau das sagte sie auch.«

»Und was hast du geantwortet?«

»Irgendwas wie: ›Ich liebe mein Kind, deswegen muß ich nicht kämpfen.‹«

»Und war sie damit zufrieden?«

»Mußte sie. Und als wir später zusammenzogen, warst du zum Glück so klug, dich Tassilo nie aufzudrängen, wenn er zu Besuch kam. Ich glaube nur dadurch schaffte er es eines Tages zu sagen: ›Hab ich's gut, ich hab zwei Väter!‹«

»Und jetzt frage ich dich, warum du deinen Vater ausklammerst, er hat doch auch Einfluß auf dich gehabt. Ich spüre, daß du da gar nicht ran willst.«

»Stimmt.«

»Warum?«

»Ich würde gerne sagen, daß ich es nicht weiß, aber ich weiß es ja. Ich habe Angst vor meiner Wut.«

»Wut?«

»Ja, ich spüre sie immer mehr.«

»Dann werde doch wütend.«

»Du weißt doch genau, daß ich am liebsten Frieden, Freude, Eierkuchen habe.«

»Meinst du, daß das deiner Mutter gerecht wird?«

»Nein, bestimmt nicht.«

Es ist Nacht.

Vor mir liegen mehrere Berichte meines Vaters, handgeschrieben in seiner winzigen Schrift, fast unleserlich. Den ersten Bericht schrieb er am 7. 10. 1945 in Aumühle, zwölf Tage nach seiner Rückkehr aus russischer Kriegsgefangenschaft, die anderen 1961 und 1962 in Pontresina während eines Urlaubs.

Ich fange an zu lesen:

»Beginne mit dem 1. Mai 1945. Unsere Division, die stolze 1. Skijägerdivision, wurde in den Kämpfen Anfang April, die um Troppau waren, fast zusammengeschossen. Ein Regiment ging verloren, das andere war schwer angeschlagen. Wir wurden deshalb in einem völlig ruhigen Augenblick nach Würbethal verlegt, wo wir uns neu aufstellen konnten. Ein ruhiger Hauptverbandsplatzbetrieb. Am 1. Mai ruft mich kurz nach Mitternacht Stabsarzt St. an und berichtet, daß die Nachrichten gerade gebracht hätten, der Führer sei in Berlin gefallen. Wie diese Nachricht auf uns alle wirkte, ist kaum zu beschreiben. Ein jeder wußte, daß dieses das Ende des Krieges bedeuten würde, zugleich aber auch die endgültige, nicht wiedergutzumachende Niederlage des Vaterlandes besiegelte. Es war klar, daß nun die Auflösungserscheinungen Platz greifen würden.

Ich hatte befehlsgemäß der Kompanie den Tod des Führers zu melden. In einer Feierstunde im geschmückten Raum trat ich vor die Kompanie und die Verwundeten und sagte ihnen, daß es für uns nur eine Aufgabe geben würde, treu an der Stelle zu verharren, an die wir gestellt seien. Wir verlassen die Front nur auf Befehl von oben, weil wir als Sanitätstruppe keinesfalls den kämpfenden Soldaten im Stich lassen dürfen. Verläßt er befehlsgemäß den Graben, dann ziehen wir auch heraus. Soldatische Tradition bedeutet, solange wir in Ehren den Rock tragen, geschlossen zu bleiben, gleich welcher Gefahr wir ausgesetzt würden.«

Vater! Mir läuft es kalt den Rücken runter! Geht dein Bericht in diesem Stil weiter? Seite um Seite? Vater, das pack ich nicht! Warum kommen mir erst jetzt diese Blätter in die Finger? Du bist 15 Jahre tot, vor 45 Jahren hast du sie beschrieben. Schon gut, Vater, ich lese ja weiter. Ich lese weiter, um herauszufinden, wer du warst. Bis zur letzten Seite und dann wieder von vorne, immer wieder von vorne, bis ich weiß. Werde ich wissen? Und wenn, was dann? Warum hast du mit mir nie geredet? Warum weiß ich nichts von dir? Und jetzt auch noch deine Doktorklaue, Mensch, du machst es mir ja immer noch so verdammt schwer! Ich lese ja schon weiter!

»Die panikartige Furcht vor russischer Gefangenschaft hat jedem den einzigen Wunsch gegeben, nur fort, nach Westen, um in die Hände der Amerikaner oder Engländer zu gelangen. Manche Truppenteile, einzelne Soldaten oder Gruppen, selbst Kompanien hatten sich selbständig vom Feind gelöst und zogen in Richtung Westen. Unsere Kompanie blieb geschlossen, keiner verließ ohne Befehl den Posten. Am 8. Mai wurde die Division nach Westen verlegt, im allgemeinen Rückzug, sich vom Feind zu lösen und nach Westen zu kommen. Wir hatten Befehl, einen Hauptverbandsplatz in Mittenwalde zu eröffnen. In einem Kloster, das auch ein Forstrat bewohnte, wohnten wir. Schon waren die Nachrichten erfüllt von Kapitulation und Waffenniederlegen an allen Fronten. Wir hatten keinen Befehl dazu. Am 8. Mai sollte die Division ein 60-km-Loch füllen, östlich von Brünn. Noch am Abend war alles fertiggemacht. Ich erhielt Befehl, zum Bahnhof zu fahren, um einen Transport von verwundeten Soldaten, der durch Zugentgleisung liegengeblieben war, weiter zu befördern. Es waren alles Leichtverletzte und innerhalb von zwei Stunden waren 600 Verwundete in dem überfüllten Zug, der mit Flüchtlingen aus der Tschechei gefüllt war, untergebracht, teils unter Hinweis auf die Vollmacht des Feldstandortes, der im Notfall jeden Zug, gleich welcher Besatzung oder Fahrtrichtung, freimachen konnte zum Verwundetentransport.«

Vater, was stimmt denn da nicht? Du sprachst früher immer davon, ›Schütze Arsch‹ gewesen zu sein, ein ganz ›gemeiner Soldat‹. Und der bekommt den Befehl, den Tod des Führers der Kompanie zu melden? Einen steckengebliebenen Zug weiterzubefördern! He du! Ich verstehe nichts vom Militär, aber ich kapiere schon, daß da was nicht stimmt! Du warst mehr als Schütze Arsch. Was warst du? Wer warst du? Ich sehe dich doch noch vor mir, wenn du deine Schütze-Arsch-Witze gerissen hast. Leichtverletzte hast du geschrieben. Flüchtlinge rauswerfen lassen, um leichtverletzte Soldaten zu befördern. Mein Gott, Vater!

Weiter schreibst du:

»Als ich zur Kompanie zurückfuhr, es war morgens gegen zwei Uhr, stand sie abfahrbereit vor dem Kloster. Es ging in den hellwerdenden Morgen, Fahrtrichtung Südwesten. Doch schon nach 60 Kilometern kamen wir auf Straßen, die von zurückflutenden Truppen besetzt waren, so daß eine Fahrt praktisch unmöglich wurde. Morgens um sieben Uhr war ein absoluter Stopp. Vorne war Beschuß der Russen oder Tschechen. Man glaubte, im Kessel zu stecken, und die Fahrt ging rückwärts nach Nordwesten. Stabsarzt Stockreuter, der mit mir im Wagen saß, erlitt einen Kollaps, aus dem er sich erst nach Stunden erholte. Die Kompanie blieb bei diesem Durcheinander nicht zusammen. Zehn Wagen konnte ich etwa noch zusammenbringen. Wir wollten um jeden Preis zusammenbleiben. Unser Wagen erhielt Reifenschaden, warten konnten die anderen nicht, auch wenn der Schaden innerhalb von 15 Minuten behoben war, es gelang nicht, im Gewirr der Wagen Anschluß an die Kompanie zu bekommen.«

Vater, mir kommt's hoch, verspätet, aber es drückt hoch. Mensch, Vater, was hast du da am Anfang geschrieben? Im geschmückten Raum eine Feierstunde für den toten Führer? Mein Gott, Vater! Feierstunde! Du warst ja ein Nazi! Soldatische Ehre, den Rock in Ehren tragen! O Vater, das darf doch alles nicht wahr sein!

Weiter schreibst du:

»Wir steckten plötzlich mitten in einer mit schweren Waffen ausgerüsteten Aufklärungsabteilung, einer fremden Division. Dieser schlossen wir uns an und versuchten, weiterzukommen.

Die tschechischen Dörfer und Städte waren mitten im eigenen Revolutionserleben, rote Fahnen, rote Plätze, rot-weiße Fahnen, Zivilisten mit roten Schärpen, Bändern, Mützen; Pöbel mit Gewehren und Bajonetten wie in den traurigen Wochen des November 1918. Unsere Abteilung hatte sich freigemacht von der Menge der Fahrzeuge und fuhr auf Feldwegen und kleinen Straßen nach Nordwesten, wir wollten auf deutsches Gebiet. Aber überall wurden wir aufgehalten und anderen Wegs verwiesen. Kein Schuß fiel von der Seite der Tschechen, sie sahen unsere schweren Panzer und Geschütze; so kamen wir ungehindert weiter, bis wir am Ende eines Dorfes nördlich von Bischofschütz eine englische Fahne, von einem Engländer getragen, daneben einen großen Omnibus mit Rote-Kreuz-Fahne und amerikanischer Fahne vor uns sahen. Wir glaubten, nun in englischem Gebiet zu sein. Endlich am Ziel! Wir wollten ja zum Engländer. Nur vom Russen fort, das war doch das Ziel der Osttruppen! Merkwürdig war, daß ein Kommandeur, ein schneidiger Major, die Verhandlungen mit den Engländern zwecks Übergabe der Waffen vornahm. Viele rote Tschechen waren dabei, das Ergebnis abzuwarten. Dann hielt der Major vor allen Offizieren und Mannschaften eine Rede. Es war die letzte Rede, die vor einer bewaffneten Truppe gehalten wurde.

›Der Krieg ist zu Ende, wir übergeben unsere Waffen befehlsgemäß dem Sieger. Wir, die wir Jahre hindurch die Waffen in Ehren getragen haben, geben dieselben in Zucht und Ordnung ab. Dann werden wir zum Engländer geführt, von dort erfolgt die Abreise in die Heimat. Unserem geliebten Vaterland, Deutschland, ein letztes Hurra!‹

Alle Soldaten riefen dieses letzte Ehrenwort aus.«

Vater, mein Vater! Mir wird so schlecht! Was ist das, eine Waffe in Ehren tragen? Was bedeutet das, Vater? Was Zucht und Ordnung bedeuten, weiß ich ja, das brauchst du mir nicht zu erklären, nicht wahr? Aber eine Waffe in Ehren tragen? Das nach einem angezettelten Krieg? Das nach Abschlachten von Millionen Menschen? Welche Ehrenbegriffe sind das, die ich nicht kenne? Die des Militärs? Ich lese ja schon weiter.

»Die Freude der meisten wollte keine Grenzen haben. Einige umarmten die Engländer, auch ein junger Oberfähnrich. Er kam mir aus den Augen. Aber viele, vor allem Offiziere, hatten Tränen in den Augen, sie konnten diesen Ausgang nicht fassen.

Wir baten, unsere Pistole, das ist der Degen des Frontsoldaten, nicht den Tschechen, sondern einem englischen oder amerikanischen Offizier aushändigen zu dürfen. Dieses lehnten die Engländer ab.

›Sie haben bedingungslos kapituliert. Legen Sie die Waffen nieder!‹

Wir sagten, wir wollten sie ehrenwörtlich nicht mehr gebrauchen, wir wollten sie einem Offizier übergeben, ›Was heißt hier Ehrenwort? Sie haben den Krieg verloren?‹«

Mein Gott, Vater, hattest du eine Sprache! Aber die war sicher damals und ist wohl auch heute noch in militärischen Kreisen üblich. Aber Ehrenwort? Ehre? Die stolze 1. Skijägerdivision? Die Pistole, der Degen des Frontsoldaten? Wie so oft glaube ich auf einem Stern zu leben, der mit deinem und Mutters nichts zu tun hat, als käme ich aus einer fernen, euch fremden Welt. Selbst die Sprache hat keine Gemeinsamkeiten, nicht das Denken, nicht das Fühlen. Warum sind wir uns so fremd? Willi, du hast an die Sprache des Militärs geglaubt, an ihre so pervertierten Ehrbegriffe, mein Gott, Vater!

»Wir legten die Waffen ab. Meine Waffe gab ich dem Fahrer Kegler, und Kegler legte sie auf den Haufen, wo andere die Waffen ablegten.«

Bravo, Vater! Ein G. gibt natürlich seine Waffe nicht dem Gegner selbst ab, dafür hat er seine Leute, nicht wahr? Filmreif, deine Inszenierung!

»Alle Waffen und Munitionen wurden abgegeben. Auf unseren entwaffneten Fahrzeugen fuhren wir weiter, von Ort zu Ort, bis Bischofschütz. Auf dem Marktplatz empfing uns eine Meute von Rotarmisten der Tschechen. Männer, Frauen, Kinder, unbeholfen mit Waffen versehen umlagerten sie uns, die wir auf dem Marktplatz Aufstellung genommen hatten. Ob dies ein Stück Demonstration war oder ob es ein Stück Genugtuung sein wollte, ich weiß es nicht. Man tat uns nichts. Nach einer Stunde stiegen wir wieder in unsere Fahrzeuge, und die Fahrt ging weiter. Kreuz und quer, geführt von Tschechen und dem Engländer. Als es dunkelte, verließen sie uns, wir waren plötzlich alleingelassen, mitten auf einem Feldweg. Ob sie ängstlich wurden, uns im Dunkeln zu begleiten? Der Kommandant hielt dann eine Besprechung mit den Offizieren und sagte uns, daß er nun den Pulk von Fahrzeugen unbewaffnet nicht weiterführen könne, da die Tschechen uns sicher fehlgeleitet hätten, wir seien längst nicht auf englischem Gebiet und wären einem Betrug zum Opfer gefallen.

Befehl: Aufteilung in kleine Gruppen, allgemeine Marschrichtung West.

Dann ging der Marsch los: Stabsarzt Sorreiter und Stockreuter, Obergefreiter Nagel, der Hamburger treue Begleiter auf vielen

Hauptverbandsplätzen, Unteroffizier Ahrend, Frankfurter Versicherungsangestellter bei der Allianz, Divisionsarzt Schreiber, als ich noch Adjutant Oberarzt Kasselers war. Dazu noch ein Fahrer der Divisionsabteilung Gröhner und drei andere Kameraden. Das wichtigste Gepäck wurde zusammengetan: Brot, Büchsenfleisch, Wolldecken, Zigarren und Tabak, Kompaß, Landkarten. Das war der 10. Mai, Himmelsfahrtstag. Wundervoller Sternenhimmel, der uns Wegweiser wurde. Wir hielten stracks Westrichtung, wollten nach Melnik, in der Annahme, daß dort die Engländer wären. Das war aber nicht der Fall, wie wir bald feststellen mußten. Viele Gräben durchzogen das fruchtbare Land. Das Grabensystem, der Entwässerung dienend, war uns ein ernsthaftes Hindernis, da wir in der Dunkelheit keine Brücken und Wege sahen, so daß wir viele Umwege machen mußten, bevor wir an eine Brücke kamen, die uns wieder einen Kilometer weiter brachte, bis wir wieder an einen Graben kamen, der den Weg versperrte. Dörfer wurden weit umgangen, um den Hunden keinen Anlaß zum Bellen zu geben, wodurch das ganze in Alarm liegende Dorf geweckt worden wäre und uns verfolgt hätte. Beim Übergang einer Landstraße hatten wir einen Polizisten oder Rotarmisten zu spät entdeckt. Sofort bellte der Hund, der Mann schoß wie wild durch die Gegend und rief das etwas 100 Meter entfernt liegende Dorf zusammen. Wir suchten im Straßengraben sofort Deckung, und als ein Auto entgegenkommend den Polizisten im Scheinwerferlicht hatte, so daß er uns nicht sehen konnte, stürmten wir über die Staketenzäune hinweg in den mehrere hundert Meter entfernt liegenden Sumpf. Meine Aktentasche ist mir dabei leider abhanden gekommen, das letzte und einzige Gepäckstück, das ich noch mein eigen nennen konnte. Wir wurden noch lange verfolgt von dem Pöbel, erreichten aber bald den rettenden Wald, so daß uns auch die verfolgenden Scheinwerfer nichts mehr anhaben konnten.«

Vater, deine Sprache! Pöbel! Ist dir nie bewußt geworden, wie verseucht sie war, wie verächtlich? Mutter mit ihrem Polenpack, du mit deinem Pöbel. Unübertroffene Christen! Weiter schriebst du:

»Einen Kameraden haben wir bei dieser Verfolgung verloren, es ist möglich, daß er an einer anderen Stelle den Wald gefunden hat. Es war Gröhner, das Brot hatte er bei sich. Nun waren wir noch sechs Leute ohne Brot. Zum Glück war aber noch ein Rollschinken da. Von diesem erhielt jeder täglich eine Scheibe. Der Durst stand in diesen Tagen ganz im Vordergrund. Durch Trinken und durch Ermittlung, wo Wasser zu finden war, war es überhaupt möglich, die Zucht in diesen heißen Tagen aufrechtzuerhalten. Im Wald fanden wir sechs uns zusammen und legten uns, vom Sumpf völlig durchnäßt, in eine Schonung und schliefen zwei Stunden. Dann ging der Marsch weiter, denn wir mußten aus diesem gefährlichen Gebiet fort nach Westen. Tagsüber im Wald bleibend, nachts von elf bis vier Uhr weiter wandernd kamen wir mehr und mehr nach Westen, wo wir bei Melnik den Russen nicht mehr vermuteten. Ein Marsch über einen 18 km langen Truppenübungsplatz wird nie vergessen werden, weil ich wie noch nie in meinem Leben unter Durst litt, Anzeichen von Diabetes. Schon während des ganzen Tages hatten wir kein Wasser bekommen und marschierten nun durch die schwüle, heiße Nacht über Wiesen, Äcker und Feldwege, ohne Wasser zu finden. Wir gingen an einem Dorfrand entlang, da tastete ich zu meinen Füßen teigigen Boden. Kurz darauf fand ich eine Pfütze und trank zwei Becher warmen Wassers. Es war wie ein Geschenk, wie ich es köstlicher lange Zeit nicht mehr erlebt hatte. Was es heißt, Durst zu haben und zu ertragen, läßt sich nur beurteilen, wenn man es erlebt hat.

Noch manches Erleben machte uns Sorgen. An einem Sägewerk, das im Scheinwerferlicht stand, mußten wir über eine Brükke. Der Posten ging immer auf und ab. Als er uns den Rücken drehte und wohl 10 bis 20 Meter entfernt war, gingen wir auf Zehenspitzen, uns am Geländer festhaltend über die Brücke und brachten uns gleich in Deckung. Schleichend erreichten wir Buschwerk und waren dann an einem Dorfrand. Mauer in Sichtweite. In den Wäldern, die uns tagsüber aufnahmen, war die wichtigste Aufgabe: Tarnung und Wasser. Nicht leicht, im Tannenwald zu Wasser zu gelangen. Einmal gruben wir am Abhang ein Loch im sumpfigen Waldboden und konnten nach einer Stunde das aufsteigende Wasser trinken. So wanderten wir in Westrichtung, Straße und Weg nicht achtend, stur durch Wälder und kniehohe Kornfelder, über Kartoffelfelder. Die wandernden Sterne gaben uns Richtung. Dazu Kompaß und die Karte 1:250000.

Die wildernden Tschechen, bewaffnete Zivilisten, die alle Straßen, Felder und Wälder durchstreiften und nach deutschen Landsern jagten, waren gefährlich. Wir waren noch zu sechst, Stabsarzt

Stockreuter führte nach Kompaß, wir schlichen im Gänsemarsch hinterher; morgens gegen vier versteckten wir uns am Damm eines Flüßchens, vor uns Gegröle und Licht. Über die Brücke mußten wir, also warten, bis alles schlief. Verteilt hockten wir uns unter die Brücke und tarnten uns. Wieder liefen Tschechen mit einem Russen über den Damm. Stockreuter und zwei Kameraden wurden entdeckt, kassiert und mitgenommen. Nach langem Warten kamen einige Leute aus dem Dorf die Landstraße entlang auf uns zu. Wir krochen tiefer in den Graben und versuchten uns zu tarnen. Was sollte das bedeuten? Hatten die Kameraden uns verraten? Als sie in Sichtweite waren, d. h. daß sie uns hätten sehen müssen, sahen wir, daß die drei Deutschen gefesselt waren. Sie waren also gezwungen, unser Versteck preiszugeben. Wir glaubten alles verloren. Da sahen wir, daß unsere Deutschen gerade in die entgegengesetzte Richtung zeigten. Die Tschechen sahen dort hinüber und somit von uns fort. Dabei gingen sie weiter und wir atmeten auf. Sie hatten uns nicht entdeckt. Unsere Freunde hatten sich für uns geopfert. Dank für Stockreuter. Wo ist er geblieben?

Noch zu dreien. Ahrend, ein Gefreiter und ich. Zwecklos, hier liegenzubleiben und das Morgengrauen abzuwarten. Wir ziehen uns im Morgennebel zurück, vom Damm abseits, aber parallel zur Moldau, stromaufwärts bis ein dichter Wald uns aufnimmt und birgt.

Vor streunenden Tschechen geschützt, erwarten wir den Tag; es hat keinen Sinn, den Tag zu marschieren, wir nutzen die Nächte. Jeder erhält einen Streifen Speck für den Tag, nur nicht schlucken, im Munde kauen, stundenlang, es muß lange halten. Wir graben im Erdreich ein tiefes Loch, warten, bis Grundwasser kommt und klar wird zum Trinken. Schlafen und Wachsein, jedes Knacken im Holz macht mißtrauisch. Bellen der Hunde, die die Fährte suchen und unser Vesteck verraten könnten, davor haben wir Sorge.

Zwei Stunden nach Sonnenuntergang brachen wir auf, die Richtung klar, wir müssen über die Moldau, nach Westen. Am Ufer suchen wir einen Kahn, nichts dergleichen. Über die Brücke zu kommen, die Moldau ist breit, ist aussichtslos. Nachts gegen eins nähern wir uns einer Brücke, die ist bewacht. Ein Russe und mehrere Tschechen patroullieren. Also zwecklos. So lautlos, wie wir uns näherten, verschwanden wir wieder im Wald. Also schwimmen. Die Moldau reißt mächtig, der wichtigen Überbleibsel, so notwendig sie uns schienen, wollten wir uns entledigen. Der Gefreite aber konnte nicht schwimmen. Ihn alleine lassen, kam nicht in Frage. Später hab ich mich oft gefragt, ob es nicht besser gewesen wäre, er entpuppte sich im Lager als gefährlicher Spitzel, der viele auf dem Gewissen hatte. Ihn rückwärtsschwimmend hinüberziehn? Die Moldau riß zu stark, wir hätten ihn im Fluß verloren. Wieder geht eine kostbare Nacht auf der Suche nach einer Furt oder einem Kahn verloren. Im Versteck des Waldes verbleiben wir tagsüber und planen, ein Floß zu bauen; wir suchten Baumstämme und banden sie mit unseren Koppeln, vier dicke Baumstämme, zusammen. Daran sollte der Gefreite sich halten und wir beide, Ahrends und ich wollten ihn rüberdrücken. Gegen zehn Uhr abends ließen wir das Floß zu Wasser, aber zwei Meter vom Ufer entfernt trieben die Bäume voneinander, die strömende Flut zerriß das Floß mit unseren Koppeln. Nur mit Mühe konnten wir den Gefreiten an Land ziehen.

Wir wanderten in der gleichen Nacht weiter stromaufwärts, wir wollten an die Elbe. Irgendwo herüber nach Westen. Im halbhohen Getreide, der Roggen war wohl 60 cm hoch, versteckten wir uns zwei Kilometer von einem Dorf entfernt. Es war so still überall, nur Hundegebell und ab und zu ein MG-Stoß oder ein Einzelschuß. Wenige Meter vor uns eine Birke, und ein großer Vogel setzt sich in das dichte Birkengrün. Er sieht und merkt uns nicht und plötzlich erklingt der laute Ruf des Kuckucks. So nahe hab ich nie und später niemals einen Kuckuck erlebt. Wir ließen ihn rufen, wohl eine halbe Stunde rief er alle paar Minuten, und von weither antwortete der Partner wie ein Echo. So groß hab ich mir den Vogel nicht vorgestellt. Ein Stück Loblied nach dem anderen.

In der Tiefe der Roggenhalme suchten wir nach verborgenen grünen Ähren, wir aßen sie, aber noch war kaum Stärke in ihnen. Der Hunger quälte, der Speck wurde kleiner, vielleicht ein Daumengliedstück. Nach Tagen der Flucht, nachdem unser Proviant schon lange aufgegessen war, hielten wir es vor Hunger und Durst nicht mehr aus. Ein Freiwilliger meldete sich, um in ein Dorf zu gehen und um Essen zu bitten. Er wollte uns etwas mitbringen. Er verriet uns an die Dorfbewohner, und in Kürze waren wir umgeben vom Feind, ohne uns wehren zu können. Es war sinnlos, vor Maschinenpistolen in Tapferkeit und Abwehr zu machen, das gewöhnt man sich ab.

›Stoi! Hände hoch!‹ Die Gewehre im Anschlag, so wurden wir beide hinzugeholt, abgetastet, gefilzt und ab ging es, eskortiert von vier Bewaffneten.

Wir wurden mit ins Dorf genommen, geschlagen und mußten zusehen, wie Soldaten eines anderen Regiments in Glasscherbenhaufen zu Tode geprügelt wurde. Ein tschechischer Offizier kam dazu und verbot das grausame Spiel, von dem ich heute noch in Angstträumen geplagt nachts im Schrei aufwache, daß Dorkas mich beruhigen muß. Nach einer Stunde wurden wir in einem kleinen Auffanglager abgegeben. Da waren schon über 20 Landser. Da ich der einzige Arzt war, wurde ich als Sanitätsoffizier für alle verantwortlich, der Russe macht so etwas sehr schnell. Wir durften kochen. Eine dicke Kartoffelsuppe und Speck! Wir haben reingehauen, bis wir alle müde irgendwo zusammengepfercht schliefen, traumlos, ruhig. Endlich hatte die Odyssee ein Ende. Vor den Tschechen sicher, denn wir waren beim Iwan in guter Obhut. Außer der Filzerei waren sie vernünftig.

Nach zwei Tagen wurden wir abtransportiert; zu Fuß, ein Panjewagen mit vier älteren bewachenden Russen nach Norden. In einem Gehöft wurde abends haltgemacht, ein Feuer, Suppe, Chleb (Brot), und in einer Scheune untergebracht. Drei Russen schliefen mit uns, einer wachte draußen vor dem Scheunentor. Gegen zwei kriecht ein Landser zu mir und flüstert mir einen Plan ins Ohr. Er sei SS-Mann und setze alles auf eine Karte; wir sollten die drei schlafenden Russen erschlagen, ihre Waffen nehmen, den Wachhabenden umlegen und alle fliehen – allgemeine Richtung Westen. Ich lehnte ab. Kein Schuß fällt mehr, kein Menschenleben wird mehr geopfert. Ich habe Mühe, ihn zu überzeugen, das sei sinnlos, das Dorf sei doch bewacht, wir würden Alarm auslösen und die Hasenjagd ginge wieder los. Er solle versuchen, beim Wecken und im Morgengrauen sich alleine im allgemeinen Aufbruch da durchzutun. Ich könnte nicht 20 gefährden, das Risiko sei zu groß. Wieder schießen und erschlagen – es muß doch mal ein Ende haben! Am späten Nachmittag waren wir am Ziel, dicht an der deutsch-tschechischen Grenze liegt Zittau. Als unser Panjewagen mit den 20 Landsern vor dem Schlagbaum stand, hob sich der von selbst und mit roten Fahnen am Eingang wurden wir empfangen.

Die Bauten eines Fliegerhorstes, es waren wohl zehn Blocks,

beherbergten 2200 Soldaten. Ufz. Ahrend und ich blieben zusammen. Auf alle Fälle nicht trennen!

Wir sahen nach kurzer Zeit auch den Kameraden, der uns ans Dorf verraten hatte. Jetzt war er Spitzel für die Russen. Überall stand er lauschend rum. Uns kümmerte es nicht. Wir übersahen ihn.

Wir fanden in irgendeinem Block noch Platz, wir lagen auf Beton, den schweren langen Militärmantel, die Skijägeruniform, die Skistiefel boten viel Schutz. Was soll jetzt werden? Es gab zwei Reaktionsformen im Lager; die einen hockten zusammen, nichts tuend, sich nicht beschäftigend, dösten und rasteten, warteten. Die anderen wollten irgend was tun, sie schnitzten Schiffchen, bastelten irgend was, schnitzten Löffel, aus hartem Holz säbelten sie begehrte Messer.

Wir meldeten uns beim Lazarett. Auch das noch! 24 Ärzte waren schon da, was tun? Stabsarzt Ko. sprach russisch, er war der leitende Arzt, ein glänzender Taktiker. Mich als Gynäkologen wußte er beim besten Willen nicht einzusetzen und Fachchirurgen waren genug da.

Ahrends verzweifelte, mußte er doch weiter im Sanitätswesen verpflichtet auf manche Vorteile des Lagerlebens verzichten.

Die Sorge vor der Apathie, dem Lungern, dem Horchen auf Latrinengerüchte bewirkten bei uns, Abstand zu halten. Solches Verhalten kann epidemisch auftreten, kann den anderen infizieren. Viele gab es wiederum, die Sorgen hatten, durch Aktivität aufzufallen, man erwischt dann Ämter und Aufgaben, die nicht immer sympathisch sind.«

Mein Vater! Da hörst du auf. Ich bin aufgewühlt, angespannt und traurig. Meine Schultern schmerzen, mein Nacken ist wie aus Eisen. Fast 45 Jahre nach Kriegsende erfahre ich etwas von dir. Vater, warum erst jetzt?

Mein Vater schreibt 1962 im Urlaub in Pontresina weiter:

»Ich lese Hans Graf von Lehndorff ›Ostpreußisches Tagebuch‹. Als Hans von Lehndorff 1948/49 nach Hattingen kam, er besuchte seinen Freund Hartkamp, war er auch bei uns. Angefüllt mit seinem Erleben, unstet-stetig, ein gehetztes Wild, das zur Ruhe kommen soll, erzählt er, und so manches Erleben weckte in mir die Unruhe der Flucht und Gefangenschaft.

Heute, 17 Jahre nach dem Krieg, lese ich seine Aufzeichnungen, sein Tagebuch. Während des Lesens erlebe ich selbst meine Zeit nochmals durch. Was mir in der Erinnerung wach wird, soll nun niedergeschrieben werden, vielleicht verliere ich so das Erinnern am besten.

Im Lager Zittau Juli 1945.

Ich meldete mich beim Kommandanten, der sprach deutsch. Ich wurde vorgelassen und bat ihn um Urlaub auf Ehrenwort. Ich wollte nach Berlin, zur Charité, zur Wohnung, die zerstört war, wollte mit Dorkas in Verbindung kommen, wissen, was aus den Kindern wurde.

›Was willst du in Berlin?‹ Er duzte alle im Lager.

›Ich möchte meine unveröffentlichten Arbeiten retten, ich will die Klinik benachrichtigen, ich will...‹

Er sah mich vertrauensvoll an, hatte Mitleid mit mir, oder glaube er, einen Spinner vor sich zu haben? Er entschuldigte sich, daß es ihm nicht möglich sei, denn in Potsdam würde ein Treffen von Stalin – Churchill – Truman vorbereitet, alles sei abgesperrt, vielleicht später.

Ich verließ ihn mit militärischem Gruß, er sah mir merkwürdig nach, war ich noch bei Sinnen?

Urlaub auf Ehrenwort – ich wäre nach acht Tagen genau morgens um acht Uhr wieder am Lagertor gewesen, ich zweifelte nicht daran. Heute darüber nachdenkend: Urlaub auf Ehrenwort? Welche Zweifel hätten Freunde in Berlin mir einimpfen können, welche Gewissensentscheidung lag vor mir, wenn das Ehrenwort der Rückkehr und die Pflicht, mich um die Familie zu kümmern, vor mir lag? Damals dachte ich nicht, daß es mir Zweifel sein würde, ich war fest der Überzeugung, zurückzukehren, zu wollen, zu können.«

Mein Gott, Vater! Ich lese und weiß nicht, ob ich lachen oder schreien soll. Urlaub auf Ehrenwort in der Gefangenschaft? Bist du nur einfach so unheimlich frech oder so bescheuert naiv gewesen? Dir hätten erst Freunde Zweifel einimpfen müssen? Von alleine kamst du nicht darauf? Du großer Realist du! Ehrenwort ist Ehrenwort. Hättest dich von deiner Arbeit, der Charité, von der Familie – immer schön der Reihe nach – verabschiedet: Ich muß wieder zurück in die Gefangenschaft. Verabschiedest dich beim Kommandanten mit militärischem Gruß. Daß du dies allein erwähnst! Wenn der militärische Gruß in der Gefangenschaft üblich war, warum erwähnst du ihn? Mein Gott, muß der dir wichtig gewesen sein! Und ich sehe dich mit Freunden, wie du und sie bei Altherrenwitzen diesen Gruß feixend demonstrieren und ich als Kind bewundere dich. Und heute? Jetzt? Mir läuft es kalt den Rücken runter.

Weiter schreibst du:

»Wenige Tage später erhielt ich die Führung eines Versehrten-Regiments. 450 Versehrte sollten menschenwürdig untergebracht werden. Sie lagen, wie wir alle, auf Betonfußboden, eng aneinander, in Luftwaffenmontagehallen in Zittau. Ich hatte noch Zeitungen unterliegen; Ufz. Ahrend aus Frankfurt, mein Begleiter aus alten Tagen, organisierte sie. An zwei Stellen hatte jeder Schwielen, an beiden Trochanteren links und rechts und am Os sacrum, dort waren wir aber verschont geblieben. Also befahl der Kommandant ›in 3×24 Stunden sind Versehrte vom Boden verschwunden!‹

›Ich brauche Holz und Nägel.‹

›240 Kilo Nägel und Holz kriegst du.‹

Zettel mit Unterschrift und Stempel. Alle Aufstehversehrten holte ich zusammen. Schreiner, Ingenieure, Handlanger. Jeder, der sich meldete, erhielt, solange die Arbeit dauerte, Doppelschlag Suppe.

Der Fabrikblock wurde freigeräumt, ein Bauingenieur leitete. Schreiner durften nur sägen und hämmern, Handlanger durften nur anreichen, organisieren, Nägel suchen, gerade schlagen, Holz suchen. Unter dem Dach begannen wir, in zwei Schichten wurde gearbeitet und 30 Meter lange Pritschen gebaut; Kopfseite 10 cm höher. Von oben bis unten nur Pritschen, alle nur einstöckig, berechnet auf 80 cm pro Mann. Alle drei Stockwerke wurden sie gebaut. Unter dem Dach begannen Anstreicher und kalkten die Wände. Genau nach 3 × 24 Stunden stand die Kommission mit der Begleitung am Eingang und inspizierte, von oben bis unten. Ich ließ alle Mitarbeiter, es waren wohl 60 inzwischen, antreten, die Kommission sprach Anerkennung aus, wir alle erhielten noch zwei Tage zur Belohnung Doppelschlag. Am Abend waren alle Versehrten vom Betonboden verschwunden und auf Holzpritschen. Draußen vor dem Stacheldrahtverhau waren die Büros und Wohnungen der Russen. Eines Tages wurde ich ans Tor gerufen. Die Frau des Kommandanten sei schwanger und brach. Unter russischer Bewachung mit Maschinenpistole wurde ich zur Kommandantenwohnung geführt. Ein Dolmetscher übersetzte meine Fragen und ihre Antworten. Im Lager fand ich Vasano-Tabletten, nahm noch Vitamin-Ampullen mit und injizierte alle zwei Tage; leider brach die Patientin nach drei Tagen nicht mehr. Die Gänge vor das Lager, die Entlohnung mit drei Eiern und die Taschen voll Kartoffeln waren Labsal. Wenn ich ans Tor zurückeilte, empfing mich Ufz. Ahrend und ein Kollege, zu dritt feierten wir den Himmel auf Erden.«

Vater, hast du mal wieder Schwein gehabt! Der einzige Gynäkologe, die Frau des Kommandanten schwanger, dann findest du auch noch Vasano und Vitamine!

»Die Russen hielten auf Ordnung und Zucht. Die Ordnung forderten sie durch systematische Einteilung, selbst Menschenführung war gefordert.«

Mensch, Willi, was schreibst du da? Waren Zucht und Ordnung nicht deine typisch deutschen Tugenden? Hat es dich nicht gewundert, daß deine Untermenschen auch solche Wertvorstellungen hatten? Und dann auch noch Menschenführung? Bei einem kulturlosen Volk? Monika, bleib ganz ruhig!

»Als ein alter Soldat unter dem Dach aufgehängt gefunden wurde, wurde der bataillonsführende Oberarzt vor allen Gefangenen im Lager degradiert. Offiziere mußten die Schulterstücke tragen und durften die Haare nicht abschneiden, alle anderen waren kahlgeschoren. Keiner durfte sich den Bart wachsen lassen, der Verlausung wegen. Nur ein Sanitätsoffizier hatte sich geschworen, den Bart so lange stehen zu lassen, bis er wieder frei sei. Alle Warnungen halfen nichts. Als alle SS-Männer abtransportiert wurde, war er dabei, obwohl er nie zur SS gehörte. Das Versehrtenregiment bestand zumeist aus Männern abheilender oder abgeheilter Verletzungen. Das ganze Lager wurde durchkämmt, die Dystrophiker höheren Grades erhielten die Entlassung. Die Entlassung oblag einzig und allein dem alten zaristischen Stabsarzt, mit dem Auge eines erfahrenen Praktikers und dem untrügerischen Griff des Daumens und Zeigefingers in die Rücken- und seitlichen Muskeln. Es gab zwei Diagnosen:

›Nach Rußland arbeiten!‹ oder ›Nach Hause zu Muttern!‹ Es gab Menschen, die lange Zeit nichts aßen, die auf den Schlag Suppe verzichteten wie auf die 100 g Brot, die sie gegen Zigaretten oder tabakähnliche Substanzen tauschten. Sie gerieten dadurch schnell in die Dystrophie und erreichten die Entlassung. Wie manchem verklebten wir die Schienbeine mit einer verfärbten, wie Eiter aussehenden Salbe, diesen ›Osteochondrititen‹ gelang ebenfalls die Entlassung. Doch das war immer ein gefährliches Spiel, zu dick durften wir den ›Eiter‹ auch nicht auftragen. Aber vor der Knochenmarksvereiterung hatten die Russen Respekt, sie wußten, daß es Monate dauern würde, ehe Heilung da war, oft war sogar Amputation notwendig. Unter den Gefangenen waren viele, die sich als Versehrte im Lazarett befanden, die nicht mehr behandelt, sich aber einer Übungstherapie unterziehen konnten, um Stümpfe, Verletzungen, Verhornungen mobil zu halten. Ich schlug Ko. vor, mir Räume zuzuweisen, ich würde eine Orthopädie einrichten; er hatte nichts dagegen; nur der russische Stabsarzt hielt nichts davon, ließ uns aber gewähren. So bekamen wir den Auftrag, für die Verwundeten eine Abteilung einzurichten, in der medizinisch behandelt werden sollte mit Massagen usw. Das war schon schwieriger. Ich erwischte für drei Mitarbeiter, die ich gewonnen hatte, Doppelschlag und dann ging's los. Drei Kellerräume wurden ausgeräumt, gekalkt. Wir bauten drei Massagepritschen, erhielten vom Lazarett drei Wolldecken dazu. Zur weiteren Vervollständigung bekamen wir die Erlaubnis, mit einem Kassen-Streifen in den nahen Nachbardörfern herauszuholen, was wir brauchten. Die Dörfer östlich der Neiße waren alle evakuiert, aus den zigmal ausgeraubten Häusern wurden immer noch Dinge geholt, die uns nutzbar wurden. Eine große Zinkwanne, Emailleschüsseln, ein schlauchloses altes Damenfahrrad, vor allem homöopathische Arzneien und Madaus-Spezialitäten, D4-Dil (Dilution) von Nuxvomica bis Calcium, es gab 50 verschiedene braune Flaschen; diese Wunderkörnchen, zuckersüß, wurden in Mengen mitgenommen. So hatten wir kiloweise Zucker, eine wertvolle Bereicherung für das dürftige Essen. Nägel, Handwerkszeug, Hammer, eine Säge, unvorstellbare Kostbarkeiten. Nach einer Stunde drängte uns der begleitende und bewachende Iwan zur Eile. Mit Freuden von unseren Freunden am Tor empfangen. Für uns nicht wichtige Dinge wurden weitergeleitet, jeder konnte etwas gebrauchen.

Das Damenrad wurde aufgebockt, es diente den Arthrophikern, sie machten Tretübungen. Die große Zinkwanne wurde zum ersehnten Reinigungsbad, vor allem für Unterwasserübungen der Gelenkversteifungen. Die Emailleschüsseln dienten Wechselbädern.

Als wir mit allem fertig waren, wurde ein großes Schild gemalt: ›Orthopädische Abteilung‹, in Deutsch und Russisch. Die Landser nutzten alles redlich aus. Ufz. Ahrend organisierte einen Heilplan, von morgens sieben bis abends sechs waren alle Einrichtungen vorbestellt. Als der russische Stabsarzt das sah, er war Internist von Hause aus, hielt er alles für kompletten Blödsinn. Aber Ko. stand hinter uns und schwadronierte so lange auf ihn ein, daß er mürrisch ohne zu toben weiterging. Erst eine Ärztekommission höherer russischer Sanitätsoffiziere, die das Lager besichtigte, sah auch das Schild und verlangte Eingang. Der russische Stabsarzt versuchte die Kommission abzulenken und weiterzuschleusen.

Wir hatten alle Positionen besetzt, das Bad, die Wechselbäder, Massagetische, das Fahrrad, Gewichtheben, Hantelübungen, überall übten Landser oder wurden massiert und behandelt. Die sechsköpfige Ärztekommission blieb eine geschlagene Stunde in unserer Orthopädie; der oberste von ihnen war Orthopäde und strahlte wie ein offener Ascheneimer. In seinem ganzen Aufsichtsbereich verschiedener Lager war dies die einzige Einrichtung ihrer Art. Am Nachmittag waren alle wieder fort, da kam der russische Stabsarzt, von Wodka gestärkt, grinste uns froh und glücklich an, ein solches Lob habe er seit langem nicht mehr geerntet. So etwas ›Wind vor der Haustür‹ hat ihm gutgetan. Die Folge war, daß bei jeder Besichtigung, und was tut der Russe lieber als Besichtigungen durchzuführen, die Orthopädie im Keller als des Stabsarzt eigenes Renommierstück demonstriert wurde. Er war nur dann enttäuscht, wenn nicht bei jeder Gruppe die Wellen des Lobes hochschlugen, dann wanderte er eingezogenen Schwanzes in der Gruppe weiter.«

Vater, ich lächle. Ja wirklich! Du warst schon ein Haudegen! Der Gynäkologe als Orthopäde! Haste gut hingekriegt!

Weiter schreibst du:

»Im September 1945 sollte das Lager an Polen übergeben werden, so hieß es. Der Russe sondierte und machte systematische Auslese. Eine Sondergruppe von Spezialisten wurde herausgelöst, etwa 80 Leute. Für sie wurden außerhalb des Lagers auf den Abstellgleisen Waggons bereitgestellt und mit ›allem Komfort‹ vorbereitet. Der russische Stab wollte sie für sich kassieren und in Rußland einsetzen. Ich wurde zum russischen Stabsarzt befohlen und mir wurde durch einen Dolmetscher übersetzt, daß ich mit nach Rußland käme. Von jedem Beruf ein Vertreter, ein Polier, der Schreinermeister, der Schauspieler, Ingenieur, Arzt.

Vor dem Schreibtisch stand ich und hörte seinen Befehl: ›Du mit nach Rußland!‹

Ich bat, eine Erklärung abgeben zu dürfen und sagte etwa folgendes: Als Gynäkologe in Rußland völlig ungeeignet, ich sei Vater von drei Kindern und wolle nach Hause und nicht nach Rußland.

›Du kriegst Krankenhaus in Kiew, da du operieren, so viel du willst.‹

›Kann ich meine Frau und die Kinder mitnehmen?‹

›Nein, Rußland so viele Frauen, wie du willst.‹

Ich beharrte auf meiner Ablehnung und erwartete den Befehl, mich nach Rußland bereit zu halten. Meine letzte Waffe war folgender Satz: Wenn ich Chef der Frauenklinik in Moskau würde und würde den Lenin-Orden erhalten, ich würde ablehnen und lieber mit meiner Familie in Deutschland im Bunker unter der Erde leben.

Das war zuviel, er sprang auf und schrie: ›Raus!‹ Mit zackiger Kehrtwendung verließ ich den Raum. Der Dolmetscher sagte mir: ›Mensch, wenn das gutgeht!‹

Die Unruhe im Lager stieg, immer neue Appelle, neue Listen, Entlausungen. Die Übergabeverhandlungen mit den Polen begannen. Der 6. September kam, die Übergabe und Übernahme sollte erfolgen.

›Sofort zum Tor kommen!‹

Was war los? Also doch in die Sondergruppe?

Ich packte meine Sachen und war in wenigen Minuten am Tor, Ahrends begleitete mich bis zum Draht.

›Du Doktor? Mitkommen!‹

Zwei bewaffnete Russen nahmen mich in Empfang und führten mich in einen Raum ohne Licht. Alles unklar, ohne Auskunft blieb ich, legte mich auf den Boden und versuchte zu schlafen.

Himmlischer Vater, was hast du vor? Die Losung der Brüdergemeine hab' ich als einziges Gedrucktes stets bei mir, allen Filzungen hielt dieses Büchlein stand. Diese Losung war Begleiter in den Jahren, Auskunft und Trost, Treppengeländer, Hilfe, Mahnung.

Stockdunkel, lesen konnte ich nicht.

Über mir das Abschiedsfest. Gegröle der Offiziere, die Abschied feierten. Der Russe übergab das Lager. Morgens um fünf Uhr wurde die Tür geöffnet, der Kommandant trat ein, mit glasigen Augen, aber völlig beherrscht trat er in Begleitung eines Wachpostens an den Tisch. Ich sprang auf und meldete mich mit militärischem Gruß. Da überreichte er mir den Entlassungsschein mit Stempel und seiner Unterschrift. Ich verstand ihn nicht, er erkannte meine Zweifel.

›Entlassen in die Heimat wegen besonderer Verdienste!‹«

Vater, Frechheit siegt! Auch so ein Schlagwort, das ich von dir kenne. So viel Frechheit und Glück, Mensch!

»Ich stammelte einen Dank und bat einen Wunsch vortragen zu dürfen.

›Bitte.‹

Ich bat, meinen Freund und Kamerad, Ufz. Ahrend vom Versehrten-Regiment ebenfalls zu entlassen.

Er wollte sich den Namen merken.

Vor der Kommandantur stand ein Pkw, ich wurde im Kommandantenwagen durch die polnischen Sperren bis zum Hauptbahnhof Zittau gefahren.

›Doswidania! Doswidania!‹

Ahrends war drei Tage später entlassen, wir trafen uns später in Hattingen.

Ich spukte zunächst um den Bahnhof herum und konnte nicht fassen, was geschehen war.

Sechs Wochen vorher hatte ich um Urlaub auf Ehrenwort gebeten, – ich wollte selbstverständlich zurückkommen, wollte beim Haufen bleiben.

Jetzt war ich frei und wußte mit der Freiheit nichts anzufangen. War es richtig, von ihr Gebrauch zu machen, sicher waren noch mehr als 20 Ärzte dort. Dieses Hin und Her von Freude auf die gewonnene Freiheit und die Unruhe des Gewissens: Was hast du falsch gemacht, daß du diesen Vorzug genießen kannst? Hast du dich eingesetzt, um Vorzüge zu genießen? War die Aufgabe im Versehrten-Regiment, der Einsatz in der Orthopädie entscheidend? Hatte ich Freunde bei den Russen? Aber wer Freund beim Russen war, war Feind der Kameraden. Ich hatte aber nie Feindschaft mit meinen Kameraden gehabt. Warum war ich draußen? Oder hatte die schwangere Frau des Kommandanten sich für mich eingesetzt? Ich weiß es nicht.

In der Vorhalle des Bahnhofs waren so viele Polen, Russen, Deutsche, ein Gewirr von Menschen. Das kostbare Dokument in der Tasche, löste ich eine Fahrkarte nach Berlin. Vor jedem Iwan hatte ich Angst, er würde mich wieder kassieren. Wie viele waren ins Lager gekommen, die nur unterwegs aufgegriffen waren, die Auffüllung der Ist-Stärke und Ersatz für Verstorbene wurde aus diesen Aufgegriffenen rekrutiert.

Ein Zug in Richtung Norden fand sich, irgenwo fand ich Unterschlupf und legte mich auf einen freien Flecken am Boden. Ich verhielt mich schweigsam, ich traute keinem mehr, nach anderthalb Tagen hielt der Zug am Schlesischen Bahnhof. Mit der U-Bahn zur Invalidenstraße, zur Charité. Nach Hause – Dorkas war mit den Kindern in Aumühle, das wußte ich ja schon. Was war aus den Eltern, den Geschwistern geworden! Heinrich in Cherbourg, war Ria gesund mit den Kindern aus Warschau zurück? War Emil durchgekommen? Elisabeth hatte ihren Paul verloren, ihre Kinder waren gesund und Mutter und Vater bei ihnen. Aber so vieles unklar. Und Manfred? Wo waren sie gefangengenommen?

In Berlin hatte ich noch meine persönlichen Sachen, vor allem meine Arbeit, die als Habilitationsschrift vor meiner Reise an die Front nicht mehr abgegeben werden sollte. Dazu war es nicht mehr gekommen.

Mit nur einem Strumpf, einem zu großen Sturmmantel und wohl reichlich verkommen aussehend, kam ich in der Charité an. Der erste, der mir über den Weg kam, war mein früherer Oberarzt, Professor Kaufmann. Früher elegant, hätte ich ihn fast nicht erkannt. Mit dem Fahrrad, ohne Mercedes mit Fahrer, Rucksack auf dem Rücken und schmal.

›G., Menschenskind, was machen Sie denn hier!‹

Kurzer Bericht von mir.

›Machen Sie, daß sie fortkommen. Sorgen Sie dafür, daß Ihre Kinder keine TB bekommen und nicht verhungern. Hier macht der Russe dauernd Razzien und kein Entlassungsschein hilft Ihnen.‹

Kurze Frage: ›Wo ist meine Arbeit?‹

Ich hatte sie damals bei ihm geschrieben.

›Weg! Die veröffentlicht jetzt der Russe.‹

Und so kam es dann auch, wie ich aus internationalen Zeitschriften später lesen konnte.

Daß der Traum der Professur aus war, berührte mich zu meinem eigenen Erstaunen wenig. Von meinen Sachen war nichts mehr da. Die Russen hatten ganze Arbeit geleistet. Ein Wiedersehen mit schnellem Austausch wichtigster Erlebnisse. Der Chef, Professor Wagner, war in Saßnitz. Die Klinik war in den Tagen der Berlin-Kämpfe in der Hand von Professor Kaufmann. Schwester Gerda von der Station II und manch andere endeten mit Selbstmord. Der alte Chauffeur unserer Poliklinik verteidigte den Operationsbunker mit. Der Russe vermutete im OP-Bunker versteckte SS. Dies Kapitel ist ein eigenes. Caffier, Oberarzt bei Stöckel, war entlassen, mit ihm Professor Schäfer.

Was tun? Die Charité war voller Spitzel, jeder verdächtigte jeden. Dauernd Vernehmungen, Verhöre, Entlassungen, neue völlig unbekannte Ärzte seien jetzt neue Chefs. Viele der mir bekannten Schwestern waren tot oder fort. Nur die gute Schwester Emma von der Gyn-Poliklinik war noch da. Wir lagen uns in den Armen. Es muß in den letzten Tagen des Krieges furchtbar gewesen sein. Mir kam erst jetzt in vollem Maße zu Bewußtsein, daß der Krieg aus war. Man hatte im Lager, wenn auch unter schlimmen Umständen, unter Kameraden gelebt.

Schwester Emma war Oberin bei Sauerbruch gewesen. Abgehärmt, hungrig und traurig. Das Wiedersehen war froh und unglücklich zugleich; aus den Trümmern versuchte man neue klinische Arbeit zu entwickeln.

Und ein Bad! Ein herrliches Lied auf die Geburtshilfe, rasiert und froh fuhr ich nach Spandau. Ich wollte nichts riskieren, schwarz durch die Grenze, durch russisches Gebiet? Berlin war mein Entlassungsort, vom Russen wäre ich nie nach Hamburg entlassen worden. In Spandau meldete ich mich bei der nächsten Dienststelle, von wo ich prompt wieder in ein Lager kam. In einer kleinen Holzbaracke waren wir zu 16 Männern eingezwängt. Einmal am Tag gab es Suppe. Es war ein übler Haufen, in den ich da geraten war. Mich sonderte man aus. War ich zu gut rasiert? Man erkannte an den Schulterstücken den Oberarzt. Ich wurde in einen kleinen Raum geführt, etwa 3×4 Meter, 18 Mann lagen hier herum. Die Tür verriegelt, also wieder kassiert?

Erste Kontaktaufnahme mit den Genossen um mich herum. Ein Gemisch aller Sorten: Diebstahl, durch den Draht gegangen und wieder eingefangen, SS-Leute, höhere Stabsoffiziere, von allem etwas. Drei Tage in diesem Raum, zweimal am Tag im Gänsemarsch bewacht von allen Seiten zehn Minuten durchs Gelände geführt. Die Verpflegung war gut. Keks und Corned beef, klagen konnte man nicht, nur die Haft war peinlich, man ist lieber im großen Haufen. Mal tut sich die Tür auf und man hört vom Posten, was wir für Brüder sind: ›suspected for SS‹.

Das beruhigte mich, denn das war ich bestimmt nicht. Plötzlich kommen einige Engländer herein und befehlen einem Kameraden, den Arm freizumachen, da war die Blutgruppe an der Unterseite des Arms sichtbar. Er wurde geschlagen und getreten und Flüche ergossen sich über ihn. Die Tür wurde wieder verrammelt.

Wie manchen haben wir im Lager die Blutgruppe herausgeschnitten, dazu noch mehrere Scheinwunden gesetzt, als ob es sich um Granatsplitter-Verletzungen gehandelt hätte. Ob sie gerettet wurden?

Nach drei Tagen wurden wir herausgeführt, in einem Raum einzeln vorgeführt, ausgezogen, gefilzt und auf SS-Narben untersucht. Meine Bitte, der englische Offizier möge mir das Handbesteck, Pinzette, Schere und Skalpell belassen, damit wolle ich meine Praxis beginnen, schlug fehl, auch dies durch alle Filzungen gerettete Besteck wurde mir abgenommen. Endlich kam ich zum großen Haufen und endlich die Möglichkeit, in den Westen zu kommen.

Noch in Haft unter freiem Himmel, dann war der Transport mit Verpflegung entschieden. In geschlossenen Güterwagen nach Hamburg; unterwegs wurde auf Bahnhöfen der Verschlag geöffnet, Tee gereicht und weiter ging es. In Ludwigslust kam eine Meldung durch: Keiner verläßt den Zug, alle kommen in ein Lager und alle werden dann in die Heimat entlassen.

Auch das noch! Ich hatte mir geschworen, nicht nochmals in ein Lager zu gehen, wenn mich nicht eine Maschinenpistole reintreibt. Der Zug sauste durch den Hauptbahnhof, herausspringen war unmöglich. Auf irgendeinem Verschiebegleis hielt der Zug. Alle Engländer sprangen als Wachhabende von den Wagen und umstellten den Zug. Ich besprach es mit meinen Kameraden, die mich alle warnten, sitzen zu bleiben, ein Lager mehr oder weniger wäre egal. Die Tür war einen Spalt geöffnet, es war stockfinster, der Wachposten patrouillierte den Zug. Ich beobachtete eine halbe Stunde seine Gewohnheit, und als der Posten etwa 40 Meter entfernt war, glitt ich herunter, die Schuhe in der Hand, auf Sokken unter dem Güterwagen über die nächsten Gleise unter manchem Zug weiter und versteckte mich in einem wartenden Personenzug, der im riesigen Gezweig der Gleise stand, legte mich auf eine Bank, zog die Schuhe wieder an und schlief herrlich ein. Keiner hatte meine Flucht bemerkt. Gegen Morgengrauen wurde ich von der Unterhaltung zweier Bahnbeamter wach, guckte aus dem Fenster und fragte, wie ich nach Hamburg käme. Die Erschreckten rieten mir, vorsichtig zu sein, der Engländer sei scharf hinter jedem her. Auf den Gleisen wanderte ich bis zum ersten Bahnhof und kam gegen zehn Uhr in Aumühle an.

Es war der 25. September, unser Hochzeitstag. Es war der allerschönste Tag meines Lebens.«

Vater, ich weine. Unter meiner Schädeldecke dröhnt es. Ich sehe dich im langen Mantel am Gartentor, glaubte, du seist der arme Bettler aus dem Kinderlied, das Mutter uns abends vorgesungen hatte.

Vater, ich weine. Komm, tröste mich. Bitte! Tröste mich ein einziges Mal in meinem Leben.

Tot bist du. Wie immer hast du dich aus dem Staub gemacht, wenn ich dich brauchte.

Für alle hattest du Zeit, hast dich für jeden eingesetzt, hast mich immer vergessen.

Es ist drei Uhr früh.

Vater, deine Schrift ist ja so anstrengend zu lesen, manche Ortsnamen konnte ich kaum oder nicht entziffern. Ich habe in verschiedenen Atlanten nachgesehen, bis auf Bischofschütz oder Bischopschütz habe ich alle Orte gefunden. Aber manche Namen deiner Kameraden konnte ich nicht lesen. Was hast du für eine Doktorklaue!

Am Anfang hast du die Namen deiner Fluchtbegleiter aufgezählt, dann ließest du bei dem Gefreiten den Namen weg. War es Nagel, der euch verriet? Du, ich glaube, der Russe hat vor Verrätern, Spitzeln keinerlei Respekt gehabt, hat sich dieser Leute bedient und sie verachtet. Aber vor deiner Frechheit hatten sie Respekt. Ich fühle Stolz in mir, Vater, aber da ist auch noch was anderes, ich spüre es, will nicht wissen, was es ist, ich lasse das Gefühl nicht hochkommen.

Vater, du hast noch was geschrieben, 1961 in Pontresina. Du, ich will nicht mehr, gar nichts mehr wissen, nur noch schlafen. Laß mich in Ruhe! Schlafen will ich, traumlos und tief, und doch weiß ich, daß ich auch diesen letzten Bericht lesen werde.

Da schreibst du was vom Glauben, von Ehrfurcht, von Reife. Vater, das sind deine Gedanken, ich kann sie nicht nachvollziehen. Dann schreibst du:

»Heute nach dem Abendessen erzählte Dorkas von Reinbek, von Aumühle, eine Erinnerung aus irgendeinem Erlebnis. Es war von dem Stationsvorsteher, er hatte Dorkas schon als achtjährige im Aumühler Bahnhof versorgt, als sie Fahrschülerin war. Im Schnee kam der Zug 1945, es war wohl der Februar, in Aumühle an, Dorkas mit den drei Kindern, Peter, Monika und Jörg.

Als ich nach meiner Irrfahrt aus Gefangenschaft vom Russen in Zittau entlassen über Berlin nach Aumühle kam und nun erlebte, was ein Haus der Familie, ein Sammelpunkt für Notzeiten, bedeutet, habe ich zum ersten Mal gespürt, was es heißt, eigenen Boden, ein eigenes Dach zu haben, unter dem die Familie darüber verfügen kann, was und wer unter dem Dach Aufnahme findet. Wer in der Unsicherheit des Lebens, immer zwischen zwei Leben, zwischen zwei Welten, gewohnt war, zu existieren, im Krieg und in Gefangenschaft, wo es auch sei, weiß davon, was es heißt, seine Familie irgendwo gesammelt zu wissen. Es hat noch Jahre gedauert, im Traum die Faust im Nacken, keine Angst, nein, immer das Gefühl, auf der Flucht zu sein. Noch heute liegt immer griffbereit eine Briefmappe in meinem Schreibtisch, ich könnte sie schon seit Jahren fortlegen, aber sie erinnert mich daran, daß dieses

Leben ein Leben in Fluß ist. Die Briefmappe enthält den Entlassungschein mit dem Siegel des russischen Kommandanten des Lagers, Bilder von Dorkas und den Kindern und den Eltern, Vater und Mutter. Die Brieftasche für die Flucht.

Diese Einleitung von der Erzählung von Dorkas in Aumühle 1945 mußte sein, damit ihr versteht, was der eigentliche Grund, der tiefste, von mir nie ausgesprochene Grund für den Ankauf des Hauses war.«

Vater, versteh' ich da richtig, daß du zu deinen Kindern gesprochen hast? Warum bekomme ich erst jetzt diese Papiere in die Finger? Warum hat deine Frau sie so lange aufgehoben, bis Jörg ihr half, von Hattingen ins Augustinum nach Aumühle zu ziehen? Erst da fand Jörg die Berichte. Du hast schon 1961 zu uns gesprochen, wenigstens auf dem Papier. Warum höre ich erst jetzt? Warum nimmt deine Frau uns erwachsene Kinder immer noch nicht ernst?

Weiter erzählst du uns:

»Der erste und wichtigste Grund war es, meinen Kindern die gleiche Möglichkeit zu geben, die Dorkas in ihrem Elternhaus hatte. Eine Stelle auf Erden, wo man sich wiederfindet, wenn Krieg die Welt bedeckt.

In Ruppichterroth waren meine Eltern, sie lebten in der Nähe von Elisabeth, ihrer Tochter, die ihren Mann im Feld verloren hatte, mit deren zwei Kindern. Hierhin kamen Ria und Emil mit ihren Kindern aus Warschau. Was Ruppichterroth für G. war, war Aumühle für die Familie von Dorkas. Hier sammelte sich alles Verlorene. Egon und Inge mit den Kindern, Manfred, dann wir mit den Kindern. Vom Keller bis zum Speicher waren wir zusammen. In Not versammelt sich die Kreatur! Wenn ihr diese Seiten in Friedenszeiten lesen werdet, ihr werdet es nicht verstehen. Gott bewahre uns vor dem Chaos! Aber wenn es sein Wille ist, so tragen wir auch dieses. Wir sind alle in seiner Hand, heraus fallen wir nicht.

Das Haus also, in Hattingen in der Bahnhofstraße 40, ist zuerst aus dieser Sorge erworben: Heimstatt zu sein, wenn Not ist.

Und der zweite Grund: Freiheit gewinnen. Wir haben schon in Berlin, später in Hattingen zur Miete gewohnt. Es ist aber leichter, frei zu leben, unabhängig zu sein. Das ist nicht Mangel an Unterordnungswillen, nein, eher ist es, seine Kinder aufziehen zu können ohne die Enge und Beschneidung uneinsichtiger Menschen. Deshalb der große Garten, deshalb das große Haus, deshalb Weite innen und außen.«

Vater, Weite innen und außen? Was sind das für traumhaft schöne Worte. Ich fühlte nur Enge. Da half kein Haus, und wenn es noch größer gewesen wäre, da half kein Garten, auch wenn er in einer noch größeren Parkanlage eingebettet gewesen wäre. Das sind Äußerlichkeiten, Vater. So, wie du es dir vorstelltest, so war es doch gar nicht! Wo schwebtest du eigentlich? Du hieltest dich sonst für so einen großen Realisten!

»Der dritte Grund der Erwerbung«, schriebst du weiter, »war eine Zwangssparkasse. Ärzte, die niedergelassen sind, erwerben keine Pension, eine Rente gibt es erst seit einem Jahr. Das Haus soll die Grundlage für Dorkas bedeuten. Hierzu nun einige Ausführungen, die ihr verstehen müßt. Das Haus soll dazu dienen, Dorkas eine Pension zu sein. Deshalb ist es mein Wunsch, noch die 2. Etage frei zu bekommen. Diese Etage will ich so weit vorbereiten, daß Dorkas mit den Kindern nach oben ziehen kann, um die Parterre und erste Etage zu vermieten.

Was auch immer folgt, mir liegt daran, euch zu raten, und ich betone, daß es mein aufrichtiger Wunsch ist, daß das Haus solange den Voraussetzungen der ganzen Familie, wirtschaftlich wenigstens zum Teil, dienen soll, bis alle Kinder die Voraussetzung des gleichen Startes gewonnen haben, d. h. bis die Ausbildung, welche es auch sei, vollendet und abgeschlossen ist, bis Ulrike ihren Beruf hat. Es wäre mein größter Wunsch, wenn dieses Haus in Zukunft in der Familie bleibt. Erinnert euch an den ersten Grund für den Erwerb, der Familie, so verzweigt sie auch sein mag, eine Stätte des Wiederfindens zu geben.

Ich möchte den Besitz nicht überbewerten. Mein Herzblut ist nicht in ihm verborgen. Mein Blut ist in meiner Familie, hierfür möchte ich leben. Das Haus betrachte ich eher als Haben, als hätte man nichts. Und der zweite Satz: Wir haben hier keine bleibende Statt, sondern die zukünftige suchen wir.«

Mein Vater, die Kehle schnürt sich mir zu! So hilf mir doch, ich bekomme keine Luft!

Weiter, Vater, ich lese ja schon, sagst du endlich mal, was du uns zu deinen Lebzeiten verschwiegen hast. Zumindest mir. Sprachst du mit den anderen?

»Wenn ich trotz dieser beiden Sätze, vielleicht sogar wegen dieser beiden Sätze, erbitte, den Besitz in Händen der Familie zu belassen, so versteht es so:

Wir sollen mit beiden Füßen Boden fassen. Ein Fuß ist auf dieser Erde, der andere Fuß ist schon im Himmel. Dies schreibe ich nicht, weil ich Abschied zu nehmen habe, das ist allein Termin Gottes, nein, der andere Fuß im Himmel soll bezeugen, wie selbstverständlich das Leben in der anderen Welt ist. Wir haben hier schon Teil von diesem Glück, Gotteskinder zu sein. Ich glaube, daß es so ist und weiß es, die Hoffnung auf die Barmherzigkeit ist keine Selbstverständlichkeit; ich weiß von der Hoffnung, quia teneor, weil ich in der Hoffnung, in diesem Wissen gehalten werde.

Der andere Fuß ist auf dieser Erde, ebenso selbstverständlich, auch ein Stück Gabe, ein Stück Leben, das jedem geliehen ist. Damit geht man nicht um, tauscht es hin und her, man hält den Fuß drauf, solange es möglich ist. Deshalb denke ich es mir so, daß eines der Kinder, der das Haus am besten nutzen kann, es übernimmt. Derjenige, der das Haus übernimmt, verpflichtet sich zugleich, den Geschwistern den Teil auszuzahlen, der der Teilung gerecht wird. Wobei die Existenz nicht gefährdet werden soll. Was vermieden werden muß, ist das Haus zu verkaufen, um jedem Kind den Teil zu geben. So wird es in einer Erbengemeinschaft geschehen. Das soll nicht geschehen; jeder, der solche Dinge erlebt hat, weiß, daß eine kurzfristige Lösung erreicht wurde, aber allen ein Unbefriedigtsein hinterläßt. Deshalb soll das Haus in einer Hand bleiben.«

Vater, das Haus ist verkauft. Glatt verkauft. Das, was du da geschrieben hast, ist ja ein Testament! Tolle Familie, den Inhalt erst 15 Jahre nach deinem Tod in die Finger zu bekommen! Nichts mehr zu machen, Vater, das Haus ist verkauft. Mutter hat verkauft. Wußte sie nichts von deinen Gedanken? Hast du sie auch in nichts eingeweiht? Was hast du mit deinen Aufzeichnungen bezweckt! Oder was hat Mutter bezweckt, sie uns geheimzuhalten? Zu verstecken? Was soll der ganze Mist?

Außerdem, Vater, sei doch mal realistisch! Wer von uns Kindern würde denn so eine große Villa mit einem Riesengarten und Park gehalten haben können? Selbst wenn zwei Stockwerke vermietet worden wären? Wer, Vater? Du, das Haus ist ein Altbau, immer würden irgendwo Reparaturen notwendig werden. Solch ein Haus kostet doch Geld! Du warst nach dem Krieg der einzige Gynäkologe weit und breit, hattest die Praxis, dazu das Krankenhaus, wir hatten nicht die Chance, die du hattest, außerdem keiner den Beruf, Geld anzusammeln, zu investieren, es zu vermehren.

Wer sollte dieses Haus denn übernehmen, du großer Realist? Peter? Mit dem Medizinstudium hat's nicht geklappt. Er hat das Studium ja auch nie gewollt. Jörg wollte Mediziner werden, aber, um Peter nicht noch mehr zu demütigen, als er sowieso schon wurde, entschied sich Jörg für Theologie. Nachdem es mit den anderen Studien bei Peter auch nicht klappte, wurde er durch Protektion der Zwillinge G. Katechet. Sollte Peter als Katechet, dazu in Hattingen noch, einem Ort seiner größten Demütigungen, das Haus halten können? Oder Jörg als Theologe? Spinnst du? Du weißt doch genau, daß ein Pastor mit Familie nie so viel verdient, daß er sich das leisten könnte, dazu muß er als Pastor ja in einem Kirchenhaus wohnen, darf ja gar nicht inmitten seiner Gemeinde leben! Ich hab mich immer gefragt, warum. Und Cornelia? Erst Lehrerin, dann Kinder- und Jugendtherapeutin, und Ulrike wie ich als Hebamme? Schon gut, G.! Das war 1961, als du deine Vorstellungen zu Papier brachtest, da hattest du vielleicht noch die kleinste Hoffnung, eins deiner Kinder wenigstens könne noch zu solch einer »Kanone« werden wie du und dein Zwilling. Trotzdem, Willi! Deine Wünsche waren verträumte, edle, liebenswürdige Spinnereien.

Weiter schreibst du:

»Wenn Dorkas Berater hinzuzieht: Was Dorkas tut, ist richtig!«

Das darf doch wohl nicht wahr sein! Schon gut, ich weiß, ich weiß, bla-bla-bla. Was Mutter tut, ist richtig. Hier steht es schwarz auf weiß. Mein Gott, hattest du ein Frauenbild, ein Mutterbild. Du hättest glatt Katholik werden können mit deiner Marienverehrung! Manchmal hatte ich schon geglaubt, dieser beschissene Spruch: ›Was Mutter tut, ist richtig!‹ sei nur meiner Phantasie entsprungen. Aber hier steht er ja. Mensch, G.!

Weiter: »Unsere Wannheimer Eltern vererbten ihren sechs Kindern praktisch nur, was in ihren Herzen, in ihren Hirnen und in ihren Händen lag. Diese Mitgift ist mehr wert als alle Häuser. Die Kinder ererben das gleiche, was wir in Wannheim erwarben. Die Eltern können den Kindern niemals den Weg des Lebens vorweg festlegen. Es gehört zur Freiheit auf dieser Erde, das, was Erziehung und Entwicklung zur Selbständigkeit vermochte, weiter zu entwickeln, selbst zu fördern.

Ihr werdet alle euren Weg gehen, geht ihn an der Hand unseres Herrn!

Noch was! Sollte es zu Erbauseinandersetzungen kommen, die den Frieden der Familie stören, wäre es mir lieber: Alles geht nach Bethel oder an ›Brot für die Welt‹.

Warum? Weil der Friede höher ist als alle Vernunft, wo Rechthaberei hochkommt. Wer nicht zu opfern bereit ist, ist nicht geschickt, etwas zu erwerben.«

Vater, es hat ja alles nicht geklappt, wie du es gerne gehabt hättest. Für dich war das Haus wichtig, für mich nicht. Vielleicht lag es daran, daß ich mich dort nie zu Hause fühlte? Daß ich nicht einmal ahnte, warum dies Haus für dich so wichtig war? Wieso fühlte ich mich in Hattingen nie zu Hause, obwohl ich, wenn ich vom Internat in die Ferien fuhr, sagte, ich fahre nach Hause? Wo eigentlich fühlte ich mich je zu Hause? Zuhause ist der Ort, wo ich mich geborgen, beschützt fühle, gab's den Ort? In Berlin nicht, in Arnsdorf nicht, in Aumühle ja. Tatsächlich gab es in meiner Kindheit einen Ort! Aber Hattingen war's nie! Ich kam ja dann auch ins Internat, habe Gastrollen im Elternhaus gehabt. Fast zehn Jahre wohnte ich in Hattingen, ehe ich ins Internat kam. Was sagt mir Hattingen? Dies ist ein Ort, in dem ich nicht begraben sein will!

Und Heimat? Was ist mir Heimat früher gewesen? Ich hatte keine Beziehung zu diesem Wort. Da, wo ich vorübergehend lebte, wohnte ich, aber Heimat? Erst als ich nach Berlin zog, um endlich das Gefühl kennenzulernen, da ich doch in Berlin geboren war, glaubte ich, endlich eine Heimat zu haben. Ich habe Berlin viele Jahre geliebt. Aber Heimat?

Vater, dann, als ich diese winzige Insel im Atlantik zum ersten Mal betrat, schon nach ganz wenigen Minuten, nachdem wir das Schiff von Madeira kommend verlassen hatten, ich festen Boden unter den Füßen hatte, empfand ich Geborgenheit, das Gefühl, hier zu Hause zu sein. Vater, wie war das mit der Weite innen und außen?

He du! Der Pfropfen drückt! Freiheit der Entwicklung? Worte, Vater, alles wunderschöne Worte, weiter nichts! Welch ein erhabenes Gefühl, solche Phrasen daherzudreschen, oder? Schöne Worte hast du gefunden, das ist wahr, aber so war das doch alles gar nicht! Das, was du dir so schön vorstelltest, wurde doch nicht praktiziert, weder von dir, noch von Mutter. Sicher hattest du vor, ursprünglich, daß deine Vorstellungen edel durchzuführen seien, ja die Möglichkeit wäre sogar dagewesen. Wer hat sie verspielt? Du selbst, Vater, indem du deiner Frau freie Hand ließest, denn »Mutter hat immer recht!«

Wie war denn das mit der Freiheit? Selbst den Hochzeitstermin hast du mir vorgeschrieben! Da war ich 27, Vater! Und weil ihr kein Interesse an der standesamtlichen Trauung hattet, da eine Hochzeit ohne Kirche eine »wilde Ehe« sein würde, Dorkas sich sogar weigerte, mit zum Standesamt zu gehen, zogen der Kubitz und ich mit unseren Freunden alleine los.

Aber da kamst du angeschossen! Auf dem Weg zum Standesamt wolltest du unsere Hochzeit noch platzen lassen, weil wir zwei Freunde als Trauzeugen gebeten hatten. Du bestandest plötzlich darauf, daß nur der Vater und der älteste Bruder Trauzeugen zu sein hätten. Plötzliches Interesse? Ist dir schnell noch eingefallen, was die Hattinger sagen könnten, wenn das erste Kind der G., ohne daß die Eltern dabei sind, getraut wird? Ich habe dann weder dich noch Peter als Trauzeugen genommen, sondern Jörg und ein Freund blieb. Der andere sah zum Glück ein, daß ihm nur noch das Lachen übrigbleiben konnte, das Lachen über so viel Blödsinn. Warum nahm ich nicht dich und Peter? Trotz, Vater. Wie ein kleines Kind hab ich am Hochzeitstag getrotzt, anstatt dich auszulachen!

Und wie habt ihr mich reingelegt, nachdem wir vom Standesamt kamen. Deswegen war Dorkas wohl zu Hause geblieben. So konnte sie Stühle schleppen, im großen Wohnzimmer eine Art Kirche einrichten. Stuhlreihen, vorne eine weiße Decke über einem Tisch, Blumen rechts und links, die Bibel, Kerzen.

»Onkel Egon wird nur ein paar Worte reden«, hieß es. Es wurde dann eine Art Haustrauung inszeniert, und Dorkas hinterher: »Keiner der Verwandten hat was gemerkt, sie hielten alles für eine Art moderne kirchliche Trauung.«

Geschafft! Dorkas hat's mal wieder geschafft gehabt. Ich hatte noch darauf bestanden, daß Onkel Egon weder fragt: ›Willst du, Monika, willst du, Ulrich‹, noch daß er die Ehe segnet. Er hielt sich dran, aber keiner hat's gemerkt.

Wundervoll, deine Frau, Vater!

Hör mir doch auf mit der Weite innen und außen!

Mit Freiheit!

Ich spüre ja jetzt noch die beklemmende Einengung! Aber ich spüre auch was anderes, Vater. Der Pfropfen drückt unerträglicher, aber noch habe ich ihn in Gewalt.

Wie sehr brauchte ich dich, aber du konntest das ja nie nachempfinden, da du mich ja nie brauchtest, es sei denn, mich einzureihen in die Fünf-Kinder-Schar, dein Stolz, dein Besitz, deine Brut.

Vater, es brodelt in mir, hilf mir, den Deckel draufzuhalten, komm doch endlich mal und hilf mir!

Ich spüre, was da so brodelt. Vater, es ist eine so wahnsinnige Wut. Ich kenne diese Wut nicht, sie macht mir angst. Sie blubbert. Ich will, daß sich die Wellen legen, nicht überschwappen. Aber ich habe keine Kraft mehr, den Deckel draufzuhalten. Die Wut steigt, Vater, ich kann nichts mehr dagegen tun, ich bin ihr ausgeliefert, ich kann sie nicht mehr beherrschen, und du hilfst mir sowieso nicht. Nie hast du mir geholfen!

Vater, ich sitze auf einem Vulkan. Ich habe Angst, Vater, weil ich nicht weiß, was ist, wenn diese Wut in mir platzt. Ich habe Angst vor meinem Zorn. Ich kann mich nicht mehr schützen, der Zorn holt mich ein. Komm, stell die Flamme unter mir ab, so hilf doch, wenn sie wieder kleiner ist, kann ich mich auch beherrschen. Ich schaff es nicht, sie kleinzudrehen, komm, hilf mir doch!

Aber nicht mal jetzt hilfst du. Weg bis du, wie immer! Du Falschspieler du! Wie hast du die Karten gemischt? Immer hattest du die Joker, die Asse, die Buben. Ich hab' gesehen, daß du falsch spieltest, aber ich hab nie etwas gesagt, ich wollte nicht, daß du siehst, daß ich sehe. Vater! Unsere Familie, das falsche Spiel!

Wie wirkten wir so stark! Nach innen und nach außen. Aber dabei haben wir uns doch immer was vorgemacht! Rücksichten, Elternschonung, auf daß es euch gutgeht auf Erden. Vor lauter Rücksicht wurde doch immer das Wichtige ausgeklammert. Das Leben wurde ausgeklammert.

So schwach waren wir, Vater, denn die Kraft der Ehrlichkeit, der Offenheit hätte der Familie, der Fassade des Familienbildes doch geschadet, abbröckeln lassen.

Nein, geredet haben wir über nichts wirklich Wichtiges. Selbst du hast den Urlaub in Pontresina benutzt, um so Wichtiges wie dein Testament, dein testamentarisches Erbe, aufzuschreiben, damit Mutter es 28 Jahre in Schubladen verschwinden läßt, 15 Jahre nach deinem Tod versteckt oder vergißt. Vater, vergessen ist auch Abwehr, weißt du? Ich weiß es, ich habe ja geglaubt, fast ganze zehn Jahre meiner Kindheit vergessen zu haben.

Mein Gott, unsere Familie!

Fassade!

»Auf die Beschläge knallen!« war doch auch einer deiner Lieblingssprüche! Und wieder gab es eine neue Türklinke aus Messing, einen Knauf aus Bronze, verschnörkelt und unpraktisch, aber wirkungsvoll. Beschläge aus Messing und Bronze, Vater, darin warst du groß! Die demonstrierten doch so schön nach außen das Solide der Familie G.! Du hast an die Beschläge geglaubt, du Armer. An Beschlägen richtetest du dich auf. Erbärmlich, Vater! Hast du mal hinter die Fassade gesehen? Ist dir einmal bewußt geworden, wie sehr es dahinter bröckelte? Wie mir die Luft zum Atmen genommen wurde in dem Haus mit der Weite nach innen und außen? Beschläge!

So war das doch, oder?!

Aber auch das Abtöten alles Lebendigen in uns. In uns? In all meinen Geschwistern? Ich weiß es nicht. Was ich aber weiß, ist, daß Peter und ich in euer, wenn auch nicht bewußtes, Abtötungsprogramm der Selbständigkeit, Eigenständigkeit und Spontaneität gepreßt wurden. Dazu gehörte die perfekte Leugnung unseres Wesens, die Manipulation, uns zu biegen, bis wir in euer Konzept paßten. Unsere Individualität wurde mißachtet und mußte gleichgeschaltet werden, um euren Idealen zu entsprechen. Die Umklammerung durch eure Wertmaßstäbe ließ nichts an freier Entfaltung, nichts an Förderung zu, ließ genausowenig zu, mal hinzusehen, was uns guttat, ließ nicht das elterliche Beobachten zu: auf welchem Gebiet zeigt es Interesse, worin ist es geschickt, worin können wir das Kind fördern?, ließ nicht zu, dem Kind ein breites Angebot an Erforschen, Erkennen, an Wissen, an Fertigkeiten und Freude anzubieten. In einem bestimmten Alter bekommt der Junge den Stabilbaukasten, die Tochter die Puppe, dann der Sohn die Dampfmaschine, die Tochter die Puppenstube, Nesthäkchen, Pucki, Elke im Seewind. Natürlich auch Flötenspiel und Klavierunterricht, um das Bild harmonisch abzurunden: Hausmusik gibt's nur in edlen Familien.

Ihr konntet stolz sein. Ihr habt es geschafft, uns dahin zu biegen, wohin ihr uns haben wolltet. Wie Marionetten haben wir gezappelt zu eurer Freude, denn eure Regie war uns sehr wichtig. Wir wollten doch, daß ihr euch gut fandet. Wir freuten uns, wenn ihr euch über uns freutet, wenn ihr an den Drähten zogt und wir funktionierten. »Wir freuen uns, wir freuen uns, tiralalalala!?« das war doch eins eurer Lieblingsfreudenlieder, wenn die ganze Familie bei Tisch hinter den Stühlen stehend und sich an Händen haltend dieses schwachsinnige Lied schmetterte. Wie habt ihr euch gefreut, und wie peinlich war mir das Lied und eure Freude.

Vater, erinnerst du dich?

Erinnerst du dich an mein Schwachlachen? Was war ich doch für ein fröhliches Kind! Nicht wahr? Ich lachte manchmal aus irgendeinem Grund los, der Anlaß konnte noch so gering sein. Ich gluckste, meine Tränen rannen vor Lachen, meine Nase lief vor Lachen, ich bekam kaum Luft vor Lachen, Schwachlachen nanntet ihr das, wenn ich vor Lachen nicht aufhöhren konnte zu lachen. Dann kam »Reißdichdochzusammenkind!«, wenn ihr merktet, daß ich wirklich nicht aufhören konnte. Ich lachte wie ein Automat, wie eine Maschine. Manchmal fing ich mich wieder, war total erledigt, aber oft schicktet ihr mich raus mit ernstem Gesicht, damit ich in mich gehe und mich beherrschen lerne. Dann floh ich in mein Zimmer, schmiß mich auf mein Bett und biß ins Kopfkissen, um mein lautes Schreien zu unterdrücken, das selten in beruhigendes Weinen überging.

Vater, unsere Familie, eine ›Feste Burg‹? So wolltest du es, jedem Sturm sollte sie trotzen. So sollte unsere Familie sein und wir hatten uns so zu verhalten, daß ihr glauben konntet, wir wären eine ›Feste Burg‹. Verhalten, Vater! Wir haben uns ja nur so verhalten!

O ihr Erbärmlichen! Ihr habt von Peter und mir nichts gewußt. Ihr wußtet nicht, wie sehr wir unter euch litten, wie sehr wir euch liebten.

Jahrzehnte noch gehörte Lieben und Leiden für mich zu einer Einheit.

In dieser ›Festen Burg‹ habt ihr nichts von der wirklichen Einsamkeit, der tragischen, von uns gewußt. So gut funktionierten wir. Gehorsame Kinder! Gelehrige Kinder! Stolz konntet ihr sein.

Gab es ein Problem, entschiedet ihr, natürlich nur zu unserem Besten. Und wagte ich eine Alternative vorzuschlagen, war eure Empörung über meine Ungehörigkeit, meine Respektlosigkeit, groß. Du bekamst deine mir so bekannten angespannten Unterkiefergesichtszüge, preßtest die Unterlippe über deine unteren Zähne, zogst dabei die Mundwinkel breit, eine Mimik, die ich auch bei Vorträgen an dir sah, die zeigen sollte, wie sehr konzentriert du bist, eine Schauspielermimik, geübt vor dem Spiegel. Und kaum hattest du dein angespanntes Gesicht, ranntest du raus. Einfach raus. Weg warst du. Hinterher mit roten Flecken am Hals deine Frau, dich zu beruhigen, zu vermitteln. Kam sie zurück, natürlich nicht mit dir, denn du schmolltest noch, bat Dorkas: »Nimm Rücksicht auf Vater, er hat doch so viel Arbeit, denk an sein Herz, denk an seinen Zucker, er darf sich nicht aufregen.« Rücksichten kannte ich ja von Kleinkind an. Erst immer der arme Peter mit seinen Mittelohren, seinen Nierenbecken, dann Vater.

Und Dorkas' Vermittlungsversuche? Mensch, Vater, was hast du sie mißbraucht! Sie saß doch immer zwischen allen Stühlen!

Im Hause G. wurde auch mit Blicken regiert, Blicken, die mich an Grenzen ermahnten, ehe ich in ihre Nähe kam, die mir zeigten: pariere, aber sofort! Blicke, die mich spüren ließen, wie undankbar ich war. Blicke, die mir zeigten, wie sehr ihr meinetwegen zu leiden hattet, wie sehr ich in eurer Schuld stand.

Was mache ich jetzt mit deinen Aufzeichnungen? Da saßt du im Urlaub in Pontresina im Hotel Kronenhof, ich sehe dich am Eisplatz halb im Liegen, halb im Sitzen, in Decken gehüllt auf einem Liegestuhl, und schreibst an die Kinder, weil du nicht mit ihnen sprichst.

Das stell dir mal echt vor!

Es ist ein Witz, ich könnte wieder das Schwachlachen kriegen.

He, Vater G., ein Witz! Nun lach doch endlich! Und ich sehe mich als Witzfigur, als einen Menschen, der als Mensch nicht zu erkennen ist, weil er dick verbunden wie nach einem schweren Unfall, nur die Augen sind frei und die Nasenlöcher natürlich, ans Krankenbett gebunden ist. Ja, so komme ich mir vor. Nur, ich begann meine Verbände zu lösen, erst behutsam, dann aber ging mir das alles nicht schnell genug, und ich reiße jetzt an den Mullbinden vor lauter Wut. Ich reiße und reiße und alte Wunden brechen auf. Durcheitert bin ich, Vater. Verseucht, stinkend vor eiternden Wunden. Es ist keine gefärbte Salbe, so wie ihr es in Gefangenschaft gemacht habt, bei mir eitern die Wunden wirklich bis auf die Knochen, bis ins Mark, und nicht, weil meine Wunden vom Herausschneiden der SS-Nummern entstanden, um die SS-Leute unter euch in Gefangenschaft vor Bestrafung zu retten. Was machte ich mit meinen Wunden, mit meiner eiternden Seele? Ich umwickelte sie mit Mullbinden, damit ich sie nicht sehen mußte, damit ich glauben konnte, alles sei nur halb so schlimm, weil ich glaubte, die Wunden dann nicht fühlen zu müssen. Sowie der Eiter durchsickerte, kam noch eine Verbandsschicht drauf, Runde für Runde auf diesen Dreck.

Ich habe doch nie Luft an meine Verletzungen kommen lassen! Wie sollten sie da je ausheilen?

Wunden, Vater!

Wieder eine Wunde, eine aus der Zeit, als ihr mich von Tante Tete weggeholt hattet in die Waldstraße 6, zu Rugos, in das erste Haus in der Waldstraße, Ecke Sprockhöveler Straße.

Ich frage, warum denn das erste Haus in der Straße die Nummer sechs hat und nicht die eins. Ausgelacht habt ihr mich, einfach ausgelacht, weil ich so dumm fragte, und ich schämte mich, weil ich so dumm fragte.

Mensch, G.!

Dein »Aufdiebeschlägeknallen« und Mutters »Opferbereitschaft«! Darin wart ihr groß. Da schaffte Dorkas es doch tatsächlich, ihren jüngeren Bruder, der an einer schnell verlaufenden Multiplen Sklerose erkrankt war, aus dem Bundeswehrkrankenhaus und weg von seiner Frau und Tochter ins Hattinger Krankenhaus zu holen. O ja, ich weiß, was du für eine tolle Frau hattest! Mit dem Rollstuhl fuhr sie ihren todkranken Bruder mit Genugtuung durch Hattingens Straßen, am liebsten zur Geschäftszeit in der Heggerstraße, dann, wenn genügend Hattinger sie sehen konnten. Nie blühte sie mehr auf, als wenn es einem ihrer Nächsten dreckig ging. Und ihr Opfergesicht honorierten Hattinger Bekannte, die sie bewunderten, weil sie so selbstlos war und ihrem kranken Bruder die Freude machte, durchs Geschäftsgewühl bugsiert zu werden. Diese demonstrierte Fürsorge wollte sie ja auch an ihrem ältesten Sohn ausüben, an Peter, als er in Berlin todkrank, vom Krebs gezeichnet, es ablehnte, in Hattingen zu sterben, sondern in Berlin, bei seinen Freunden, in seiner Gemeinde. Wie gerne hätte sie Peter durch Hattingens Straßen gekarrt, als habe er nicht schon genug gelitten. Und sie litt darunter, daß sie die tapfere Mutterrolle nicht da demonstrieren konnte, wo sie bekannt war. Fassade, alles nur Fassade!

Auch als deine Frau anfing, sich mit den Feuerwehrleuten zu ver›brüdern‹! Sie glaubte daran, daß ihr plötzlich kumpelhaftes Benehmen bei ihnen ankäme. Schon gut, es kam ja an. Wenn irgendwas im Garten zu tun war, genügte ein Wink, und die Feuerwehrleute halfen. Sie verehrten sie wirklich, ließen nichts auf sie kommen, und Dorkas trank wie sie das Bier aus der Flasche und redete wie sie und duzte sie und ließ sich duzen, und sie war mit sich zufrieden. Verhalten, nichts als Verhalten! Aufgesetzt! Aber die Feuerwehrleute liebten sie, verehrten dich, und Weihnachten gingen wir ja auch brav mit, gaben Geschenke ab und sangen ein Weihnachtslied.

Vater, das Abreißen der Verbände tut ja so weh! Ich habe solche Sehnsucht nach Heilung!

Erinnerst du dich noch an Mutters Sprache, als wir in Hattingen alle endlich zusammen waren? Nachdem ich von Tante Tete und Onkel Karl weggeholt worden war, weil du eine Praxis und Wohnung gefunden hattest? Dorkas konnte nicht mehr reden. Nur noch befehlen. Vielleicht war das ja schon immer so gewesen, nur fiel es mir jetzt auf, weil die Tante und der Onkel nie befahlen. Hast du sie gehört, die Befehle, die wie Pistolenschüsse auf mich niederknallten, wie Peitschenhiebe auf mich eindroschen? Nein, sicher nicht. Du hast ja nie was mitgekriegt, warst ja immer bei deinen Frauen in der Praxis oder zu Hausbesuchen unterwegs. Vom Familienalltag hast du nie was mitgekriegt.

Jeder Satz ein Befehl. Jeder Satz eine Klage. Jeder Satz ein Vorwurf.

Ich hatte ja so viele Fragen, aber es gab keine Antworten. Nur Befehle. Selbst harmlose Worte, Sätze, platzten aus ihr heraus, und wehe, ich ging auch noch in Deckung! Nicht mal wenn ich geschlagen wurde, durfte ich in Deckung gehen, durfte ich zucken, mich krümmen, winden. Dann regte sie sich noch mehr auf, weil ich so feige war. Mein Gott, habt ihr euch an mir vergangen!

Vernichtend jedes Wort!

»Sei nicht so neugierig!«
»Das geht dich nichts an!«
»Das ist nichts für Kinder!«
»Hab' ich dich gefragt?«
»Kinder reden nur, wenn sie gefragt werden!«
»Verstanden?«
»Wenn Erwachsene reden, haben Kinder still zu sein!«
»Laß mich in Ruhe, du siehst doch, daß ich zu tun habe!«
»Kannst du nicht fragen?«
»Vom Fragen kriegt man Löcher in den Bauch!«
»Du siehst doch, daß ich keine Zeit habe!«
»Laß die Kinkerlitzchen!«
»Steh mir nicht im Weg!«
»Iß auf!«
»Wird's bald?«
»Was auf den Teller kommt, wird gegessen!«
»Essen muß nicht schmecken!«
»Essen ist da, um satt zu werden.«
»Man kaut richtig!«
»Schluck!«
»Iß den Teller leer!«
»Iß den Teller sauber!«
»Es wird nichts liegengelassen!«
»Keine Widerworte!«
»Was, du willst nicht?«
»Was, du weigerst dich?«
»Dir werd' ich den Eigensinn schon noch austreiben!«
»Dir werd' ich schon noch die Flausen austreiben!«
»Schlaf jetzt!«
»Ruhe jetzt!«
»Kein Wort mehr!«
»Ich höre alles!«
»Ich sehe alles!«
»Aufstehen!«
»Hinsetzen!«
»Hast du dich gewaschen?«
»Hände waschen!«
»Gesicht waschen!«
»Zähne putzen!«

»Hände falten!«

»Beten!«

»Essen!«

»Sitzenbleiben!«

»Zappel nicht!«

»Hände auf den Tisch!«

»Nicht anlehnen!«

»Sitz gerade!«

»Man stützt die Ellbogen nicht auf!«

»Nimm Rücksicht!«

»Mach schneller!«

»Mach langsamer!«

»Los, hab' ich gesagt!«

»Sei doch vernünftig!«

»Wie oft soll ich dir das noch sagen?«

»Was sagt man?«

»Mach einen Knicks!«

»Tiefer!«

»Kannst du nicht ›bitte‹ sagen?«

»Kannst du nicht ›danke‹ sagen?«

»Kannst du nicht dankbar sein?«

»Warum freust du dich nicht?«

»Kinder, die was wollen, kriegen was auf die Bollen!«

»Kinder haben nichts zu wollen!«

»Laß das, du machst ja doch alles kaputt!«

»Dir darf man aber auch nichts in die Hand geben!«

»Wie oft hab' ich dir schon gesagt, daß ...!«

»Wir wissen besser, was für dich gut ist!«

»Wir wollen nur dein Bestes!«

»Denk mal an andere!«

»Was würde Jesus dazu sagen?«

»Hast du dich denn nicht gefragt, daß das den lieben Gott ganz traurig macht?«

»Was, du hast einen Bock?«

»Dann ab, in dein Zimmer!«

»Ich will dich heute nicht mehr sehen!«

»Wir sind keine Eltern, die ihre Kinder zur Strafe ins Bett stekken, denn schlafen soll etwas Schönes sein, also sei uns gefälligst dankbar!«

»Man soll die Sonne nicht über seinem Zorn untergehen lassen, darum verzeih ich dir!«

»Wegen dir hab' ich wieder Kopfschmerzen!«

»Wegen dir hab' ich wieder Magenschmerzen!«

»Wegen dir hab' ich wieder Gallenbeschwerden!«

»Wegen dir ist Vatis Zucker wieder so hoch!«

»Wegen dir hatte Vati heute wieder Herzbeschwerden!«

»Kannst du dir nicht vorstellen, daß ich nicht weiß, wo mir der Kopf steht?«

»Und du kommst mit so was!«

»Als ob das wichtig wäre!«

»Nimm dich nicht so wichtig!«

»Was wichtig ist, kannst du noch gar nicht wissen!«

»Kinder müssen warten lernen!«

»Was wichtig ist, bestimme ich«, sagt Vater.

»Man kaut nicht mit offenem Mund!«

»Iß schneller!«

»Stopf nicht so in dich hinein!«

»Was sollen denn die Leute denken!«

»Denk immer dran, aus welchem Haus du kommst!«

»Eine G. fällt nicht auf!«

»Mach nicht solche Mätzchen!«

»Immer dieses Eigenmächtige an dir!«

»Stell dich nicht so an!«

»Mach dich nicht schmutzig!«

»Kannst mir ruhig dankbar sein!«

»Du bist undankbar!«

»Anstatt mir dankbar zu sein!«

»Was, du willst nicht sagen, daß ...?«

»Spiel nicht die beleidigte Leberwurst!«

»Sei leise!«

»Sei nicht so laut!«

»Sprich laut und deutlich!«

»Nuschel nicht so!«

»Wenn du flüsterst, kann ich sowieso nichts verstehen!«

»Du brauchst nicht so laut zu schreien, ich habe gute Ohren!«

»Was, du hast mir nichts zu sagen?«

»Lüg nicht!«

»Flunker nicht!«

»Ich seh' dir immer an, wenn du lügst!«

»Kinder, die viel fragen, kriegen viel Antwort, ha!«

»Wenn ich sage, du hast dies und das zu tun, hast du es gleich zu tun, und nicht, wenn Madame es für richtig hält!«

»Keine Widerworte!«

»Auf der Stelle, hab' ich gesagt!«

»Du kannst nachher weiterspielen, jetzt kommst du augenblicklich her!«

»Was willst du denn jetzt schon wieder!«

»Was hör' ich da? Du ehrst deine Mutter nicht?« sagt Vater. He, Vater! Ihr schämtet euch nicht, mit mir so umzuspringen! Nur ich mußte mich schämen, weil ihr euch gegenüber mir so verhalten mußtet. Denn der Schuldige war doch immer ich, das Kind. Das Kind ist doch immer das Opfer! Stimmt's?

He, komm aus deinem Grab, ich will dir vor Wut vors Schienbein treten! Militärischer Gruß! Mein Gott, war der dir wichtig. Immer zack-zack, was? Mensch, G., ist mir schlecht!

Liebes Kind, gehorsames Kind, rücksichtsvolles Kind, ja, ich fragte nur ein einziges Mal, was du denn in der Nazi-Zeit gemacht hast, dann nie wieder. Gehorsam, nicht wahr? Denn Mutter flehte mich an, nachdem du mal wieder rausgerannt warst, ich solle dich nicht fragen, das rege dich zu sehr auf, dann würdest du nur wieder vom Krieg träumen. Also gab ich mich mal wieder zufrieden mit: Vater hat Verletzte versorgt, als hätte ich gefragt, was er im Krieg gemacht hätte.

He, Vater, was hast du wirklich gemacht? Vor dem Krieg? Was im Krieg? Nie sollst du in der Partei gewesen sein! Du, ich komme mit dir nicht klar vor lauter Wut!

Es ist nicht normal, daß ich mich an Mutters Bäuche nicht erinnern kann. Ich war fast sieben, und später, als Mutter mit Ulrike schwanger ging, elf, fast zwölf. Geschnürt hatte sie sich bestimmt nicht. Aber wie bei Jörg erlebte ich meine Schwestern erst ab Krabbelalter. Waren sie auch so isoliert gehalten wie wir älteren? Oder ist mein Nichterinnern schon Amnesie, nicht mal mehr Hypomnesie?

Andererseits sind viele Ereignisse, große und kleine, sogar Alltäglichkeiten überscharf in meinem Gedächtnis festgehalten. Wenn mir die Diskrepanz zwischen Hypomnesie und Hypermnesie bewußt wird, bin ich so verunsichert, daß ich glaube, nicht normal zu sein. Dann denk' ich: Ich hab' ja noch größere Macken, als ich je gedacht habe! Dann rettet mich nur: Nimm's, wie es ist.

Mit Cornelia konnte Dorkas ihrem Willi und dem G.-Clan eine richtige G. präsentieren, eine mit schwarzen Haaren, schwarzen Augen, kräftig, stämmig. Vaters Stolz. Ich liebte Cornelia innig, freute mich, wenn ich sie mal auf dem Schoß halten durfte. War ich eifersüchtig? Möglich schon. Ich bewunderte ihre Schlagfertigkeit, ihre Frechheit, ihr jungenhaftes Benehmen, Eigenschaften, die mit väterlichem Stolz belohnt wurden. So wollte er seine Kinder sehen, so sollten sie alle sein, so und nicht anders. Cornelia hatte das feste, dichte, schwarze G.-Haar, dicke, glatte Zöpfe. Ich muß doch eifersüchtig gewesen sein, denn ich erinnere mich an meine spirrligen dünnen, blonden Zöpfe, kürzere und lockige, eher krause. Und ich ging zum Friseur, sagte, meine Mutter schikke mich, weil meine Zöpfe abgeschnitten werden sollten, sie käme nachher vorbei und würde zahlen. Der Friseur fragte, ob das auch wahr sei, und ich log so überzeugend, daß er mir einen Bubikopf schnitt. War ich da elf, zwölf oder dreizehn?

»Aber Monika! Deine Eigenmächtigkeiten! Wie siehst du denn aus! Wer hat dir das erlaubt? Schämst du dich gar nicht?« waren einige Vorwürfe, auf die ich gefaßt war. Ich schämte mich nicht.

»Du solltest dich was schämen!«

Ich sollte mich schämen, da ich es nicht tat, war ich ungehörig, ungehorsam.

Nein, ich schämte mich wirklich nicht.

Aber es gab andere Dinge, deren ich mich schämte.

Vater, kennst du Scham?

Maria-Ruth, die Cousine war zu Besuch da. Wir waren auf der Sprockhöveler Straße, und sie mußte mal, hob ihren Rock an, zog ihren Schlüpfer runter, hockte sich neben einen Baum und pinkelte. Ich konnte ihre Pobacken sehen und wie der Urin aus ihr rausfloß. So was tut man doch nicht! So was gehört sich doch nicht! Was habe ich mich für meine Cousine geschämt!

Scham. Ich war vielleicht elf oder zwölf, ihr wart einen Abend nicht da, ich sollte in euren Betten einschlafen, das Telefon auf dem Nachttisch, denn es mußte ja immer einer am Telefon wachen. Da kam Jörg und sagte, ich solle mich ans Kopfende stellen, er wolle mir zeigen, was Jungen mit Mädchen machen. Ich stellte mich ans Kopfende eurer Betten, er kniete sich vor mich hin, hob mein Nachthemd hoch und steckte seinen Kopf zwischen meine Beine, genau da, wo ich ein Mädchen war, und ich spürte seinen Mund. Ich stieß ihn entsetzt weg, und er verstand das gar nicht, meinte wieder, so was machen alle Jungen mit Mädchen.

Was habe ich mich geschämt!

Scham. Mutter packte mir in ein Handtuch versteckt Frotteebinden ein und verstaute sie unten in den Koffer, denn Peter und ich sollten nach England fahren, weil wir im Englischunterricht so schlecht waren. War ich da elf? Ja, denn ich hatte gerade erst angefangen, Englisch zu lernen. Sie zeigte mir einen alten rosa Gummibindengürtel und erklärte mir, wenn ich blute, müsse ich ihn wie einen Gürtel unter der Wäsche tragen und die Binden damit festhalten, sie einhaken, damit ich meine Wäsche nicht schmutzig mache. Nein, Vater, sie klärte mich nicht auf, sie hat's vergessen oder sie hat sich selbst geschämt. Ich bekam erst mit 14 meine Regel, und nun hatte ich die komischen Dinger im Koffer, die ich aber niemals Peter zeigen sollte, und weil Mutter sich so schämte, als sie mir das sagte, schämte ich mich auch.

Scham, Vater. Auf dem halben Flur war die Patiententoilette, und ich hatte mir immer schon die im Eimer liegenden verschmierten Binden angesehen. Ich dachte, sie wären Verbandszeug, und sie interessierten mich. Ich schämte mich nicht. An der Wand hing der Spruch: ›Es wird gebeten, Watte oder Binden nicht in die Toilette zu werfen, sondern in den bereitgestellten Eimer, da sonst Verstopfungen unvermeidbar sind.‹ Erst als ich auch meine Tage hatte, sah ich vor Scham nie mehr in den Eimer und ließ angeekelt meine durchgebluteten Binden heimlich darin verschwinden, immer in der Angst, die Tür, obwohl ich sie verschlossen hielt und immer wieder überprüfte, ob ich das Schließen nicht doch vergessen hatte, irgend jemand könne hereinkommen und sehen, daß ich auch zu denen gehöre, die bluten, und mich daraufhin auslachen könnten. Oh, wie die dreieckigen Bindengürtelhaken mich wundscheuerten!

Ich traute mich nie, mit Mutter über meine Ängste und Verunsicherungen zu reden, sie um Rat zu bitten, weil ich mich schämte und Angst hatte, sie könne sich schämen, daß sie eine Tochter hatte, die schon mit 14 Jahren blutete. Und wenn das Blut vom Rand der Binden in meinen Schlüpfer sickerte, ihn verschmierte, traute ich mich nicht, den Drecksschlüpfer in den Schmutzwäschekorb zu werfen, weil sie oder die Hausmädchen dann wüßten, daß ich mich nicht sauberhalten konnte, und sich vor mir ekeln würden. Oft wusch ich abends heimlich meine Schlüpfer aus, hoffend, daß sie am anderen Tag getrocknet sein würden, damit ich sie heimlich in die Wäsche werfen konnte.

Und oft waren meine Schlüpfer selbst nach der Kochwäsche nicht ganz sauber, und ich erwische mich heute noch dabei, wenn ich auf Wäscheleinen fremder Häuser unter anderer Wäsche auch schneeweiße Unterhosen sehe, daß ich mich frage, wie die Leute das machen.

Wen konnte ich damals um Rat fragen? Wer konnte mir damals helfen?

Mein ganzer Tag war angefüllt mit Ängsten und Heimlichkeiten, Verstellungen und gespielten Gleichgültigkeiten.

Selbst Freundinnen vertraute ich mich nie an mit meinen Sorgen, weil ich davon überzeugt war, sie würden sie nie verstehen, weil sie ihnen fremd seien. Ich hatte Angst, ausgelacht zu werden. Oft tuschelten sie beieinanderstehend, kicherten und, obwohl ich wußte, sie kicherten nicht über mich, aber sicher über das, was mich auch interessiert hätte, gesellte ich mich nicht zu ihnen, weil Mutter gesagt hatte, ich sei jetzt in einem Alter, in dem ich nicht auf dumme Sprüche anderer Mädchen reinfallen solle. Wenn sie tuschelten, sollte ich mich entfernen. Ich tat das immer und erfuhr darum nie etwas. Auch sollte ich mich von Jungen fernhalten.

»Du bist jetzt in einem Alter, in dem du die Jungen nicht an dich ranlassen darfst. Nimm dich in acht!«

Wie paßte ich auf, daß außer meinen Brüdern kein Junge in meine Nähe kam. Ich hatte mir ein Maß gesetzt: Zwei Meter. Dabei tat mir keiner was, wenn er doch mal etwas näher ran kam.

Und diese Schmerzen! Ich kippte vor Schmerzen aus der Schulbank und kam im Nebenraum des Lehrerzimmers wieder zu mir, und sofort wälzte ich mich wieder vor Schmerzen. Oder ich hockte in den Pausen versteckt in der Klasse in einer Ecke, die Knie bis unters Kinn gezogen, und schaukelte hin und her und wimmerte, biß mir in die Daumenballen, um niemanden auf mich aufmerksam zu machen vor Scham. Zu Hause gab Mutter mir ein Zäpfchen, und Vater, du lachtest, meintest, nach dem ersten Kind wäre das vorbei. Was war ich froh, als ich mit 33 Jahren mir den Uterus rausnehmen lassen konnte! Ich bestand darauf, obwohl du, Vater, meintest, eine Konisation reiche bei einem Papanicolaou IV. Ich weiß inzwischen von anderen Frauen, wieviel Mühe es ihnen machte, ganz langsam ein natürlicheres Verhältnis zu ihrem Körper, ihrem Frauenkörper zu bekommen, und wie groß sind immer noch meine Minderwertigkeitsgefühle, meine Scham.

Und das Untenherum-Sauberhalten!

»Du mußt dich besonders an solchen Tagen sauberhalten!« Ich wischte mit dem Lappen und dann war der Lappen blutig und ich wusch den Lappen und ekelte mich vor mir selbst.

Nie hatte ich genug Unterhosen, denn oft hatte ich die dreckigen, die beim Vorwaschen nicht ganz sauber wurden, heimlich unten im Schrank gesammelt, um sie dann, wenn das Hausmädchen die Waschmaschine anstellen wollte, selbst noch schnell in die Trommel zu schmeißen, damit sie es nicht sieht. Wie oft hatte ich sie heimlich in fremde Mülleimer geworfen, hatte, auch wieder heimlich, die eingenähten Namensschilder herausgetrennt, damit kein Müllmann herausbekommen konnte, wem die Unterhosen gehörten. Auf was mußte ich nicht alles aufpassen! Und wie sollte ich schon wieder Mutter sagen, daß ich neue Unterhosen brauchte? Ich steckte in einem Wust von Problemen, und doch schaffte ich es, vor euch die lebenslustige, unbekümmerte, leichtfertige Tochter zu spielen, so, wie ihr mich haben wolltet.

Scham, Vater!

Eine englische Jugendgruppe kam nach Hattingen, eingeladen vom CVJM, da warst du ja auch Vorsitzender. Ich war vielleicht 13 oder 14. Barry Fowler war es, der mich eines Abends nach einem Ausflug aus der Gruppe in eine Toreinfahrt zog. Unten an der Sprockhöveler Straße. Er drückte mich an die Wand und küßte mich, und ich fragte mich, warum er denn immer so mit seiner Zunge in meinem Mund herumwühlt. Dann nahm er meine Hand und zog sie runter, und er drückte mir ein hartes, hautumspanntes Ding in die Hand. Ich war so erschrocken, daß ich mich befreien konnte und wegrannte, voller Angst und Schrecken. Ich überlegte, was ich da eben in der Hand gehabt haben könnte, und es dauerte lange, bis ich mir sagte, er habe da unten am Bauch eine Mißbildung, er sei krank.

Mutter hatte schon recht, daß ich keine Jungen an mich ranlassen sollte.

Mutter sagte, ich solle mich bewahren, aufheben für den, den ich mal heiraten würde. Ich wußte nicht, was sie meinte. Und erst nachdem Uwe mich in Oberurff im Internat aufgeklärt und ich mich vor Entsetzen mindestens drei Wochen zurückgezogen hatte, weder ihn noch einen anderen Jungen sehen wollte, der solch eine Schweinerei mache, ahnte ich, was Dorkas mit Bewahren und Aufheben meinte.

Und ich hob mich auf. Ich hob und hob, bis mir die Last zu groß wurde. Ich war ja schon in der Hebammen-Ausbildung und hatte mich immer noch aufgehoben. Die, die ich heiraten wollte, durfte ich nicht heiraten. Und so suchte ich mir mit 21 Jahren einen Mann, mit dem ich das erste Mal ins Bett gehen wollte. Es mußte aber einer sein, den ich danach nie wiedersehen würde, weil ich meinte, ihm nie wieder ohne Scham unter die Augen treten zu können. Er war junger Assistent, Norweger, am Tag, bevor er nach Norwegen zurückging. Er war groß, blond und hatte eine Fistelstimme. Ich fuhr mit ihm ins Studentendorf, weil ich mich geweigert hatte, daß er mich in der engen Isetta auf einem Parkplatz nimmt. Ich ging mit ihm auf sein kleines Zimmer, und er tat es mit mir, und danach stand er am Waschbecken, und ich sah, wie er einen kleinen Luftballon mit Wasser füllte und ihn sich genau besah, und ich staunte, warum er so was Komisches macht. Und sein Schwanz hing lang vorne zwischen seinen Beinen runter wie bei einem Hengst. Vater, ich war ja so bescheuert in meiner Ahnungslosigkeit! Als ich später mit Jürgen, dem atheistischen Theologiestudenten, schlief, dann aufstand, machte es »Flatsch!« und ein weißlicher Schleimpfropfen lag auf dem Boden, den ich erschrocken ansah. War er aus mir herausgefallen? Jürgen nahm ein Taschentuch und machte verlegen sauber.

Und später?

Ich glaubte, Männer erwarteten es, daß ich ihnen eine Freude mache, und war nicht wählerisch, besonders während meiner Alkoholkarriere. Wie oft habe ich mir die einzige Zuwendung geholt, die ich überhaupt noch bekommen konnte! Und wie schäme ich mich dafür!

Vater, war es 1950? 1951? Wir waren in Norderney in den Ferien, warst du dabei? Nein, ich glaube nicht, denn du mußtest ja bei deinen Frauen bleiben, die dich brauchten. Aber wärst du mit in Norderney gewesen, hättest du mich dann vor deiner Frau beschützt? Dorkas meckerte, weil ich mich nicht tief ins Wasser traute. Sie meinte, das Wasser trage einen, lasse einen nicht untergehen. Aber ich hatte Angst vor den Wellen, die mich ja schon umwarfen, wenn ich nur bis zu den Knien reinging.

»Komm, ich halt dich ganz fest, ich laß dich nicht los, du kannst dich auf mich verlassen.«

Und ich faßte nach ihrer Hand, und kaum waren wir etwas weiter im Wasser, kam eine Welle, warf uns beide um, und sie ließ mich doch los, und ich wirbelte in der Welle rum, und als ich endlich an Land kam, hatte ich so viel Wasser geschluckt und eingeatmet, daß es lange dauerte, bis es mir wieder etwas besser ging.

Sie hatte mir doch versprochen, mich festzuhalten! Warum hast du mich nicht vor dieser Frau beschützt?

Weg warst du, wie immer!

Trotzdem blieb ich so naiv und glaubte auch weiterhin, was Erwachsene sagten, und suchte bei mir die Schuld für mein Versagen.

Und als wir Kinder mal zur Badeanstalt an der Ruhr gingen, über die Pontonbrücke, sah ich gleichaltrige Kinder in der Mitte der Ruhr auf den Spungbrettern, und sie sprangen lachend ins Wasser und schwammen wieder aufs Podest, wo der Bademeister auf einem Hocker saß. Ich wollte beweisen, wie mutig ich war, und lief zurück auf die Plattform mitten im Wasser, stieg die Stufe zum Einmeterbrett rauf und sprang ins Wasser. Sie sagten, man käme immer wieder hoch, ganz von alleine. Und da saß ich unten auf dem Grund zwischen den Steinen und wartete, daß ich von alleine wieder auftauchte, aber das dauerte ja viel zu lange,und als ich endlich verzweifelt kämpfend doch auftauchte, zog mich der Bademeister schimpfend raus und hätte mich, wenn es mir besser gegangen wäre, bestimmt verprügelt, so wütend war er auf mich, und er brüllte, wehe, er sähe mich wieder auf der Plattform, in den Nichtschwimmer gehörte ich.

Mensch, Vater, mir fallen ja Erlebnisse ein! Das Erlebnis mit dem Sprungbrett gehört ja in die Zeit, die ich glaubte, verloren zu haben!

Radio. Radio und Aufdembauchliegen sonntags in eurer Mittagspause, ihr haltet Mittagschlaf. Wir dürfen Kalle Blomquist hören oder Pünktchen und Anton. So mutig wie diese Kinder wollte ich immer sein!

Radio. Sonntagnachmittagfamilienkaffee. Im Hintergrund läuft das Radio. Ein Hörspiel? Eine Dokumentation? Wann war das?

Wir wohnten schon in der Bahnhofstraße 40, also muß es Anfang der Fünfziger gewesen sein. Der Sprecher im Radio fragte plötzlich: ›Erinnern Sie sich noch?‹ Und da ging eine Sirene los. Alarmsirene. Panik in mir, die ich zu beherrschen versuche. Trotzdem mußte ich rausrennen und mich auf der Toilette übergeben. Sirenen in Hattingen. Sogar über unseren Köpfen auf dem Dach des Arbeitsamtes in der Bahnhofstraße 25 war eine Sirene. Die Normag hatte eine, um ihren Arbeitern die Mittagspause oder den Schichtwechsel anzukündigen. Probealarm. Er war doch angekündigt, hieß es hinterher, so, als ob ich mich dann nicht übergeben hätte. Überall in Hattingen gingen die Sirenen zur gleichen Zeit los. Voralarm, Alarm, Entwarnung. Ohrenzuhalten, aufgerissene Augen, Würgen, Magenkrämpfe, Nichtatmen vor Angst und Sehnsucht, da zu leben, wo es keine Sirenen gibt.

Jetzt lebe ich da.

Wann war das? 1946 oder '47? Als wir mit dir Patientinnenbesuche machen durften. An einem Sonntag war das, wir sollten dich nach der Kirche abholen, und du nahmst uns mit in ein Haus am Kirchplatz, es war ein ganz schmales Haus, alt und schief. Du sagtest, wir sollten einer Frau »Guten Tag« sagen, danach unten warten. So stiegen wir mit dir die schmale, krumme, ausgetretene Holztreppe hoch und kamen in ein Zimmer, in dem eine ganz dikke Frau auf einem Sofa saß, so dick war sie, daß kein zweiter aufs Sofa gepaßt hätte, und diese Frau war behangen mit Schmuck wie ein überladener Weichnachtsbaum! Überall klunkerte es, glitzerte es, und ihre Finger waren wie Würste angeschwollen, so schnitten ihr die Ringe ins Fleisch. Ich erinnerte mich, daß deine Frau mir mal ein Gummi wegnahm, das ich ums Handgelenk gebunden hatte, weil sie meinte, das schneide ein, die Hand würde dann nicht mehr durchblutet und müsse amputiert werden. Und nun hatte diese dicke Frau so viele einschneidende Ringe, und ich stellte mir vor, wie ihre Finger einzeln abgeschnitten werden müßten, und fragte mich, warum eine erwachsene Frau so dumm sein konnte. Ich machte brav meinen Knicks, und dann warteten wir vor dem Haus. Ich fragte mich, wie man nur so dick sein konnte! Dazu der viele Schmuck. Hieß es denn nicht immer, wer so dick sei, könne sich nicht beherrschen? Sich nicht bescheiden? Und wer so viel Schmuck trage, der habe es nötig?

Als du aus dem Haus kamst, fragte ich, ob du ihr die Finger hättest abschneiden müssen, und du lachtest, mich aber nicht aus, sondern ganz fröhlich. Du hattest den Ring durchgesägt, der zu tief ins Fleisch eingeschnitten war.

Und meine Freundin Gudrun Friebertshäuser, die gleich an der Sprockhöveler Straße überm Bäcker wohnte, hatte mich zu ihrem Kindergeburtstag eingeladen, und ich war so stolz auf mein graues neues Kleid! Gudrun sah mich von oben bis unten an, ihre Mutter mitleidig. Gudrun zeigte mir ihre Geschenke, Bettwäsche, Tischwäsche und Schmuck. Sie drehte sich und zeigte mir ihre Ohrläppchen, an denen Ohrringe hingen. Ich war entsetzt, daß ein Kind Schmuck trug, und bekam Angst, ihr, meine Eltern, könntet mir nun die Freundschaft verbieten, weil es sich nicht gehöre, als Kind mit Schmuck herumzulaufen. Warum bekam sie als Kind Bettwäsche geschenkt? Ich verstand das alles nicht, auch als ich sie fragte und sie meinte, das sei für ihre Aussteuer.

Und ich? Ich saß als graue Maus zwischen den hübsch angezogenen kleinen anderen Mädchen, und mein graues neues Kleid kam mir häßlich vor und meine rutschenden braunen Kniestrümpfe sowieso und erst recht die von Peter abgetragenen Stiefel. Und als die Mädchen mich immer häufiger so komisch ansahen, rannte ich nach Hause und brach die Freundschaft zu Gudrun ab, aus Angst, ihr könntet sie mir verbieten.

Und dann gehörte die dicke Frau vom Kirchplatz mit ihrem Mann, einem Zahnprofessor zu euren Freunden, aber wie konntet ihr mit solcher Frau befreundet sein, die sich nicht beherrschen konnte? Also unanständig war? Und als ihr Mann später ein Verhältnis mit seiner Sprechstundenhilfe hatte, blieben sie eure Freunde, nur daß die dicke Frau jetzt seltener mit ihrem Mann gemeinsam kam, und der Mann ohne seine Freundin. Die dicke Frau war die erste aus eurem Freundeskreis, die wegen einer jüngeren Frau sitzengelassen, geschieden wurde. Geschieden, Vater! Die andere Arzt-Ehe des Internisten ging auch in die Brüche. Der Sohn, der immer mit seinem unsichtbaren Pferd Charly spazierenging und mit ihm redete, kennst du ihn noch? Und ich durfte keine Freundinnen haben, deren Eltern getrennt lebten oder geschieden waren!

Vater, was habe ich dich geliebt, aber warum hatte ich, nur weil ich ein Kind war, immer unrecht? Egal, was es war? Ihr stelltet euch immer auf die Seite der Erwachsenen. Immer! Nie habt ihr mich vor ihnen in Schutz genommen. Vor dem Lehrer Richter nicht, weil seine Frau bei dir Patientin war, und nicht vor Fräulein Petri, der Klavier- und Flötenlehrerin, und später auf dem Lyceum nicht vor Fräulein Ackermann, unter der ich immer litt, weil es ihr die mir unverständliche Freude machte, mir das Heft mit der Note 5 zurückzugeben. Schadenfroh grinste sie mich an, »mal wieder, Monika!«.

Als ich diese Lehrerin vor ein paar Jahren wiedertraf, als ich mit deiner Frau in Hattingen spazierenging – ich hätte sie nie wiedererkannt, wenn Mutter es mir nicht gesagt hätte –, hatte dieses Fräulein Ackermann Tränen der Rührung in den Augen, weil sie eine ehemalige Schülerin wiedertraf. War mir das peinlich!

Und Fräulein Himmelmann, die mit dem Dutt im Nacken, aus dem immer die Haarnadeln rutschten? Bei ihr hatten wir Biologie, und eines Tages sollten wir Wespen zerlegen, Ring für Ring, und ich weigerte mich und bekam deswegen eine 5, und als ich euch das sagte, schimpftet ihr mit mir.

Ich hatte euch gebeten, der Lehrerin zu sagen, daß ich nicht so was Schreckliches tun wolle, und was habt ihr mir geantwortet?

»Wenn sie sagt, ihr habt das zu tun, dann hast du das gefälligst auch zu tun! Du bist keine Extrawurst! Denk an die Noten!«

Und die Englischlehrerin, die schwerhörig war und rotes, ganz dünn gelocktes Haar hatte, durch das ihre Kopfhaut sah, und jeder mußte zu ihr nach vorne ans Pult und ihr das englische »th« ins Ohr spucken.

»Noch mal! Noch mal! Noch mal!«

Warum, verdammt noch mal, stelltet ihr euch nicht ein einziges Mal auf meine Seite? Ich war ja nur ein Kind, nicht wahr?

O ja, gegen einen Willi G. kamen wir nicht an. Ihr Überväter! Du und dein Zwilling! Da können die eigenen Kinder strampeln, bis sie verrückt werden. Mich wundert, daß ich nicht geisteskrank geworden bin!

Willi! Deine Worte waren es doch! »Daumen drauf!« Stimmt's? Du brauchtest nicht einmal die Daumengeste des Unterdrückers dazu zu machen, die Worte alleine genügten. He, Vater! Urlaub mit dir! Welch eine Vorfreude!

Wir wollten nach Juist fahren, endlich Urlaub mit der ganzen Familie. Natürlich hältst du bei der Abreise noch vor dem Krankenhaus, läßt uns im Auto warten, willst dich schnell noch verabschieden, sehen, ob alles in Ordnung sei, hattest dich ja erst gerade telefonisch verabschiedet und erfahren, daß keine Probleme vorlagen. Und auf der Rückreise, anstatt uns erst mal zu Hause abzuliefern, warteten wir wieder geduldig, bis der Herr Vater seine Station besichtigt, alle begrüßt hatte, erst dann kamen wir übermüdet nach Hause. Und auf Juist? Da wartetest du, bis die Ebbe einsetzte, nahmst deinen Liegestuhl, stemmtest ihn über den Kopf hoch, auf der Plane lagen deine Bücher, dein Schreibzeug, und du watetest durchs Wasser, das dir bis zur Brust ging und stiegst auf eine freigewordene Sandbank, bautest deinen Liegestuhl auf, und weg warst du für uns alle bis zur nächsten Flut, die deine Knöchel umspülen mußte, sonst wärest du selbst dann noch nicht für uns dagewesen. Du arbeitetest an deinem Buch, das du mit deinem Zwilling schriebst, das der Kreuz-Verlag rausbrachte. »Da ich's wollte verschweigen« hieß es. Und wenn du wegen der Flut nicht auf deine einsame Sandbank konntest, beschlagnahmtest du den Strandkorb für dich alleine, und Mutter achtete darauf, daß wir nicht in der Nähe unserer Burg spielten, damit du auch dann wieder deine Ruhe haben konntest.

Nun, sind deine Gebeine endlich verschmachtet?

Mein Gott, Vater, habe ich eine Wut auf dich, ich laß sie raus, ich unterdrücke sie nicht mehr. Aber sie tut ja so weh!

Du rühmtest dich so als Sportskanone! Und wie gerne wäre ich auch eine gewesen!

Damals wußte ich noch nicht, daß ich einen Herzfehler habe, eine angeborene Pulmonalstenose, ich wunderte mich nur, daß ich bei einem Wettrennen im Sportunterricht nach 50 bis 60 Meter unfähig war, weiter zu laufen, ich drohte umzukippen, und mein Herz raste, der kalte Schweiß brach mir aus, mir war schwindelig. Und alle anderen rannten weiter. Ich wollte mich trainieren, glaubte, es läge an mir, daß ich so unfähig sei. Aber trotzdem mußte ich mich mit durchschnittlichen Sportnoten zufriedengeben. Wie gerne hätte ich ein Lob von dir bekommen. Aber beim Sport klappte es eben auch nicht. Nicht einmal werfen konnte ich. »Locker aus der Schulter raus!« sagten sie immer wieder, und ich stieß den Ball wie beim Kugelstoßen ein paar Meter.

Und wie stolz warst du über deine Angaben beim Faustball, den du mit Pastoren und anderen CVJM-Leuten spieltest. Fotos gibt es davon.

Ehrlichkeit habt ihr mir gepredigt. Wie habt ihr es denn mit der Ehrlichkeit gehalten?

Wie war das denn mit dem Borgward, dem schwarzen Riesenmonstrum, dem ersten, den es nach dem Krieg in Hattingen gab? Ihr wart mit Freunden in einem Lokal, ich mußte mal wieder das Telefon neben dem Bett hüten. Das Lokal war an der unteren Bahnhofstraße, da, wo die Umgehungsstraße später einmündete. Gegenüber lag eine Tankstelle, auf deren Gelände ihr den Borgward abgestellt hattet. So hattet ihr es uns lachend später erzählt. Da wäre jemand ins Lokal gestürzt gekommen, hätte gesagt, da brenne ein Auto auf der Straße, und Vater, als Arzt, fragte, ob es Verletzte gäbe. Nein, im Auto sei keiner, es brenne eben nur.

»Dann laßt es brennen.« Aber Dorkas war ja neugierig und ging raus. Da sah sie den Borgward. Leute hatten ihn brennend auf die Straße geschoben, damit zwischen den Zapfsäulen kein größeres Unglück passiert.

Als alle zusammenliefen, kam auch die Feuerwehr, und sie sollen dich gefragt haben, wie er versichert sei, und du hättest mit den Augen gezwinkert, und darauf haben die Feuerwehrleute, anstatt mit Wasser zu löschen, Luft hineingeblasen.

Und Mutter lachte, als sie uns das erzählte, und ich verstand nicht, wie man lachen kann, wenn einem das Auto ausbrennt.

He, Willi! Erst später wurde mir klar, daß ihr da ein richtiges Ding gedreht hattet. Meine ehrlichen Eltern bescheißen die Versicherung! Toll! Ihr Scheinheiligen! Beim Wort Borgward fällt mir noch was ein, Vater. Irgend jemand war gestorben, und ich sollte mit zur Beerdigung, irgendwohin, außerhalb von Hattingen. Und noch in Hattingen hatten wir einen Unfall. Von rechts kam ein Lkw auf die Hauptstraße, hielt nicht, und damit wir nicht zusammenstießen, zogst du das Steuer nach links, und wir landeten in einem Graben und sollen uns viermal überschlagen haben. Wir krabbelten raus, und du fragtest uns, ob wir verletzt seien, und nahmst eine Zigarre in die Hand und gingst zu dem Lkw-Fahrer, und da standet ihr und rauchtet und habt uns angesehen, wie wir im Straßengraben hockten, Mutter mit gebrochenen Rippen, mir war nur schwindelig, alles drehte sich, und ich heulte, und es dauerte, bis ich dich und den anderen Mann erkennen konnte, wie ihr da standet und rauchtet und sich keiner um uns kümmerte. In aller Seelenruhe habt ihr einfach geraucht!

Toller Hecht! Wilhelm G.! Wirklich.

Deine Worte, Vater: Bei einem Unfall muß man einen klaren Kopf behalten.

He, du, wo war denn dein klarer Kopf?

Deine Worte, Vater: Bei einem Unfall muß man beruhigend auf den Schuldigen einwirken.

Wo waren deine beruhigenden Worte für uns im Straßengraben? O ja, dir war wichtig, daß es wie ein Lauffeuer durch Hattingen ging, wie fair du dich dem Schuldigen gegenüber zeigtest, verhieltest. Verhalten, Vater. Nichts als Verhalten! Theater, nichts als Theater. Nein, keine Komödie, unser Leben war eine Tragödie im wahrsten Sinn des Wortes.

Krankheiten wurden von dir sehr ernst genommen, wenn es um deine Frauen ging. Um sie kümmertest du dich Tag und Nacht.

»Solange du deinen Kopf noch nicht unterm Arm trägst...«

Eine gebrochene Hand, ein Splitter unterm Daumennagel, ja, das war etwas sichtbar Medizinisches, und du wußtest Rat, handeltest. Aber wie war das mit den Krankheiten, den inneren, denen des Herzens? Auch dafür hattest du Zeit, wenn es um deine Patientinnen ging.

Weißt du noch, daß Mutter sich mal ins Wartezimmer setzte, wartete, bis sie an der Reihe war, damit du ihr endlich mal zuhörtest? Damit du dir endlich mal für sie Zeit nehmen würdest?

Mit der Zigarre im Maul aus der Ferne zusehen, wie wir im Straßengraben hocken! Mein Gott, Vater!

Wenn das Auto abbrannte oder es gab einen Totalschaden, riefst du das Autohaus Leske an. Natürlich sprachst du nur mit Leske selbst. Er solle dir in der nächsten Stunde einen neuen Wagen vor die Tür stellen. Manchmal klappte es ja auch, aber es kam vor, daß Leske keinen neuen Wagen da hatte, und du hättest warten müssen. Aber ein G. wartet doch nicht! Nicht wahr?

»Dann geh' ich eben zu Mercedes!«

Nach einer Stunde stand ein Wagen vor der Tür, Vorführwagen, aber immerhin hatte Leske gespurt.

»Man muß nur wissen, wie man mit den Leuten umzugehen hat.« Deine Worte, Vater. O ja, wenn ein G. pfiff, sprangen nicht nur seine Frau und seine Kinder.

Und Vater, warst du mit deiner Frau zufrieden, wenn sie mich rumlaufen ließ, daß ich vor Scham gar nicht mehr das Haus verlassen wollte, erst recht nicht zur Schule? Als kein Kind mehr Leibchen trug, mußte ich noch Leibchen tragen, damit sie die zu kurzen langen dicken Strümpfe festhalten konnte. Die Leibchen hatten seitlich Gummibänder mit Löchern, und die zu kurzen langen Strümpfe hatten Knöpfe. Und meine Röcke waren alle zu kurz, so daß man meine Oberschenkel mit den Gummibändern sehen konnte, und die Kinder lachten mich aus. Gudrun trug selbst zur Schule weiße Kniestrümpfe und brauchte auch keine gestärkten Schürzen mehr zu tragen, wie deine Frau sie mir jeden Morgen zur Schule hinlegte. Wenn ich zu Hause weinte, weil ich so nicht zur Schule wollte, weil ich doch sonst ausgelacht worden wäre, sagte deine Frau: »Die Leute sollen ruhig sehen, was sich gehört und daß wir den neumodischen Kram nicht mitmachen!«

Und in den Pausen versuchte ich mich zu verstecken, und nach der Schule rannte ich vor allen ganz schnell nach Hause oder wartete, bis die meisten weg waren. Was strotztest du vor Stolz, als du uns für drei Großen beim Schneider Koob auf dem Kirchplatz Skianzüge anfertigen ließest. Stil: Skijägeruniform. Und das im Kohlenpott, in dem der Schnee nicht liegenblieb. Hauptsache du konntest am Sonntag beim Familienspaziergang deine Familie dem Hattinger Volke vorführen.

»Ach sieh mal an, die Doktorkinder, sehen die nicht nett aus? Und wie gut erzogen die sind, grüßen immer!« Schön, Vater, was? Geknickst und gedienert nach allen Seiten. Wir Kinder gingen vor euch her, und von hinten zischte Mutter: »Rechts müßt ihr grüßen! Links müßt ihr grüßen!«

Und meine Angst, ihr würdet euch scheiden lassen, weil ich mitkriegte, daß wenn sich Eltern streiten, sie sich scheiden lassen würden. Ich hatte Angst, Vater könne sich wegen der jungen Sprechstundenhilfen scheiden lassen, so, wie es andere Ärzte taten, die zu eurem Freundeskreis gehörten.

Wir fuhren in die Heide, bei Soltau fuhr vor uns auf der Landstraße ein Pferdefuhrwerk. Hatte es eine Achse? Hatte es zwei? Ich saß hinten im Auto, und ich hörte euch zum ersten Mal in meinem Leben streiten. Mutter meinte, dies Fuhrwerk sei für diese Gegend typisch, und du, Vater, meintest das Gegenteil. Meine Eltern streiten sich! Angst, nun würden sie sich scheiden lassen.

Vater, dein Pfeifen! Ein Pfiff genügte nach der letzten Patientin, und das war das Zeichen, daß das Essen in die Schüsseln und aufgetragen werden mußte.

Und wehe, wir Kinder saßen nicht mit gewaschenen Händen mucksmäuschenstill bei Tisch und harrten deiner. Und war das Essen mal nicht schnell genug auf dem Tisch, sagtest du nur: »Dann kann ich ja wieder gehen.« Und weg warst du, ab in die Praxis. Dann wurde Dorkas noch nervöser, und als das Essen endlich auf dem Tisch stand, ging sie zur Tür und zwitscherte liebevoll: »Willi, du kannst jetzt kommen.«

Aber natürlich kamst du nicht gleich, denn du mußtest ihr ja zeigen, wie sehr sie versagt hatte, sie mußte ja schließlich mal spüren, daß sie unfähig war, auf deinen Pfiff zu reagieren. Das Essen hatte eben auf dem Tisch zu stehen, wenn du es wolltest! Und wenn du dich von deinem Schreibtisch endlich gelöst hattest und herrenmenschengnädig dich an den Tisch setztest, Mutter mit roten Flecken am Hals vor Aufregung, legte sie dir das größte Stück Fleisch auf den Teller, um dich versöhnlich zu stimmen.

Was aber machte mein Vater? Wilhelm G.?

»Ganz gut, aber irgendwas fehlt am Essen, bei meiner Mutter hat das anders geschmeckt.«

I-Punkt G.! Mutter lächelte verzagt, vollkommen schuldbewußt, mal tat sie auch, als hätte sie nicht gehört, was du sagtest, als höre sie deine Verletzung nicht.

Vater, der große Gynäkologe! He, G., ich hab' mitbekommen, wie du einem jungen Studenten sagtest, wie man Gynäkologe würde. »Das entscheidet der Spiegel, junger Mann.«

O ja, du sahst gut aus, erst in der Wirtschaftswunderzeit wurdest du fett wie fast alle anderen Männer auch, deswegen befandest du dich in guter Gesellschaft. Erst als dein Diabetes dir eine Diät aufzwang, um nicht spritzen zu müssen, nahmst du ab und wurdest nahezu normalgewichtig. Charme hattest du immer. Dir lagen ja auch die Frauen zu Füßen, für sie rackertest du dich ab, Tag und Nacht, an allen Sonn- und Feiertagen, und für dich war Weihnachten kein Weihnachten, wenn nicht zur gleichen Zeit wie die Glocke zur Bescherung das Telefon klingelte und du ins Krankenhaus zu einer Geburt mußtest. Jedes Jahr wurde die Bescherung verschoben, aus dem dunklen Flur wurden wir in die Küche geschoben, Mutter verschwand, um die Kerzen am Baum im

Wohnzimmer auszublasen. Und strahlend kamst du zurück, glücklich durch die Wohnung brüllend: Uns ist ein Christkind geboren!« Dann warst du bereit, am Arm deiner Frau ins weihnachtlich geschmückte Wohnzimmer zu schreiten, vorneweg die Kinderschar. O ja, wir lobten euch, daß ihr wieder einen so schönen Baum geschmückt hattet, der von Jahr zu Jahr größer wurde und einmal gar nicht mehr ins Wohnzimmer paßte. Und was wurde da getan? Spitze weg, anstatt unten am Stamm etwas abzusägen. Mein Gott, was war das für ein verhunzter Baum. Und keiner traute sich, das zu sagen. Und jedes Jahr die gleiche Frage! Spitze oder Stern? Vater wollte Spitze, Mutter Stern. Also wurde abgewechselt, und nie wußten wir, was im letzten Jahr die gewachsene Baumspitze verunzierte. Jedes Jahr das gleiche Theater.

Und das Weihnachtsgedichtlernen! Ich konnte gut und leicht auswendig lernen, bei Tante Tete damals auch vortragen, danach nie mehr. Auch nicht in der Schule. Da war mein Mund trocken, mein Herz raste vor Angst steckenzubleiben und dann waren die Worte wirklich weg. Einfach weg, und eben hatte ich sie noch gewußt! Dorkas zischte mir Stichworte zu und ich stotterte herum, verlegen, enttäuscht und Tränen stiegen auf und ich mußte euch wieder enttäuschen und wieder konntet ihr nicht stolz auf mich sein. Du, Vater, lächeltest gnädig, mitleidig und als ich es endlich geschafft hatte, vom Baum wegtreten durfte, hatte ich Bauchweh und mir war schlecht. Auswendig etwas aufzusagen, laut vorzulesen, war eine Qual und ist es heute noch.

Wie bewunderte ich die Kinder von Heinrich G. Sie konnten frei reden und plapperten einfach drauf los, und ihr Vater war so stolz. Einmal, in einem gemeinsamen Urlaub, sagte Heinrich, um den im Strandkorb sich beide Familien versammelt hatten, aus heiterem Himmel zu seinem jüngeren Sohn: »Hans Martin, hau fünf Minuten ab, dann wünsch ich eine Rede von dir über Ökonomie und Ökologie.«

Hans Martin verdrehte die Augen, er war vielleicht zwölf Jahre alt oder noch jünger, aber er ging tatsächlich für ein paar Minuten alleine spazieren, kam zurück und hielt eine kurze Rede über die beiden verlangten Begriffe, die ich, obwohl älter, noch nie gehört hatte. Und mein Bruder Peter saß verkrampft im Sand, war immer blasser geworden und rutschte unruhig hin und her, flehte euch mit seinen verzweifelten Blicken an, ihn zu verschonen. Und weil du wußtest, Vater, daß Peter, vor diese oder ähnliche Aufgabe gestellt, versagen würde, warst du so gnädig, ihm und dir die Demütigung zu ersparen.

Wie bewunderte ich damals die Kinder deines Zwillings, und wie kalt läuft es mir heute den Rücken runter, wenn ich alleine an diese Strandszene denke. Mein Gott, Vater, auch seine Kinder Marionetten!

Weißt du noch? Das lange Gewitter in einer Nacht in der Waldstraße, das muß 1947 gewesen sein. Du weißt doch, daß ich vor Gewittern Angst hatte. Schon lange kroch ich nicht mehr zu Mutter ins Bett, ich konnte ihre miefige Wärme unter der Decke, die Berührung mit ihrem Körper nicht ertragen, ohne daß ich mich ekelte.

Bei diesem Gewitter waren wir alle im Wohnzimmer versammelt, sogar Rugos hörten wir im Parterre. Wir alle waren angezogen, und an der Tür stand ein Koffer. Ich starrte ihn an. Wie in Berlin bei Alarm! Eine gespenstische Nacht voller Angst. Hier gab es keinen Keller, in dem wir uns hätten schützen können. Meine Angst verstärkte sich, als deine Frau sagte, dies sei die Strafe Gottes. Ich grübelte nach, was ich wieder verbrochen haben könnte, und meine Schuldgefühle wurden größer und größer, weil ihr alle wegen mir nun das Haus verlieren würdet und wir wegen mir nun sterben mußten.

Und du, Vater? Was machtest du, anstatt einmal zu sagen: Dorkas, mach der Kleinen doch nicht noch mehr Angst, du siehst doch, wie sie zittert! Nein, natürlich schütztest du mich nicht vor deiner Frau, nahmst sogar die Bibel, und wir saßen alle mit gefalteten Händen da, und du last uns aus der Bibel vor, und um uns herum blitzte und krachte es. Als es immer schlimmer wurde, wir aufsprangen, ich zur Tür lief, um mich zu retten, standen unten an der Treppe Rugos mit gepackten Koffern, angezogen in Mänteln und Hüten. Auch sie wollten sich retten, da meintest du, der Blitz hätte nur in die Tanne im Garten eingeschlagen, es sei alles gar nicht so schlimm.

Und wieder mußten wir uns um dich herum versammeln, und wir beteten, und du batest Gott, er möge unsere Sünden vergeben und uns vor dem Gewitter bewahren.

Vater, erinnerst du dich an das einzige Carepaket, das wir bekamen? Es lag groß und schwer im Wohnzimmer auf dem Teppich.

Weihnachtsstimmung: ein Paket für uns alle. Aus Amerika. Aus Amerika kam ja auch die Schulspeisung, hieß es.

Diese Vorfreude, diese Spannung!

Raus kam ein rosa durchsichtiges Organdyrüschchenkleidchen für eine große Puppe oder ein ganz kleines Kind. Raus kamen Konserven, die Mutter gleich wegschloß. Enttäuschung. Warum schicken die Amerikaner nichts, was man gebrauchen kann?

Glanzbilder! Das durchsichtige rosa Spitzenrüschchenkleid assoziiert: Glanzbilder. Glanzbilder in alten Schulheften, dessen vollbeschriebene Seiten der Länge nach gefaltet waren, in die Glanzbilder versteckt wurden. Tausch! Die andere bohrte ihren Finger oder einen Bleistift zwischen die umgeschlagenen Seiten. Genau dort mußte geöffnet werden, und wenn ein Glanzbild darin versteckt war, gehörte es der anderen.

Ich klappe auf, die rote schöne Rose wechselt die Besitzerin. Ich tippe mir dafür einen blondgelockten Engel mit auf einer Wolke aufgestützten Armen. Engel bleiben für mich weiblich und Kinder.

Das Poesiealbum. Und du, Vater, schreibst in deiner winzigen Schrift »Kiek emmer in de Sönn!« rein.

Vater, mochtest du Stielmus? Ich kann mich an deinen gefüllten Teller nicht erinnern, sehe nur meinen vor mir stehen, und ich würge und würge den Papp in mich hinein, und die Tränen tropfen ins Essen.

»Was auf den Tisch kommt, wird gegessen!«

Und wenn ich es gar nicht schaffte, du dich längst zu deinem Mittagsschlaf zurückgezogen hattest, die ersten Patientinnen schon auf den Stühlen im Flur saßen, die anderen auf den Treppenstufen, denn in der Waldstraße hatten wir ja noch kein Wartezimmer, schickte mich deine geliebte Frau mit dem nicht leergegessenen Teller zu den Patientinnen.

»Die sollen sehen, was ich für eine undankbare, unerzogene Tochter habe, die ihren Teller nicht leerißt.«

Und da stand ich mit meinem Teller in der Hand und drückte mich an der Wand entlang und schämte mich so sehr. Wo warst du, verdammt noch mal, um mich nur ein einziges Mal vor dieser Frau zu retten! Der Herr machte seinen wohlverdienten Mittagsschlaf. Klar, du warst ja nie da, wenn ich dich brauchte!

Und wie oft hat Dorkas mir die Nase zugehalten und gebrüllt, ich solle schlucken. Und wenn ich heulte, weil ich keine Luft bekam, schrie sie, wenn ich den Mund leer hätte, würde ich genug Luft bekommen. Und wie oft kam mit der Papp aus den Nasenlöchern wieder raus! Wie oft verschluckte ich mich!

Du hattest wirklich nette Patientinnen. Eine, Frau Niederstеberg aus Sprockhövel, sah mich ganz mitleidig an, nahm meinen vollen Teller und fütterte mich und erzählte mir dabei Geschichten. Eine andere nahm den Teller und fütterte mich auch, das war noch besser, denn zwischendurch fütterte sie sich selbst und zwinkerte mir zu. Und wieder eine spielte mit dem Papp, obwohl man ja mit dem Essen nicht spielen durfte, weil das Sünde war. Sie nahm den Löffel und baute Burgen und zog Straßen und zwischendurch wanderte der Löffel in meinen Mund. Dann bohrte sie mit dem Löffel einen Tunnel durch den Berg, und alles, was auf dem Löffel hängenblieb, mußte ich natürlich essen, denn sonst wäre der Tunnel ja nicht fertig geworden.

Einschulung? Keine Erinnerung. Was macht mein Gehirn, wenn es vergißt? Ich schaffe es nicht, die Erinnerung an die Einschulung abzurufen. Schulspeisung, Henkelmann. Der süße Milchpulvergeschmack der Rosinensuppe kommt mir auf die Zunge. Wie sah mein Tornister aus? Bestimmt war er braun. Ich weiß es nicht mehr. Papptafel. Als erstes hatten wir Papptafeln, es gab noch keine Schiefertafeln. Papptafeln in Papphüllen, und der Schutzbelag der Tafeln ließ sich so leicht mit den harten Griffeln abkratzen. Ich schrieb ja so verkrampft, daß meine Papptafel nicht lange hielt.

Mutters Bewegung, wenn sie mit einem Lappen über die spätere Schiefertafel wischte und sagte: »Das ist geschmiert, das schreibst du noch mal!«

Man lernt fürs Leben, höre ich. Wer sagte das? Du, Vater? Mutter? Die Lehrer? Ich lernte nur für die Eltern, das weiß ich. Lernte ich für die Lehrer auch? Nur in Religion hatte ich eine gute Note, brauchte weder in der Schule noch später im Konfirmandenunterricht ein Lied, einen Psalm auswendig zu lernen, ich kannte ja schon alle von Tante Tete.

Und der alte Pastor Gräfe zu Baringdorf, der an der Ecke Kreisstraße/Bahnhofstraße wohnte, freute sich, weil er, wenn keiner weiterwußte, immer mich fragen konnte. Konfirmandenprüfung, und ich sagte alle Strophen von ›Befiehl du deine Wege‹ mit geschlossenen Augen auf, um vor Aufregung nicht steckenzubleiben. Wie stolz war der Pastor, den Eltern solch eine gute Schülerin zeigen zu können.

Vater, meine Gedanken purzeln durcheinander. Sie kommen nicht geordnet, der Reihe nach. Ich kann mein Erinnern nicht den Jahreszahlen unterwerfen.

Wo warst du, als ich mal wieder einen Alkoholentzug im Krankenhaus machte, ums Überleben kämpfte, praedelirant mit Halluzinationen? Und deine Frau durch die Klinik ging, über alle Stationen und erzählte, wie sehr es sie mal wieder getroffen hatte, weil ihre Tochter wegen Alkohol einen Entzug machte? Wo warst du? Und hast ihr nicht Klinikverbot gegeben. So konnte deine arme leidgeprüfte Frau durch die Klinik latschen und klagen und sich bemitleiden lassen. Weg warst du, aus dem Staub hast du dich gemacht, wie immer. Ab ins Grab marschiert zur Abwechslung.

Mensch, Willi!

Die erste Banane nach dem Krieg. Irgend jemand hatte sie dir geschenkt. Und Mutter freute sich so, uns Kindern eine so kostbare Frucht geben zu können, und machte es spannend, und als sie uns der Reihe nach jedem ein Stück in den Mund schob, behauptete ich, die schmecke ja nach Seife.

Was hab' ich sie enttäuscht!

Ich habe erst hier auf der Insel wieder angefangen, Bananen zu essen, weil die Madeira-Bananen nicht diesen ekelhaft pappigen Seifengeschmack haben.

Omama G. ist gestorben. Wann war das? Wir sind in Ruppichterroth. Wie kamen wir dahin? Keine Erinnerung. Aber da ist der Weg zum Friedhof, da sind die schwarzgekleideten Erwachsenen und die Frauen hinter schwarzen Tüllgardinen, die von der Hutkrempe herunterhängen. Ich kann von unten unter die schwarzen Gardinen sehen. Am offenen Grab steht ein großer blonder Mann mit einem schwarzen langen Kleid, wie in der Kirche in Hattingen, als ich mit Tante Tete und Onkel Karl dort war. Der Mann hat einen runden Kopf und Schweinchenaugen, und ich überlege, wie er dadurch überhaupt etwas sehen kann. Dann fängt der Mann an zu reden, und seine Stimme irritiert mich.

Er redet wie eine Frau. Ist das eine verkleidete Frau? Ich sehe zu meiner Mutter und versuche, unter der Gardine Erstaunen wie bei mir zu erkennen. Ich sehe aber nichts. »Ist das eine Frau?« flüstere ich.

»Pst!«

Sonntagschule. Vor dem Essen Kindergottesdienst, nach dem Essen Sonntagschule. Es wurden Geschichten erzählt, die nach dem Essen fand ich langweilig. Aber die Eltern wollten schließlich auch mal Ruhe haben, deswegen mußten wir dahin.

Hört mir doch auf, mir wegen meiner Eskapaden, wie ihr sie nanntet, Vorwürfe zu machen! Meine Eskapaden waren doch nichts anderes, als verzweifelte Versuche, mich zu orientieren. Rumgeschwirrt bin ich, uferlos. Nicht mal umgebracht habe ich mich. Wie alt war ich da? 12 oder 13? Mein Gott, Vater, mir fällt ja so viel ein. Und mein Wiedererinnern tut ja so weh!

Ich hab' mich ja nicht umgebracht!

Das war nach den Ferien in Scharbeuz. Wir waren mit Utschens da, der befreundeten Familie, wir waren viele Kinder. Ihr hattet ein Häuschen gemietet, ihr schlieft unten, wir Kinder oben unterm Dach in zwei durch provisorisch eingezogene Holzpappwände unterteilten Zimmern. Auf diesen Boden kam man nur über eine außen am Haus stehende Leiter, die zu einer Bodenklappe führte. Wieder war ein Gewitter, und ich wollte zu euch, traute mich aber nicht, weil ich im Freien die Leiter hätte hinunterklettern müssen. Ich hockte mich in eine Ecke und hielt mir Ohren und Augen zu. Plötzlich spürte ich einen Arm, der sich um mich legte. Es war Raimund Utsch, einer der Söhne von Freunden.

»Du hast ja Angst!« sagte er, und er versuchte, mir durch seine Nähe meine Angst zu nehmen, sie mir erträglicher zu machen. Er erklärte mir, wie Gewitter entstehen, die Blitze, der Donner. Und ich spürte etwas, was ich noch nie in meinem Leben zuvor gespürt hatte: Geborgenheit. Die Angst wurde ertragbar, ich schaffte es sogar, mich mit Raimund in die geöffnete Bodenklappe zu setzen, die Beine herausbaumeln zu lassen, mir die Blitze anzusehen. Beschützt und geborgen spürte ich, ohne Worte dafür zu kennen: So muß es sein.

Heute frage ich mich, wie dieses Gefühl entstehen konnte, da ich es nicht kannte, nicht vergleichen konnte. Ich habe keine Antwort, es sei denn, dieses Gefühl trage jeder in sich, weil Geborgenheit ursprünglich mal zu den Befindlichkeiten der Menschheit während der Evolution gehörte. Warum sollte ich dann nicht auch dieses Gefühl kennen? Das Empfinden: So muß es sein, so ist es richtig, so bin ich richtig.

Da kam Peter und sah uns beide in der offenen Bodenklappe, Raimund mit seinem Arm um meine Schultern gelegt. Er sagte, das würde er Mutti erzählen, und ich verstand nicht, warum. Aber Peter hatte es böse, gehässig gesagt, und das irritierte mich, denn das, was ich gefühlt hatte, mußte demnach schlimm, ja böse sein. Aber warum?

Als wir längst wieder in Hattingen waren, kam es zu einem Streit. Ich hatte mich seit der Kleinkindheit nie mehr mit Peter gestritten. Und plötzlich hatten wir Anlaß, ich weiß nicht mehr, weswegen. Peter lief zu Mutter, und sie kam mit ihm zurück, wollte wissen, was los sei, wer angefangen hatte. Wie immer. Und Peter fühlte sich in die Enge gedrängt und schrie plötzlich:

»Aber Monika hat mit Raimund poussiert!«

Ich wußte nicht, was das war, aber ich spürte, daß er seine Beschimpfung mit dem Gewitter in Scharbeuz zusammengebracht hatte. Wieder Irritation, Angst vor Verlust des Geborgenheitsgefühls, Angst vor Verlust des Gefühls der Richtigkeit.

Peter mußte das Zimmer verlassen. Dorkas hatte Flecken im Gesicht und am Hals, die ich kannte und mir sagten, wie wütend sie war. Sie wollte wissen, was Raimund mit mir getan hatte, und wie sollte ich ihr sagen können, was war, wenn ich keine Worte dafür fand?

In ihrer Wut schrie sie: »Ich wünschte, dich gäbe es nicht!« Vater, ich habe mich ja gar nicht umgebracht! Ich wollte es. Vor einen Zug wollte ich mich werfen, das schien mir das Sicherste zu sein, aber ich hab's ja gar nicht getan! Weißt du, weswegen? Nicht wegen mir, Vater, nicht wegen der Hölle, in die ich ja käme, sondern nur wegen euch. Nur wegen euch.

Elternschonung! Elternrücksicht!

Ich lache, Vater, ich lache, ich wiehere vor Lachen, Vater, gleich bekomme ich mein Schwachlachen. Wenn du jetzt mein fratzenhaftes Gesicht sehen könntest! Ich spüre meine Fratze, Vater. Ich lache und lache und weine und weine. Zum Glück weine ich, denn wenn ich jetzt weiterlachen würde, würde ich nie mehr aufhören können, und man müßte mich in die Klapsmühle einweisen.

Ein paar Jahre eher hättet ihr mich ja einfach in ein Heim stekken können, aber so? Zu spät geboren. Nichts von wegen: Gnade der späten Geburt!

Etwas früher, und ihr hättet von den Nazis einen Wisch bekommen: Mit Bedauern müssen wir Ihnen mitteilen, daß Ihre Tochter an den Folgen der Krankheit verstorben ist. Da wärt ihr fein rausgewesen. Was!?

Ich habe dieses Gefühl: So muß es sein! immer gesucht, jahrzehntelang. Erst als ich diese Insel zum erstenmal betrat, war es wieder da. Diesmal lasse ich es mir nicht mehr nehmen. Nie mehr! Jetzt bin ich in der Lage, festzuhalten.

Ich bin ja so wahnsinnig enttäuscht von dir, Vater! So traurig und so verzweifelt und so wütend. Vater, meine verlorengeglaubte Kindheit rückt mir näher, ich greife die Bilder, die vor mir auftauchen, auf mich zuschweben. Sie sind ja so entsetzlich traurig!

Haltlos war ich, ja, das stimmt. Ich hatte nie einen Menschen, an den ich mich mal anlehnen konnte, der mich schützte, der mich beriet, der es wirklich gut mit mir meinte, so, wie ich es verstand. Woran sollte ich mich halten?

An eure Lebensregeln?

»Man muß verlieren können!« und »Man muß verlieren lernen!«

Ich lernte beim Verlieren Freude zu zeigen. Wenn ich bei dem Spiel »Mensch ärgere dich nicht« wieder rausgeschmissen wurde, lernte ich, mich gleichgültig zu zeigen. Und wenn Jörg vor Wut schrie und mit einer Handbewegung alle Steine vom Brett fegte, hieß es: »Er ist halt noch zu klein.« Da hieß es nicht: »Nun ist der liebe Gott aber traurig!«

Wie stolz war ich, meine wahren Gefühle nicht zu zeigen, sondern perfekt schauspielern zu können. Aber ich bewahrte mir das Gefühl: So ist es nicht richtig!

Ich lernte »ich hasse die Schule!« nicht zu sagen, wie ich auch »ich hasse die Annegret aus der Kreisstraße« nicht laut zu sagen.

»Man haßt niemanden! Jesus hat gesagt, man soll nicht hassen!« sagte Mutter.

Aber ich haßte und unterdrückte das Gefühl wie alle anderen.

Deine geliebte Frau!

Weißt du eigentlich, daß sie uns abends Gruselgeschichten erzählte? Wie sollte ich denn da ohne Ängste einschlafen? Sag mir das mal!

Was man nicht alles so lernt, wenn man die Kindergärtnerinnenausbildung macht! Oder meint, so sei immer schon erzogen worden, und darum sei es gut so.

Soll ich dir eine Gruselgeschichte erzählen?

Da sind nachts bei Vollmond zwei Stimmen auf dem Friedhof zu hören, die murmeln:

»Een Kopp für mi, een Kopp für di!

ein Kopp für mi, een Kopp für di.«

Und die Leute werden wach und hören die Stimmen und bekommen es mit der Angst zu tun. Sie denken, da wären welche, die die Toten ausgebuddelt hätten und nun die Totenköpfe teilen würden. Und Mutter machte es spannend und murmelte gruselig: »Een Kopp für mi, een Kopp für di.«

Und die Leute bewaffneten sich mit Mistgabeln und Spaten und schlichen zum Friedhof, und da fanden sie zwei Landstreicher, die auf einer Schubkarre Kohlköpfe geklaut hatten, die sie nun unter sich aufteilten.

Wundervolle Einschlafgeschichten, was, Vater!

Deine Schwester Hanna, die war schon eine tolle Frau. So sehe ich das heute. Aber damals? Als ich Kind war? Sie war zu Besuch da und holte Peter und mich von der Schule ab, und plötzlich fing sie an zu singen. Nein, sie sang nicht. Sie grölte laut. Und das auf der Sprockhöveler Straße! Und dabei hieß es doch immer, man solle nicht auffallen!

Sie grölte:

»Wir haben zu Haus 'ne Mutschikuh, au, au, au,
der binden wir abends die Schnauze zu, au, au, au,
und einmal haben wir's vergessen,
da hat sie 'nen Zentner Briketts gefressen.

Wir haben zu Hause 'nen Kleiderschrank, au, au, au,
da fehlen die Vorder- und Hinterwand, au, au, au,
die Seitenwände sind auch nicht da,
da steh'n die Beene alleene da.«

Vater, ich lächle, wirklich eine tolle Frau, deine Schwester, ein Unikum, aber damals überlegte ich, ob ich nicht besser auf der anderen Straßenseite weitergehe, damit niemand merkt, daß diese Frau zu uns gehört. Und wie litt Peter. Verbissen, verschämt ging er neben mir steif nach Hause, den Blick stur nach vorne gerichtet. Was schämten wir uns für den Namen G.!

»Vater, warum hast du mich immer zu dem Mädchen mit den epileptischen Anfällen geschickt? Damals wußte ich nicht, was das für Anfälle waren. Du sagtest, sie sei mit ihrer Mutter neu in Hattingen, kenne niemanden, und ich solle sie besuchen. Sie bekäme Anfälle, sie sei krank, deswegen wäre sie glücklich, wenn ich sie besuchen würde. Ich ging zu ihr. Sie wohnte mit ihrer Mutter in einer kleinen Wohnung in der Heggerfeldstraße, in der auch unsere Schule war. Und gleich bei meinem ersten Besuch bekam sie einen Anfall, und was habe ich mich erschrocken! Ich mußte trotz meiner Angst weiter zu diesem Mädchen, denn die Mutter war deine Patientin. Später kam das Mädchen in meine Klasse, obwohl es viel älter als alle war und auch viel größer. Sie saß neben mir, so hattest du es mit Lehrer Richter besprochen und plötzlich fängt sie wieder an, kippt aus der Bank, wird ganz steif und schlägt und zittert, atmet nicht, ihre Zunge quillt zwischen den zusammengebissenen Zähnen raus.

Sie kam nie mehr in die Schule, und ich mußte sie auch nie mehr besuchen. Sie seien weggezogen, hieß es. Immer mußte ich Freundinnen haben, die ihr mir aussuchtet, weil sie die Töchter von euren Freunden waren, dabei waren sie so langweilig!

Wann hoffte ich zum ersten Mal, nach der Geburt vertauscht worden zu sein? Hoffnungsfetzen. Irgendwo habe ich Eltern, die nichts von mir wissen, aber es sind meine Eltern, die mich lieben würden. Immer wieder die Frage: Kann es nicht sein? Dann die Resignation, wenn Tanten freudestrahlend behaupteten: Ganz die Dorkas! Es ärgerte mich, wenn sie die Ähnlichkeit sahen und darüber begeistert waren. Aber ich zeigte mich verlegen und lächelte.

Immer wieder kam die Hoffnung auf, dann besonders, als sich herausstellte, daß meine Blutgruppe Null mit allen Unterfaktoren negativ ist, und Mutter behauptete, ihre und Willis seien A positiv.

Vater, wo warst du in der Nacht, als Cousine Maria-Ruth zu Besuch war? Da wohnten wir noch in der Bahnhofstraße 25 überm Arbeitsamt, oder war es das Finanzamt? Ich muß etwa zwölf gewesen sein. Wir durften eine Matratze auf den Fußboden legen und darauf schlafen, aber es kam nicht dazu. Maria-Ruth sagte, sie würde immer nackt schlafen, was ich sehr unanständig fand. Sie sagte, ich solle mir auch das Nachthemd ausziehen, das wäre viel schöner. Und wir krabbelten nackt unter unsere Decken und erzählten uns Geschichten. Da stand plötzlich deine Frau im Zimmer, sah unsere Nachthemden auf dem Fußboden liegen, riß unsere Decken weg, und da lagen wir beide. Nackt. Was hab' ich mich vor meiner Mutter geschämt!

Und sie befahl mir, mit rauszukommen, und ich mußte mich in eurem Schlafzimmer vor Mutters Bett hinknien, sie kniete sich neben mich, rang ihre gefalteten Hände und betete, daß ich eine sehr schwere Sünde begangen hätte und Gott mir doch noch einmal verzeihen möge. Dann mußte ich beten, laut, damit sie hören konnte, was ich sagte, und ich flehte zu Gott, er möge mir schlechtem Mädchen noch ein einziges Mal verzeihen.

Wo warst du da? Natürlich mal wieder weg.

Danach bekam ich ein Bett im Wohnzimmer auf dem Sofa gemacht.

Vater, ich war gewiß kein liebes Kind. Ich wurde gerissen, verschlagen, berechnend, war neugierig, ungezogen, bockig, rotzig, ungehorsam, aufsässig. Genauso konnte ich lieb sein, gehorsam, treu, ehrlich, ausdauernd, zurückhaltend, gut führbar, lenkbar, wie ihr es meintet. Sicher war ich weder nur das eine noch nur das andere. Damals glaubte ich aber an meine Schlechtigkeit, Verworfenheit, Unwürdigkeit.

War ich sieben, acht, oder neun Jahre alt? Weihnachten. Hexenhaus, das erst geplündert werden durfte, wenn die ›süßen Teller‹ leergegessen waren. Aber auf dem Hexenhaus klebten mit Zuckerguß befestigte Liebesperlen und ich mochte doch so gerne Süßes! Mein Teller war längst leergegessen, aber ich mußte lange warten, bis auch die Geschwister so weit waren, und so lange hielt ich es einfach nicht aus, und so popelte ich ein paar ab, weit hinten, wo ich glaubte, Mutter würde das nie bemerken.

Wie konnte ich nur die Hoffnung haben, sie würde irgendwas nicht bemerken? Sie sah alles.

Sie befahl Jörg und mich in die Küche, schickte Peter raus mit den Worten: »Du warst es sowieso nicht, du bist ja so vernünftig!«

Zurück blieben Jörg und ich. Ich war wieder so entsetzt, daß sie den Verlust der paar Liebesperlen entdeckt hatte, so sauer, weil sie wieder voraussetzte, Peter könne nie so etwas Böses tun, und so schwieg ich, als sie fragte, wer genascht hätte. Jörg war es ja nicht, aber er schwieg auch. Hätte ich doch nur geredet! Mutter nahm die Haarbürste, wir mußten die Hosen runterziehen, und nun ging es abwechselnd auf unsere nackten Pos. Ich hätte es so gerne gebeichtet, aber da ich mich nicht gleich traute, konnte ich es auch nicht mehr sagen, als sie uns mit der Holzseite der Haarbürste schlug. Sie schlug auf uns ein wie eine Irre und schrie, wir sollten sagen, wer es gewesen war. Wir schwiegen, und wieder schlug sie wie eine Besessene auf uns ein. Jörg tat mir leid, und ich war so wütend, daß sie ihn schlug und ich es zuließ, daß sie ihn schlug, daß ich lieber gestorben wäre, als es zuzugeben.

Ich dachte, sie würde uns totschlagen, trotzdem sagte ich nichts, und das Schlagen ging weiter wie unser Schweigen. Deine Worte Vater: »Wer schlägt, hat unrecht! Wer schreit, hat unrecht.« Und was hat sie uns geschlagen, was hat sie uns angeschrien!

Dann sagte Jörg, er wäre es gewesen, und sie hörte auf zu schlagen, und Jörg durfte nicht zum Schlittschuhlaufen auf dem Pannhütter Becken, das Vater uns versprochen hatte. Ich wollte nicht mit, mir tat alles so weh, aber ich mußte mit, weil Mutter sagte, Vati freue sich so, wenn er mal mit den Kindern gemeinsam Schlittschuh laufen könne. Und ich stand am Rand des zugefrorenen Sees und traute mich nicht aufs Eis, weil das Wasser da, wo Weidenruten hineinhingen, nicht zugefroren war.

Ich habe meinem Bruder Jörg nie gesagt, daß ich die Liebesperlen geklaut hatte, und wenn er später mal sagte: Weißt du noch, damals?, sagte ich nur, ja, aber brachte keinen Ton heraus, daß es mir leid tat und tut.

Und weil Dorkas, nachdem sie uns geschlagen hatte, stöhnte und jammerte, das Schlagen habe ihr viel mehr weh getan als uns, wollte ich sie auch noch trösten!

Mein Gott, Vater!

Vater, wann war das, als ich wegen Unterernährung aus der Schulbank kippte und mit Peter während der Sommerferien nach Geislingen/Steige in ein Kinderheim kam? Lindenhof oder so ähnlich hieß es. Da wart ihr uns los. Wieso ich so denke? Vater, ich habe alle Briefe, die ich euch schickte, seit ich schreiben kann, von Jörg zurückbekommen, als er Mutters Wohnung in Hattingen auflöste, als sie nach Aumühle zog, um im Augustinum zu leben. Ich habe sie nach Jahreszahlen sortiert, und ein Päckchen ist von 1948 dabei, also war ich acht. In dem Päckchen von 1948 sind Karten und Briefe an euch. Ich überflog einige, ehe ich sie, weil sie mich so aufwühlten, zusammenpackte und verschnürte. Ich hielt mich in der wiederkehrenden Verzweiflung nicht aus. Ich hatte jeden Tag geschrieben, und weil ihr gesagt hattet, ihr würdet uns besuchen, gebeten, mir die genaue Zeit zu sagen, wann ihr kommt, damit ich auch nur ja im Haus und nicht auf einem der vielen Spaziergänge wäre. »Bitte, bitte schreibt mir, wann ihr kommt! Und bitte, bitte schickt mir Briefmarken, weil ich euch ja sonst nicht schreiben kann!« Diese täglichen, verzweifelten Kontaktaufnahmen mit euch! Und dann kamt ihr. Ich hab's nachgelesen. Zehn Minuten wart ihr da, weil im Auto Freunde warteten, mit denen ihr weiter in den Urlaub wolltet und so viele Kilometer wie möglich im Hellen schaffen wolltet. Ihr fuhrt ab, und ich hab' euch weinend nachgewunken. Verdammt noch mal, Vater!

Nein, die zweite Pockenschutzimpfung bekam ich nicht. Du hattest ein Schreiben mit deinem Briefkopf aufgesetzt: »Meine Tochter Monika wird wegen Unterernährung und Anämie nicht geimpft!«

Dafür kam ich zu deiner Schwester Ria Gösser nach Barmen. Sie wohnte mit ihren Töchtern über einem Sarglager. Wo war Onkel Emil? War er noch in Gefangenschaft? Oder war er da, weil ich sein ewig grinsendes Gesicht vor mir sehe, seine linkischen Bewegungen, die auf mich so grotesk wirkten? Tante Ria, die es gut mit mir meinte, setzte mir Götterspeise vor, einen Sahnepudding, den sie Götterspeise nannte. Morgens, mittags, abends bekam ich Götterspeise, bis mir schlecht wurde, aber sie strahlte so, wenn sie wieder eine Portion vor mich hinstellte, daß ich mich nicht traute, zu sagen: Ich kann nicht mehr, ich will nicht mehr. Und sowie sie das Zimmer verlassen hatte, nahm ich den Löffel und ließ Löffel für Löffel die Sahnespeise zwischen Sofarücklehne und Wand runtertröpfeln. Kam sie zurück, strahlte sie wieder, wie brav ich gewesen sei. Berge von Götterspeise müssen sich da in den Wochen angesammelt haben; solange ich da war, wurden sie nie bemerkt. Vielleicht gab es ja Ratten, die sich freuten. Ich weiß es nicht.

»Vaupel erster!«

»Vaupel zweiter!«

Vaupels hießen die Besitzer des hinteren Nachbarhauses, die ein Klo auf halber Treppe hatten, das wir benutzen durften. Gössers hatten über dem Sarglager kein Klo, und wir trainierten unsere Verdauungsorgane so, daß wir immer alle zur gleichen Zeit rübermußten. Wenn einer dann rief »Vaupel erster!«, riefen alle anderen hinterher, und dann mußten wir, besonders abends mit der Taschenlampe, eine Leiter zum Sarglager runterklettern, an den Särgen vorbeigehen und durch ein Tor in den Hof treten. Für jeden Hof hatten wir Schlüssel, und wir mußten über viele Höfe, ehe wir zu Vaupels ins Mietshaus kamen. Jeder hatte ein paar Blätter Papier in der Hand, denn es gab kein richtiges Klopapier, und andere Benutzer des Klos hatten sich kein Papier mitgenommen und mit dem Finger abgewischt und den Finger an der Wand abgestrichen. Überall Kackflecken.

Peter und ich sollten nach England, weil wir so schlecht in der Schule waren. Ihr suchtet uns eine Familie aus, die euch empfohlen wurde, und brachtet uns nach Hoek van Holland, und da standen wir mit unseren Koffern und mußten sie weit schleppen, ehe wir an das Schiff kamen. Ich war elf und Peter zwölf Jahre alt. Sonst habt ihr uns jeden Pups vorgeschrieben, und plötzlich standen wir alleine da, und es war Sonntag, und Mutter hatte uns einen Zug für Werktage rausgesucht, denn wir mußten ja nach Oxford, nach Iffley bei Oxford, und nichts klappte. Peter befahl mir, bei den Koffern zu warten, und er suchte Hilfe, und es dauerte endlos, ehe wir in Oxford ankamen. Daß die Familie nur Englisch sprach, war ja nicht so schlimm, aber die Tochter Susan nahm uns das ganze Taschengeld ab, sie meinte, dann würde sie alles für uns bezahlen. Nichts bezahlte sie. Wie oft standen wir vor der Badeanstalt und warteten, bis sie wieder rauskam. Und ihre Mutter backte einmal in der Woche eine Fleischpastete, und von der gab es jeden Tag eine Scheibe, und am Ende der Woche war die Pastete grün, und ich ekelte mich und dachte, wir würden vergiftet, aber ich würgte mir diese widerliche Pastete doch runter, weil ich die Leute nicht enttäuschen wollte. Und es stimmte gar nicht, daß alle Engländer in der Kirche einen Hut aufsetzten. Wir hatten ja extra noch Jägerhüte gekauft bekommen. Wir waren die einzigen Kinder mit Hut. Und die Frauen saßen hinten und strickten und häkelten, redeten die ganze Zeit miteinander und paßten gar nicht auf, was da vorne passierte, und außerdem gingen die Leute, bei denen wir wohnten, selbst nicht in die Kirche, aber wir jeden Sonntag, so, wie deine Frau es uns befohlen hatte.

Vater, warum hast du deine Frau uns nach England schicken lassen? Warum hast du nicht ein ein einziges Mal gesagt, laß es, Dorkas, die Kinder sind zu unselbständig? Warum hast du dich nie um wirklich Wichtiges gekümmert?

Abwesender du! Ewig weg, nie da, wenn ich dich brauchte! Und wie war das bei dem ersten Feuerwerk nach dem Krieg? Silvester war's. 1947? 1948? Ich weiß es nicht mehr. Wir sollten nachts geweckt werden, ihr verspracht uns eine wunderschöne Überraschung. Anziehen mußten wir uns, dabei war es mitten in der Nacht, wie im Krieg. Ich verstand nicht, warum alle vor Aufregung so gut gelaunt waren. Dann war es so weit. Die Balkontür wurde geöffnet, und wir gingen raus, und es krachte und es pfiff, jaulte und knallte, und es leuchtete bunt am Himmel. Alle riefen Oh und Ah vor Begeisterung, und ich hielt mir die Ohren zu und rannte ins Haus und versteckte mich in einer Kammer, die später die Kurzwellenbestrahlung wurde, und als alles vorüber war, lachtet ihr mich aus. Für mich war es Krieg, und ich kann es heute noch nicht verstehen, wie man für diese fürchterliche Knallerei Geld ausgeben und noch Spaß daran haben kann.

»Mach's doch so wie ich«, flüsterte Peter mir zu, »tu doch so, als hättest du Spaß daran, dann freuen sie sich.«

Vater, so war es. So war unsere Kindheit, diese verfluchte Kindheit!

Dann sollte ich konfirmiert werden. Ich hatte mich nie gefragt, ob ich das wollte, es stand für mich fest, es gehörte dazu, außerdem erwartetet ihr es. Dann wurde ich ins Wohnzimmer geholt, und ihr beide tatet ganz feierlich und fragtet, ob ich wirklich konfirmiert werden wolle. Warum fragen sie? Natürlich wollte ich, warum auch nicht? Was wäre denn gewesen, wenn ich nein gesagt hätte? So wie ein paar Jahre später, als die ganze Familie nach vorn zum Abendmahl ging, nur ich in der Bank sitzenblieb! O ja, ich weiß noch genau, was ihr sagtet. Ihr spracht von Blamage für die ganze Familie, weil sich nun die Leute fragen würden, was mit der G.-Tochter los sei. Warum ich nicht mit zum Abendmahl ging? Ganz einfach. Soll man denn nicht nur dann gehen, wenn man wirklich überzeugt ist? Wenn man Vergebung der Sünden will? Ich ging nicht mit, weil ich nicht überzeugt war, an diesem Tag würdig zu sein. Ich wollte nicht heucheln, und deswegen bekam ich von euch Vorwürfe.

Als ich sagte, ich wolle konfirmiert werden, holte deine Frau aus einer kleinen Schmuckschatulle eine Kette raus. »Ein Erbstück. Das ist die Lügenkette. Die darfst du nur tragen, wenn du ein reines Gewissen hast.«

Und sie legte sie mir um den Hals, und ihr küßtet mich auf die Stirn und hattet Tränen in den Augen, und du, Vater, machtest mir ein Kreuzzeichen auf die Stirn. Wie stolz war ich auf diese wirklich hübsche Kette, aus ganz feinen Goldfasern gedreht, vorne mit einem kleinen schwarzen Kreuz mit echten Perlen.

Aber Vater! Mein Vater! Du Sauhund! Warum hast du mich nie bewahrt vor dem, was folgte? Nie hast du zu deiner Frau gesagt: »Dorkas, jetzt reicht es!«

Wenn ich die Kette trug, fragte sie: »Darfst du sie auch wirklich tragen, hast du wirklich ein ganz reines Gewissen?«

Und trug ich sie nicht, fragte sie: »Aha, da haben wir's! Ein schlechtes Gewissen hast du, nun erzähl, was hast du wieder angestellt?«

Ich habe die Kette versetzt. Ins Pfandhaus getragen. DM 400,– bekam ich dafür. Monate später kam eine Karte, die Kette würde versteigert, wenn ich sie nicht abholen würde. Ich hatte das Geld, hätte sie holen können, aber ich tat es nicht. Die zweite Karte kam mit dem Datum und dem Ort, wann und wo sie versteigert würde. Ich fuhr hin und ging vor dem Haus auf und ab und dachte, die Leute könnten denken, ich sei eine Nutte. Dann war die Zeit vorüber, und plötzlich fiel eine schwere Last von mir ab, die mir erst bewußt wurde, als ich im Auto saß und erleichtert lächelte, locker und frisch. Wie gut tat die Vorstellung, daß diese Kette jetzt jemand tragen würde, der die Vergangenheit dieser Kette nicht kennt, der einfach nur Freude an dem schönen Schmuckstück haben und nie erfahren wird, daß es eine Lügenkette sein sollte, es sei denn, irgendeiner Frau fiele ein, damit ihr Kind zu ängstigen, zu dressieren, zu unterjochen.

Undankbar war ich immer. Das sagte mir deine Frau täglich. Ich war auch undankbar, als ich sagte, ich wolle ins Internat. Peter war in einem Internat, und auf ihn freutet ihr euch, wenn er in den Ferien nach Hause kam. Ich war undankbar, weil ich gerade in dem Alter war, in dem ich Mutter helfen konnte, sagte sie.

Ich bettelte so lange, bis es eines Tages hieß, wenn ich sitzenbliebe, könne man ja mal darüber reden. Vater, ich blieb ja schon mal sitzen. Weißt du, wann ich das erfuhr? In diesem Jahr. Toll, was? Ich hab's doch noch so genau im Ohr, daß keins eurer Kinder je sitzenblieb. So hieß es doch immer, oder? Ich kam nie mit den Jahreszahlen zurecht, peilte immer über den Daumen. Als ich mal wieder nachforschen wollte, wann was war, ich die Daten wieder nicht chronologisch aneinanderreihen konnte, sagte Heinrich, ich solle mal in meinen alten Zeugnissen nachsehen, vielleicht käme ich dann der Sache näher. Vater, weißt du, was ich da fand? Ich hatte die Sexta zweimal gemacht. Tatsache. Ich mußte das akzeptieren, obwohl ich mich absolut nicht erinnern kann. Ich rief meine Schwester Cornelia an, fragte, ob sie wußte, daß ich in der Sexta sitzengeblieben war. Klar wußte sie das. Das haben wohl alle gewußt und behalten, nur ich nicht. Bin ich eine Verdrängungskünstlerin, denn nun sehe ich ja auch, daß meine Kindheit ja wirklich existierte, und ich hatte geglaubt, sie sei mit sechs Jahren abgerissen. Jetzt halte ich einzelne Fäden wieder in der Hand. Ich werde wieder vollständiger.

Ihr hattet gesagt, wenn ich sitzenbleiben würde, könne man also mal darüber reden. Ich mußte nun zusehen, daß ich sitzenblieb. Das war Weihnachten '54 oder '55. Oder? Es hapert immer noch mit den Jahreszahlen. In Französisch hatte ich sowieso meine durchgehende Fünf. In Englisch hangelte ich immer am Rand entlang, also wäre es am leichtesten, in Englisch eine Fünf zu bekommen und damit sitzenzubleiben. Aber so leicht war es gar nicht, denn ich bekam nun noch mehr Nachhilfestunden bei Fräulein Neuhaus, und zu auffällig durfte ich ja meine Verschlechterung nicht durchziehen, damit ihr davon nichts merktet. Da kam mir die Idee mit dem Blinddarm. Vaters Spruch: »Ein Blinddarm muß sowieso spätestens zur Konfirmation raus« fiel mir wieder ein. Und die Symptome kannte ich ja. Bei Tisch war Medizin ja oft das Gesprächsthema. Als ich dann von der Schule nach Hause kam, sagte ich, ich hätte rechts im Unterbauch Schmerzen, die Lehrerin habe mich nach Hause geschickt, weil sie meinte, es könne der Blinddarm sein. Da wurde nicht lange gefackelt, nicht wahr, Vater? Eine Stunde später lag ich auf dem OP-Tisch. Drei Wochen konnte ich mit gutem Gewissen in der Schule fehlen. Noch mehr Nachhilfestunden. Da kam die Rock-'n'-Roll-Zeit mir zu Hilfe. Jörg und ich übten den Überschlag, und als ich gerade oben war, hatte ich in Bruchteilen einer Sekunde die Idee, mich fallen zu lassen. Ich ließ mich fallen, landete gutgepolstert auf den dicken Teppichen, tippte vorsichtig mit dem Kopf auf und tat verwirrt, sagte, mir sei schlecht und ich könne mich an nichts erinnern. Es hat geklappt. Ich lag vier Wochen in einem abgedunkelten Zimmer, ohne Radio, ohne ein Buch, und dann durfte ich die nächsten zwei Wochen stundenweise etwas lesen, etwas Radio hören. Als es dann kurz vor Ostern die »Blauen Briefe« gab, war für euch auch einer dabei. Ich durfte doch meine Freude nicht zeigen! Es gelang mir, eine der vielen Theaterrollen vorzuführen, denn das war ich ja gewohnt. Und so kam ich nach Oberurff. Eigentlich wolltet ihr mich ja in ein Mädcheninternat stecken, hattet nur den Driesen angerufen, ihn gefragt, ob er ein gutes Mädcheninternat wisse, und er meinte, ich könne bei Bauern im Ort wohnen und in die Internatsschule gehen.

So hatte ich eine Chance, zu überleben.

Vater, sei doch ehrlich. Ich durfte bei euch zu Hause nichts, was andere Mädchen durften. Ich durfte nach der Tanzstunde nicht in die Eisdiele Pampanini, wohin alle gingen, ich durfte nicht in den Schulenbergwald, in den alle nach der Tanzstunde gingen, denn die Tanzstunde fand ja am Ende der Waldstraße in einem Lokal statt, in direkter Nähe des Schulenbergwaldes. Einmal wagte ich es doch und war so stolz, mit Dieter Wallbaum Hand in Hand, so wie es alle taten, hinter den anderen herzugehen, aber eine deiner Frauen hatte nichts besseres zu tun, als zu dir zu rennen und zu petzen, und damit ich mich nie mehr im Wald mit Jungen herumtrieb, wie deine Frau das nannte, wurde ich von da an mit dem Auto gebracht und abgeholt. Ich war das einzige Mädchen, bei dem die Eltern das taten, und was habe ich mich geschämt!

»Jeder junge Mann, der eine gute christliche Erziehung genießt, wird uns zu schätzen wissen, daß wir unsere Tochter nicht zu einem Flittchen erziehen!«

Ins Kino durfte ich auch nicht. Wenn Heidi Düwell mal kam und fragte, sagte deine Frau, ich solle dich fragen, fragte ich dich, sagtest du, ich solle Mutter fragen. Dann wurde der Direktor der »Lichtburg« angerufen, und du fragtest ihn, wenn er eine Tochter im Alter von 14 Jahren hätte, würde er ihr den Film erlauben? Und wenn der Direktor auch nur eine Sekunde zögert, war das die Antwort, die ich gewohnt war. »Nein! Meine Tochter soll wissen, was sich gehört!« Und Heidi ging alleine.

Vater, ich war ja auf ein Leben ohne euch nicht vorbereitet! Glücklich, im Internat zu sein, konnte ich kaum irgend etwas selbständig machen. Keine Entscheidungen treffen. Immerzu rief ich euch an. Darf ich dies, darf ich das?

Ja, ich hatte dort einen Freund, meinen ersten Freund, Uwe Behrends aus Hann.-Minden. Und wegen Uwe und mir kamt ihr dann alle 14 Tage die vielen Kilometer angefahren, um uns ins Gewissen zu reden, jedem einzeln, Vater schnappte sich Uwe und schlug ihm wie nebenbei ganz jovial einen Spaziergang vor, Mutter war da direkter bei mir, nur daß sie trotzdem Wertbegriffe von mir gelebt erwartete, die ich nie verletzte, was sie aber nicht glaubte, für möglich hielt. Uwe riß sich in Gegenwart von dir, Vater, zusammen, kaum wart ihr wieder weg, stand er ungläubig vor mir: »Mein Gott, was hast du für Eltern!« Und vor Uwe verteidigte ich euch, ließ kein abfälliges Wort zu und warf mit Phrasen: Du sollst meine Eltern ehren! um mich. Uwe hatte sehr viel Geduld mit mir, mit euch. Dann kamt ihr auf die Idee, meinen Wirtsleuten, dem alten Ehepaar Most, zu raten, die Sicherungen abends um 21 Uhr herauszudrehen. Sie taten es. Dann kamt ihr auf die Idee, mir die Freundschaft zu Uwe glatt zu verbieten, als ich sagte, das würde ich nicht einhalten, meintet ihr, es über Treffverbote durchführen zu können. Wir hielten uns während der Woche dran, an Wochenenden trafen wir uns zu Spaziergängen heimlich. Dann beauftragtet ihr Jakob Driesen, er solle auf uns einwirken. Peter war ja auch da und konnte euch berichten.

Ergebnis: Ihr kamt nach der Versetzung, die ich zum ersten Mal leicht schaffte, weil mir Lernen Spaß machte, brachtet leere Koffer mit und packtet meine Klamotten: Wir haben ein gutes Mädcheninternat für dich!

Ich weigerte mich, wußte aber, daß mein Weigern nichts nützt. Ich wollte in Oberurff bleiben, hier mein Abi machen oder gar nicht.

»Dann machst du eben kein Abi, die mittlere Reife reicht sowieso für ein Mädchen.«

Mein Gott, Vater! Hilf mir doch wenigstens eine einzige schöne Erinnerung zu finden! Nein, auch dabei hilfst du mir nicht.

Du, ich habe nie direkt das Gefühl gehabt, daß du wie Mutter die Jungen vorgezogen hast. Aber andere Erwartungen hattest du, festgefahrene, nach Geschlechtern getrennte.

»Ein Studium der Medizin ist einem Mädchen dringend abzuraten, es dauert zu lange, und sie heiratet ja doch.« Und deine

Frau setzte hinzu: »Ein Medizinstudium macht ein Mädchen so hart.«

Also wurde ich das Naheliegendste, nämlich Krankenschwester, danach Hebamme. Ich war einfallslos, Vater, weil ich ja dich zum Vorbild hatte.

Ich kam also nicht in ein Mädcheninternat, sondern blieb einfach der Schule fern. Die »mittlere Reife« reichte mir und euch sowieso, mir, weil ich nur in Oberurff hatte mein Abitur machen wollen, weil ich mir nicht vorstellen konnte, irgendwoanders mit Freude zu lernen. Meine Idee, Medizin studieren zu wollen, war bestimmt genauso unrealistisch wie Peters Wunsch. Vater, wir waren beide nicht intelligent genug, aber auch nicht dumm. Heute weiß ich, daß Druck Leben behindert, daß Druck Entfaltung behindert, daß Angst Leben blockiert. Behinderte Kinder hattet ihr. Peter hat's ins Grab gebracht, er starb mit gerade 43 Jahren an Krebs. Ich wurde alkoholkrank und medikamentenabhängig.

Hätte Peter doch Theologie studiert, er wäre bestimmt ein guter Pastor geworden, aber er wußte ja, daß du von ihm Medizin erwartest. So studierte Jörg Theologie, und er wäre bestimmt ein guter Arzt geworden. Mein Gott, Vater, das muß man sich alles mal richtig vorstellen! Alles war verkorkst! Alles!

Vater, sei froh, daß du nicht erleben mußtest, was vor der Kirche zu Peters Trauerfeier passierte. Sei froh! Aber, was erzähle ich da? Hättest du es mitgekriegt, anstatt dich ein paar Jahre vorher ins Grab wegzuschleichen, nichts wäre anders verlaufen, weil du Mutter nie kritisiertest, weil du meintest, das gehöre sich nicht. Wir gingen in die Kirche, und auf dem Weg dorthin ging Dorkas alleine allen voraus. Sie tat mir leid, ich löste mich von den anderen, holte sie ein, hakte sie ein.

Weg stieß sie mich! Ganz abrupt und aggressiv.

Da kam Cornelia.

»Mensch, Monika, Mutti geht da so alleine, sie tut mir so leid.« Und sie holte sie ein, hakte sie ein und wurde wie ich weggestoßen. Mit Tränen der Enttäuschung, Verletzung und Wut blieb sie stehen, und ich versuchte sie zu beruhigen.

»Nimm's gelassen, Schwester, wir sind eben nur Töchter.«

Da kam Ulrike.

»Mensch, Monika, Mutti geht da so alleine, sie tut mir so leid.« Ich wollte sie zurückhalten, ihr die kommende Verletzung ersparen, aber da war sie schon losgerannt, holte unsere Mutter ein, hakte sie ein, und auch sie wurde weggestoßen.

Auch sie blieb fassungslos mit Tränen in den Augen stehen. »Nimm's gelassen, Schwesterchen, wir sind eben nur Mädchen.«

Wir kamen zur Kirche.

Wir drei Töchter sahen uns fassungslos an. Da kam Jörg im Talar aus der Kirche auf Mutter zu, beide Arme ausgebreitet, sie breitete ihre Arme aus, und erhobenen Hauptes ging Dorkas am Arm ihres jüngsten Sohnes in die Kirche.

Heinrich fand die passenden Worte, die uns sogar ein klein wenig lächeln ließen!

»Gegen einen Sohn als Pastor könnt ihr drei Mädchen sowieso nicht anstinken!«

Vater, deine Frau!

Für jeden Topp 'nen Deckel!

Es ist sieben Uhr früh, die Nacht ist vorüber. Die Insel bekam schwache Konturen, jetzt liegt sie klar vor mir.

Meine verlorengeglaubte Kindheit bekam schwache Konturen, aus Dämmerung wird Tag.

Bin ich froh darüber?

Ich weiß es nicht.

»Guten Morgen, mein Kind, du bist schon auf?«

Ich schrecke zusammen, lasse meine Stirn auf die Tischplatte fallen.

Sie soll mich in Ruhe lassen!

»Ich war gar nicht im Bett, komm, setz dich, willst du Kaffee?«

Warum mache ich das? Ich wollte doch sagen: Laß mich in Ruhe, geh noch mal ins Bett!

»Aber wieso warst du denn nicht im Bett!«

»Ich habe Vaters Aufzeichnungen gelesen.«

»So? Na, du machst vielleicht Sachen!«

Da sitzt sie an der Schmalseite des Tisches, zahnlos wie immer, faltig wie immer, jetzt noch mit zusätzlichen Schlaffalten auf der Wange.

Wie alt sie ist!

»Bist du denn nicht müde, Kind? Du mußt dann unbedingt am Tage schlafen!«

»Besser nicht, sonst schlaf ich die nächste Nacht nicht.«

»Was machen wir heute? Es ist doch mein letzter Tag.«

»Heinrich schlug vor, heute abend zu Teodorico in die Serra zu fahren, Spießfleisch essen, willst du?«

»Natürlich will ich. Und am Tag?«

»Ich habe keine Pläne.«

»Wolltest du nicht noch hören, wie Vater und ich uns kennengelernt haben?«

»Das hab ich ganz vergessen.«

»Ich aber nicht, mir fiel es heute nacht wieder ein. Damals, als ich bei Georgiis wohnte, wurde mir erlaubt, in den DCSV zu gehen, das war die Deutsche Christliche Studentenvereinigung, da nahm ich an einem Singkreis teil.«

»Du legst schon los? Ich bin noch gar nicht darauf eingestellt!«

»Dann hör doch einfach zu.«

»Mutter, nicht jetzt. Können wir es nicht lassen? Ich kann mich nicht konzentrieren, mir geht es nicht so gut.«

»Was ist denn, mein Kind? Heute ist doch mein letzter Tag und dann ging ich in die Falkonienstraße, da war der DCSV und an einem Adventssingen kamen wir zu einer Feier zusammen.«

»Mutter, bitte, ich bin nicht in der Stimmung, dir zuzuhören.«

Warum schreie ich sie nicht an, sie soll endlich ihre Klappe halten?

»Aber Kind, du wolltest es doch hören und ich erzähle es dir doch gerne.«

»Dann mach.«

Und sie plappert drauflos. Es hat keinen Zweck, sie jetzt davon abzuhalten. Ich habe keine Kraft mehr, mich zu wehren.

»Plötzlich hörte ich hinter mir eine Stimme, die fragte: ›Mensch, G., wo ist denn nun die Schwester von Egon?‹ und die andere Stimme antwortete: ›Halt's Maul, G., die steht vor dir!‹

Ich drehte mich um und da sah ich die Zwillinge. Nach einer Weile lernten wir uns so gut kennen, daß ich mit Willi in den Tiergarten spazierenging, wir mochten uns sehr, aber außer Händchenhalten war da nichts drin. Einmal kam Heinrich zu einer Verabredung, das wußte ich gar nicht, denn ich konnte die zwei ja nicht auseinanderhalten. Später sagte Willi es mir und daß Heinrich nach dieser Verabredung gesagt hatte: ›Mensch, G., ran!‹ Ich wohnte ja bei Georgiis, den Eltern von Inge, die da noch mit meinem Bruder Egon verlobt war. Eines Tages fand Inge mich weinend auf dem Bett. Sie fragte, was los sei und ich sagte ihr, ich wolle nicht als Willis Geliebte angesehen werden. Da ging Inge raus und telefonierte mit Willi, kam zurück und sagte, Willi wolle mit mir an den Schlachtensee.«

»Das war ja bühnenreif, was du da inszeniert hast.«

»Aber ich war doch so unglücklich, weil ich nicht wollte, daß die Leute reden.«

»Ja, das war dir schon immer wichtig.«

Ich bin so müde, warum schweigt sie nicht, läßt mich nicht in Ruhe?

»Man kann ja so schnell in schlechten Ruf kommen! Am Schlachtensee setzten wir uns auf einen Baumstumpf und da fragte Willi mich, ob wir es gemeinsam wagen sollten. Ich war überglücklich. Wir setzten mit dem Fährmann über den See, und Willi kaufte einen Amerikaner, der kostete damals 10 Pfennige, das war damals viel Geld. Den Amerikaner hat er dann mit einer Kanüle geteilt. Er trug ja immer eine hinter dem Revers der Jacke. Am nächsten Morgen fuhren wir zum Bahnhof Zoo und ließen Polyfotoaufnahmen machen, eins für seine Eltern, eins für meine. Der Verlobungstag war der 18. 8. 1934.«

»Irgend jemand hat mir mal erklärt, warum so viele Studenten hinter dem Revers eine Kanüle haben, weißt du warum?«

»Für die Zigarre, warum fragst du?«

Ich lache.

»Du weißt es wirklich nicht?«

»Wieso denn, Vater brauchte sie für seine Zigarren.«

»Na ja, ist schon gut.«

»Wieso, wofür braucht man sie denn sonst?«

»Für alle Fälle.«

»Wieso?«

»Für alle Fälle, verstehst du?«

»Nein.«

»Soll ich's dir erklären?«

»Ja!«

»Du wirst entsetzt sein!«

»Nein, bestimmt nicht.«

»Also, mir sagte mal jemand, die brauche man, falls die Frau einen Scheidenkrampf bekommt.«

»Was? Bist du verrückt?«

»Ich sagte doch, daß du entsetzt sein wirst.«

»Aber Vati hat sie nur ...«

»Ja, und um den Amerikaner zu teilen.«

Ich lache und Mutter schüttelt den Kopf.

»Als Egon dann heiratete, kamen meine Eltern nach Berlin, sie wohnten im Marburger Hof. Willi kam mit einem großen Blumenstrauß und bat um meine Hand. Mein Vater nahm ihn mit aufs Hotelzimmer und stellte Fragen über seine Familie, Eltern, Geschwister, ob sie Christen seien, ob geistige Krankheiten in der Familie seien. Dann ging er mit Willi die Hoteltreppe runter und sagte zu meiner Mutter: ›Darf ich dir deinen Schwiegersohn vorstellen?‹ Egon und Inge heirateten ja, und da wurde Willi als Freund der Familie mit eingeladen. Wir waren also verlobt, an eine Heirat war noch nicht zu denken, denn Vater mußte ja erst noch seinen Facharzt machen, sonst verdiente er ja nicht genug, und er stand auf dem Standpunkt: ›Erst 'ne Kuh, dann 'ne Fru!‹ Vier Jahre waren wir verlobt, und in dieser Zeit bereitete ich mich auf die Rolle als seine Frau vor und ging in Vorlesungen, damit ich wenigstens etwas von Medizin verstand, und am 29. 9. '38 haben wir geheiratet, das war auf dem Schloß Reinbek. Der Sohn meines Bruders Egon sollte Blumen streuen, und er schüttete alle Blumen zusammen aus und sagte: ›Und nun Schlagsahne!‹ Die hatte man ihm versprochen, wenn er fein die Blumen streute. Wir hatten extra Pastor Dannemann – oder hieß er Dannenbaum? – aus Berlin kommen lassen, uns zu trauen. Er begann: ›Vor uns sitzen zwei Sünder, aber wir wissen auch, daß es einen Heiland gibt, der ihnen vergibt.‹ Ich rutschte vor Scham immer mehr in mich zusammen, weil ich dachte, die anderen denken, ich hätte mit Willi schon was gehabt. Es war eine Traumhochzeit da auf dem Schloß. Dann fuhren wir in den Harz zur Hochzeitsreise, der Ort hieß Mägdesprung, und dort bekam Vater seinen Einberufungsbefehl, aber dann las er, daß sein Bruder Heinrich gemeint war. Wir fuhren zurück nach Berlin. Ach ja, und im Harz noch, da hat Willi mir beim Spazierengehen die Kalendergeschichten von Waggerl vorgelesen, der Gute. Und in Berlin, wir hatten ja ein Radio zur Hochzeit geschenkt bekommen, da hörten wir, daß die Deutschen ins Egerland einmarschiert seien. Da ging Willi in die Charité zu Professor Wagner, und Wagner sagte: ›Sie können hier arbeiten und Luft holen, aber Geld kriegen Sie keins.‹ Er bekam erst später eine feste Anstellung. Mein Vater schickte uns 100 Mark im Monat, so konnten wir davon sparsam leben. Vater wurde Theaterarzt und ich ging auch mit ins Theater. Wir saßen in der zweiten Reihe. Als die Stelle kam ›Sire, geben Sie Gedankenfreiheit!‹, haben alle getobt und gejohlt. Das Stück wurde abgesagt, Vater mußte dann nach Frankfurt/Oder, um in einigen Kasernen den Soldaten Erste Hilfe beizubringen, damit sie später Verwundeten helfen konnten.«

»Sag mal, Vati war, wie ich es aus seinen Aufzeichnungen herauslas, überzeugter, gewissenhafter Soldat, sogar Offizier, Oberstabsarzt. Ich erinnere mich, daß er immer nur vom Schützen Arsch gesprochen hat, warum?«

»Tat er das?«

»Ich glaube ja.«

»Nein, er war Oberarzt.«

»Und noch was, was ich herauslas: Er könnte in der Partei gewesen sein, obwohl ihr immer sagte, er wäre nie in der Partei gewesen.«

»Natürlich war er in der Partei. Aber erst 1943, er bildete doch Sanitäter aus und sollte befördert werden, da stellte man fest, daß das gar nicht ging, weil er nicht in der Partei war.«

»Wurde man nur befördert, wenn man in der Partei war?«

»Ich glaube ja, denn er mußte ja eintreten.«

»Und das tat er, um befördert zu werden?«

»Ja, natürlich!«

»Weißt du überhaupt, was du da sagst?«

»Wieso! Er ist eingetreten und meldete sich dann an die Front.«

»Das war 1943, als wir nach Arnsdorf evakuiert wurden? Warum meldete er sich an die Front? Er war doch bis dahin unabkömmlich!«

»Warum? Das weiß ich nicht.«

»Komisch.«

»Wieso komisch? Und im Krieg operierte er unter Beschuß und wurde Obersturmbannführer.«

»Was?!«

»Na ja, Obersturmbannführer.«

»Erzähl keinen Scheiß! Wenn man 1943 erst in die Partei geht, wird man doch nicht wegen Operierens an der Front Obersturmbannführer.«

»Doch!«

»Weißt du, daß Eichmann Obersturmbannführer war?«

»Ja.«

»Und Vater auch?«

»Ja.«

Ich weiß nicht, ob ich lachen oder weinen soll.

Mein Vater Obersturmbannführer, das darf doch wohl nicht wahr sein!

»Bei der SS?«

»Bei der SA.«

»1943 spielte die SA doch keine Rolle mehr. Was erzählst du denn da für einen Mist! Mein Vater ein Schläger!«

»Aber Kind! Vater war nie ein Schläger!«

»Mein Vater geht '43 in die Partei, zur SA, die da längst abgeschrieben war, meldet sich freiwillig an die Front, operiert unter Beschuß, wird Obersturmbannführer. Dorkas, du weißt wirklich nicht, was du da sagst.«

»Sicher, so war es.«

»Toll, was ich so nebenbei erfahre, einfach toll! Wirklich gelungen von dir, Dorkas, das am letzten Tag. Und damit läßt du mich sitzen, und ich muß damit fertig werden. Andere Kinder erfahren das ja eher und haben schwer dran zu knappsen. Mein Vater. Schau einer an!«

»Ja, das ist bestimmt schwer für dich.«

»Warum erfahre ich das erst jetzt?«

»Wir wollten euch mit nichts belasten, außerdem mußt du bedenken, es war Krieg und Vater hat ja nichts Schlimmes getan.«

»Mutter, er war Obersturmbannführer!«

»Na und?«

»Ich kann das nicht glauben, außerdem denke ich, wäre er nicht so ungeschoren dabei weggekommen, zumindest hätte er nach dem Krieg in ein Lager gemußt, wäre interniert gewesen.«

»Wieso denn das?«

»Das halte ich nicht aus!«

»Ja wieso denn!«

»Weil hohe Parteifunktionäre nicht so leicht an den Alliierten vorbeikamen, wenn auch viele Verbrecher durchgeschlüpft sind.«

»Vater war kein Verbrecher!«

»Und wie war das mit der Entnazifizierung?«

»Da hat er Sauerbruch geholfen.«

»Sauerbruch? Wie denn das? Außerdem fragte ich nicht, wem er geholfen hat, sondern höchstens, wer ihm geholfen hat.«

»Na ja, Sauerbruch war mit bei einem SS-Ball, da waren wir auch, und Sauerbruch stellte sich immer auf einen Tisch und dirigierte, aber da wurde er ausgepfiffen, weil er seine Freundin mitgebracht hatte.«

»Jetzt verstehe ich gar nichts mehr, es sei denn, daß ich jetzt weiß, warum Vati so gerne theatralisch dirigierte, aber darum geht es doch gar nicht.«

»Na ja, und weil Vati Sauerbruch kannte, hat er für ihn ausgesagt.«

»Was hat er gesagt?«

»Er hat gesagt, daß Sauerbruch gesagt hatte: Wir machen in den Katakomben weiter.«

»Wir machen in den Katakomben weiter?«

»Ja.«

Was ist hier los? Hat sie wieder einen ihrer Ausfälle? Ich starre sie an. Nein, ihr Gesicht sieht so aus, wie sie sonst aussieht, ihre Lippen sind nicht wie so oft irre gespitzt.

»Mutter, ich versteh' das alles nicht, erklär' mir das mit den Katakomben.«

»Das war ein Spruch, ich glaube aus der Bekennenden Kirche oder der DCSV, und dadurch wurde Sauerbruch entnazifiziert.«

»Wieso denn das?«

»Dieser Spruch war der Spruch des Widerstandes.«

»So, nun aber mal zu Vati, Sauerbruch interessiert mich weniger. Wie kam Vater durch die Entnazifizierung? Hat da vielleicht Sauerbruch für ihn ausgesagt, mit dem gleichen Spruch auch noch?«

»Nein, aber das habe ich dir doch schon erzählt. Da kam doch eine deutsche Kommission in das Lazarett nach Sachsenwaldau, und die wurde erst betrunken gemacht, da haben sie alles unterschrieben.«

»Ich denke, nur Vatis Entlassungsschein von den Russen.«

»Nein, alles.«

»Das ist ja alles ganz schön vertrackt! Ich darf nicht daran denken, daß Vati Obersturmbannführer war, das pack' ich nicht auch noch!«

Mein Gott, das darf alles wirklich nicht wahr sein!

»Dorkas, sag mal, wie erklärst du dir das: Obersturmbannführer und gleichzeitig Bekennende Kirche? Also ein BK-Mann.«

»Er war beides!«

»Du spinnst! Es sei denn, er spielte falsch, ein sogenanntes Doppelspiel.«

»Vater spielte nie falsch.«

»Ach Gott, Mutter!«

»Nein, wirklich nicht!«

Ich stehe auf und will mich duschen, hab' das Gefühl, als sei ich von Kopf bis Fuß mit Morast bedeckt. Heinrich rasiert sich, und ich dusche.

»Mein Vater war Obersturmbannführer.«

Heinrich lacht laut auf, vergißt, sich weiterzurasieren.

»Den Schwachsinn hat dir deine Mutter erzählt?«

»Ja, eben.«

»Das ist der größte Blödsinn, den sie hier verzapft hat. Du glaubst ihr doch hoffentlich nicht!«

»Ich weiß nicht, was ich glaube. Wenn ich's nicht glaube, kann es wieder mal Verdrängen sein und ... ach Mensch! Ich finde das alles sowieso so vertrackt.«

»Ich war mal zwischendurch wach, du warst nicht da.«

»Ich war auf und hab' mich mit meinem Vater befaßt, alles recht mies, und nun noch Obersturmbannführer. Ich hab' so das Gefühl, als würde ich einfach verarscht. Irgendwie finde ich das alles aber trotzdem zum Lachen. Ich bin ganz schön durcheinander.«

»Weißt du, ich würde Egon mal schreiben, der weiß doch bestimmt Genaueres, glaub bloß nicht deiner Mutter!«

Der letzte der 14 Tage Aufenthalt meiner Mutter vergeht in äußerlicher Ruhe.

Ich weiß nicht, wie ich meine Gefühle einordnen kann, und rationalisiere.

Obersturmbannführer G. Bei der SA, Ausbilder im Sanitätswesen, warum meldete er sich an die Front?

Es gab andere, die sich an die Front meldeten, um Verpflichtungen, die sie nicht mit ihrem Gewissen vereinbaren konnten, zu umgehen. Gehörte mein Vater dazu? Mein Vater, Mediziner mit »Rang«, kann und muß sogar von den Bestrebungen, »unwertem Leben« von Geisteskranken bis zum »Untermensch« im Osten, keine Chance zu geben, gewußt haben. Euthanasie, damals eine befohlene Angelegenheit unter Eingeweihten, muß ihm mit all seinen Konsequenzen ein Begriff gewesen sein. Daß er in seiner Stellung gar von der 1942 beschlossenen Endlösung der Judenfrage gewußt hat, ist durchaus möglich. Wie vereinbart sich das alles mit dem Christen Wilhelm G.? Mit Sicherheit war er kein Widerstandskämpfer, sondern bis zum Schluß von Propaganda und der »Persönlichkeit« Adolf Hitlers überzeugt.

Ich nehme die Leine und gehe mit dem Hund spazieren, während Dorkas ihren Koffer packt.

Monika, reiß dich zusammen, flipp nicht jetzt noch am letzten Tag von Dorkas aus! Hab' ich überhaupt Wut? Nein, es ist keine Wut, ich bin aber so maßlos enttäuscht. Hat er an Massenzwangssterilisationen teilgenommen? Hat er mit Caladium segunium experimentiert? Oder mit Röntgenstrahlen? Oder mit Einspritzungen von Flüssigkeiten in den Uterus, auch bei kleinen Mädchen und ohne Narkose? War das damals auch an der Charité üblich, oder nur an ganz bestimmten Versuchsanstalten? Hat er Mißbildungen gleich für die Wissenschaft ausgesondert, auch dann, wenn sie noch lebten? Welche Leute waren es, die er zu Sanitätern ausbildete? Nur Soldaten? Was hat er als Arzt an der Charité gemacht? Mein Gott, Vater!

Hat er Zwangsarbeiterinnen geholfen oder, weil es verboten war, es unterlassen? Hat er diesen Müttern ihre Neugeborenen weggenommen, um sie verdienstvollen Nazis zur sogenannten Aufzucht zu geben?

Da fällt mir mit Entsetzen ein, daß unter Professor Huber an der Marburger Universitäts-Frauenklinik, ehe er den Ruf nach Kiel bekam, ja auch fürchterliche Vorkommnisse waren. Noch 1961/62. Ich sehe noch den Eimer mit Wasser, in den das neugeborene Kind, eine lebensunfähige Mißbildung, gleich nach der Geburt gesteckt wurde. Ich sehe ja noch die winzigen Frühchen in den Metallschalen im Spülraum, denen nicht geholfen wurde, die nicht versorgt und nicht warmgehalten wurden, sondern auf deren Tod man wartete, darauf wartete, daß sie nicht mehr nach Luft schnappten, bis der Herzschlag unter der durchsichtigen kleinen Brust aussetzte.

Erblast des Dritten Reiches?

Wo warst du, Vater, als Pastor Martin Niemöller am 1. 7. '37 verhaftet wurde? Wo am 7. und 8. Februar '38, als der Prozeß gegen ihn eröffnet wurde? Die Leute von der Bekennenden Kirche mußten den Saal verlassen, weil die Kläger stärksten Wert auf ihre Abwesenheit legten. Wo warst du, Wilhelm G.? Auch da einfach nicht da? Nach dem Urteil wurde von allen Kanzeln der evangelischen Kirche gleichlautender Text verlesen:

»Mit tiefer Bewegung und in gespannter Erwartung hat die evangelische Christenheit in Deutschland den Ausgang des Prozesses erwartet, in dem ein Sondergericht ein Urteil fällen sollte über die schweren Anklagen, die gegen Pfarrer Martin Niemöller erhoben waren. Das Gericht hat ihn zu sieben Monaten Festungshaft und 2000,– RM Geldstrafe verurteilt und weiter dahin erkannt, daß die sieben Monate Festungshaft und 500,– RM von der Geldstrafe durch die Untersuchungshaft verbüßt sind.«

Nach dem Gesetzbuch durfte auf Festungshaft nur dann erkannt werden, »wenn die Tat sich nicht gegen das Wohl des Volkes gerichtet und der Täter ausschließlich aus ehrenhaften Beweggründen gehandelt hat«. Durch das Urteil ist also festgestellt, daß Pfarrer Martin Niemöller nicht gegen das Wohl des Volkes verstoßen und ausschließlich aus ehrenhaften Beweggründen gehandelt hat...

Martin Niemöller wurde nicht in Freiheit gesetzt. Er wurde in ein Konzentrationslager überführt – für unbestimmte Zeit. Damit war ihm der Makel eines Volksschädlings angehängt. Diese Maßnahme ist mit dem Urteil des Gerichtes nicht vereinbar. Es steht geschrieben: »Recht muß Recht bleiben.«

Du als Kirchenmann, als Christ, mußt doch diese Worte gehört haben!

Mein Gott, Vater, wer warst du?

Wußtest du eigentlich, daß Niemöller über sieben Jahre im Bunker war? In Bunkerhaft, genannt KL-Arrest? Einzelhaft, Vater! Sachsenhausen, Dachau, später nach Südtirol. Hast du ein einziges Mal seine Frau besucht? Hast du dich mal um sie gekümmert, die in Not war?

Warum durfte später im Hause G. der Name Niemöller nicht erwähnt werden, ohne daß Dorkas vor Entsetzen die Augen weit aufriß und was von Radikalen stotterte! Warum nicht, ohne daß dein Gesicht sich versteinerte? Nie wieder erwähnte ich den Namen Niemöller, aus Angst, euch zu schaden.

Vater, welche Bücher habt ihr gelesen? Welche Bücher habt ihr besessen? Wenn ihr vielleicht nicht auf die Straße ranntet, um eure verbotenen Bücher zu verbrennen, habt ihr sie aussortiert? Auf den Müll geworfen? Werner Bergengruen? Ernst Bloch? Stefan Zweig? Franz Werfel? Heinrich Mann? Thomas Mann? Erich Kästner? Carl Zuckmayer?

Weg damit, um keine Unannehmlichkeiten zu bekommen? Vater, mein Vater, es ist zu spät. Vielleicht hättest du heute die Gelassenheit, die Weisheit, mit mir zu reden. Hätte ich sie aber?

Es ist zu spät. Du bist schon viel zu lange tot.

Wir sind auf Madeira gelandet, und haben in Santa Cruz im »Bom Jesus« zu Mittag gegessen. Ich höre meine Mutter plappern, ich lasse sie plappern, höre nicht zu.

Zurück am Flughafen übergeben wir sie einer Hosteß, begleiten sie noch zur Abfertigung, verabschieden uns. Nun geht sie am Arm der Hosteß, zahnlos im schwarzen Sommermantel mit der gelben Blindenbinde am Ärmel, in der Hand die Lederschlaufe ihres weißen Blindenstocks, den sie ausgezogen hat.

Wir gehen auf die Terrasse, sehen sie zum Flugzeug gehen, oben auf der Gangway bleiben sie stehen, winken in unsere Richtung.

Kurz danach startet die Maschine. Ich lehne meinen Kopf an Heinrichs Schulter. Er hat seinen Arm um mich gelegt. Tränen kommen. Schweigend gehen wir zu einem Taxi, fahren nach Funchal rein, weil unser Flugzeug uns erst abends auf unsere Insel zurückbringen kann.

Im Park São Francisco setzen wir uns auf eine Bank, sehen den Leberwurstbaum, die Farnbäume, die vielen blühenden Blumen und Bäume.

»Ich sehe sie weder lebend noch tot wieder.«
»Ja.«
»Das ist gut so, aber es macht mich traurig.«
»Ich weiß.«
»Sie ist halt meine Mutter.«
»Ja, ich weiß.«

Vierzehn Tage später kommt ein Brief meines Onkels, er schreibt, daß meine Mutter Oberstabsarzt mit Obersturmbannführer verwechselt habe, er meine Betrübnis für verständlich halte. Und er zählt Namen auf, die zur Bekennenden Kirche gehörten, darunter Vater, sein Zwilling Heinrich und er selbst. Er schreibt:

»Wir wußten nichts von einem höheren SA-Führerrang Willis. Kurze Zeit waren wir alle in der SA oder SS, aber ohne Rang. Wir traten unter Protest bald aus oder schieden mit Kriegseinsatz oder im Gefängnis aus den Organisationen aus. Keiner war Parteimitglied. Auch im DCSV (Studentengemeinde) gehörten wir – ausdrücklich auch Willi – zu dem Flügel der Bekenntniskirche. Bei der Partei war man ›Deutscher Christ‹ (Nazi-Christ) – keiner von uns. In der Kirche gehörte Willi – oft als Mitarbeiter der ›Evangelischen Wochen‹ – zu den Männern der Bekennenden Kirche und war schon vor dem Krieg mit dem späteren Bischof Hans Lilje befreundet, ebenso mit dem BK-Studentenführer Eberhard Müller, mit Dr. Thadden und anderen. Dazu hätte niemals ein SA-Führer gepaßt!

Zu der Schuld, die wir alle im ›Hitlerreich‹ mittrugen, haben sich nach dem Krieg der Kirchentag und die Kirchenleitung offen bekannt. Da hat Euer Vater mitgemacht und zu den Problemen ›am Menschen‹ (Euthanasie usw.) öffentlich mit Stellung genommen; ihm wurde kein Vorwurf gemacht, er genoß im Gegenteil hohes Ansehen! Wir alle haben die großen menschlichen, literarischen, christlichen und medizinischen Verdienste und Gaben Deines Vaters in guter Erinnerung und danken ihm dafür. Ihr wart bis in die 50er Jahre Kinder und konntet deshalb die Dinge nicht so kennen. Eure Mutter stand Eurem Vater treu zur Seite! Bitte seid ihr nicht böse, wenn sie beim Erzählen Verwechslungen wie Oberstabsarzt und Obersturmbannführer machte. Sie wußte nicht, welch seelische Last sie Euch damit übertrug.«

Mein Sohn Tassilo ruft an, er hat in alten Zeitungen in verschiedenen Berliner Instituten gekramt und sagt mir, daß alle Angriffe um den 25. Oktober 1940 nachts und nur am Rande Berlins stattfanden, er wolle weitere Zeitungen durchforsten.

»Laß es, Junge, es reicht, es ist nicht mehr so wichtig.«

Was soll's? Was spielt es für eine Rolle, ob es die Luftminen bei meiner Geburt gab oder nicht?

Was soll ich jetzt mit all dem Wissen anfangen? Verändert sich dadurch irgend was? Meine Kindheit? Meine Einstellung zu Dorkas?

Ich bin traurig, weil ich begreife, daß weder durch Erkennen noch durch Wissen, daß durch nichts, aber auch durch gar nichts die Vergangenheit zu ändern ist.

Ja, so ist es.

Ich fühle, wie die Erstarrung sich löst, und fühle mich unendlich müde.

Und Willi war kein Obersturmbannführer, was soll's? Er war ein ganz normaler, ein ganz normal abwesender Vater, weiter nichts. Nichts Besonderes.

Und Dorkas, seine Frau? Auch sie, eine ganz normale, eine immer anwesende Mutter. Weiter nichts. Nichts Besonderes.

Einfach meine Mutter.

Einfach mein Vater.

Einfach meine Eltern.